本书的出版得到了兰州大学中央高校基本科研业务费专项资金重点研究建设基地项目（项目编号：2020jbkyjd003）和学科交叉研究项目"新形势下上海合作组织命运共同体的构建"（项目编号：2020jbkyjc001）的资助

上海合作组织：
实践与理论

曾向红 著

中国社会科学出版社

图书在版编目（CIP）数据

上海合作组织：实践与理论／曾向红著 . —北京：中国社会科学出版社，2021.1

ISBN 978 – 7 – 5203 – 7705 – 8

Ⅰ.①上… Ⅱ.①曾… Ⅲ.①上海合作组织—研究 Ⅳ.①D814.1

中国版本图书馆 CIP 数据核字（2020）第 264194 号

出 版 人	赵剑英
责任编辑	赵 丽
责任校对	李 剑
责任印制	王 超

出　　版	中国社会科学出版社
社　　址	北京鼓楼西大街甲 158 号
邮　　编	100720
网　　址	http://www.csspw.cn
发 行 部	010 – 84083685
门 市 部	010 – 84029450
经　　销	新华书店及其他书店
印刷装订	三河弘翰印务有限公司
版　　次	2021 年 1 月第 1 版
印　　次	2021 年 1 月第 1 次印刷
开　　本	710×1000　1/16
印　　张	22
插　　页	2
字　　数	314 千字
定　　价	99.00 元

凡购买中国社会科学出版社图书，如有质量问题请与本社营销中心联系调换
电话：010 – 84083683
版权所有　侵权必究

谨将此书献给兰州大学中亚研究所杨恕教授

前　言

上海合作组织是第一个缘起于解决边界问题的国际组织，是第一个以中国城市命名的国际组织，也是在21世纪成立的第一个新型区域合作组织，还是第一个提炼出"三股势力"的概念并将打击这些势力作为组织使命的国际组织，也是第一个以"互信、互利、平等、协商、尊重多样文明、谋求共同发展"作为组织精神的国际组织。目前，上合组织已是世界上涵盖人口最多、面积最大的地区性组织。上海合作组织（下称"上合组织"）能够取得如此令人瞩目的成绩，离不开各成员国的共同努力。

（一）上海合作组织的源起

1991年的苏联解体使全球政治局势发生巨变，中亚地区的地缘政治版图也随之被重塑。大国在中亚地区开展"新大博弈"，恐怖主义、极端主义、毒品、跨国犯罪等非传统安全威胁使中亚安全局势日趋严峻，中亚国家之间的关系也因水资源分配、边界领土争端、跨界民族等问题出现了不同程度的紧张。与此同时，中国与苏联之间漫长的边界线变为中国与俄罗斯、哈萨克斯坦、吉尔吉斯斯坦、塔吉克斯坦四国的未定边界，给各国间关系的发展带来了诸多不确定性。因此，划界、边境互信、地区安全问题成为中俄以及多数中亚国家，尤其是与中国毗邻的哈、吉、塔三国的共同关切，各方都希望建立一种有效的对话形式来解决上述问题。在此背景下，"上海五国"机制应运而生。

"上海五国"会晤机制更早可以追溯到中、苏于1989年的边境裁军谈判。中国与苏联在东部有4300公里的边界,在西部有3200公里的边界,但由于中苏于1969年发生边境军事冲突,两国关系陷入低谷,两国边界谈判一直到1989年戈尔巴乔夫提出"外交新思维"后才正式启动。苏联解体后,中苏边界发生变化,新独立的中亚三国,哈萨克斯坦、吉尔吉斯斯坦和塔吉克斯坦继承了部分中苏边界。"中苏西部边界被分为四个部分——50公里的中俄边界、1700公里的中哈边界、1000公里的中吉边界和430公里的中塔边界,而中苏东部边界则由中俄边界代替。"① 因此,苏联解体后哈、吉、塔三国的任务之一就是处理与中国的边界问题,它们与中国的边界谈判也由此开始。随着谈判进程的推进,"当协商持续到1992年时,新兴国家没有足够的信心单独与中国举行双边谈判。因此,它们与俄罗斯签署协议组成了一个统一的代表团,形成了有趣的由'五国'组成但只有'双边'的协商模式。到1995年,大部分边界事宜通过协商得到解决"。②

1996年,中、俄、哈、吉、塔五国元首在上海举行首次会晤,翻开了欧亚地区国家间合作历史新的一页。中国与俄、哈、吉、塔举行会谈,签署了《关于在边境地区加强军事领域信任的协定》。这为解决五国边界问题提供了指导原则,奠定了互信基础,也宣告"上海五国"会晤机制的诞生。1997年4月24日,"上海五国"举行第二次元首会晤,并签署了《中华人民共和国、俄罗斯联邦、哈萨克斯坦共和国、吉尔吉斯斯坦共和国、塔吉克斯坦共和国关于边界地区相互裁减军事力量的协定》,同意将边境地区的军事力量裁减到与睦邻友好关系相适应的最低水平。该协议拉开了五国在边界地区大规模裁军的序

---

① Iwashita Akihiro, "The Shanghai Cooperation Organization and Its Implications for Eurasian Security: A New Dimension of 'Partnership' after the Post-Cold War Period", *Slavic Eurasia's Integration into the World Economy and Community*, 2012, p. 261.

② Weiqing Song, "Interests, Power and China's Difficult Game in the Shanghai Cooperation Organization (SCO)", *Journal of Contemporary China*, Vol. 23, No. 85, January 2014, p. 90.

幕,这也是五国最终完成划界和实现边境互信的关键一步。更具意义的是,它是冷战结束后亚太地区第一份多边政治军事协议。五国在解决边界问题上的全新探索,已被证明是成功且具有划时代意义的。

五国划界完成后,"上海五国"会晤机制获得进一步发展。鉴于非传统安全威胁在该地区凸显与蔓延,尤其是恐怖主义形势日益严峻,"上海五国"的组织架构已经不足以应对种种挑战,而将其升级为致力于推动地区合作的常设多边机制势在必行。1998年7月3日,"上海五国"召开第三次元首会晤,由于边界问题得到基本解决,五国领导人明确将该机制的合作重点从划界与边界安全这一单一议题,扩展到维护地区安全与稳定、促进五国及地区经济合作、打击分裂主义与极端主义等问题,这意味着"上海五国"在功能与身份上实现了转型升级。

2001年6月15日,中国与俄罗斯、哈萨克斯坦、吉尔吉斯斯坦、塔吉克斯坦、乌兹别克斯坦六国元首齐聚上海,宣布在"上海五国"基础上成立上海合作组织。上合组织的成立,是各成员国之间开启的一种新型地区合作实践,它体现了成员国尝试超越传统地区合作模式的愿望和抱负。20世纪90年代后期,全球范围内的冷战思维与联盟政治虽然有所退潮,但部分西方国家大肆宣扬"历史终结论""民主和平论""人权高于主权"等理念,肆意干预他国内政,单边主义盛行,从而向国际秩序提出了重大挑战。而上合组织秉承"互信、互利、平等、协商、尊重多样文明、谋求共同发展"的"上海精神",与冷战时期对抗与零和博弈的思维完全不同。

(二)上海合作组织的典范性意义

在"上海精神"的指导下,上合组织的发展具有典范性意义。如上合组织的发展历程很大程度上是对共同、综合、合作、可持续的亚洲安全观的实践,成员国之间形成了文化共存、利益共享和责任共担的意识;它超越了成员国之间意识形态和发展水平的分歧,通过平等、合作、相互尊重保障了成员国共同利益的实现;它拒绝强权政治，以切实的制度设计保障所有成员国享有平等的决策权，使组织内的小国同样能够享受到组织影响力的提升所带来的国际声誉；它致力于推进民主、公正、合理的国际政治经济新秩序的建立，成员国通过共同合作在欧亚地区形成了一个新的利益共同体，并为推进人类命运共同体的构建做出了应有的贡献。

从某种意义上说，上合组织的重要性不仅仅在于建立了一个新的地区性组织，而是为国际社会提供了一个拥有众多文明的国家开展地区合作的全新模式。异质性极强的各成员国经历了从分化走向聚合，从猜疑走向信任，从双边合作走向集体行动的过程。事实上，上合组织通过构建新型国际组织以推进地区合作的尝试，形成了新的地区合作范式，并有望为欧亚国家命运共同体的形成提供助力。如果说传统的地区合作组织，如欧盟、东盟、非盟等提供了一种主要由具有较多同质性国家开展合作的地区合作模式，那么上合组织则展示了一种国情具有显著差异、发展水平极不平衡的国家之间开展有效地区合作的新路径。

一方面，上合组织取得的辉煌成就，离不开成员国之间，尤其是中俄之间的协同努力。事实上，上合组织是中俄全面战略协作伙伴关系在多边层面上的体现。从时间来看，中俄双边关系的关键节点与上合组织的发展脉络高度吻合。1996年4月，俄罗斯总统叶利钦访华，与中国宣布建立"平等信任、面向21世纪的战略协作伙伴关系"，同时出席"上海五国"的成立仪式。在"上海五国"签署的《关于在边境地区加强军事领域信任的协定》和《关于在边境地区相互裁减军事力量的协定》的推动下，中俄两国率先解决了中俄边界西段的遗留问题。2001年7月，在上合组织成立一个月后，中俄签署《中俄睦邻友好合作条约》，将中俄"世代友好，永不为敌"的承诺写进法律文件。2011年6月，中国国家主席胡锦涛在出席上合组织阿斯塔纳峰会后访问俄罗斯，与俄罗斯领导人梅德韦杰夫庆祝《中俄睦邻友好合作条约》签署十周年，并将中俄关系升级为全面战略协作伙伴关系。正是在中俄双边关系不断取得突破的推动下，中俄在上合组织框架内的互动也逐渐进入良性循环，从而不断为上合组织的发展注入新的动力。

另一方面，上合组织的平稳运行，反过来又促进了成员国之间，尤其是中俄之间合作水平的提升。如中俄之间一些重大双边合作项目的实施，离不开上合组织这一合作平台的推动。2005年中俄在上合组织内举行"和平使命—2005"联合反恐演习，这是两军历史上首次联合军演，"和平使命"此后也被沿用为上合组织多边联合反恐演习的固定名称。2015年5月，中俄《关于丝绸之路经济带建设与欧亚经济联盟建设对接合作联合声明》，从战略与技术两个层面理顺了"带"与"盟"对接的关系，上合组织也成为双方推进对接工作不可或缺的平台。在2017年6月上合组织成员国第14次国防部长会议上，中俄国防部长签署了《中俄2017—2020年军事合作发展路线图》，这是两国多年来在上合组织框架内积累的深层次互信所带来的双方防务合作水平提高的结果。

中俄双边关系的高水平运行是上合组织得以创建与不断发展的重要基石。乌克兰危机后，西方加大了对俄罗斯的制裁力度，使俄罗斯在国际社会的处境遇到了极大困难。在这种情况下，俄方比之前更加重视对华关系以及上合组织的作用。与此同时，特朗普上台后，以美国为首的西方国家与中俄之间的关系呈现越来越明显的竞争色彩，如2017年12月美国公布的《国家安全战略》明确将中俄界定为"修正主义国家"和美国"首要竞争对手"，这为中俄发展更为密切的关系提供了契机。在此背景下，上合组织也成为中俄协调合作以及抵御西方压力的重要平台。在当前错综复杂的国际形势下，上合组织虽然面临诸多挑战，但也可能发生新的发展动力。总之，只要中俄在上合组织发展原则上保持一致并进行充分的沟通和协调，上合组织的发展便有较好的保障。

展望未来，上合组织前景光明。经过17年的发展，上合组织从主要着眼于安全合作的地区性合作机制，逐渐成为世界上涵盖地域最广、拥有人口最多、涉及多个合作领域的跨区域国际组织，成绩瞩目。相较于当前一些地区性国际组织遭遇发展瓶颈或面临方向性危机,如欧盟因英国脱欧而一体化进程严重受阻,阿盟因中东乱局而无所作为,南盟因印巴对立而岌岌可危,东盟也因内部观点分异而凝聚力下降,上合组织不仅维持了强劲的发展动力,而且还实现了首次扩员,展示出强大的生命力。事实上,印度与巴基斯坦的加入,有望使上合组织在推进全球和地区治理、协调成员国在战略层面的关系、推进成员国之间互利合作等方面取得新的进展。

毋庸置疑,扩员后的上合组织仍面临诸多挑战。其中既有一些之前尚未解决或未得到足够重视的老问题,也有首次扩员后衍生的新问题。然而,鉴于上合组织在过去17年中一直是在解决难题的过程中实现不断发展的,以及成员国在合作过程中积累了较高的政治互信和丰富的互动经验,我们有理由相信,上合组织能够利用各种已有机制或创设新的机制(如冲突解决机制)来解决这些问题,从而保障组织不断向前发展。总之,在当前国际社会民粹主义和逆全球化、反全球化浪潮风起云涌之际,上合组织是一股清流,它有助于消减成员国之间互动的不确定性,维护它们所在区域的稳定,并对周边区域产生积极影响。应该说,上合组织的持续发展,对各成员国来说是机遇而非挑战,对国际社会而言是福音而非威胁。

(三) 上海合作组织在中国外交中的地位

上合组织在中国外交战略中具有重要地位。它是中国投入最多资源、寄予最多期望的地区性国际组织。关于上合组织对中国的价值,主要体现在利益、制度与理念三个方面:

第一,利益。尽管上合组织不是中亚各国参与地区合作的唯一选择,对俄罗斯而言也只是一种补充性机制,但经过多年发展,无论是对中亚成员国还是对俄罗斯来说,上合组织都是它们实现自身发展、应对内外部挑战不可或缺的地区性合作机制。对于中国而言,它是中国参与中亚事务唯一成熟和稳定的多边合作机制。此外,上合组织也是中国与其他成员国共同打击"三股势力"、维护中国西部安全与稳定的重要依托,还是中国推动欧亚地区经济合作的重要载体。当前,中国在东北、东南、西南等外交方向上均面临巨大的安全压力,而西北外交方向维持了长期稳定,这为中国与俄罗斯、中亚国家之间的经济合作取得长足进步提供了安全条件。可以说,上合组织在这些方面居功至伟。

第二,制度。上合组织是21世纪世界范围内出现的第一个地区性合作组织,而中国在上合组织创建和发展过程中扮演了非常积极和重要的角色。上合组织的成立,在很大程度代表着中国对国际制度态度的转变,即从国际规则参与者、接受者向建设者、贡献者的转变。随着习近平总书记对中国新时代外交战略进行全面理论创新,上合组织又被赋予了新的使命,包括积极推进成员国对"一带一路"建设的参与。印度和巴基斯坦于2017年成为上合组织正式成员国后,上合组织顺理成章地成为促进其中亚和南亚成员国参与"一带一路"建设的重要制度平台;而上合组织所具有的安全功能,亦可为"一带一路"建设保驾护航。总之,中国参与上合组织建设的过程,有助于中国积累推进地区性合作机制的经验,也有助于为中国参与创建新的国际合作机制(如亚洲基础设施投资银行等)提供诸多启示。

第三,理念。自诞生之日起,上合组织就承担了超越传统国家间(包括大国之间、大国与小国之间、小国之间)互动模式、践行新外交理念以推进成员国之间合作的重要使命。在这些理念中,最具基础性意义,也是最为关键的理念,是得到成员国普遍认同的"上海精神"。"上海精神"基于成员国政治层面上的互信,致力于推进彼此互利,遵循各成员国平等的原则,采取协商一致的决策程序,拒绝文明冲突论,尊重文明多样性,最终目的是促进成员国的共同安全和共同发展。由于"上海精神"顺应了和平与发展的时代潮流,符合成员国共同发展、互利共赢的诉求,体现了新型国家间关系的内涵,展示了先进的文明交流形态,因此这一理念始终是上合组织的灵魂所在。它也是成员国克服障碍与分歧,保障上合组织破浪前行的指南针。除"上海精神"外,中国提出的"新安全观""和谐周边"与"周边命运共同体"等理念,俄罗斯提出的"大欧亚伙伴关系"等概念,哈萨克斯坦提出的"欧亚一体化"等倡议,均在上合组织的运行中得到践行，且得到上合组织各成员国的积极响应。

在 2018 年上海合作组织青岛峰会上，中国提出了一系列新的概念和表述，并得到其他成员国的积极响应。其中，最为突出的是赋予"上海精神"以新的时代内涵。比如，在青岛峰会上，习近平强调，为了保证上海合作组织在面临各种复杂挑战时顺利发展，各成员国应该树立并倡导"五观"，即创新、协调、绿色、开放、共享的发展观，共同、综合、合作、可持续的安全观，开放、融通、互利、共赢的合作观，平等、互鉴、对话、包容的文明观，共商共建共享的全球治理观。① 习近平指出："'上海精神'是我们共同的财富，上海合作组织是我们共同的家园。我们要继续在'上海精神'指引下，同舟共济，精诚合作，齐心协力构建上海合作组织命运共同体，推动建设新型国际关系，携手迈向持久和平、普遍安全、共同繁荣、开放包容、清洁美丽的世界。"② 上海合作组织致力于构建上合组织命运共同体，意味着赋予该组织以新的更重要的期待，它与周边命运共同体的建设一道，成为中国推动构建人类命运共同体的先声。在当前国际社会饱受西方世界民粹主义政治浪潮和贸易保护主义浪潮冲击之时，上海合作组织高举自由贸易和地区合作的旗帜，有助于为国际社会提供一种与众不同的合作范式，成为促进国际和平与地区合作的一股重要力量。在此过程中，中国也有助于借助上海合作组织表达中国声音，彰显中国方案，为完善全球治理贡献中国的力量。

（四）本书写作的初衷

上海合作组织经过十九年的发展，已度过制度初建的阶段并有效地应对了诸多挑战，并且于 2017 年实现了首次扩员。十九年的发展

---

① 习近平：《弘扬"上海精神" 构建命运共同体——在上海合作组织成员国元首理事会第十八次会议上的讲话（2018 年 6 月 10 日，青岛）》，2018 年 6 月，搜狐网（https://www.sohu.com/a/235130104_528913）。

② 习近平：《弘扬"上海精神" 构建命运共同体——在上海合作组织成员国元首理事会第十八次会议上的讲话（2018 年 6 月 10 日，青岛）》，2018 年 6 月，搜狐网（https://www.sohu.com/a/235130104_528913）。

历程成就斐然，与此同时，面临的挑战也不容低估。对于上合组织的发展历程，国内外学术界并不乏相应的研究成果。事实上，自 2001 年上合组织成立以来，国内外学术界已出版了不少专门分析上合组织的专著。大体而言，由于该组织与中国周边、多边外交息息相关，国内出版的专著远多于国际学术界。[①] 至少就英语学界而言，虽然学术

---

① 中国现代国际关系研究所民族与宗教研究中心：《上海合作组织：新安全观与新机制》，时事出版社 2002 年版；李钢主编：《上海合作组织：加速推进的区域经济合作》，中国海关出版社 2004 年版；潘光、胡键：《21 世纪的第一个新型区域合作组织：对上海合作组织的综合研究》，中共中央党校出版社 2006 年版；张宁：《上海合作组织的经济职能》，吉林文史出版社 2006 年版；马振岗主编：《稳步向前的上海合作组织——专家学者纵论 SCO》，世界知识出版社 2006 年版；邢广程、孙壮志主编：《上海合作组织研究》，长春出版社 2007 年版；李敏伦：《中国"新安全观"与上海合作组织研究》，人民出版社 2007 年版；崔颖：《上海合作组织区域经济合作——共同发展的新实践》，经济科学出版社 2007 年版；郑雪平：《上海合作组织与区域经济合作研究》，东北财经大学出版社 2007 年版；余建华等：《上海合作组织非传统安全研究》，上海社会科学院出版社 2009 年版；肖德：《上海合作组织区域经济合作问题研究》，人民出版社 2009 年版；布娲鹣·阿布拉等：《上海合作组织自由贸易区可行性研究》，中国大地出版社 2009 年版；朱新光：《上海合作组织视角下的中亚地区治理理论与实践》，黑龙江人民出版社 2009 年版；须同凯编：《上海合作组织区域经济合作：发展历程与前景展望》，人民出版社 2010 年版；刘振林：《上海合作组织经济合作研究》，中国商务出版社 2010 年版；李葆珍编：《上海合作组织与中国的和平发展》，新华出版社 2011 年版；赵华胜：《上海合作组织：评析和展望》，时事出版社 2012 年版；阿不都热合曼·卡德尔：《上海合作组织经济合作法律机制研究》，社会科学文献出版社 2013 年版；姜大为、侯鹞：《十年风雨的上海合作组织》，河南人民出版社 2013 年版；张杰：《反恐国际警务合作：以上海合作组织地区合作为视角》，中国政法大学出版社 2013 年版；段秀芳：《中国对上海合作组织成员国直接投资研究》，社会科学文献出版社 2013 年版；王健：《上海合作组织发展进程研究：地区公共产品的视角》，上海人民出版社 2014 年版；潘光主编：《稳步前进的上海合作组织》，时事出版社 2014 年版；雪合来提·马合木提编：《上海合作组织成员国经济联系的数量分析》，新疆科学技术出版社 2014 年版；中国-上海合作组织环境保护合作中心编：《上海合作组织成员国环境保护研究》，社会科学文献出版社 2014 年版；张耀：《中国能源安全与上海合作组织能源合作》，上海辞书出版社 2015 年版；张宁、杨正周、阳军：《上海合作组织农业合作与中国粮食安全》，社会科学文献出版社 2015 年版；王海运：《上海合作组织与中国》，上海大学出版社 2015 年版；徐雅雯：《上海合作组织贸易投资便利化问题研究》，山东大学出版社 2015 年版；连雪君：《"一带一路"背景下上海合作组织经济合作制度研究——基于组织社会学新制度主义视角的考察》，上海大学出版社 2017 年版；中国社会科学院俄罗斯东欧中亚研究中心：《上海合作组织 15 年：发展形势分析与展望》，社会科学文献出版社 2017 年版；国冬梅、王玉娟、张宁：《上海合作组织区域和国别环境保护研究 2016》，社会科学文献出版社 2017 年版；李鹏：《上海合作组织成员国之间能源合作问题研究》，上海社会科学院出版社 2018 年版；肖斌：《上海合作组织》，社科文献出版社 2019 年版。除了上述专著外，国内有关机构还出版了不少上海合作组织年度发展报告，限于篇幅，在此不再一一罗列。

论文不少，但集中研究上海合作组织的专著并不多见。① 就目前已出版的国内外专著而言，它们对上合组织的发展历程、发展动力、机制建设、合作领域（包括经济、安全、法律、能源、环保、人文交流等）、发展方向、指导理念、与中国外交之间的关系、面临的困境与挑战等议题做了较为深入、全面的分析，这对于人们及时、有效地把握该组织所取得的重要成绩及组织的演变方向做出了重要贡献。

大体而言，目前国内外学术界关于上海合作组织的专著具有一个非常明显的特征，即尽管研究主题虽然丰富多样，但除了少数例外，大多数专著采用的是描述性研究方法，较少对上海合作组织取得的成效与存在的问题进行理论分析。② 换言之，国内外学术界虽然的确将上海合作组织定位为一个地区性国际组织，认为其践行了新的安全理念或者开创了地区合作的新范式，并认为中国与俄罗斯在上合组织中的主导作用使其成为两个大国外交实践中的重要内容，诸如此类的观点的确有一定的道理。然而，国内外学术界较少从理论的角度去揭示在上海合作组织发展中为何会出现上述现象的原因。

也就是说，国内外学术就上合组织做出了许多论断，然而却很少从学术层面上进行论证。如以上海合作组织的性质而言，毋庸置疑，该组织的确是一个地区性国际组织，而且也的确是中俄开展多边外交

---

① Michael Fredholm, ed., *The Shanghai Cooperation Organization and Eurasian Geopolitics: New Directions, Perspectives, and Challenges*, Copenhagen: Nordic Institute of Asian Studies, 2013; Thrassy N. Marketos, *China's Energy Geopolitics: The Shanghai Cooperation Organization and Central Asia*, New York: Routledge, 2009; L. C. Kumar, *Shanghai Cooperation Organisation: Eurasian Security though Cooperation*, Delhi: Shipra Publicaitons, 2010; Weiqing Song, *China's Approach to Central Asia: The Shanghai Co-operation Organisation*, New York: Routledge, 2018; Stephen Aris, *Eurasian Regionalism: The Shanghai Cooperation Organisation*, Basingstoke: Palgrave Macmillan, 2011; Oksan Antonenko, *The Shanghai Cooperation Organisation and Central Asia's Security Dilemmas*, New York: Routledge, 2008; etc.

② 如朱新光：《上海合作组织视角下的中亚地区治理理论与实践》，黑龙江人民出版社 2009 年版；王健：《上海合作组织发展进程研究：地区公共产品的视角》，上海人民出版社 2014 年版；连雪君：《"一带一路"背景下上海合作组织经济合作制度研究——基于组织社会学新制度主义视角的考察》，上海大学出版社 2017 年版；Michael Fredholm, ed., *The Shanghai Cooperation Organization and Eurasian Geopolitics: New Directions, Perspectives, and Challenges*, Copenhagen: Nordic Institute of Asian Studies, 2013。

的重要平台，然而，学术界却很少运用国际机制理论或多边主义学说，来对上合组织的发展历程、大国在组织内的互动、中俄互动对组织发展的影响等问题进行分析。缺乏这种分析所带来的一种结果，是作为一种区域研究对象的上海合作组织研究与主流国际关系研究之间是脱节的。简而言之，在目前的研究中，上海合作组织的发展及其演变，在很大程度上被视为一种特殊和孤立的国际现象，从而限制了研究者的研究视野与研究深度。这种状况，至少有两个方面的消极后果。在学理层面，由于未能意识到上合组织作为一个国际组织所具有普遍性，故不利于学界提炼国际组织发展的"上合组织经验"，以与学术界的国际组织研究进行深入对话，甚至修正西方关于国际组织、国际机制、多边主义、地区一体化的既有理论。在政策层面，忽视对上合组织的学理研究，容易导致学术界开展重复研究，从而生产出诸多低水平研究成果，这不利于决策者和普通民众深入把握上合组织的发展成效及其面临的挑战，同时也会限制相应政策建议的有效性和针对性。

对上合组织进行理论性研究，与对其进行描述性分析同等重要，这也是国内学术界应该努力的方向。上文对现有关于上海合作组织研究专著的评价，并不是说不能对上合组织进行描述性的研究，相反，这种研究不仅需要，而且非常重要，这是人们恰当地理解上合组织发展轨迹的前提；不过，需要强调，如果社会科学研究的目的是为人们了解社会和政治现象提供科学知识，那么，超越对上合组织的描述性研究，推进对上合组织的理论研究，或许是学术界目前的当务之急。诚如习近平主席在2019年青岛峰会所指出的，上海合作组织"构建起不结盟、不对抗、不针对第三方的建设性伙伴关系"及其实践过程"是国际关系理论和实践的重大创新，开创了区域合作新模式，为地区和平与发展作出了新贡献"。[①] 鉴于此，学术界有必要阐明上合组

[①] 习近平：《弘扬"上海精神" 构建命运共同体——在上海合作组织成员国元首理事会第十八次会议上的讲话（2018年6月10日，青岛）》，2018年6月，搜狐网（https://www.sohu.com/a/235130104_528913）。

织是如何实现对"国际关系理论和实践的重大创新"的,而在完成这一任务之前,至少需要对上合组织发展中的一些重大实践问题进行理论解释,然后才谈得上阐明上合组织在实践和理论方面对既有国际关系实践和理论的创新。

(五)本书的研究主题与结构安排

要对涉及上海合作组织发展前景的所有重大问题进行深入分析是不太可能实现的。从人类历史的长时段来看,上海合作组织从成立至今也就二十年。然而,上合组织从一个初生时被西方视为"清谈馆"与行动效率屡遭外界质疑的地区性国际组织,到当前成为对维护欧亚地区和平与稳定、涵盖世界近40%人口的具有重要国际影响力的新型国际组织,上合组织所走过的道路虽不乏崎岖与坎坷,但终究保持了自身的行动活力,取得了不少可观的成就。如就合作领域而言,上合组织已成为一个安全、政治、人文、对外合作"四轮驱动"的国际组织。事实上,在上海合作组织的发展过程中,它始终面临需要谨慎、恰当地处理一些重大问题带来的挑战,这些问题包括大国博弈与上海合作组织的发展、中亚国家的转型与上合组织演进、上海合作组织机制建设的进程及不同成员国在其中扮演的不同角色,上海合作组织框架内安全合作的进展及其局限、上海合作组织框架内的经济合作及推进自贸区建设的可行性、上海合作组织的扩员后面临的新的内外部形势、上海合作组织推进人文合作的途径及其前景、上海合作组织与其他地区性国际组织的比较研究、上海合作组织与"一带一路"倡议及其他地区性国际机制之间的互动,等等。回顾上海合作组织的发展历程可以发现,这些问题不仅繁多,而且大多攸关组织的发展前景。一旦处理不当,其中一些问题很有可能已导致上海合作组织丧失行动能力,或因遭到成员国的抛弃而解体。

本书的主要目的是通过对上海合作组织发展过程中的一些重要问题进行理论研究,尝试推进上海合作组织研究的学理化水平。如前所述,上海合作组织在发展过程中面临许多重大问题,要全面对这些问题进行深入分析超过了笔者的能力，故只能选取其中的某些问题进行研究。根据笔者的知识储备和对议题的熟悉程度，本书将着重分析大国互动与上合组织之间的关系、中亚成员国与上合组织的发展、上合组织框架下合作进展与局限、上合组织扩员后面临的新形势这四个方面的问题。至于上文提及的其他涉及上合组织发展的重大议题，国内外学术界已有不少研究，故本书将不再赘述。尽管本书对上述四个方面议题的研究在很大程度上仍停留在理论运用的层次，但如果这种尝试能起到抛砖引玉的作用，并激励更多的研究者对上海合作组织的研究开展研究，尤其是具有一定学理意义的研究，那么笔者写作此书的初衷即已达到。

基于上述考虑，本书共包含十章内容。其中，第一章是对上海合作组织在过去十九年中所取得成就、面临的挑战以及 2018 年青岛峰会进行简要分析，接下来的八章涉及四个方面的主要主题。如第二章、第三章将集中分析上海合作组织与大国博弈，既分析大国竞合关系对上海合作组织发展的影响，也会分析上海合作组织对大国互动所产生的影响；第四章、第五章则深入探讨上合组织成员国与上合组织之间的互动关系；第六章着重探讨上合组织框架内合作的进展与局限；第七章、第八章、第九章则分析了上合组织扩员后所面临的新形势，包括扩员后大国在组织框架内互动模式、中亚成员国对上合组织的新期待、上合组织命运共同体构建涉及的相关研究议题。在对上海合作组织与大国互动、中亚成员国的参与、上合组织的合作进展与局限、上合组织扩员后面临的新形势这四个方面的问题做了必要的分析之后，第十章将围绕上合组织在其发展过程中的实践与理论创新进行总结与讨论。结论部分则对本书的发现进行简要的总结。

需要指出的是，笔者致力于使本书各部分的研究具有一定的理论视角，不过，囿于研究议题的性质和笔者的水平限制，并不是本书的每章内容具有同等深入或新颖的理论元素。从整体上来看，本书属于理论运用型而非理论创建型研究，即主要根据研究主题确定相应的理论视角或构建相应的分析框架，而非依据上海合作组织的发展经历构建新的理论范式。就此而言，本书未能实现真正意义上的理论创新。最后，仍需再次强调的是，倡导对上海合作组织开展更多的学理研究，绝非否认对上海合作组织进行描述性或政策研究的价值与意义。笔者只是尝试指出，在盛行对上海合作组织进行描述性或政策研究的当下，有必要实现理论研究与政策研究的并驾齐驱与相互促进，如此将进一步推动对上海合作组织研究水平的提升，进而实现上海合作组织"国际关系理论和实践的重大创新"。

目　　录

第一章　上海合作组织发展回顾 ……………………………（1）
　　第一节　上合组织取得的成就 …………………………（2）
　　第二节　上合组织面临的挑战 …………………………（15）
　　第三节　青岛峰会与上合组织的新征程 ………………（24）

第二章　大国互动对上海合作组织发展的影响 ……………（36）
　　第一节　大国对上合组织的认知 ………………………（36）
　　第二节　大国基于对上合组织的认知所采取的政策 …（45）
　　第三节　大国互动与上合组织的长远发展 ……………（50）
　　第四节　结语 ……………………………………………（57）

第三章　上海合作组织对中俄在中亚地区互动的影响 ……（60）
　　第一节　问题的提出与分析框架 ………………………（60）
　　第二节　上合组织的聚合性与中俄在中亚的合作 ……（64）
　　第三节　上合组织的离散性与中俄在中亚的竞争 ……（70）
　　第四节　结语 ……………………………………………（77）

第四章　中亚成员国对上海合作组织发展的影响 …………（80）
　　第一节　现有研究与国家主义的小国分析路径 ………（80）

第二节　象征性价值的凸显：从"上海五国"到
　　　　上合组织………………………………………（86）
第三节　能力不足："9·11"事件后的上合组织 …………（91）
第四节　地位提升："颜色革命"后的上合组织 …………（94）
第五节　期望升高：2008年全球金融危机后的
　　　　上合组织………………………………………（97）
第六节　受到质疑：2010年吉尔吉斯斯坦动荡后的
　　　　上合组织………………………………………（100）
第七节　中亚成员国对上合组织发展历程影响的启示……（105）
第八节　结语………………………………………………（109）

第五章　上海合作组织对中亚国家的社会化……………（113）
第一节　中亚国家社会化的研究现状 ……………………（114）
第二节　上合组织社会化中亚国家的规范内容 …………（121）
第三节　上合组织社会化成员国的机制 …………………（126）
第四节　上合组织社会化的政治效应 ……………………（137）
第五节　结语………………………………………………（139）

第六章　上海合作组织框架下的安全合作及其前景………（142）
第一节　问题的提出 ………………………………………（143）
第二节　关于国家行为动机的分析框架 …………………（146）
第三节　上合组织成员国的反恐行动与适当性逻辑 ……（153）
第四节　上合组织成员国反恐的后果性逻辑 ……………（166）
第五节　结语………………………………………………（177）

第七章　扩员后中俄印在上海合作组织内的可能互动模式……（181）
第一节　问题的提出 ………………………………………（182）
第二节　分析框架的建立 …………………………………（186）
第三节　中俄印在上合组织内的四种可能互动模式 ……（193）

第四节　各成员国的偏好及其走向 …………………………（205）
　　　第五节　结语 …………………………………………………（213）

第八章　扩员后中亚成员国对上海合作组织的期待…………（219）
　　　第一节　扩员后影响中亚成员国诉求的主要原因 ………（220）
　　　第二节　扩员后中亚成员国的主要期待 …………………（228）
　　　第三节　上合组织的应对之策 ……………………………（244）
　　　第四节　结语 ………………………………………………（248）

第九章　上海合作组织命运共同体的研究方向………………（250）
　　　第一节　上合组织命运共同体提出的背景与意义 ………（250）
　　　第二节　共同体研究需要解决的五个关键议题 …………（259）
　　　第三节　共同体研究密切相关的四个理论命题 …………（271）
　　　第四节　结语 ………………………………………………（283）

第十章　上海合作组织的实践与理论创新……………………（285）
　　　第一节　上合组织的实践创新 ……………………………（286）
　　　第二节　上合组织的理论创新 ……………………………（291）
　　　第三节　促进上合组织平稳运行的建议 …………………（298）
　　　第四节　促进上合组织研究的建议 ………………………（309）
　　　第五节　结语 ………………………………………………（318）

结　论 ……………………………………………………………（321）

后　记 ……………………………………………………………（325）

第一章　上海合作组织发展回顾

经过十九年的发展，上海合作组织促进了成员国在政治、经济、安全等多个领域的合作取得了一系列成果，但也面临不少挑战。这些挑战既来自组织内部，也来自世界局势和欧亚地区局势的演变，当前日益失序的世界给上海合作组织带来的挑战相当严峻。在此背景下，上海合作组织要获得持续不断的发展动力，首先需要对世界局势和自身作用有清晰、明确的定位，才不至于在将来迷失方向。正如习近平主席所言："面对世界大发展大变革大调整的新形势，为更好推进人类文明进步事业，我们必须登高望远，正确认识和把握世界大势和时代潮流。"① 在明晰"世界大势和时代潮流"的同时，还需明晰上海合作组织自身的地位与作用。按照青岛峰会《上海合作组织成员国元首理事会会议新闻公报》的表述，上海合作组织"已成为独一无二、极具影响力和威信的地区组织"。② 基于这种判断，本章将简要回顾上海合作组织在过去十九年中所取得的发展成就、当前面临的重要挑战，以及青岛峰会为保障上合组织发展所采取的新举措及其局限。

---

① 习近平：《弘扬"上海精神"　构建命运共同体——在上海合作组织成员国元首理事会第十八次会议上的讲话（2018 年 6 月 10 日，青岛）》，2018 年 6 月，搜狐网（https://www.sohu.com/a/235130104_528913）。
② 《上海合作组织成员国元首理事会会议新闻公报（全文）》，2018 年 6 月，新华网（http://www.xinhuanet.com/world/2018-06/10/c_1122964631.htm）。

第一节　上合组织取得的成就

上合组织自成立以来取得了众多的成就。从研究者的角度而言，可以从不同的角度对上合组织所取得的成就进行分类。不过，在笔者看来，上合组织在以下几个方面取得的成就尤为凸出。

（一）在中国周边外交中的重要作用得到凸显

上合组织的存在和运行，为中国周边外交做出了重要贡献。习近平总书记在 2013 年周边外交工作座谈会上强调，无论从地理方位、自然环境还是相互关系看，周边对我国都具有极为重要的战略意义。在中国周边外交中，相比东北亚、南海和南亚等地区的多变局势，中亚地区虽然也存在一些影响地区稳定的因素，但整体上保持了稳定。在此过程中，上合组织扮演了非常重要的角色。受益于上合组织框架内成员国之间的良性互动，"丝绸之路经济带"（下称"一带"）倡议提出后，作为上合组织核心区域的中亚，顺理成章地成为"一带"建设的核心区域。"一带"建设与上合组织相互促进，相得益彰，使成员国"在构建命运共同体道路上迈出日益坚实的步伐，树立了合作共赢的新型国际关系典范"。[①]

上合组织通过平等协商的方式构建并形成了被成员国普遍接受的一套价值与规范体系，为组织平稳运行提供了价值基础。该体系主要由主权规范、各合作领域产生的功能性规范和其他国际规范三部分构成。首先，主权规范在上合组织价值和规范体系中居于主导地位。尽管对这一规范的严格遵守制约了上合组织直接介入地区冲突的能力，但由于获得了各成员国较高程度的认可并备受珍视，主权规范实际上构成了上合组织其他规范的基础。其次，各合作领域功能性规范的日

[①] 习近平：《团结协作　开放包容建设安全稳定、发展繁荣的共同家园——在上海合作组织成员国元首理事会第十七次会议上的讲话》，2017 年 6 月，新华网（http://www.xinhuanet.com/mrdx/2017-06/10/c_136354781.htm）。

益完善，为成员国政治、经济、安全、人文交流等方面的合作提供了行为准则。再次，在国际层面，上合组织为抵御美国等西方国家以人权或民主为由干预成员国内部事务、促进国际关系民主化做出了重要贡献。最后，上合组织还积极倡导建立公正合理的国际政治经济新秩序。① 这些价值和规范通过国家元首会议、政府首脑（总理）会议和部长级会议等不同层级的会晤机制平等协商而逐渐成形，并通过历次会议发布的宣言、公报与声明等形式不断强化，已内化为成员国的价值观和外交实践遵循的行为逻辑。② 上合组织业已形成的价值与规范体系，不仅增进了成员国之间的政治互信，而且有利于成员国之间聚同化异，并在一些重要的地区和国际事务中达成共识。

上合组织逐步形成了一套趋于稳定和有效运作的制度体系，为组织持续健康发展奠定了制度基础。上合组织不断完善机制建设，建立了从秘书处、地区反恐怖机构、国家元首会议、政府首脑（总理）会议、国家协调员理事会、各部门领导人会议到外交部部长会议等不同层级的机构与会晤机制。经过十九年的运行与完善，这些机制已趋于稳定。其中，国家元首会议、政府首脑（总理）会议、外交部部长会议等高级别会晤机制的制度化作用日益凸显。首先，它们为成员国提供了可预期的行为模式，减小了成员国间发生较大冲突的可能性。其次，每年定期举行的元首和总理会晤，具有其他形式无法替代的重要作用。据统计，2000—2011 年，中国与中亚国家的高层互访次数达 150 次；③ 2011—2015 年，中国与中亚国家的高层互访次数有 39 次。④ 如此频繁的高级别会晤，促进了成员国之间的战略互信，增

---

① Thomas Ambrosio, "Catching the 'Shanghai Spirit': How the Shanghai Cooperation Organization Promotes Authoritarian Norms in Central Asia", *Europe-Asia Studies*, Vol. 60, No. 8, October 2008, pp. 1328–1329.

② David Lewis, "Who's Socialising Whom? Regional Organisations and Contested Norms in Central Asia", *Europe-Asia Studies*, Vol. 64, No. 7, September 2012, p. 1226.

③ 该数据根据《中国与中亚国家高层互访大事记》梳理得出，具体内容可参见孙力、吴宏伟主编《中亚国家发展报告（2012）》，社会科学文献出版社 2012 年版，第 338—358 页。感谢魏丽珺做的统计工作。

④ 根据中华人民共和国外交部官方网站的相关资料整理。

进了领导人之间的个人情谊，有助于化解成员国间的矛盾。最后，上合组织历次会议签署的文件都经过了反复磋商，在此过程中，成员国可以了解各方关切，增进彼此认知，有助于各方协调政策。如2000年"上海五国"国防部长联合公报对"三股势力"的表述及顺序是"民族分裂主义""宗教极端主义"和"恐怖主义"，而2001年签署的《打击恐怖主义、分裂主义和极端主义上海公约》，不仅对这三个概念做了明确界定，同时调整了它们的排列顺序。这不仅涉及概念的科学化，而且在更深层次上反映了反恐是各成员国的共同目标和紧迫任务，进而为成员国协调反恐政策奠定了基础。① 不同级别会晤机制产生了积极的联动效应，使上合组织成为中国周边外交的重要平台，并逐渐发挥越来越重要的作用。

（二）对我国西北以及中亚安全与稳定做出了凸出贡献

20世纪90年代以来，受全球恐怖主义势力猖獗以及中亚国家独立初期政局变动的影响，以"东突厥斯坦伊斯兰运动"为代表的暴恐势力加大了在我国活动的力度。它们通过各种方式的恐怖袭击活动威胁新疆社会发展与稳定，包括制造爆炸、进行暗杀、投毒、纵火、袭击警察和政府机关、建立秘密训练基地、筹集和制造武器弹药、策划与组织骚（暴）乱事件、营造恐怖气氛等，试图破坏国内稳定局面，进而妄图把新疆从中国分裂出去。20世纪90年代，"东突"势力急剧膨胀，境内外"东突"分裂组织超过50个，其中40多个主要在境外活动。② 它们不仅在国内外建立秘密训练营，而且与"基地"组织等国际恐怖组织联系密切。

"东突"分子活动猖獗，其恐怖活动造成了大量人员伤亡。据国务院新闻办公室不完全统计，1990—2001年，"东突"势力在中国新疆制造了200余起暴力恐怖事件，造成各民族群众、基层干部、宗教

---

① 赵华胜：《上海合作组织：评析与展望》，时事出版社2012年版，第39—45页。
② 李伟：《"东突"：最现实的恐怖主义威胁》，2014年6月，凤凰网（http://news.ifeng.com/a/20140616/40753704_0.shtml）。

人士等162人丧生，440多人受伤。①"东突"势力以宗教极端思想为指导，以恐怖主义为手段，以分裂国家为目的，对民众生命财产、社会稳定和国家统一构成了严重威胁。与此同时，在中亚地区，"乌兹别克斯坦伊斯兰运动""阿克罗米亚"和"伊扎布特"等恐怖组织也进入活跃期，各国面临共同的安全威胁使它们产生了安全合作的意愿。

维护西北边疆的安全与稳定是中国积极推动上合组织成立的重要原因。江泽民同志在上合组织成立大会上指出，上合组织"提供了以大小国共同倡导、安全先行、互利协作为特征的新型区域合作模式"。②为维护我国西北以及中亚地区的安全与稳定，上合组织构建了多层次、宽领域以及富有成效的安全合作机制，保证了成员国之间安全合作的稳定性、务实性和长期性。具体包括以下几个方面：

第一，建立健全的法律体系。2001年6月签署的《打击恐怖主义、分裂主义和极端主义上海公约》，是上合组织打击"三股势力"法律机制的核心文件。在此基础上，上合组织形成了较为完备的安全合作法律体系，并不断根据地区安全形势的变化拟定阶段性合作纲要。在2017年上合组织阿斯塔纳峰会期间，成员国通过了《上海合作组织反极端主义公约》，进一步夯实了上合组织执法安全合作的法律基础。

第二，成立地区反恐机构。位于塔什干的上合组织地区反恐怖机构执行委员会，同各成员国以及相关国际组织负责打击"三股势力"的有关机构保持工作联系，加强成员国在应成员国请求准备和举行反恐演习以及准备和举行打击"三股势力"的缉捕以及其他行动中进行协作，收集并分析从各成员国获取的信息，建立和补充反恐机构资

---

① 国务院新闻办公室：《国务院新闻办发文〈"东突"恐怖势力难脱罪责〉》，2002年1月，人民网（http://www.people.com.cn/GB/shizheng/3586/20020121/652705.html）。
② 江泽民：《深化团结协作 共创美好世纪——在"上海合作组织"成立大会上的讲话》，2001年6月，中华人民共和国中央人民政府（http://www.gov.cn/gongbao/content/2001/content_60948.htm）。

料库等，使上合组织地区反恐怖机构执行委员会以及地区反恐怖机构理事会进一步提高了与成员国主管机构间的协调能力和合作水平，促进了本地区的安全与稳定。随着国际局势以及地区形势不断变化，上合组织地区反恐怖机构已经逐渐展现出其应对新威胁和新挑战的有效性。此外，上合组织反恐法律和机制的完善也促进了中国国内立法和反恐机构的建立，如我国分别于2001年和2002年相继成立"国家反恐怖工作协调小组"和公安部反恐怖局，为中国打击恐怖主义提供了机构保障。

第三，举行反恐联合军事演习，提高成员国反恐协作能力。截至2017年年底，上合组织共举行"和平使命""天山反恐"等系列联合军演十余次，涵盖上合组织所有成员国，且参演人数、军种、装备、演习内容等都在不断更新。如"厦门—2015"和"厦门—2017"上合组织网络反恐联合演习，是积极应对网络恐怖主义蔓延的体现，增进了成员国联合应对网络恐怖主义的能力。

由于法律、机制的有效运作和成员国协作能力的提高，上合组织得以在成员国范围内就应对"三股势力"问题开展有效合作，在上合组织框架内形成了反对"三股势力"的共同空间，不仅改善了新疆的外部安全环境，而且对"三股势力"形成了有力抑制和强大威慑。[①] 具体而言，上合组织为中国打击"东突"势力做出了以下具体贡献：通过上合组织反恐中心得以分享涉恐情报；成员国对包括"东突"势力在内的"三股势力"采取一致立场并协同行动；成员国支持中国针对"东突"采取的政策和立场；积极配合中国开展打击或遣返"东突"分子的行动；开展联合军演对"三股势力"构成了强大的威慑，等等。中国在有效打击"东突"势力方面成效明显。

总体而言，在上合组织的积极参与下，中国有力遏制了新疆暴恐活动频仍的势头，确保了西北地区的稳定大局。在打击"三股势力"的同时，上合组织的安全合作范围不断扩大，包括打击毒品走私、跨

---

① 赵华胜：《上海合作组织：评析与展望》，时事出版社2012年版，第109—112页。

国犯罪、非法贩卖武器、非法移民和边防合作等领域，而且向传染病防治、环境安全、粮食安全等领域逐步扩展，丰富了地区安全合作的内容，提高了地区安全合作的成效。仅就上合组织在维护我国西北边疆安全与稳定方面所发挥的重要作用而言，上合组织的功能只能加强而不能削弱，任何其他组织或机制均无法替代。

（三）展示了政治制度不同的国家进行合作的典范意义

众所周知，上合组织内部成员国之间政治制度差异较大。中亚成员国在吸收西方政治制度形式的同时，保留了各自的政治文化传统；俄罗斯接受了部分西方政治制度和文化，实行选举制和多党制；中国则在构建中国特色社会主义制度的道路上成效显著。一般而言，实行相似政治制度国家之间，能更好地开展国际合作，而国内政治制度的差异会对国际合作产生一定程度的消极影响。这意味着，上合组织成员国之间开展国际合作，往往比政治制度上具有较多共同性的国家面临更多困难，需要付出更多努力。面对这一问题，上合组织成员国突破了不同政治制度对国际合作的束缚，通过有效协调彼此对外政策，实现了互利共赢，从而保障了组织的顺利运行，树立了不同社会制度、意识形态、发展模式和文明背景的国家超越差异、全面合作的典范。这种典范意义在政治、经济、安全与人文交流等领域都有所体现。

在政治领域，中国与上合组织各成员国双边关系实现了全面升级。2013年9月，中国与吉尔吉斯斯坦的关系提升为战略伙伴关系。至此，中国与俄、哈、乌、塔、吉均建立了战略伙伴水平的国家关系，从而实现了中国与上合组织成员国间关系的全面升级。在经济领域，上合组织通过不断深化双边经贸合作，实现了互利共赢。上合组织成立后，中国与其他成员国的贸易额增长迅速。据统计，中国与中亚成员国（哈、吉、乌、塔）的贸易额从2002年的2.3亿美元增长到2017年的290.38亿美元（2017年中哈双边贸易额为180亿美元，中吉双边贸易额54.48亿美元，中塔双边贸易额13.70亿美元，中乌双边贸易额42.2亿美元),① 增长约55倍。受2008年金融危机的影响,2009年双方贸易增长速度有所回落,但之后双方贸易额保持稳定增长态势。在安全领域,上合组织坚持安全为先,不断巩固组织的发展基础。在人文交流方面,上合组织已经建立起文化部部长、教育部部长、科技部部长和卫生部部长会议机制,在教育、体育、旅游、环保、艺术、卫生等各领域的合作稳步推进。成员国多次成功举办艺术节、音乐节、青年节、教育周等丰富多彩的人文交流活动,并建立网络式统一教育空间(上海合作组织大学),对夯实上合组织发展的民意基础发挥了重要作用。② 此外,上合组织在阿富汗问题等地区热点问题上积极开展行动,为阿富汗稳定及和平进程做出了重要贡献。

总之,上合组织成员国之间形成了以相互信任、裁军与新安全观为内涵的新型睦邻安全模式,以结伴而不结盟为核心的新型国家关系模式,以大小国家共同倡导、安全先行、互利协作、文化互补为特征的新型区域合作模式,在国际关系中具有典范性意义。

(四) 大国关系在组织框架内得到有效调适

中俄战略协作伙伴关系是上合组织顺利成立和发展的基础。中俄在边界谈判过程中成功建立了互信,而且中俄在"上海五国"中重视相互协商的工作方式延续到了上合组织的互动中。1996年4月25日,俄罗斯总统叶利钦与江泽民主席在北京签署了第三个《中俄联合声明》,双方正式宣布建立平等信任、面向21世纪的战略协作伙伴关

---

① 2002年中国与哈、吉、乌、塔的贸易数据来自中华人民共和国国家统计局(http://data.stats.gov.cn/easyquery.htm?cn=C01);2017年中国与哈、吉、乌、塔的贸易数据来自中华人民共和国网站,分别为http://www.fmprc.gov.cn/web/gjhdq_676201/gj_676203/yz_676205/1206_676500/sbgx_676504/;http://www.fmprc.gov.cn/web/gjhdq_676201/gj_676203/yz_676205/1206_676548/sbgx_676552/;http://www.fmprc.gov.cn/web/gjhdq_676201/gj_676203/yz_676205/1206_677052/sbgx_677056/;http://www.fmprc.gov.cn/web/gjhdq_676201/gj_676203/yz_676205/1206_676908/sbgx_676912/。

② 《上合组织影响力为何越来越大》,2015年7月,新华网(http://www.xinhuanet.com/world/2015-07/07/c_127994952_2.htm)。

系。次日,"上海五国"签署《关于在边境地区加强军事领域信任的协定》,奠定了五国合作的基础。应该说,上合组织的成立离不开中俄两国的推动与战略协作。

上合组织成立后,中俄战略协作伙伴关系为深化中俄合作以及上合组织的发展产生了重要的推动作用。中俄是上合组织成员国中实力最强、影响力最大的国家。在上合组织框架内,尽管两国在利益需求、组织重心和前景设想等方面存在差异,甚至在一些领域存在竞争,但总体来看,合作是主流,竞争居次要。正因为上合组织的存在,中俄双方有了一个沟通关切、协调立场的重要平台,推动中俄关系的内涵与形式不断拓展与丰富。2011年,两国建立了平等信任、相互支持、共同繁荣、世代友好的全面战略协作伙伴关系,2014年中俄全面战略协作伙伴关系进入新阶段。当前,中俄关系处于历史最好时期。两国高层交往频繁,形成了元首年度互访的惯例,建立了总理定期会晤、议会合作委员会以及能源、投资、人文、经贸、地方、执法安全、战略安全等完备的各级别交往与合作机制。

首先,上合组织培育和加强了中俄政治互信。客观来说,中俄互信缺乏历史基础。而上合组织始于边界谈判,它的成立对中俄关系具有历史意义,其发展培育和巩固了两国高水平政治与战略互信。[①] 在上合组织的推动下,两国政治互信不断深化。双方签署的《中俄睦邻友好合作条约》,将世代友好的理念以法律形式确立下来。双方还达成了"四个相互坚定支持"共识,即坚定支持对方维护本国主权、安全、领土完整等核心利益的努力,坚定支持对方走符合本国国情的发展道路,坚定支持对方发展振兴,坚定支持对方把自己的事情办好。中俄互为最可信赖的战略伙伴,这种政治与战略互信对两国国家安全具有不可估量的影响,而且还可能为中俄合作应对当前盛行的民粹主义和美国推动的去全球化浪潮提供支持。

---

① 翟潞曼:《普京:中国是俄主要伙伴 中俄政治互信水平非常高》,2016年12月,环球网(http://world.huanqiu.com/exclusive/2016-12/9807510.html)。

其次，上合组织促进了中俄之间的交流与合作。上合组织为中俄交流与合作提供了机制保障，中俄接触和交流的机会大大增加。第一，中俄建立了各层级、各部门、各地方交往和磋商机制，使中俄关系发展具有牢固的机制保障。第二，中俄积极对接彼此发展战略，当前两国已经就"一带一路"倡议同欧亚经济联盟的对接达成共识，双方在能源、贸易、投资、高新技术、金融、基础设施建设、农业等多个领域的合作发展迅速。第三，中俄两国关系发展的社会和民意基础日益牢固。两国人文交流活动丰富多彩，人员往来密切，人员往来每年超过300万人次，中国连续多年保持俄罗斯最大外国游客客源国地位。此外，双方还互设文化中心、成立联合大学等，增进了两国人民之间的相互了解。

最后，上合组织塑造了中俄的部分互动行为及规范。经过长期积累，上合组织形成了机制或非机制化的多种规范，如以首脑协调与积极对话为特征的决策合作规范，以独立自主与尊重差异为特征的主权平等规范，以及以共同安全与多样合作为特征的务实外交规范等。这些规范内容符合成员国的利益，且与各国国内规范相匹配。它们通过上合组织制度化建设的实践得以持续传播，最终成为指导上合组织成员国行为和相互关系的准则。中俄作为上合组织的重要成员，这些准则也外溢到中俄关系中，对两国关系产生了有形或无形、机制化和非机制化的规范作用。①

印度加入后，上合组织同样可为调适中印关系提供新的平台。当前，中印两国战略不信任增强；中印贸易逆差较大，印度制造业受到中国产品的冲击；在安全领域，中印边界争端阻碍着两国关系顺利发展，等等。为应对中国影响力的扩大，印度在外交层面上加强了与其他大国的联系。在此背景下，印度加入上合组织为调适两国关系提供了有利的机遇和平台。在上合组织框架内，可以采取一些务实的措施，如加快印度融入上合组织经贸与金融合作、整合与扩展安全合作

---

① 赵华胜：《上海合作组织：评析与展望》，时事出版社2012年版，第162页。

与反恐网络等，或许可以使中印紧张关系得到一定程度的缓解，进而提高双方之间的合作水平。

（五）开展国际合作提高国际影响力

第一，上合组织对非成员国持开放与合作的态度。上合组织不是一个排他性的政治、军事集团，它一贯提倡与非成员国开展建设性的对话，只要这些行为体认可《上海合作组织宪章》和"上海精神"等理念，上合组织愿意与之进行接触并建立联系。上合组织已构建起了包括正式成员国、观察员国、对话伙伴国三个层次的伙伴关系网络，而通过吸收观察员国与对话伙伴国，上合组织也实现了自身影响力的不断扩大。2004年蒙古国被吸收为观察员国，2005年印度、巴基斯坦、伊朗成为观察员国，2009年斯里兰卡和白俄罗斯成为对话伙伴国，2012年阿富汗成为观察员国，土耳其成为对话伙伴国。2015年上合组织又批准白罗斯成为观察员国，同时给予阿塞拜疆、亚美尼亚、柬埔寨和尼泊尔对话伙伴国地位。2017年上合组织阿斯塔纳峰会决定给予印度、巴基斯坦上合组织正式成员国地位，实现了自成立以来的首次扩员。

扩员后，上合组织覆盖的地域范围扩展至南亚地区，显著提升了组织的地缘政治影响力。目前，8个成员国领土总面积超过欧亚大陆的3/5，人口占世界近一半，国内生产总值占世界20%以上，上合组织市场潜力进一步扩大。与此同时，上合组织将"金砖国家"中的中、俄、印三国纳入其中，增强了上合组织的国际影响力和话语权。同时，印度和巴基斯坦的加入使上合组织的辐射范围扩至南亚地区，有助于上合组织增进与南亚区域合作联盟等国际组织之间的联系，拓宽与它们的合作领域。

第二，上合组织同样乐于同其他持有善意的国际组织建立联系。首先，上合组织与联合国的联系不断加强。自2004年上合组织获得联合国大会观察员地位以来，两者的关系取得了明显进展。2010年双方签署上合组织秘书处与联合国秘书处合作的共同宣言，2011年上合组织秘书处与联合国毒品控制和犯罪预防办公室签署谅解备忘录，2012年上合组织秘书处与联合国亚洲及太平洋经济社会委员会秘书处签署谅解备忘录。2016年11月，第71届联合国大会以口头表决的方式通过了《联合国同上海合作组织的合作》的决议。2016年11月，"联合国与上海合作组织，共同应对挑战和威胁"高级别会议在联合国总部举行。总体来看，联合国积极肯定上合组织在维护地区安全稳定等方面的作用，上合组织全力支持加强联合国在国际事务中的作用，积极开展与联合国安理会反恐委员会的合作，参与联合国框架内阿富汗经济重建项目等。

其次，上合组织与独联体集体安全条约组织（下称"集安组织"）的合作朝着务实有效的方向发展。上合组织与集安组织成员大部分重叠，涵盖地域交叉，功能部分重合。受两个组织主导国合作关系、面临共同战略压力以及在保障中亚地区安全等问题上面临共同任务等因素的影响，两者表现出较强的合作意愿，并逐步付诸实践。① 2007年10月，两个组织签署了《上海合作组织秘书处与集体安全条约组织秘书处谅解备忘录》，双方决定共同维护地区和国际安全与稳定，打击恐怖主义、非法贩运毒品、非法贩运武器、跨国有组织犯罪等，致力于建立与发展平等和建设性合作关系。两个组织的安全合作有利于打击"三股势力"，强化禁毒努力、维护中亚地区安全以及稳定阿富汗局势等。

最后，上合组织与欧亚经济联盟的合作关系不断发展。欧亚经济联盟与上合组织在地域、成员国以及经济功能上有一定重合，这决定了它们在一定程度上存在竞争。但是，中俄全面战略协作伙伴关系的确立以及双方在中亚地区不存在根本利益的冲突等，为两个组织开展合作提供了必要的条件。② 2006年5月8日，上海合作组织秘书长张

---

① 王树春、朱震：《上合组织与集安组织为何合作大于竞争？》，《国际政治科学》2010年第2期。

② 郭晓琼：《竞争与合作，对欧亚联盟与上海合作组织关系的思考》，《俄罗斯中亚东欧研究》2013年第3期。

德广与欧亚经济共同体秘书长拉波塔在北京签署了谅解备忘录，开启了这两个组织合作的历史进程。在建设"一带一路"背景下，上合组织加强与欧亚经济联盟的合作具有重要的意义。2015年5月，中俄两国签署《中华人民共和国与俄罗斯联邦关于丝绸之路经济带建设和欧亚经济联盟建设对接合作的联合声明》后，上合组织对推动"一带一路"倡议与欧亚经济联盟对接发挥的作用更加重要。

最后，上合组织还与东盟等国际组织积极开展合作，并与联合国开发计划署、亚太经合组织、欧盟、世界海关组织和经济合作组织建立联系。总之，在对外开放和国家合作方面，上合组织奉行不结盟、不针对其他国家和组织及对外开放原则，深化与其他国际组织的关系，积极参与地区和国际事务，提升了自身的国际影响力。

（六）为建设"一带一路"提供了一定的机制保障

"一带一路"倡议是我国在新的历史条件下实行全方位对外开放的重大举措和推行互利共赢的重要平台。"一带一路"建设需要依托现有合作机制的增强与相关国家的沟通，从而推动多边、双边和跨区域的合作。其中，上合组织是一个现有的不可或缺的平台。首先，得益于在上合组织框架内多年互动积累的互信，中国与其他成员国可就如何参与"一带一路"建设进行协商，并拟定和启动具体的双边合作项目；其次，上合组织作为一个地区性合作机制，它可以为成员国协商和启动涉及多个成员国的"一带一路"项目提供合作平台；最后，由于上合组织还包括了多个观察员国和对话伙伴国，而这些国家又是"一带一路"沿线国家，这使上合组织可就联合推出相关合作项目进行协商，并付诸实践。大体而言，上合组织是中国实施"一带一路"倡议的重要平台和主要抓手。在今后"一带一路"建设中，应该依托上合组织做好以下两个方面的工作：

第一，发挥现有国际协调机制与平台，促进区域多边合作。目前，"一带一路"倡议实施更多依靠中国与沿线国家的双边合作，这不仅增加了交易成本，而且各国之间的相互竞争也造成资源的浪费。①此外，面对全球经济低迷态势，上合组织成员国分别提出各自的发展规划与战略，如俄罗斯建立欧亚经济联盟和提出"大欧亚伙伴关系"计划；哈萨克斯坦正在部署《2025年前战略》和"光明之路"计划；乌兹别克斯坦提出"2015—2019年生产本地化纲要"；吉尔吉斯斯坦已完成《2013—2017年国家可持续发展战略》并开启了新阶段国家建设；塔吉克斯坦执行拉赫蒙总统2013年就职仪式上的讲话精神，努力实施《至2030年国家战略》；蒙古国提出"草原之路"战略；印度致力于实施"季风计划"等。这些国家的发展规划与战略都需要构建开放合作的国际市场环境，以满足国内产业发展的需求，而这与中国提出的"一带一路"倡议有契合之处。在充分研究这些战略契合之处的基础上，利用上合组织等平台开展具体的战略对接与合作，削减合作中额外的交易成本，可使各方在推进战略对接的过程中实现互利共赢，协同发展。

第二，加强中国与传统联系较少的国家间的经济合作，推动区域基础设施建设。当前"一带一路"涉及亚欧大陆60多个国家和地区，部分国家和地区与中国的传统经贸联系并不紧密。不仅如此，"一带一路"覆盖的部分地区安全形势不容乐观，民族宗教文化各异，市场机制、法律法规不健全，企业经营风险较大等问题较为普遍。事实上，从"一带"的空间形态来看，它呈现出非均衡对称的结构特征，即中间地带与两端的经济圈相比存在巨大的落差。尤其是中亚地区经济发展基础较差、交通不够便利、经济联系薄弱、融资困难等，成为"一带"建设需要重点关注的问题。由此可见，上合组织经济职能的发展与扩大，能够为"一带"建设提供有利条件，特别是在这些国家的基础设施建设方面。但是，当前部分上合组织成员国、观察员国和对话伙伴国存在法制不健全、安全风险等问题，使中国尝试通过双

---

① 凌胜利：《上海合作组织扩员与中国的"一带一路"战略》，《欧亚经济》2017年第5期。

边方式解决这些问题面临很大挑战。上合组织的存在,为中国与这些国家协商应对风险、推进彼此之间的互联互通提供了一个渠道。除了有助于联合应对风险之外,上合组织还促进了中国与其他成员国、观察员国和对话伙伴国之间的团结,这对于上合组织成员国应对目前越来越多不确定性所带来的诸多挑战具有重要意义。

第二节 上合组织面临的挑战

2017 年,上合组织吸纳印度与巴基斯坦为新成员,带来了如何消化扩员效应的问题。加之上合组织在运行中本就存在的一些问题,使上合组织的发展面临诸多挑战。这些挑战主要体现在以下几个方面:

(一)组织框架内经贸合作成效有待提高

从长远看,经贸合作的成效在很大程度上影响成员国对待上合组织的态度,进而决定该组织的发展前景。为提高上合组织经贸合作的成效,需要通过上合组织框架内区域经济发展水平的提高来实现。目前,尽管上合组织成员国经济合作的范围、规模和深度等都在不断拓展,然而,经济领域的合作仍然是上合组织的发展"短板"。[1] 总体来看,上合组织在推进经贸合作方面存在以下不足:其一,上合组织多边经济合作的潜力还未充分发挥出来。成员国之间双边经贸合作远多于多边合作,由此造成上合组织在多边经贸合作中的作用并未得到有效展现。其二,经贸合作领域签署的协议,一些并未落到实处,在某些方面甚至落入了"以文件落实文件"的窠臼。其三,事关上合

---

[1] 俄联邦总统上海合作组织事务特别代表、俄罗斯外交部亚太合作司长巴赫蒂亚尔·哈基莫夫在上海合作组织成员国政府首脑(总理)理事会第十六次会议召开前表示,上合组织"经济领域的合作相对成为'短板',滞后于政治领域的协作"。见《俄罗斯官员:上海合作组织发展迅速前景广阔》,2017 年 11 月,国际在线(http://news.cri.cn/20171130/79fae0bb - e647 - 840f - 55d2 - 6ab2beb94b71.html)。

组织发展的重大项目进展缓慢,上合组织开发银行、上合组织自贸区等重大项目推进缓慢。成立上合组织开发银行是促进其多边合作的重要战略举措,对上合组织的未来发展意义深远。在当前全球经济下行压力加大、贸易保护主义明显抬头的背景下,加快推进上合组织自贸区建设,在上合组织各成员国之间建立起更为紧密和深入的经济联系尤为必要。① 然而,自中国于 2011 年提出建立自贸区倡议至今,上合组织在这一问题上仍未取得实质性进展。

应该说,造成上合组织框架内经贸合作成效不彰的原因是多方面的。首先,成员国内部经济发展状况差异较大,由此导致各方的认知和利益诉求存在明显差异,特别是中俄对区域经济合作的设想差异较大。俄罗斯推进区域合作战略的重心,是尝试通过整合苏联空间,进而提升自身在地区合作中的地位和实力。② 基于此,俄罗斯致力于以欧亚经济联盟为框架推进区域一体化,并以欧亚经济联盟为中心构建面向中国、印度、日本等国家的大欧亚伙伴关系网络。③ 在此背景下,尽管建立上合组织自贸区预计可为该区域带来近 1000 亿美元的收益,并有效提升上合组织框架内的多边经济合作水平,④ 但出于自身利益考虑,直到 2017 年 12 月,俄总理梅德韦杰夫仍表示自贸区的建立仍是一个远景目标。⑤ 时任上合组织秘书长阿利莫夫也坦言,部分成员国担心中国会在自贸区中居主导地位,这是导致它们对该倡议态度冷

---

① 《〈上海合作组织黄皮书:上海合作组织发展报告(2016)〉指出——中国应在上合组织发挥更大作用加快推进自贸区建设》,2016 年 6 月,人民网(http://world.people.com.cn/GB/n1/2016/0622/c1002-28469754.html)。
② 富景筠:《丝绸之路经济带与欧亚经济联盟:如何实现战略对接?》,社会科学文献出版社 2016 年版,第 27 页。
③ 赵华胜:《中国与大欧亚伙伴关系计划》,《国际问题研究》2017 年第 6 期。
④ 和佳:《李克强开启"上合组织时间"聚焦区域经济合作》,2016 年 11 月,21 世纪经济报道数字版(http://epaper.21jingji.com/html/2016-11/03/content_49665.htm)。
⑤ 《俄总理表示短期内建立上合组织自贸区的可能性不大》,2017 年 12 月,中华人民共和国驻哈萨克斯坦共和国大使馆经济商务参赞处(http://kz.mofcom.gov.cn/article/jmxw/201712/20171202680889.shtml)。

淡的主要原因。① 事实上，中亚国家经济结构相对单一、经济基础比较薄弱的事实，使中亚国家将优化自身经济结构作为优先目标，这与中国基于经济互补带来的收益积极推动建立上合组织自贸区的目标存在一定错位。②

其次，上合组织决议表决程序存在不合理、不完善之处。上合组织宪章第十六条规定："本组织各机构的决议以不举行投票的协商方式通过，如在协商过程中无任一成员国反对（协商一致），决议被视为通过。"该决策原则在尊重国家平等和保证组织不被任何一个大国主导的同时，也使一些具体的合作决议久拖不决，如筹划数年的上合组织发展银行由于俄罗斯的怀疑而无法建立等。尤其是涉及经贸合作的协议，在现实中往往很难满足所有成员国的利益。由此导致的后果是，短期的双边经贸合作协议比较容易达成，而长期的区域合作协议则很难签署。③ 换言之，成员国存在重视短期利益、忽视长远追求的问题。长此以往，上合组织的经济功能更多地着眼于短期问题，而无法在建立长期区域经济合作机制上取得突破。这或许也将上合组织成员国之间的合作提供了一定条件。④

最后，成员国之间特别是中亚国家之间的关系并不稳定。印巴加入前，上合组织成员国之间的关系，尤其是中亚成员国之间的复杂关系，已是掣肘上合组织多边经贸合作的一个突出因素。有学者曾对1992—2006 年中亚国家高层互访进行分析，结果表明，中亚国家间双边互访次数明显少于中亚国家与世界其他国家的双边互访数量。中亚五国间的双边互访数量仅占它们与世界各国互访总次数的 10%；而在 2002—2006 年，中亚国家间的互访占比更低。互访次数较少且

---

① 《上海合作组织秘书长阿利莫夫：上合组织内部将建自贸区》，2017 年 1 月，搜狐网（http://www.sohu.com/a/124110738_498925）。
② 赵华胜：《上海合作组织：评析与展望》，时事出版社 2012 年版，第 246—250 页。
③ 王志远、石岚：《上合组织经济合作的主要障碍与对策分析》，《新疆师范大学学报》（哲学社会科学版）2013 年第 6 期。
④ 周明：《乌兹别克斯坦新政府与中亚地区一体化》，《俄罗斯研究》2018 年第 4 期。

互访率不稳定，说明了中亚国家间官方交流水平较低。而另一项更早的分析表明，中亚五国的政治家、安全官员、学者、非政府组织领导、记者和社会科学家除了对哈萨克斯坦和吉尔吉斯斯坦两国关系持积极看法外，对中亚其他双边关系均持负面态度。造成这种局面的因素很多而且持续存在，其中位列前五的依次是领土争端、水资源争端、其他国家的影响、地区领导权之争和交通路线。① 成员国之间错综复杂的关系不利于多边经贸合作的长期有效开展。总之，虽然中亚被外界视为一个整体区域，但五国并未形成有深度的区域认同，这对上合组织通过理顺成员国之间关系进而达成共识提出了挑战。随着米尔济约耶夫当选乌兹别克斯坦新总统，乌与其他中亚国家之间的关系得到明显改善，这或许有助于改善中亚成员国之间合作不畅的顽疾。

（二）安全合作需要拓展和完善

成员国参与上合组织安全合作更多出于对成本—收益权衡的考虑，较少基于对规则或规范的认同参与安全合作，这不利于上合组织安全合作的深入发展。

第一，尽管上合组织已经发布不少涉及安全合作的宣言和法律文件，但具体落实却比较缓慢，不少仍停留在书面或起步阶段。② 虽然这些宣言或法律文件不断强调打击"三股势力"及联合应对其他安全威胁的必要性，并确立了相关的宗旨、原则、方向、合作方式及落实机制，但整体而言，上合组织由于没有如集安组织快速反应部队那样的手段，其应对突发安全事件的能力较弱。上合组织的安全合作机制建设有待完善。以反恐为例，在上合组织出台的反恐法律文件中，

---

① 关于这两项调查及中亚双边关系的具体情况，详见周明《影响中亚地区一体化的主要因素探析》，《国际问题研究》2016 年第 3 期。

② 赵华胜认为，上合组织的许多规划和项目都还停留在书面状态或理论阶段，即宣言多，实际结果少。参见赵华胜《上海合作组织：评估与发展问题》，《现代国际关系》2005年第 5 期。

涉及反恐司法合作的内容较少,① 各成员国对恐怖主义手段和范围等的界定存在一定差异。同时,上合组织的反恐预警机制、反恐监督机制及反恐决策机制均有待完善,上合组织反恐法律机制与成员国立法、司法制度的对接也存在问题,导致上合组织制定的法律条文在部分成员国难以落实。② 就上合组织地区反恐怖机构而言,它存在人员与经费均不足的局限,活动也受到很大限制。第二,在上合组织的安全合作中,联合军演虽提高了成员国的反恐协作能力,但上合组织只能为它们提供外交支持,并未介入各国的反恐实践,这无疑削弱了上合组织反恐合作的成效。第三,在上合组织举行的多边反恐军事演习中,除"和平使命—2007"外,乌兹别克斯坦由于关心西方国家的态度或出于坚持"独立""自守"的外交政策原则往往选择不参与,而上合组织对成员国是否选择参加军演采取自愿原则。这说明在参加联合反恐行动方面,上合组织的凝聚力仍有待提高。

另外,中亚地区安全形势严峻要求上合组织在安全领域进一步加强合作。在某种程度上,中亚恐怖分子活动受到地区局势的影响。近年来,在中东局势的影响下,中亚极端分子呈现"外流"与"回流"两种运动路径,并且相互交错,展示出新的分化组合特征。中亚恐怖分子的流动增加了域内外国家发生恐怖袭击的概率,给相关地区和国家带来安全挑战。为应对中亚极端分子"外流"与"回流"并存带来的安全威胁,上合组织成员国在继续加强对国内恐怖活动的预防、监测和打击力度的基础上,还需进一步加强边界管控,推进地区反恐合作向着纵深、全面的方向发展,着力提升恐怖主义的区域治理能力。

(三)组织内的双边合作与多边合作有待协调

从上合组织成员国间的合作领域来看,主要集中在安全和经济两个领域,而安全合作主要集中于打击"三股势力"、走私、贩毒、跨

---

① 刘猛:《〈反恐怖主义法〉视域下中国的反恐国际合作》,《山东大学学报》(哲学社会科学版)2017年第2期。
② 同上。

国犯罪和非法移民等非传统安全领域。在安全合作取得一定成效的同时，上合组织成员国对经济合作的需求日益突出。就成员国在上述两个领域的合作模式来看，上合组织框架内的合作主要包含双边和多边两种路径。处理好双边合作与多边合作的关系，使两者之间形成相互配合、相互促进的良性互动模式，是推动上合组织稳健发展、提高上合组织制度效率的重要保障。

在上合组织内部，成员国之间多边合作的效率要比双边合作更高，而成本要低，因为国际制度的一个重要功能在于削减成员国合作的交易成本。然而，尽管上合组织这一多边机制是成员国赖以追求共同利益的重要方式，但不论是安全领域还是经济领域，在上合组织框架内成员国采取双边形式的合作同样很多。整体而言，成员国之间的双边合作项目明显多于多边合作项目，多边合作水平因此明显滞后于成员国间的双边合作水平。①

导致这一问题的原因是多方面的，归结起来，主要有以下几点。

首先，上合组织各成员国的文化观念和集体身份认同问题。在现有的八个正式成员国中，哈萨克斯坦、吉尔吉斯斯坦、乌兹别克斯坦、塔吉克斯坦和俄罗斯之间因为历史原因，存在文化观念的相似性以及各种联系的广泛性，使得上述国家间开展双边或多边合作阻力较小。而中印、印巴之间存在一定竞争关系，且与上述原苏联国家之间不存在相似的历史记忆和广泛的历史联系，所以开展双边或多边合作的阻力也相对较大。

其次，上合组织内部的双核心结构问题。一般意义上的区域组织总会产生一个居于主导或引领作用的"核心"成员，其他成员有意或无意地围绕该"核心"成员开展工作，如北大西洋公约组织中的美国、海湾合作委员会中的沙特等。但上合组织存在两个核心成员——中国和俄罗斯，虽然中俄两国对上合组织的发展都投入甚多，

---

① 王树春、万青松：《上海合作组织与欧亚经济共同体的关系探析》，《世界经济与政治》2012 年第 3 期。

但两国在上合组织的优先发展方向上存在一定分歧。这种对于组织未来发展方向存在的分歧,对成员国之间开展深层次的多边合作构成了一定程度的牵制。

最后,其他区域或国际组织与上合组织的竞争问题。扩员前的上合组织以中亚地区为核心区域,然而四个中亚成员国同时也是独联体成员。在独联体框架外,它们中的部分国家还是欧亚经济联盟、集安组织等组织的成员国。如俄罗斯、哈萨克斯坦、吉尔吉斯斯坦、塔吉克斯坦是集安组织成员国,前三个国家还是欧亚经济欧盟的成员国。显然,同一个国家参加涵盖功能相似的地区性国际组织,必然会在一定程度上分散它们的精力和投入,[①] 进而影响这些成员国在上合组织框架内与其他成员国之间的合作。当俄罗斯主导的集安组织与欧亚经济联盟分别致力于推进与中亚成员国在安全与经济领域的合作时,上合组织的发展无疑会受到一定程度的影响。

总之,出于多方面的原因,上合组织各成员国之间大多采取双边而非多边的方式开展合作。尽管理论上双边合作与多边合作可以相互配合、彼此促进,但在上合组织的实际运行过程中,较多依赖双边合作,无疑会影响到多边合作的进展与成效。

(四) 扩员带来的新问题

2017 年,上合组织实现了成立以来的第一次扩员。扩员对组织的发展而言,首先会带来如何有效融合新成员的问题。此外,扩员的挑战还在于新成员印度和巴基斯坦之间的竞争关系。总体来看,扩员对上合组织提出的挑战主要包括以下几个方面:

第一,成员国之间的协作难度增大。如何弥合上合组织成员国之间的分歧,使之不影响上合组织的长远发展,是上合组织扩员后面临的最大挑战。近年来,印巴冲突对立趋多,两国关系持续紧张。两国

---

① 莫洪宪:《上海合作组织存在的问题及我国的对策》,《武汉大学学报》(哲学社会科学版) 2005 年第 6 期。

能否避免把彼此分歧带入上合组织,是所有上合组织成员都非常关心的问题。上合组织应该成为弥合成员国分歧的平台,至少能够帮助相关国家绕开分歧致力于开展互利共赢的合作,而不应成为彼此"吵架"的场所。① 因此,上合组织需提高自身的组织协调能力和危机管控能力,妥善处理成员国之间的矛盾,以保障其平稳运行。

第二,成员国之间的合作难度增加。在安全合作方面,因印巴两国对恐怖和极端组织的定义不同,再加上中印和印巴间的边界纠纷尚未解决,双方在"一带一路"及互联互通等问题上的严重分歧令人担忧。印度不参加"一带一路",而且对中巴经济走廊的反对十分明确。这些矛盾一旦在上合组织会议上被提出,不仅会使中印巴三方的分歧公开化,甚至可能在上合组织内部产生分化,这种局面一旦出现,将影响上合组织的顺利运行。

第三,上合组织的工作机制需要调整。首先,成员国数量的增加,会加大成员国达成有效共识的难度,而组织"论坛化"的可能性随之提高。其次,由于成员国本来就存在较为复杂的利益关系,为避免某些议题影响自身利益,成员国使用否决权的频率也会上升。可以预料,扩员后的上合组织就重大问题做出有效决策的能力会有所下降。到目前为止,上合组织缺乏冲突调解机制,一旦印巴或其他成员国之间爆发公开冲突,上合组织将面临如何协调成员国之间关系、保障组织顺利运行的难题。对此问题,应该考虑如何解决。

(五)上合组织与"一带一路"倡议的协调问题

上合组织与"一带一路"的关系涉及两个方面。其一,上合组织在"一带一路"建设中的作用。其二,"一带一路"建设对上合组织可能产生的影响。就前者而言,上合组织可以为"一带一路"建设提供安全保障,并作为成员国之间推进"五通"的重要平台。就后者而言,"一带一路"建设为上合组织注入了新的发展动力,有助于

---

① 林民旺:《扩员给上合组织带来新的机遇和挑战》,《世界知识》2017年第12期。

促进区域经贸合作从双边到多边的转型，进而强化上合组织的经济功能。目前，学术界和媒体更多强调上合组织如何满足"一带一路"建设的需要。但是，上合组织作为一个区域性国际组织，其涵盖范围主要是俄罗斯、中亚以及南亚地区，因此上合组织对"一带"其他区域的推动作用是有限的。另外值得注意的是，"一带一路"建设可能对上合组织的发展带来十分复杂的影响，既有积极的，也可能有消极的。尽管上合组织与"一带一路"倡议发展理念相通、追求目标相同、实践路径相近、发挥作用相融，① 但不应该偏重其一，更应该协同发展，协调好两者之间的关系。

为实现上合组织与"一带一路"协同共进，应积极推动"一带一路"倡议与上合组织成员国发展战略的对接。到目前为止，"一带一路"建设与上合组织成员国的发展战略对接合作已经进入从理念到行动、从规划到实施的新阶段。如"一带一路"与欧亚经济联盟以及与哈萨克斯坦"光明之路"计划的对接已初见成效，中国同欧亚经济联盟的合作已进入经贸合作协议谈判的阶段。不过，在实现战略对接的过程中，上合组织缺乏融资平台，各国之间存在的投资和贸易壁垒以及对接进程较为缓慢等，也对上合组织与"一带一路"协同发展提出了挑战，这些挑战具体如下：

一是上合组织框架内融资困难。随着"一带一路"倡议向纵深推进，上合组织对资金的需求进一步扩大。通过"丝路基金"、中国—欧亚经济合作基金等金融平台，中国可以部分解决上合组织成员国的投资需求。不过，上合组织缺乏自己的融资平台，限制了上合组织与"一带一路"沿线国家的战略对接进程。上合组织应继续研究建立上海合作组织开发银行的可行性，尤其需要与其他成员国取得共识，尽快构建组织自身的融资平台。

二是贸易和投资壁垒阻碍了上合组织和"一带一路"的发展。上

---

① 孙壮志：《"一带一路"与上合组织实现互动发展》，2017年4月，中国社会科学网（http://www.cssn.cn/zx/201704/t20170415_3487110_2.shtml）。

合组织成员国已经签署了多边经贸合作纲要及推进项目合作措施清单，但落实情况较差。同时成员国市场准入设限较多，通关效率较低等，阻碍了商品、技术、信息和人员在成员国之间的流动。这要求上合组织顺应经济发展和区域合作的趋势，尽快建立贸易和投资便利化机制。为此，上合组织需要加快商签《上合组织贸易便利化协定》，同时做好上合组织自贸区的可行性研究。

三是发展战略对接进程缓慢。上合组织成员国大多处于国家建设和社会转型的关键阶段，并制定了相应的发展战略。然而，"一带一路"建设除了与哈萨克斯坦"光明之路"计划取得明显进展外，与其他成员国战略规划的对接进程相对滞后。做好"一带一路"与上合组织成员国战略对接工作，能够充分发挥各国资源、技术、人才、资金等方面的比较优势，实现区域经济整体效益大幅提升。不仅如此，上合组织也要投入更多资源推动上合组织框架内各层级经济合作机制的建立，如筹建地方合作机制、成立经济智库联盟和电子商务工商联盟等。

第三节　青岛峰会与上合组织的新征程

2018年6月9—10日，上海合作组织在中国青岛召开成员国元首理事会第十八次会议，这也是上海合作组织扩员后举办的首次峰会。在此次峰会上，上合组织8个成员国的元首签署和批准了一系列重要文件，这意味着上海合作组织踏上新的征程。对青岛峰会成果的梳理，可根据中国国务委员兼外交部部长王毅5月28日在中外媒体吹风会上对青岛峰会所做的预期来展开。在中外媒体吹风会上，王毅国务委员对青岛峰会所做的展望是：着眼新时代、形成新共识、制定新举措、绘制新蓝图、实现新发展。① 从峰会批准的文件和成员国元首

---

① 王毅：《期待上海合作组织从青岛再次启航》，2018年5月，中国外交部网站（http://www.fmprc.gov.cn/web/wjbzhd/t1562947.shtml）。

在峰会上进行的互动来看，青岛峰会在以上五个方面均取得了进展，契合王毅国务委员对青岛峰会所做的展望。

（一）青岛峰会着眼于新时代

青岛峰会对上海合作组织所处的时代背景做出了新的判断。上合组织成员国一致认为，当前国际格局正在历经调整，世界正处在大发展大变革大调整时期，地缘政治版图日益多元化、多极化，国与国之间相互依存更加紧密。具体而言，扩员后上合组织面临的新时代具有以下特征：在政治领域，当今世界霸权主义和强权政治的继续存在与推动国际秩序朝着更加公正合理方向发展的呼声同时并存，国际社会要求推进国际关系民主化的呼声强劲；在经济领域，当今世界单边主义、贸易保护主义、逆全球化思潮新的表现与各国利益交融、命运与共的趋势并存，但合作共赢是大势；在安全领域，无论是传统国家间竞争与冲突，还是恐怖主义、贩运毒品和有组织犯罪、传染性疾病、气候变化等非传统安全威胁均呈上升趋势，国际社会要求对传统安全与非传统安全威胁进行有效全球治理的呼声一并高涨。

错综复杂的国际环境，给踏上新征程的上合组织既带来了新的机遇，也给上合组织的平稳运行提出了新的挑战。经过十九年的发展，上合组织取得了一系列的成就，不仅有效地促进了成员国间的团结、发展了政治互信、提升了各国的经济发展水平及彼此间的合作水平、保障了成员国及所在地区的和平与稳定，而且开创了地区合作的新模式、树立了国家间互利合作的新典范、展示了组织影响力不断得到提升的新趋势。基于取得的这些成就，上合组织有能力直面挑战。事实上，上合组织能够在错综复杂的形势下未遭遇解体，反而对欧亚地区诸多非正式成员国产生吸引力，足以说明上合组织具备应对大国竞争关系日益明显和逆全球化浪潮渐趋强劲等局势变化的能力。客观而言，上合组织所涵盖的地域，是当前"失序世界"中的一座"稳定之岛"。当成员国坚定支持上合组织，上合组织将获得更强劲的发展动力面对挑战，并取得新的发展成绩。

（二）青岛峰会形成了新共识

上合组织成员国在青岛峰会达成了诸多新共识，这些新共识至少涵盖以下六个方面：（1）关于上合组织的发展经验与地位的共识。对上合组织所取得的成就，成员国持一致肯定的态度，他们认为上合组织已是"当代国际关系体系中极具影响力的参与者"，"树立了密切和富有成效的合作典范"，"已成为独一无二、极具影响力和威信的地区组织"；①（2）关于新成员国融入上合组织成效的共识。对于新成员国印度和巴基斯坦自 2017 年加入上合组织后的表现，上合组织予以一致认可，认为两国"加入后各领域合作迈上了新台阶"，②而对于上合组织的未来而言，两国的加入"使上合组织合作潜力不断扩大"；③（3）关于上合组织重点合作领域的共识。这方面达成的共识尤为丰富，涵盖成员国的安全合作（包括打击"三股势力"、禁毒、网络安全、执法安全、信息安全、联合军演、防核扩散等）、经贸合作、反腐、司法合作、政党合作、立法机关合作、生态与农业领域的合作、涉及民心相通领域的合作（如文化、教育、科技、旅游、卫生、青年交流、媒体、体育等）诸多领域；（4）就重大国际问题达成了新共识。如呼吁国际社会维护《联合国宪章》与联合国安理会的权威、加强国际核不扩散体系、推进核裁军进程、维护国际禁毒体系、完善全球经济治理体系、推动通过国际恐怖主义全面公约等。不仅如此，上合组织还就如何调解阿富汗局势、叙利亚危机、乌克兰危机、朝鲜半岛问题、伊朗核问题等重大地区与国际问题发出一致声音；（5）关于欢迎或支持特定成员国发展战略、国际倡议、举办国际活动的共识。如上合组织成员国均一致欢迎中国举办的中国国际进

---

① 《上海合作组织成员国元首理事会会议新闻公报（全文）》，2018 年 6 月，新华网（http：//www.xinhuanet.com/world/2018-06/10/c_1122964631.htm）。

② 《上海合作组织成员国元首理事会青岛宣言（全文）》，2018 年 6 月，新华网（http：//www.xinhuanet.com/2018-06/11/c_1122964988.htm）。

③ 《上海合作组织成员国元首理事会会议新闻公报（全文）》，2018 年 6 月，新华网（http：//www.xinhuanet.com/world/2018-06/10/c_1122964631.htm）。

口博览会与2018年在俄罗斯举办的国际足联世界杯足球赛、欢迎中亚五国在2018年3月15日达成的首次中亚国家元首峰会成果、支持塔吉克斯坦倡导的"水促进可持续发展"国际行动十年的倡议（2018—2028年）、支持吉尔吉斯斯坦与塔吉克斯坦竞选联合国安理会非常任理事国的愿望、欢迎乌兹别克斯坦在2017年9月第72次联大会议上提出的《教育与宗教包容倡议》、欢迎吉尔吉斯斯坦举办第三届世界游牧民族运动会，等等；（6）关于上合组织未来发展方向的共识。对此，成员国一致同意将继续弘扬"上海精神"，以"推动建设相互尊重、公平正义、合作共赢的新型国际关系，确立构建人类命运共同体的共同理念"，① 并确保上合组织能"有效解决地区和全球问题，促进政治和经济稳定，构建公正、平等的国际秩序"。②

（三）青岛峰会制定了新举措

根据成员国达成的广泛共识，青岛峰会为保障上合组织能有效应对新时代提出的各种挑战，提出了一系列新的举措，它们集中体现在上合组织峰会所通过的《上海合作组织成员国元首理事会青岛宣言》与其他共23份合作文件上。这些文件包括《〈上合组织成员国长期睦邻友好合作条约〉实施纲要（2018—2022年）》《上合组织成员国打击恐怖主义、分裂主义和极端主义2019年至2021年合作纲要》《上海合作组织成员国元首关于贸易便利化的联合声明》《上合组织成员国元首致青年共同寄语》及其实施纲要、《上合组织成员国环保合作构想》《2018—2023年上合组织成员国禁毒战略》及其落实行动计划、《上海合作组织成员国元首关于在上海合作组织地区共同应对流行病威胁的声明》《上合组织预防麻醉药品和精神药品滥用构想》《2019—2020年落实〈上合组织成员国旅游合作发展纲要〉联合行动计划》《上海合作组

---

① 《上海合作组织成员国元首理事会会议新闻公报（全文）》，2018年6月，新华网（http://www.xinhuanet.com/world/2018-06/10/c_1122964631.htm）。
② 《上海合作组织成员国元首理事会青岛宣言（全文）》，2018年6月，新华网（http://www.xinhuanet.com/2018-06/11/c_1122964988.htm）。

成员国经贸部门间促进中小微企业合作的谅解备忘录》《上海合作组织成员国海关关于利用莫斯科地区情报联络中心案件数据库执法平台渠道全天候联络站开展信息互助的规程》《上海合作组织成员国海关关于交换跨境运输消耗臭氧层物质信息合作的备忘录》等。

  这些文件的签署，意味着上合组织及其成员国提升了合作水平、拓展了合作领域、丰富了合作内容。通过对上述文件进行简要梳理，可将上合组织为确保组织顺利运行所拟定的新举措归纳如下：（1）政治合作方面，同意召开上合组织地方领导人论坛，以推进成员国在地区层面的合作，俄车里雅宾斯克市表达了举办首次会议的愿望表示支持。（2）安全合作方面：出台了打击"三股势力"2019年至2021年合作纲要；同意强化打击"三股势力"、毒品贩运、跨国有组织犯罪、网络犯罪的力度；同意深化反恐情报交流和联合行动，致力于加强政治层面和情报部门间的国际合作，完善情报交换机制、外国武装恐怖分子引渡机制。（3）经贸合作方面：呼吁国际社会支持共同构建开放型世界经济，强调巩固开放、包容、透明、非歧视，以规则为基础的多边贸易体制的重要性；致力于完善区域经济合作安排；深化经贸、投资、金融、互联互通、农业等领域合作；推进贸易和投资便利化，打造区域融合发展新格局；上合组织将在中小微企业合作、服务贸易、电子商务、经济智库合作等方面继续加深合作，推出更多新举措。（4）人文交流：继续推进在文化、教育等领域开展双边、多边等多种形式的合作；首次通过《上合组织成员国元首致青年共同寄语》及其实施纲要。（5）国际交往和合作：深化同观察员国、对话伙伴等地区国家的合作；扩大同联合国及其他国际和地区组织的对话和交流。用王毅外长的话来说，当前的上合组织通过在实践中"逐步开拓经济、人文重点合作领域，已形成安全、经济、人文、对外交往'四轮驱动'的新局面"。[①]

---

① 《王毅在〈求是〉撰文谈上合组织青岛峰会成果》，2018年6月，中华人民共和国中央人民政府（http://www.gov.cn/xinwen/2018-06/29/content_5302693.htm）。

（四）青岛峰会绘制了新蓝图

上合组织对于未来发展所要实现的目标非常明确，即"共同致力于维护上合组织地区的安全与稳定，推动建设相互尊重、公平正义、合作共赢的新型国际关系，确立构建人类命运共同体的共同理念"。① 根据习近平主席对上合组织绘制的蓝图，上合组织的目标在于"继续在'上海精神'指引下，同舟共济，精诚合作，齐心协力构建上海合作组织命运共同体，推动建设新型国际关系，携手迈向持久和平、普遍安全、共同繁荣、开放包容、清洁美丽的世界"。② 也就是说，建设新型国际关系、人类命运共同体、上合组织命运共同体是上合组织的远景目标。上合组织的中期目标是实现《上合组织至2025年发展战略》所确立的各项目标。此外，《青岛宣言》也指出，上合组织将"遵循《上合组织宪章》，推动贸易和投资便利化，以逐步实现商品、资本、服务和技术的自由流通"。③ 尽管这一规划未确立促进人员自由流通的目标，但实现了"商品、资本、服务和技术的自由流通"，也就意味着上合组织的经济一体化取得了重大进展。换言之，尽管目前上合组织目前虽未明确将推动成员国间的经济一体化作为重点任务，但它的确与实现《上合组织至2025年发展战略》一道，构成了上合组织的中期目标。

青岛峰会还清晰地阐述了实现上合组织远景和中期目标的途径。这具体地体现在习近平主席的在峰会上所发表的《弘扬"上海精神" 构建命运共同体》讲话中。在习近平主席看来，要构建新型国际关系、上合组织命运共同体、人类命运共同体，上合组织须遵循的路径

---

① 《上海合作组织成员国元首理事会会议新闻公报（全文）》，2018年6月，新华网（http://www.xinhuanet.com/world/2018-06/10/c_1122964631.htm）。

② 习近平：《弘扬"上海精神" 构建命运共同体——在上海合作组织成员国元首理事会第十八次会议上的讲话（2018年6月10日，青岛）》，2018年6月，搜狐网（https://www.sohu.com/a/235130104_528913）。

③ 《上海合作组织成员国元首理事会青岛宣言（全文）》，2018年6月，新华网（http://www.xinhuanet.com/2018-06/11/c_1122964988.htm）。

在于:①（1）"进一步弘扬'上海精神'。"因为"上海精神"是上合组织的核心价值观和运行原则，也是上合组织发展的灵魂；（2）"提倡创新、协调、绿色、开放、共享的发展观"；（3）"践行共同、综合、合作、可持续的安全观"；（4）"秉持开放、融通、互利、共赢的合作观"；（5）"树立平等、互鉴、对话、包容的文明观"；（6）"坚持共商共建共享的全球治理观"。"上海精神"与上合组织发展观、安全观、合作观、文明观、全球治理观一道，为上合组织的未来发展指明了方向，保障上合组织行稳致远。至于如何促进上合组织中期目标的实现，实现《上合组织至2025年发展战略》以及"商品、资本、服务和技术的自由流通"，习近平主席给出了五点建议，即凝聚团结互信的强大力量、筑牢和平安全的共同基础、打造共同发展繁荣的强劲引擎、拉紧人文交流合作的共同纽带、共同拓展国际合作的伙伴网络。如此一来，上合组织为自身所拟定的宏伟蓝图，包括远景和中期目标，将有可行的实现路径和明确的努力方向。

（五）青岛峰会实现了新发展

在青岛峰会上，上合组织获得了新的发展动力。除了上文提及的四个方面的成就外，青岛峰会实现的新发展有许多体现，如多数上合组织成员国积极支持本国发展战略与"一带一路"倡议的对接，除了印度之外的其他成员国均"重申支持中华人民共和国提出的'一带一路'倡议，肯定各方位共同实施'一带一路'倡议、促进'一带一路'和欧亚经济联盟对接所做的努力"；②印度与巴基斯坦虽然彼此间存在一些矛盾，但它们共处上合组织大家庭并开展良性互动已经难能可贵，凸显了上合组织对促进成员国之间关系团结方面的积极

---

① 引言见习近平：《弘扬"上海精神" 构建命运共同体——在上海合作组织成员国元首理事会第十八次会议上的讲话（2018年6月10日，青岛）》，2018年6月，搜狐网（https：//www.sohu.com/a/235130104_528913）。

② 《上海合作组织成员国元首理事会会议新闻公报（全文）》，2018年6月，新华网（http：//www.xinhuanet.com/world/2018-06/10/c_1122964631.htm）。

作用；在青岛峰会期间中、俄、蒙三国召开三国元首第四次会晤，就落实《建设中、蒙、俄经济走廊规划纲要》和推动中蒙俄经济走廊建设达成重要共识，等等。青岛峰会诸多成果的取得，离不开各成员国对上合组织的珍视及为促进其发展共同付出的努力。其中，作为轮值主席国的中国，是上合组织获得新发展动力的首要功臣。

在青岛峰会期间，中国为推动上合组织的持续发展注入了思想、政治、经济、民心等方面的新动力。在思想方面，习近平主席提出的上海合作组织发展观、安全观、合作观、文明观、全球治理观，是对"上海精神"的进一步丰富发展和合理拓展，并为"上海精神"注入了新的时代内涵。在政治方面，中国承诺设立"中国—上海合作组织法律服务委员会"，并利用中国—上海合作组织国际司法交流合作培训基地等平台，为各方培训2000名执法人员，强化执法能力建设。在经济方面，为加快上合组织区域内的贸易便利化进程，促进各成员国与"一带一路"的对接，中国将投资建设中国—上海合作组织地方经贸合作示范区，并在上海合作组织银行联合体框架内设立300亿元人民币等值专项贷款。在民心方面，中国承诺，在未来3年为各成员国提供3000个人力资源开发培训名额，增强民众对上海合作组织大家庭的了解和认同，并愿意利用风云二号气象卫星为各方提供气象服务，通过向各国民众提供服务以提升他们的获得感，进而增进他们对上合组织的认同感。总之，为保障上合组织的平稳发展，中国将向组织提供诸多支持，这体现了中国的大国责任意识和东道主的使命担当意识。

（六）上海合作组织依旧面临的挑战

上合组织青岛峰会的成功召开之所以引人瞩目，除了这是上合组织扩员后召开的首次峰会外，最重要的是此次峰会还界定了新时代、形成了新共识、制定了新举措、绘制了新蓝图、获得了新动力，这意味着青岛峰会将开启上合组织发展新的篇章。在过去十九年中，尽管上合组织的发展也曾遭遇一些挑战，但通过成员国之间的精诚合作，上合组织展示出了强大的生命力，这是上合组织之所以能够赢得其"是国际关系理论和实践的重大创新，开创了区域合作新模式，为地区和平与发展作出了新贡献"等赞誉的原因。① 展望未来，只要成员国恪守《上海合作组织宪章》等组织文件，遵守"上海精神"并践行上合组织发展观、安全观、合作观、文明观、全球治理观，那么，上合组织将获得不竭的发展动力，成为促进成员国经济发展和社会进步、维护欧亚地区乃至世界和平和稳定过程中不可或缺的国际组织，同时赢得国际社会的普遍尊重与广泛赞誉。

需要指出，尽管青岛峰会赋予上合组织新的发展动力，但客观而言，上合组织也未能完全解决此前存在的一些问题。比如在第二节提及的上合组织几个方面的挑战上，包括组织框架内经贸合作成效有待提高、安全合作需要拓展和完善、组织内的双边合作与多边合作有待协调、扩员带来的新挑战、上合组织与"一带一路"倡议的协调问题，上合组织峰会除了对经贸合作、安全合作这两个方面的挑战做出了必要回应之外，其他几个方面的问题似乎并未取得实质性进展。

如组织内的双边合作与多边合作的问题，根据峰会的成果文件来看，上合组织作为多边组织，虽然其在与其他国际行为体开展交往方面取得了明显进展，而且为成员国之间的多领域合作提供了一个制度性平台，不过距成为成员国协同一致共同努力处理实质性问题的多边机制仍有一段距离，这与欧盟成员国在应对重大问题（如难民、金融稳定、恐怖主义、欧洲防务等）时通过协调采取行动有所不同。换言之，双边途径依旧是上合组织成员国面临涉及成员国彼此间关系时的首选途径。再以印巴在上合组织框架内的互动为例，这两个新成员国在青岛峰会上实现了良性互动，甚至有报道称印巴预计会参加于下半年在俄罗斯境内准备举行上合组织"和平使命—2018"联合军演。鉴于印巴之间长期敌对的历史，它们能在上合组织的框架内进行良好

---

① 习近平：《弘扬"上海精神" 构建命运共同体——在上海合作组织成员国元首理事会第十八次会议上的讲话（2018 年 6 月 10 日，青岛）》，2018 年 6 月，搜狐网（https://www.sohu.com/a/235130104_528913）。

互动已属难能可贵。然而，上合组织能否在促进两国通过框架内的互动实现关系改善，或保证两国关系一旦恶化时不至于冲击到组织顺利运作这一问题上仍面临很大的不确定性。事实上，从上合组织在调节成员国之间关系（如卡里莫夫执政时期乌兹别克斯坦与其他成员国之间关系不时紧张）的经历来看，其行动能力有限，对此不能寄予太多希望。换言之，上合组织在促进新成员国融入组织方面，同样任重道远。

最后是上合组织与"一带一路"倡议的协调问题。在青岛峰会上，成员国大多明确表达了对参与建设"一带一路"倡议的支持，并且对"一带一路"和欧亚经济联盟对接所取得的成效表示肯定。不过，这种支持存在至少三个方面的问题。其一，印度依旧未改变其对"一带一路"倡议的疑虑甚至反对的立场。印度拒绝在元首理事会会议新闻公报中对"一带一路"中表达支持，既可见印度对"一带一路"猜忌之深，也可见印度对上合组织的认同是比较有限的。在美国重视印度并推出"亚太战略"的背景下，印度仍在很大程度上奉行在中美之间两面下注的策略。其二，其他成员国虽然原则上表达了对"一带一路"倡议的支持，但这种支持仍是以中国加大对他们的支持力度为前提的。中国宣布在上海合作组织银行联合体框架内设立300亿元人民币等值专项贷款等措施，或许是保证各成员国持续支持"一带一路"倡议的努力。相对于中国对"一带一路"所做的巨大投入，其他成员国并未制定支持该倡议的具体举措。这或许意味着"一带一路"倡议在其他成员国看来仍是一个中国主导的倡议，它们并未对其产生深度认同。其三，"一带一路"与欧亚经济联盟的对接的确取得了一定成效，这也是保障"一带"建设在欧亚地区实现明显进展的重要前提。然而，也要看到，两者之间的对接仍然存在一些问题。如中国倾向于通过双边关系实现倡议与各国的对接，而俄罗斯则试图将这种对接置于欧亚经济联盟的整体框架之中，欧亚经济联盟内部成员国对"一带一盟"对接的理解不同且各有自身不同的利益考虑，中俄自上而下的决策制定过程导致商业界的参与度较低、中俄对关键概念共同理解缺失等。① 尽管俄罗斯于2017年4月《俄罗斯2016年外交概览》中提出"欧亚全面经济伙伴关系"的表述,② 此后中俄双方经过协商于2017年11月1日同意就《欧亚经济伙伴关系》开展联合研究工作,③ 但"一带一盟"对接中存在的问题似乎并无突破性进展。中俄在"一带一盟"对接过程中出现的状况,是其他成员国参与"一带一路"建设或推进战略对接时状况的缩影。对于上合组织来说,虽然它目前的确构成中国推进"一带一路"建设的重要平台,但它并非建设"一带一路"的唯一平台,而且其合作领域宽泛、机制化融资平台单一、成员国内部意见存在分歧等缺陷也会限制上合组织平台作用的发挥。

总之,上海合作组织青岛峰会的召开具有重要的意义,这一意义既指积极方面的,也指不确定方面。就前者而言,青岛峰会是上合组织实现首次扩员后召开的第一次成员国元首峰会,并且在此次峰会上提出了一系列新概念、新表述,以及就如何推进成员国在一些实质性领域上的合作出台了新举措、做出了新规划。而就不确定性方面而言,青岛峰会并未就一些可能影响组织发展前景的重要问题给出明确的回答,如上合组织的地区定位问题并未明确(如其扩员什么时候会再次启动、扩员对象是否有明确限制等),上合组织的功能定位呈明显扩大之势(目前称上合组织呈安全、经济、人文交流、对外合作"四轮驱动"),印巴融入上合组织仍存在不确定性,通过上合组织推进"一带一路"建设仍存在隐忧,成员国之间的双边合作与多边合作之间仍需进行更好的平衡等。这些问题一旦处理不当,有可能影响上合组织的未来发展。当然,寄希望于一次峰会解决全部上合组织存在的问题,既不现实,也不符合上合组织的发展经验,因为上合组织

---

① Alexander Gabuev, "Crouching Bear, Hidden Dragon:'One Belt One Road' and Chinese-Russian Jostling for Power in Central Asia", *Journal of Contemporary ast Asia Studies*, Vol. 5, No. 2, January 2016, pp. 61 – 78.

② 赵华胜:《中国与大欧亚伙伴关系计划》,《国际问题研究》2017年第6期。

③ 顾炜:《中俄构建欧亚伙伴关系的逻辑国外理论动态》,《国外理论动态》2018年第3期。

就是在不断解决问题的过程中实现自身发展的。就此而言，我们应该对上合组织的未来发展持一种乐观态度。

在对上合组织17年发展所取得的成就、面临的挑战及青岛峰会的状况进行了简要的总结分析后，下文将对影响上海合作组织发展的一些重大问题进行分析。这种分析，尝试以理论照观上合组织的发展实践，希望为提高国内关于上合组织研究的学理水平做些许贡献。第二章将集中分析大国互动对上合组织发展的影响。鉴于在中亚地区俄美中三国是积极介入中亚事务且对该地区发展形势具有重要影响的大国，该章将深入分析俄、美、中三大国之间的复杂互动关系对上合组织发展所产生的具体影响。

第二章　大国互动对上海合作组织发展的影响

在十多年的发展中，大国互动对上合组织的发展产生了较大影响。作为上合组织成员国的中、俄，以及非上合组织成员国的美国，其互动对上合组织发展产生的影响最为显著。本章将集中分析中美俄三国博弈对上合组织发展的影响。本章的结构安排如下：首先分析美、俄、中三国对上合组织认知的形成及特征；然后基于各国对上合组织的认知，分析美俄中对上合组织的政策及其互动；然后展望大国互动对上合组织发展前景的影响，着重讨论大国互动与上合组织的定位、凝聚力、效率、扩员、对外关系五个方面的关系；最后总结本章的发现。

第一节　大国对上合组织的认知

（一）概念界定：认知与大国

认知，最初是一个心理学概念，意指通过推理、直觉或感觉来获取知识的行为或过程。① 国际政治中的认知作为一种研究视角，对研究国际行为体的行为有着深远的意义。对大国而言，其决策者对他国

---

① ［美］斯滕伯格：《认知心理学》，杨炳钧、陈燕、邹枝玲译，转引自李少丹《国际政治中的认知转变——以美国对中国的"认知转变"为例》，《国际政治科学》2013年第3期。

或地区的认知很大程度上由其脑海中所形成的意象所决定。决策者根据他们对于现实的意象进行决策,而这种意象是由决策者的认知过程,或者说是由决策者如何认知具体的决策形势来决定的。意象通常被定义为认知的构建,即形势在头脑中的反映,其中包括决策者对其他行为体的认识。[①] 决策者的认知对一国的行为有较大影响,认知在很大程度上决定其行为意图。然而,决策者的行动则是一系列因素综合作用的结果,这些因素包括决策单位的结构、信息的接收和处理、决策者从其主要顾问那里得到的建议、决策者的个人特点、决策者组成的政治联盟类型,以及决策者所面对的国内支持和反对等。[②] 因本章着重关注大国认知与大国行为的关系,同时考虑到篇幅等因素的限制,本章将不对上述影响决策者行动的诸多因素一一阐述,仅集中关注认知与行为的关系。

在讨论大国互动对上合组织发展的影响时,需要区分两类大国:一类是上合组织内的大国,另一类是对上合组织发展产生明显影响的组织外大国。所谓大国,往往被认为是在国际社会中拥有较多权力资源、在对外政策行动上具有较多行动自由的国家。显然,上合组织成员国中的大国即指中、俄,而组织外大国本章选取美国。之所以选取美国,主要是因为:第一,美国是世界上唯一的超级大国,其利益拓展到了整个世界,包括构成上合组织的核心区——中亚地区——也不例外;第二,美国在"9·11"事件之后利用开展打击阿富汗塔利班政权之机急剧扩大了在该地区的影响,这与上合组织正式创立的时间大体契合,此后,上合组织的发展不可避免地受到积极在中亚地区活动的美国的影响;第三,美国致力于促进中亚国家的独立与主权并加深与世界经济的联系,其意一方面希望以此扩大其在中亚地区的影响,另一方面也意在削弱俄罗斯对该地区的传统影响,并对中国扩大对该地区的影响进行必要的牵制。因此,对于中俄参与的上合组织,

---

① [美] 詹姆斯·多尔蒂、小罗伯特·普法尔茨格拉夫:《争论中的国际关系理论》,阎学通、陈寒溪等译,世界知识出版社2003年版,第637页。

② 同上。

美国不可避免要予以关注。在具体分析中、俄、美三国互动对上合组织发展的影响时，有必要先考察美、俄、中对上合组织的认知。

（二）美国对上合组织认知的演变：从忽视到敌视

自上合组织成立以来，美国对上合组织的认知经过了比较明显的变化。对于上合组织的成立及可能影响，美国国内的认识并不一致。有的学者认为，中国在上合组织的行为反映了其渴望通过加强上合组织（力量）以对抗美国在中亚影响的意愿。① 同时，也有学者主张需要对上合组织的活动进行密切的观察，并认为上合组织的使命应当被解释为一种致力于创造和发展欧亚世界"和平缓冲区"的努力。② 此外，不重视亦是一种态度。上合组织成立三个月后就发生了震惊世界的"9·11"事件，俄罗斯和中国批评了这次"恐怖袭击"并表达了支持美国的立场，③ 不过作为一个地区组织的上合组织并未采取实质性行动。上合组织的"不作为"以及美国在中亚的顺利驻军，被视为上合组织无力的表现。当时西方甚至有这样的悲观论调，即上合组织已经"夭折"，美国也认为没有必要与上合组织打交道，通过与中亚的双边关系即可实现扩大在中亚地区影响力的目标。④

国际形势的变化，迫使美国调整其对中亚的认知。"9·11"事件后，上合组织开始与阿富汗接触并声明其对阿富汗问题的主张，如加强与阿富汗政府的官方合作，提供经济援助，主张阿富汗独立自主及民族和解等。2004 年 6 月，上合组织峰会决定在阿富汗建立"上合组织—阿富汗联络组"，此举引起了美国的关注。不过真正促使美国

---

① Chien-peng Chung, "The Shanghai Co-operation Organization: China's Changing Influence in Central Asia", *The China Quarterly*, Vol. 180, No. 180, December 2004, p. 989.
② Iwashita Akihiro, "The Shanghai Cooperation Organization and Its Implications for Eurasian Security: A New Dimension of 'Partnership' after the Post-Cold War Period", Slavic Eurasia's Integration into the World Economy and Community, 2012, pp. 259 – 281.
③ Ibid..
④ 赵华胜：《美国与上海合作组织：从布什到奥巴马》，《国际问题研究》2010 年第 2 期。

对上合组织的认知发生明显转变的是在 2005 年发生的系列事件。2005 年 3 月，吉尔吉斯斯坦发生"郁金香革命"，2005 年 5 月，乌兹别克斯坦发生了安集延事件。针对这类事件对中亚成员国政权生存造成的威胁，上合组织在 2005 年 7 月举行的阿斯塔纳峰会上，发表了要求域外国家不得干预中亚国家内部事务的声明。在此背景下，美国对上合组织的认知随即发生了急剧变化，不仅增加了对该组织的关注，而且明显增加了敌意。美国对上合组织的疑惑态度，比较鲜明地体现在 2007 年 9 月美国负责南亚和中亚事务的助理国务卿方艾文的一次讲话中，他表示不理解何为上合组织以及该组织做了哪些工作。① 小布什政府对于上合组织的理解遵循以下基本逻辑，即认为中国追求地区霸权，而且尝试削弱美国在西太平洋的存在。

在此之后，西方有关上合组织"具有反美、反西方性质"的观点盛行，并开始反思忽视上合组织带来的后果。西方众多学者普遍认为，俄罗斯和中国通过上合组织在中亚的互动是以寻求削弱美国影响力为动机的，并称上合组织为"东方的北约"。② 还有观点指出，作为一个政治组织，上合组织是俄罗斯和中国致力于对抗美国在中亚地区影响的重要工具。③ 而从 2008 年起，美国对上合组织的反应渐趋平静，其关系的紧张也有所缓和。④ 不过，美国官方与学术界有关上合组织是一个反美组织之类的观点并未消失。⑤ 有学者通过解读"上海精神"得出结论：上合组织寻求破坏中亚地区的民主化进程，"上海

---

① Ezeli Azarkan, "The Relations between Central Asian States and United States, China and Russian within the Framework of the Shanghai Cooperation Organization", *Turkish Journal of International Relations*, Vol. 8, No. 3, Fall 2009, p. 1.

② Marcel de Haas, The Shanghai Cooperation Organisation's Momentum Towards a Mature Security Alliance, Netherlands Institute of International Relations, The Hague, 2008, p. 15.

③ Eugene B. Rumer, "China, Russia and the Balance of Power in Central Asia", *Strategic Forum*, No. 223, November 2006, p. 1.

④ 赵华胜：《美国与上海合作组织：从布什到奥巴马》，《国际问题研究》2010 年第 2 期。

⑤ Stephen Aris, "The Shanghai Cooperation Organisation: 'Tackling the Three Evils': A Regional Response to Non-traditional Security Challenges or an Anti-Western Bloc?" *Europe-Asia Studies*, Vol. 61, No. 3, May 2009, pp. 457–482.

精神"可能会使独裁领导者更加坚定地拒绝民主规范。① 在这种舆论背景下,西方决策者更多地对上合组织持一种消极认知,而西方媒体和学术界同样用"上合组织对抗北约""东方堡垒""独裁国家俱乐部"等字眼来形容上合组织。②

美国对上合组织的威胁认知主要源于两个方面:对中俄联合的担忧和对中亚地缘政治利益的渴求。

首先,美国对中国这个迅速崛起的大国感到担忧。中国自改革开放以来经济迅速发展,国力日益强盛,美国对中国心存忌惮。2008年金融危机席卷全球,在众多西方发达资本主义国家经济受挫的情况下,中国经济依旧持续稳定增长,2010年中国GDP总量首次超过日本,成为全球第二,仅次于美国。作为世界人口第一大国及经济总量第二大国,美国认为中国有成为亚洲地区主导国家的可能,且在未来可能会挑战其世界霸主地位。由于中国在上合组织中扮演的特殊角色和地位,美国对中国的威胁认知便转嫁到了上合组织。同时,中国与俄罗斯之间的紧密合作也使美国焦虑不安。苏联解体后,俄罗斯继承其大部分遗产,致力于恢复苏联时期的国际地位,在诸多国际事务中与美国针锋相对,因此美国对俄罗斯缺乏信任。上合组织由中俄主导,成立之后的快速发展,阿斯塔纳峰会发表所具有的"反美"倾向的声明,均加剧了美国对上合组织威胁认知的形成。

其次,中亚地缘地位的重要性是一剂催化剂。中亚地区是美国全球战略的重要组成部分,美国在该地区有安全、能源与意识形态等方面的利益诉求,再加上美国决策者受到地缘政治学家有关中亚地区战

---

① Thomas Ambrosio, "Catching the 'Shanghai Spirit': How the Shanghai Cooperation Organization Promotes Authoritarian Norms in Central Asia", *Europe-Asia Studies*, Vol. 60, No. 8, October 2008, pp. 1321–1344.

② Selbi Hanova, "Perspectives on the SCO: Images and Discourses", *China and Eurasia Forum Quarterly*, Vol. 7, No. 3, October 2009, p. 80; Roy Allison, "Regionalism, Regional Structures and Security Management in Central Asia", *International Affairs*, Vol. 80, No. 2, May 2004, p. 478; Simon Tisdall, "Irresistible Rise of the Dictators' Club", June 2006, The Guardian (https://www.theguardian.com/commentisfree/2006/jun/06/world.comment).

略重要性等观念的影响，致力拓展在该地区的影响力。地缘政治学家哈尔福德·麦金德爵士等人在 20 世纪初提出的"心脏地带"或"地理枢纽"等概念，对于美国决策者认知中亚地区在世界地缘政治中所具有的重要性产生了影响，进而影响到美国的中亚政策。① 如有人指出："麦金德的观点影响到后冷战时期的观念，比如由美国政治科学家布热津斯基发展的观点，这些观点呼吁在前苏联地区形成'地缘政治的多元性'。这一概念，构成克林顿政府和小布什政府时期美国针对中亚新独立国家政策的基石。"② 对于一个在中亚地区影响力日益扩大而且具有"反美"倾向的国际组织，美国无疑不会对其持有好感。

（三）中俄对上合组织的认知：相似性与差异性

作为上合组织成员国中的大国，中、俄对上合组织的认知对其发展有重大影响。事实上，中俄对上合组织的认知存在一定的偏差。俄罗斯对上合组织的认知有明显的多样性和矛盾性特征；而中国对上合组织的认知则有明确的目的性特征。

苏联解体后的大部分时间内，俄致力于恢复昔日苏联的国际地位并重塑其欧亚地区主导者的身份，而控制中亚是其实现这一战略目标的重要一环。俄罗斯与中亚国家存在着千丝万缕的联系，这种联系为俄罗斯巩固在该地区的影响提供了基础。为了更有效地整合包括中亚国家在内的前苏联地区，俄罗斯先后成立了独立国家联合体、欧亚经济共同体、独联体集体安全条约组织等多边合作框架，以此作为推进前苏联地区政治、经济、军事一体化的工具。③ 在这一战略视野中，

---

① 参见 Petar Kurečić, "The New Great Game Rivalry of Geostrategies and Geoeconomies in Central Asia", *Hrvatski Geografski Glasnik*, Vol. 72, No. 1, July 2010, p. 22。

② Igor Torbakov, "Reexamining Old Concepts about the Caucasus and Central Asia", April 2004, eurasianet (http://www.eurasianet.org/departments/insight/articles/eav020404a.shtml). 相反的观点见 Mazen Labban, "The Struggle for the Heartland: Hybrid Geopolitics in the Transcaspian", *Geopolitics*, Vol. 14, No. 1, February 2009, p. 2。

③ 杨恕、杨倩：《俄罗斯与中亚国家关系的新发展》，《国际问题研究》2006 年第 1 期。

有中国这一大国参与的上合组织,仅仅是俄罗斯发展与中国双边关系的一个渠道以及整合中亚地区的一个有价值的机制。此外,对于俄罗斯而言,上合组织还有另一个价值,即与中国联手抗衡美国的压力。随着美国在中亚地区影响力的迅速扩大,俄罗斯担心美国侵蚀其在中亚地区享有的传统优势,上合组织相较于由其主导的其他多边机制,中国的参与增强了俄罗斯抵御美国在中亚地区影响力的信心与实力。

俄罗斯对上合组织的认知,受到俄对中国认知的影响。尽管中俄同为上合组织成员国,不过,对于中国这条觉醒中的"巨龙",俄罗斯也心存忌惮。事实上,中俄关系与俄美关系一样比较复杂。一方面,两国政治互信程度自苏联解体以来显著提高,再加上中国经济实力的提升为俄罗斯进行经济调整和恢复国家经济提供了支持,俄罗斯对中国有所借助。而且中俄在维护中亚地区稳定以及打击极端主义、分裂主义、恐怖主义(三股势力)和毒品犯罪、武器走私等安全领域具有共同利益,因此俄罗斯无法拒绝与中国在上合组织框架内开展合作;另一方面,中国作为俄罗斯的近邻,其存在不利于俄罗斯追求地区霸权。有学者甚至称,中国作为崛起中的大国是俄罗斯对外和安全议程中较难处理的问题之一。[1] 而在中亚地区,近年来中国的影响力(尤其是经济领域)迅速提升,俄罗斯自然对此有所不满,通过将中俄与部分中亚国家纳入上合组织的框架中,俄可对中国在中亚影响力的拓展进行一定的牵制。上述两个方面的因素,使俄罗斯与中国之间的关系呈现出既合作又防范的整体态势。

俄罗斯对中国的这种既合作又防范的整体认知,也表现在对待上合组织的认知上。俄罗斯对上合组织的认知有矛盾性。这种特征主要体现在:一方面,俄既将上合组织视为控制中亚的一个机制,又将其视为可借助中国的力量牵制美国在中亚地区活动的一个渠道,还希望通过上合组织加大与中国的合作力度以促进本国的稳定与发展;另一

---

[1] Eugene B. Rumer, "China, Russia and the Balance of Power in Central Asia", *Strategic Forum*, No. 223, November 2006, p. 4.

方面，随着中国实力的增强，俄罗斯对中国的疑虑与防范成分日益增多，① 而上合组织在一定程度上有助于俄罗斯通过正式的渠道观察中国在中亚地区的行为，并与中国就共同关心的问题进行必要的磋商。俄对上合组织的这种矛盾认知，反映了俄官方与民间对上合组织或中国认知的分歧。自成立以来，俄罗斯在官方层面一直对上合组织持积极评价，无论是梅德韦杰夫还是普京都视上合组织为俄罗斯发展与成员国之间友好关系的一个重要平台；然而，俄罗斯官方与民众对中国仍持有一定的负面认知，如认为中国对俄构成"经济侵略""资源掠夺""领土边界要求"以及"移民扩张"等方面的威胁。② 随着克里米亚危机之后俄罗斯与西方关系的持续恶化，俄罗斯明显加快了与中国合作的步伐，俄民间对中国的认知也发生了一定的积极变化。不过，这种合作能在多大程度上缓解俄国内对中国的"威胁认知"，进而转变对上合组织的认知还有待观察。

中国作为上合组织的另一个大国，对上合组织的认知比较连贯。上合组织是第一个在中国倡导下并以中国城市命名的国际组织，中国对上合组织在发展与周边国家关系方面始终寄予厚望。事实上，中国对上合组织的认知一直比较明确，即认为上合组织是促进其与中亚和俄罗斯合作的纽带，而且也是加强与中亚国家间关系、维护中国周边地区稳定的重要机制。基于和平发展的外交战略，中国对上合组织的主要定位是加强成员国之间的合作与维持地区稳定。为了促进上合组织的发展，中国做出了诸多努力。不过，西方决策者和学者对中国参与和发展上合组织，总会强调中国赋予了上合组织牵制美国的意义。有学者认为，上合组织对中国的意义主要有三重：加强同中亚和俄罗斯的各方面合作；抑制美国和俄罗斯在中亚的影响以维护国内及周边

---

① 于滨：《后冷战时期的中俄关系》，《国际政治研究》2006 年第 2 期；Yu Bin, "In Search for a Normal Relationship: China and Russia into the 21st Century", *China and Eurasia Forum Quarterly*, Vol. 5, No. 4, 2007, pp. 47 – 81。

② 参见 Dmitrii Trenin, Russia's China Problem, Moscow: Moscow Carnegie Centre, 1999; A. K. Mohanty, "A Russian Understanding of China's SCO Policy", *China Report*, Vol. 43, No. 2, April 2007, pp. 245 – 257。

安全；在中亚树立负责任的大国形象。① 还有人认为，中国和俄罗斯从来没有真正欢迎过美国在中亚的存在，② 只是中国重视但不特别强调上合组织平衡北约的地缘政治意义而已。③ 不过，也有学者注意到，中国也愿意与美国及其他国际组织进行合作，如果这有利于维护中亚及周边地区的稳定。甚至有学者指出，上合组织有可能成为北约的伙伴。④ 总体而言，通过参与并促进该组织的发展，中国获得了众多的收益，其中包括"有助于通过改善中国在该地区的国家形象并化解中亚国家对其经济和军事实力的疑虑和误解，以拓展其国家利益和投射影响力"⑤。

总而言之，中俄对上合组织的认知存在相似性和差异性。俄罗斯更多地将上合组织视为成员国元首之间的一种对话机制，而不愿意其成为具有强大执行力的地区合作机制。⑥ 但俄罗斯亦不否认上合组织有为其提供在中亚地区牵制美国影响力扩张的作用。而中国则对上合组织始终寄予厚望，试图通过投入众多的资源以有效促进该组织的机制建设，最终促进中国西部的稳定安全与经济发展。然而，中国对上合组织提供的支持，往往被解读为试图以此主导中亚地区事务并排挤俄罗斯与美国的影响。无论如何，中俄对上合组织认知的错位，无疑也会影响到各自对上合组织所采取的政策。

---

① 这三重意义是笔者根据国外学者已有成果加以改动总结而成。详情参见 Russell Ong, "China's Security Interests in Central Asia", *Central Asia Survey*, Vol. 24, No. 4, December 2005, pp. 425-439。

② Eugene B. Rumer, "China, Russia and the Balance of Power in Central Asia", *Strategic Forum*, No. 223, November 2006, p. 3.

③ 赵华胜：《上海合作组织的机遇和挑战》，《国际问题研究》2007 年第 6 期。

④ Marcel de Haas, The Shanghai Cooperation Organisation's Momentum Towards a Mature Security Alliance, Netherlands Institute of International Relations, *The Hague*, 2008, p. 27.

⑤ Chien-peng Chung, "The Shanghai Co-operation Organization: China's Changing Influence in Central Asia", *The China Quarterly*, Vol. 180, No. 180, December 2004, p. 4.

⑥ Weiqing Song, "Interests, Power and China's Difficult Game in the Shanghai Cooperation Organization (SCO)", *Journal of Contemporary China*, Vol. 23, No. 85, January 2014, p. 93.

第二节 大国基于对上合组织的认知所采取的政策

中、俄、美三国有关上合组织性质与地位的认知，对各国针对上合组织所采取的政策产生了直接影响。中俄均为上合组织成员国，尽管两国对上合组织的认知存在一定的差异，但两国均不会刻意损害该组织的发展；而作为非成员国的美国，其采取的政策对上合组织发展所产生的影响则比较复杂。下文将对美国与中俄对上合组织采取的政策进行简略分析。

（一）美国对上合组织发展采取的政策

如前所述，美国对上合组织的认知主要分为两个阶段：2005年前，尽管西方学术界已有敌视上合组织的论调，但美国官方对其的态度是忽略和不重视；2005年后，美国开始重视上合组织，并将其冠之以"东方的北约"或"独裁者俱乐部"等称谓，据此对上合组织采取一些具有潜在冲突性的行动。

美国应对上合组织的挑战所采取的政策很大程度上是由其对上合组织的认知所决定的。因此，美国对上合组织采取的战略行动也分为两个阶段，时间以2005年为界。"9·11"事件后，美国十分重视反恐等非传统安全领域的事务，在阿富汗开展了"持久自由行动"，并借此扩大了在中亚地区的影响。在此期间，美国也曾推动具有反俄倾向的古阿姆集团（GUAM）的成立，并试图借助欧洲安全与合作组织等多边框架来影响中亚地区的政治发展方向。[①] 不过整体而言，美国倚重的是双边途径而不是多边合作。[②] 之所以采取这种方式，与该地区的多边机制主要由俄罗斯主导以及通过双边关系发展与中亚国家的

[①] 曾向红：《美国参与中亚事务的主要途径及其效果研究》，《当代亚太》2013年第4期。

[②] 同上。

关系可以有效避免掣肘有关。在此背景下，美国对各种多边机制均未投入太多注意力，其中也包括上合组织。总体而言，2005 年之前，美国政府对上合组织持不对抗、不合作的立场，即既不与上合组织形成对立性关系，也不把上合组织视为合作伙伴。①

2005 年 7 月上合组织发表要求美军不得干预上合组织成员国内政的声明，明显触动了美国的敏感神经。出于对"颜色革命"传播的恐惧，中亚国家逐渐加大了对俄罗斯与中国的倚重，并与致力于推进中亚地区民主化的美国拉开距离。在此背景下，美国在该地区的影响力有明显下降。为了扭转这一局面，美国采纳了约翰霍普金斯大学中亚与高加索研究所所长弗里德里希·斯塔尔提出的"大中亚计划"，并于 2006 年正式实施。② 奥巴马政府上台后，则提出了"新丝绸之路战略"，致力于推进南亚与中亚地区之间的一体化，同时通过双边方式强化与中亚国家的对话。③ 与此同时，美国国内认为上合组织的"目的是通过联合中亚、南亚以及伊朗等国家进行反美反西方活动"这类观点有了更多的市场。④ 在此背景下，美国日益重视对上合组织进行一定的牵制。

事实上，无论是"大中亚计划"与"新丝绸之路战略"都有这方面的考虑。按照这两个倡议的思路，美国的主要目标在于以阿富汗为中心，通过加强中亚、南亚与阿富汗在能源、电力、通信、交通、贸易等方面的合作，最终实现中亚与南亚之间的经济一体化。这种规划主要是针对俄罗斯的。因为南向的经济一体化，将对俄罗斯与中亚国家之间的北向传统联系造成冲击，不过也不能由此忽视其对上合组织的影响。上合组织内部的经济合作因为有中国的参与，展示出明显

---

① 赵华胜：《美国与上海合作组织：从布什到奥巴马》，《国际问题研究》2010 年第 2 期。
② 有关美国"大中亚计划"的解读，参见李捷、杨恕《阿富汗与美国"大中亚计划"评析》，《西亚非洲》2008 年第 4 期。
③ 赵华胜：《美国新丝绸之路战略探析》，《新疆师范大学学报》（哲学社会科学版）2012 年第 6 期。
④ 孙凌云：《国际视野中的"上海合作组织"》，《国际观察》2006 年第 2 期。

的东西向互联的特征。中国提出的"丝绸之路经济带"倡议、俄罗斯主导组建的欧亚经济联盟、中俄倡导的"一带一路"倡议与欧亚经济联盟之间的对接均反映了这一特征。美国希望通过将中亚国家吸引到以南向为主要特征的合作计划中,以此削弱中亚国家对东西向经济互联互通的参与热情。此外,美国还鼓吹"中国威胁论",指责中国试图控制中亚事务,在追求自身利益时忽视了对中亚国家的尊重等。尽管不能说美国的这种宣传全部都是造谣生事,不过,这样的话语显然具有明确的政治目的。美国希望通过在中亚国家内部引发对中国的疑惧和不满,试图分化上合组织,以达到牵制上合组织发展的目的。不过,需要指出的是,在试图牵制上合组织的同时,美国也不排斥与上合组织在一些具体的问题上进行合作。如美国与上合组织在阿富汗问题中的非传统安全问题上就开展了一些合作。① 整体而言,美国虽然近年来依旧秉持上合组织是一个反美反西方组织的认知并试图牵制其发展,但并未为此拟定或执行具体针对上合组织的对抗性措施。

(二)中俄在上合组织内部的互动:进行"联盟"管理

中俄在中亚地区的互动是由其对上合组织的认知决定的。因两国同属上合组织,故笔者将中俄互动纳入联盟管理的范畴。② 中俄在上合组织框架内的互动,类似于联盟范畴内的互动,而相互制约是其核心。大体而言,中俄联盟属于对称性联盟,因此,影响其相互制约成败的是双方的意图匹配程度,即双方是否具有相同或相近的战略意图。③ 如前文所述,认知决定了行动意图,因两国对上合组织认知的

---

① 详情参见赵华胜《美国与上海合作组织:从布什到奥巴马》,《国际问题研究》2010年第2期;曾向红《美国参与中亚事务的主要途径及其效果研究》,《当代亚太》2013年第4期。
② 详见苏若林、唐世平《相互制约:联盟管理的核心机制》,《当代亚太》2012年第3期。
③ 苏若林、唐世平:《相互制约:联盟管理的核心机制》,《当代亚太》2012年第3期。

差异性，两国的意图匹配度受到影响。而且中俄都不具备强制制约对方的能力与意图。这种状况，从"联盟管理"的理论角度来看，中俄"联盟"不能维持下去。[①] 然而，事实并非如此，这就要考虑中俄对上合组织认知的共性。首先，两国都将上合组织视为彼此与中亚国家在维护边界安全、应对非传统安全威胁以及开展经济领域对话的平台，希望通过合作保障国家内部及周边地区的安全，促进国内经济发展。其次，美国在中亚影响力的扩大是中俄两国的共同关切，两国都有牵制美国的能力，只是中国未将其视为其中亚政策和参与上合组织的优先考虑。而共同的竞争对手往往使联盟内部更加稳固，因此美国的存在实际上促进了中俄双方的合作。共同利益的存在、合作机制的出现以及共同敌人的威胁，使中俄两国的"联盟"得以维持和发展。

中俄互动的核心是相互制约，特点是合作与竞争并存。一方面，俄、中都重视周边安全及经济发展，且两国都不希望美国在中亚独大，这为双方加强在上合组织框架内的合作提供了基础。只不过前者更关注北约东扩的进程，而后者希望对美国的单边主义进行牵制。这种共同认知，有时使两国在上合组织内的互动趋于默契，如"中俄伙伴协定"与"上海五国协定"均于1996年签订，2005年上合组织峰会上发表要求美国不得干预中亚国家内政的声明等，都离不开中俄两国共识的达成；另一方面，中、俄存在的分歧，有时也会限制上合组织的行动能力。俄罗斯尤其对上合组织在中亚地区影响力的扩大心存警惕。俄致力于控制中亚地区的事务，担心中国在该地区影响力的扩大以俄罗斯影响的削弱为代价。同时，中国的崛起不利于俄罗斯确立自身为世界大国这一战略目标的实现。俄罗斯的这种担忧和不信任，有时导致俄罗斯在与中国的互动过程中更加注重相对收益，不肯与中国开展全方位的合作，这也是两国在传统安全领域的合作陷入瓶颈的原因。中、俄在相互制约的基础上共同抵制美国在中亚地区的影响，

---

① 苏若林、唐世平：《相互制约：联盟管理的核心机制》，《当代亚太》2012年第3期。

同时维护中亚地区的稳定，成为两国在上合组织框架内精诚合作的共识。

尽管中俄有通过上合组织合作应对美国压力的一面，但也有受美国影响而削弱上合组织行动能力的一面。如在"9·11"事件后，俄罗斯加强了与美国在反恐领域的合作，并默许了美国驻军中亚的举动，使上合组织的发展受到了一定的冲击。然而，俄罗斯低估了美国对俄的不信任程度，而且美也未停止加强其在中亚地区影响力的努力。当美国试图通过"颜色革命"侵蚀俄罗斯的势力范围时，俄罗斯才又重新重视上合组织在维护地区安全与稳定上所具有的意义。除美俄互动影响到俄罗斯对待上合组织的态度外，另一个影响俄罗斯对上合组织态度的因素在于，上合组织并非俄罗斯参与中亚事务的唯一选择，甚至不是最重要的选择。因为俄与中亚国家原本就共同建立了诸多合作机制，如集体安全条约组织和欧亚经济联盟等。有鉴于此，在维护中亚的安全与稳定方面，俄不希望上合组织的作用超过这些组织。[1]

（三）总结

总之，中、俄、美三国在中亚互动的核心是以相互制约为特征的。这一整体特征对上合组织的发展有诸多影响。就美国的影响而言，美国的战略行动是以对上合组织的威胁认知为基础的，而这种认知主要来源于对中、俄的不满。出于维护其全球战略地位的考虑以及维护其在中亚的利益，美国采取了许多旨在牵制中、俄在中亚地区影响力的政策，其中包括拒绝与上合组织进行深层次的合作，积极发展与中亚国家的双边关系以分化各国参与上合组织的热情等。而就中俄关系而言，一方面，中、俄同为上合组织成员国，且都积极参与中亚事务，希望通过扩大在中亚的影响并促进中亚地区的安全与稳定。然

---

[1] 杨恕、张会丽：《评上海合作组织与独联体集体安全条约组织之间的关系》，《俄罗斯中亚东欧研究》2012年第1期。

而，另一方面，基于中、俄对上合组织的不同认知，两国之间互有猜忌，其互动也有一定的矛盾和摩擦。俄将中亚视为自己的传统势力范围，而中国在中亚影响力的日益增强是俄不愿看到的。而且，在俄罗斯管理中亚事务的机制中，上合组织并非最优选择，因此，俄不希望上合组织实力过于壮大并凌驾于由其主导的集体安全条约组织之上。同时，中国实力的大幅提升及其在上合组织中比较积极的立场，同样引发了俄罗斯的担忧。尽管中国的周边战略目标仍在于维持国内及周边稳定，同时保障本国经济平稳发展，然而这种具有防御性质的目标，却往往遭到误解。仅中国实力不断增强这一事实，就已引起了俄的疑惧。再加上中亚地区位置的重要性以及大国竞争的激烈性，使俄、美对上合组织的发展有明显疑虑，这就对上合组织的长远发展形成了挑战。

第三节　大国互动与上合组织的长远发展

下面将分别论述三国互动对上合组织定位、内部向心力、效率和对外关系四个方面的具体影响。

（一）定位

中、俄、美三国的互动深刻影响着上合组织的定位问题。赵华胜在其本章中提出了上合组织的政治定位、功能定位和政治地理定位，其中政治定位涉及上合组织的组织性质，功能定位涉及上合组织的组织任务，政治地理定位涉及上合组织的活动范围。[①] 三国对于上合组织的不同认知及相应的"上合组织战略"会模糊上合组织的定位方向，并影响上合组织的功能转型与成员扩大。

首先，在政治定位方面，美国反对上合组织成为一个有影响力的地缘政治组织，因为这会损害其在中亚的利益；俄罗斯同样不希望上

---

① 赵华胜：《上海合作组织的机遇和挑战》，《国际问题研究》2007年第6期。

合组织过多地介入中亚内部政治事务，而且担心上合组织的作用超过集安组织等机制；而中国尽管始终致力于上合组织的组织建设，但时常陷入矛盾，即一方面坚持不结盟、不干涉别国内政的立场；而另一方面出于维护周边地区稳定和安全的考虑，又面临积极介入地区事务的压力。尽管有学者辩解称这是在尊重国际法和国家主权下的建设性介入，[①] 但美、俄等国普遍不认同中国学者的解释。三国在话语方面的不同认知使上合组织的政治定位模糊化，而内部成员中、俄之间认知的矛盾也阻碍了上合组织的明确定位。

其次，在功能定位方面，上合组织面临三种选择：以安全合作为主的国际组织、以经济合作为主的国际组织、二者兼顾的综合性国际组织。俄罗斯不希望上合组织扩展其合作领域，发展成为一个综合性的国际组织，进而影响其在中亚地区的影响力。俄通过加强与中亚国家的机制建设削弱了上合组织在中亚的影响力，限制了其发展空间。同时，美国也忌讳上合组织涉及传统安全领域的事务，一旦上合组织加大干预中亚事务的力度，美国便会对此横加指责。中国基于对上合组织的特殊情感，赞成扩大合作领域，在加强经济领域和非传统安全领域合作的同时将维护地区稳定纳入其安全功能，[②] 然而成效却不尽如人意。

最后，在地理定位方面，上合组织的定位比较模糊。上合组织的活动重心在中亚，但其涵盖的地理范围却远超中亚。随着上合组织接纳巴基斯坦与印度四国成为正式成员国，其影响范围扩展到了南亚和西亚。有关上合组织政治地理定位牵扯到的成员扩大问题，笔者将在下文扩员部分进行阐述。

总之，美国对上合组织所持的怀疑立场及中俄的矛盾，使上合组织在明确其定位问题上面临多重压力。而美国和俄罗斯制约上合组织

---

① 赵华胜：《不干涉内政与建设性介入》，《新疆师范大学学报》（哲学社会科学版）2011年第1期。

② 在维护地区稳定方面的论述参见赵华胜《上海合作组织的发展路径》，《新疆师范大学学报》（哲学社会科学版）2012年第2期。

向传统安全领域发展的共同意愿及相应的政策,使上合组织在明确政治定位上步履维艰。而政治定位对一个地区性合作组织所发挥的作用又至关重要。这一问题不解决,上合组织的发展就可能陷入一种进退失据的境地之中,不能在维护国际秩序和维护地区安全上发挥引领性的作用。

(二) 内部向心力

本章内部向心力指中国、俄罗斯和中亚成员国对上合组织的态度,即满意程度,而满意程度的高低又取决于成员国之间的利益协调程度。上合组织的利益协调分为三组:一是中俄之间,二是在中、俄与中亚成员国之间,三是在中亚成员国之间。[①] 因本章主旨与篇幅所限,下文将着重阐述大国互动对前两组国家之间利益协调可能产生的影响。

其一,中、俄对上合组织的不同认知及互动有一定的矛盾,这对于前两组国家的利益协调有较大影响。尽管在上合组织发展问题上,中、俄态度基本相同,但在目的上两国存在差异。俄罗斯更多地将上合组织视为抵制北约东扩的工具,同时分担抵御美国在中亚影响力扩大的压力。而中国则关注经济发展,将上合组织视为发展与中亚国家关系的机制。此外,两国构成上合组织发展的两驾马车,虽然大国合作有效地维持了上合组织的顺利运作,但在一定程度上给中亚国家带来了无法有效影响该组织发展方向的感觉,降低了其对上合组织的归属感。

其二,作为外部压力存在的美国对上合组织的内部向心力有双重影响。一方面,美国对上合组织所持的敌视态度,迫使中、俄加强合作以削弱其在中亚的影响力。从这个角度看,共同竞争对手的存在,对加强上合组织的内部凝聚力发挥了客观上的促进作用。另一方面,因中、俄两国在互动中有时未能协调好中亚国家的利益,使中亚国家心生不满,美国可以借助其掌握的丰富资源采取分化策略,削弱中亚

---

① 赵华胜:《上海合作组织的机遇和挑战》,《国际问题研究》2007 年第 6 期。

各国对上合组织的参与热情和情感承诺。同时，美国经常对外宣称中、俄试图控制中亚事务，引起了中亚国家的担忧，也会产生削弱中亚各国对上合组织认同感的效果。

其三，除了需要处理好与美国及俄罗斯主导的多边机制之间的关系外，上合组织同样需要注意照顾中亚成员国的利益诉求。中、俄、美三国虽然都在一定程度上借助了多边机制来参与中亚事务，不过，各国同样重视甚至更加倚重双边关系，这也是各大国在中亚开展"大博弈"的主要方式。在这一过程中，中亚国家并非大国竞争的被动客体，而是具有能动性的行为主体。这种能动性的一个体现在于中亚国家可以利用大国之间的矛盾获取更多的利益，同时增强本国政权的合法性。在此背景下，上合组织仅仅只是中亚国家可以参与的多个多边合作机制中的一个，尽管是非常重要且能带来诸多收益的一个。由此衍生的一个问题是，中亚国家对参与上合组织的活动及提高上合组织机制化方面，并非没有自己的考虑。中亚国家虽然乐见参与上合组织带来的吸引中国投资和贷款、打击"三股势力"、协调矛盾重重的中亚成员国之间的关系、抵御西方的民主化压力等收益，但对于中国有意推动的上合组织经济一体化以及俄罗斯尝试加强上合组织安全功能方面的企图，中亚国家均反应消极。鉴于上合组织实行的是成员国协商一致的决策机制，中亚国家事实上在重大问题上具有否决权。因此，保障中亚成员国的利益，照顾其关切，是赢得中亚成员国衷心拥护上合组织并对其产生认同感的前提。

（三）效率

上合组织处理国际事务的效率有待提升。这里的效率具体包括三个方面：一是指上合组织作为一个行为主体的国际行为能力，二是指上合组织在地区事务中发挥的作用，三是指上合组织主导的具体合作项目的成效。[①] 尽管取得了明显成就，不过上合组织仍然存在发表的

---

① 赵华胜：《上海合作组织的机遇和挑战》，《国际问题研究》2007年第6期。

合作声明多、目标全面宏大，但付诸实践和得到落实却显得滞后的问题。① 造成上合组织效率有待提高的原因有很多，如上合组织资源不足、各国科层机构设置的差异，各成员国政治文化上的区别等。除此之外，上合组织内部机构的设置也存在一定的问题。2003年11月，上合组织秘书处这一常设机构宣布成立。但是，由于上合组织起源于"上海五国"，秘书处成立以后的三四年内并没有相应的规章制度可以遵循。例如，秘书处根据有关条例、合同以及其他一些协议来组织秘书处及其工作人员的工作，而这些文件和协议，是在秘书处还不存在的条件下制定或达成的，一些规则甚至是"借用"其他机构规章来处理。所以，在秘书处的活动中，经常会遇到文件和协议与实际工作不相符或不完全相符的情况。包括人员设置方面，在许多项目的落实过程中，常常出现某一职位和职责的设置必需，但有关方面派出的人选因种种原因不适应或不完全适应岗位业务需求的现象。在后来设立的上合组织相关机构中，同样出现了类似的问题。

此外，大国互动对上合组织的效率有较大影响。俄罗斯出于对中国的忌惮和维护其在中亚地区传统影响力的考虑，在多边合作问题上，将重心放在集安组织、欧亚经济共同体等机制的建设上，而对上合组织的组织建设和机制扩展并不是十分热心。近年来，俄罗斯极力推进旨在整合前苏联国家的"欧亚经济联盟"，可管窥俄罗斯对待上合组织与由其单独主导的多边机制的不同态度。俄罗斯的用意，仍在于维持通过上合组织巩固与中国在中亚地区的合作关系，但不愿该机构成为一个凌驾于由其主导的多边合作机制的地区组织。因此，提高上合组织的效率，不是俄罗斯参与上合组织的优先任务。中亚国家的立场与俄罗斯有一定的相似性。与中国不同，中亚国家在地区多边机制上面临许多选择，尽管各个机制的存在均能带来一定的益处，但出现一个以削弱其国家主权为代价的超国家机制，并不是独立时间不长的中亚国家所乐见的。这是诸多涉及中亚国家参与的地区合作机制被

---

① 赵华胜：《上海合作组织的机遇和挑战》，《国际问题研究》2007年第6期。

称为"战略地区主义""虚拟地区主义"的重要原因。① 在俄罗斯与中亚国家对上合组织机制建设并不热心的情况下，上合组织的运行效率在短期内无法得到有效的改善。即使为了改变这种局面建立新的组织机构，依旧可能会遭遇这一问题。

尽管美国不可能直接决定上合组织的运行效率，不过，其在中亚地区的存在以及积极介入中亚地区事务的态势，客观上会带来这种结果。因美国创建的北约和平伙伴关系计划及国际货币基金组织、世界银行等跨国金融机构的影响，中亚国家在维护地区安全与发展和世界经济的联系方面有除上合组织外的更多选择。上合组织的效率不高，并不一定会被中亚国家解读为一种严重损害其利益的现象，反而有可能被视为有利于维护其主权以及减缓中国商品和劳动力大量涌入中亚的一个屏障。因此，在提高上合组织的效率问题上，创设新的机制也许的确能在一定程度上缓解这一问题，不过，可能更有效的方式是完善现有的组织结构，并理顺成员国相关科层机构之间的关系，真正使上合组织作为一个统一的国际行为体发挥作用。在此过程中，加强中俄的协调和相互谅解至关重要，而美国对上合组织效率的影响并不直接，更不是决定性的。

（四）对外关系

大国在互动中具有的结构性矛盾阻碍了上合组织对外关系的发展。例如，如何处理与美国的关系是上合组织对外交往中的一个重要议题。尽管美国对上合组织持有一种威胁或对抗性的认知，不过美国并未采取明确和系统的措施来削弱上合组织。近年来，随着中国实力的崛起与美俄关系的再次紧张，有可能导致美国对上合组织的认识更趋负面化。如因克里米亚危机等事件以及中日历史和领土争端与中

---

① David Kerr, "Strategic Regionalism: Central Asian and Russian Perspectives on China's Strategic Re-emergence", *International Affairs*, Vol. 86, No. 1, January 2010, pp. 127 – 152; Roy Allison, "Virtual Regionalism, Regional Structures and Regime Security in Central Asia", *Central Asian Survey*, Vol. 27, No. 2, June 2008, pp. 185 – 202.

菲、中越南海问题争端，分别导致俄美、中美关系出现了一些问题。此前，由于美国对上合组织的性质心存疑虑，担心该组织成为一个事实上的反美联盟，美国对上合组织的发展早已心存警惕；随着美国与中俄两国的关系都出现导致国家间关系出现紧张的因素，上合组织也有可能因此被美国赋予更多的负面意义。不过，美国与上合组织在稳定阿富汗与保障中亚地区的稳定等方面有一些共同利益。随着美国特朗普政府反复强调要从阿富汗撤军并于 2020 年 3 月与塔利班达成了《美国—塔利班和平协议》，不排除阿富汗的安全形势会出现诸多反复。上述共同利益的存在，为上合组织与美国在一些具体问题上的合作留存了一定的空间。事实上，上合组织如果真的要发展成为一个具有世界影响的国际组织，需要注意避免积极、主动对抗美国，并在某些具体问题上与之进行必要的合作，这也是缓解中亚国家担忧遭到上合组织的"绑架"而损害与美国关系的重要方式。

上合组织还需理顺与俄罗斯主导的多边合作机制之间的关系。美国在中亚地区的存在给俄罗斯与中国带来的战略压力，及其推动的民主化战略对中亚各国统治者维持政权生存造成的威胁，在一定程度上发挥了加强上合组织成员国之间团结的作用。事实上，真正影响上合组织长期发展前景的问题，在于成员国对上合组织发展所持的具体态度，尤其是俄罗斯的态度。如前所述，在与中亚国家通过多边机制开展互动的过程中，中国和俄罗斯各自倚重的机制并不一致。上合组织是中国参与中亚事务的唯一多边机制，而俄罗斯除了上合组织外，还有欧亚经济共同体和集安组织等机制。由于上合组织与这两大组织在"区域上重合，成员上交叉，功能上相近"，[1] 因此，如何处理上合组织与这些多边机制之间的关系，绝不是一个无足轻重的问题。为了保障中亚国家对上合组织的参与，中国需要在顾及俄罗斯关切的基础上，争取利用上合组织与这两个机构之间开展更深入的合作。客观地说，实现这三个机构在功能上的合理分工，几乎是一个不可能实现的

---

[1] 赵华胜：《上海合作组织的机遇和挑战》，《国际问题研究》2007 年第 6 期。

目标，不过，争取它们在涉及影响上合组织发展前景的重大发展进行必要的磋商，合作应对各成员国尤其是中亚成员国出现的影响上合组织前途的问题，是加强各机构之间互信和减少内耗的可行方式之一。加强俄罗斯对上合组织的承诺是保障上合组织继续存在和顺利运作的重要前提。

总之，处理好上合组织的对外关系是保障上合组织顺利发展的重要议题之一。其中，处理与美国的关系以及维持成员国内部的团结，又是上合组织对外关系中的核心。这一任务的整体目标是：一方面，需要避免使上合组织与美国及其任何其他国家形成对抗关系；另一方面，需理顺尊重上合组织内部对外决策自主权与增强该组织凝聚力之间的平衡关系。当然，除了这些关系外，上合组织还应该与联合国、欧盟、欧安组织、经济合作组织等国际组织互通有无，必要时借鉴其他国际组织发展的成功经验。与此同时，在扩员后，上合组织要继续处理好与伊朗、土库曼斯坦、阿富汗、土耳其、蒙古等与上合组织存在共同关切国家之间的关系。只有理顺与大国、周边国家、主要的国际组织之间的关系，上合组织的平稳运行才能拥有一个良好的国际环境，才能为成员国专注于彼此之间的合作和推进该组织本身的发展提供基础。

第四节　结语

本章对中、俄、美三国对上合组织的认知、各国基于这种认知对上合组织采取的政策作了分析，并展望了大国互动对中亚长期发展可能产生的影响。作为国际关系中的大国，中、俄、美三国的实力赋予其影响上合组织发展的能力。至于是否运用这种能力来牵制或推动上合组织的发展，则在很大程度上取决于各国对上合组织的认知。截至目前，美国更多地对上合组织持一种负面看法，俄罗斯同样对其有一定的疑虑，只有中国对上合组织的发展寄予厚望。这种认知上的错位，影响了各国对上合组织的政策。整体而言，美国对上合组织发展带来的更多是压力，不过，其对上合组织的警惕以及对上合组织成员国施加的压力，有时客观上带来了促进上合组织成员国团结的效果。而中俄这两个组织内成员国之间的互动，类似于联盟内部成员国之间关系的管理。

中俄既合作又竞争的态势，对上合组织发展带来的影响比较复杂。一方面，双方发展和巩固在上合组织具有的共同利益（如打击"三股势力"、抵御美国的压力、稳定中亚地区的局势、促进成员国之间的贸易等），从而为该组织的发展提供了动力，而且这一机制为缓解双方在中亚地区的竞争提供了一种有效的平台；另一方面，俄罗斯更青睐由其主导的多边机制以及对中国借助上合组织扩大在中亚地区影响的担忧，又使其不愿上合组织发展过快，从而在一定程度上限制了上合组织的发展势头。尽管近年来美国与俄罗斯和中国的关系有所紧张，带来了中俄关系有所密切的效果，不过，只要俄罗斯有关上合组织只是"备用品"的定位不发生根本性的改变，那么上合组织的发展依旧会受到中俄对上合组织定位错位的困扰。

此外，本章还讨论了大国互动对上合组织发展的影响，主要体现在上合组织的定位、内部向心力、效率、对外关系等方面。与学术界对上合组织的乐观认知或期待不同，本章认为，上合组织在定位、运行效率与内部凝聚力方面都面临不小的挑战，还有不少需要改善或提升的空间。至于上合组织的扩员问题，则是一个涉及上合组织前途的重大问题。随着印度与巴基斯坦于2017年正式加入上合组织，关于上合组织扩员方向的讨论暂告一段落。在上合组织的对外关系方面，上合组织开展对外交往需要秉持两个原则：第一，不能积极、主动地恶化与美国的关系，并将对抗美国作为其主要任务；第二，上合组织既需要处理好成员国内部的关系，也要与上合组织的周边、主要的国际组织发展友好关系。

总之，在上合组织的定位、内部凝聚力、效率、对外关系等方面，中俄美的互动仍将对其产生明显影响。不过，相对于组织外大国的影响，组织内成员国的互动对上合组织发展前景的影响是根本性的，这一观察同样适用于展望上合组织的未来。此外，大国互动虽然对上合组织的发展产生了明显影响，不过不能因此而忽视小国对上合组织发展所具有的重要意义。可以设想，如果中亚四个成员国均对上合组织的发展持一种冷漠的态度，上合组织的发展将陷入停滞。因此，如何理顺大国之间的关系以及如何确保小国在组织发展中获得实际可见的收益，是上合组织在其发展过程中需要谨慎处理的两大议题。除了探讨大国互动对上合组织发展产生的影响外，还需关注上合组织对组织内成员国，包括中俄的反向影响。下一章将集中讨论上合组织对中俄中亚互动的影响，至于中亚成员国对上合组织所产生的影响以及上合组织对中亚成员国所产生的影响，我们将分别留待后续章节讨论。

第三章　上海合作组织对中俄在中亚地区互动的影响

　　本章将较为深入地分析上海合作组织的运行对中俄在中亚地区互动所产生的影响。众所周知，中亚既是一个地理概念，又是一个包括政治、经济、文化、军事和安全问题在内的综合性概念。国际关系学者主要从中亚的地缘环境和战略地位来进行理解，大国角逐构成人们理解中亚地区的典型标签。"9·11"事件后中亚的地缘政治格局出现较大的变化，其中体现之一就是中俄两国在中亚地区的频繁互动。在目前中国与俄罗斯在中亚地区的互动中，体现出一种以合作为主但也有竞争的复杂态势。在非传统安全和与西方应对中亚国家内部事务等方面，中俄两国的合作明显多于彼此间的竞争；然而，在中亚地区的传统安全与经济合作领域，中俄双方的竞争似乎多于彼此间的合作，分析这一现象出现的原因是本章的目标。

第一节　问题的提出与分析框架

　　出于中亚战略位置显著，学术界相关研究的成果比较多，其中有不少研究涉及俄罗斯与中国在中亚地区的竞争与合作。但对于中俄在某些领域进行合作，同时在其他领域展开竞争的原因，既有研究往往强调的是共同利益的有无。这些成果认为，如果中俄存在共同利益，则双方可以进行有效的合作；如果彼此间的利益存在冲突，就会导致双方的竞争。这种解释符合人们的常识，而且的确说明了中俄在中亚竞合关系的部分原因。不过，仅用共同利益的有无来说明中俄两国在中亚地区互动态势的根本原因，可能会带来一些问题。比如，为什么中印与中美两国在中亚存在诸多共同利益，如打击恐怖主义与分裂主义、稳定阿富汗局势等，但它们之间的合作主要停留在口头宣示的阶段，很少展开具有实质性意义的合作，等等。这些疑问说明纯粹的利益耦合与否，无法充分解释中、俄等大国在中亚的复杂关系。

有鉴于此，中国与俄罗斯等大国在中亚地区的复杂竞合关系，还可以纳入机制的有无及其演变过程的框架当中进行分析。显而易见，中印或中美之间虽然存在某些共同利益，但缺乏将它们纳入一个制度框架中的国际机制，这种共同利益无法转化为实际上的合作。而俄罗斯与中国则有所不同，它们与中亚四国（哈萨克斯坦、吉尔吉斯斯坦、乌兹别克斯坦和塔吉克斯坦）同属上合组织成员国，上合组织有效地促进了成员国在某些具有共同利益问题上的合作。现在的问题是，上合组织为什么促进了中俄在某些领域的合作但未能缓解双方在其他问题上的竞争？这一问题仅仅根据上合组织的存在无法得到充分的解释，因此还需考察该组织的演变给中俄在中亚地区互动过程中带来的累积性影响。

国际机制的建立很大程度上得益于机制参与国之间共同利益的存在，但共同利益的性质和内容均会发生变化，这种情况并不必然对国际机制带来重大影响。这主要是因为，机制的运转虽然无法摆脱大国权力的影响，但机制一旦创设，则能在一定程度上按自身的逻辑发挥相对独立的作用。对于国家间关系而言，机制的持续运转，既可能增进机制成员的共同利益，进而保障合作的进一步展开；也可能扩大机制成员利益的分歧，或即使存在共同利益也无法进行有效合作，甚至导致它们在某些领域展开竞争。这两种情况，被研究者分别称为机制的聚合性（convergence）效果与离散性（divergence）效果。中俄在中亚不同领域体现出的合作与竞争关系，一定程度上与上合组织经过十几年实践形成的聚合性和离散性效果有关。

中俄在中亚地区互动过程受到国际机制的影响，而包括中俄两国以及四个中亚成员国的合作机制主要是上合组织。因此，中俄两国在中亚地区的互动，可以纳入上合组织的框架中进行分析。在当代国际关系中出现了一种比较明显的趋势：权力的低回报和制度的高回报。① 国家间的权力争斗关系日益走向规则化，权力不断被纳入制度规则当中，并通过国际机制进行合作，获得收益，并拓宽合作领域。所谓国际机制，是指在国际关系的特定领域中，由行为体的期望而产生的一系列或明确或隐含的原则、规范、规则和决策程序。② 国际机制既包括比较正式的国际制度，也包括隐含的规范、共识和惯例等。上合组织构成了中俄两国借以实现共同利益的一种国际制度。

对于新自由制度主义者而言，国际合作取决于共享或共同利益的存在，国家间在政治、经济、军事等方面存在广泛的共同利益，可以通过共同行动获得绝对获益（absolute gains）。③ 但是缺乏国际机制，也就是缺乏具体的政策协调，这种共同利益不一定能够实现，这是新自由制度主义的一个根本观点。这也说明了国际机制的效果与共同利益之间存在的差异。国际机制的效果如何，到底是实现共同利益、促进成员国在具体问题上的合作，还是扩大成员国之间利益分歧、引发成员国在某些问题上的竞争，这取决于国际机制运作过程中累计的聚合性效果与离散性效果。

所谓聚合性效果主要是指存在国际机制的情况下，"制度使得它们（指成员国）获得通过现存国家结构的单边行动不能够获得的收益"，在国际机制的作用下，"国家行为将会聚合：成员国将会倾向

---

① ［美］约翰·伊肯伯里：《大战胜利之后：制度、战略约束与战后秩序重建》，门洪华译，北京大学出版社2008年版，第238页。

② Stephan D. Krasner, "Structural Cause and Regime Consequences Regimes as Intervening Variables", *International Organization*, Vol. 36, No. 2, Spring 1982, pp. 185 – 205.

③ Joseph Grieco, "Anarchy and the Limits of Cooperation: A Realist Critique of the Newest Liberal in Institutionalism", in Charles Kegley, ed., *Controversies in International Relations Theory: Realism and the Neoliberal Challenge*, Beijing: Beijing University Press, 1995.

于采取同样的货币、贸易或国防政策。"① 这种聚合性有一定条件,即行为体在一定开放的环境中存在共同的利益,有共同合作的可能性。随着合作的展开,国际机制中成员国间信息交流导致的合作行为会增多,并逐渐形成在处理彼此间问题时进行合作的预期和偏好。这也与议题相关,"如果议题不是孤立的,也不是排他的,议题发生的情景对政治及其结果就可能具有决定性的影响"②,因为议题能够导致议程的安排与设置进而影响合作的结果。国际机制在行为体互动过程中,将提升行为体互动的程度与水平,即使付出代价的行为体也能够从中得到相应的补偿。国际机制的外溢性作用显著,其结果是"缔约国机会主义行为发生的概率随着制度化水平的提高而下降,国家间治理的成本随着制度化水平的提高而递减"③。概言之,国际机制聚合性效果一个重要的体现在于"国家加入国际机制使相互之间的行为更有可预见性,这样就满足了国家对相互交往的信息需求,有利于合作的持续开展"④。

离散性效果意味着"那些已经接近于制度准则的国家会更加朝这些规范努力,而那些违背这些准则的国家行为仍将保持不变",或者说国际机制"事实上是补充和放大先前已经存在的趋势而不是压制了它们"。⑤ 离散性效果的发挥也有一定条件,即国际机制中的一些原则还未很好地理解与实践。久而久之,国家之间的行为将会固化,每

---

① [美] 莉萨·马丁、贝思·西蒙斯:《国际制度的理论和经验研究》,载 [美] 莉萨·马丁、贝思·西蒙斯编《国际制度》,黄仁伟、蔡鹏鸿等译,上海世纪出版集团2006年版,第524页。

② [美] 罗伯特·阿克塞尔罗德、罗伯特·基欧汉:《无政府状态下合作的达成:战略与制度》,载 [美] 肯尼斯·奥耶编《无政府状态下的合作》,田野、辛平译,上海世纪出版集团2010年版,第234页。

③ 参见 David Lake, "Anarchy, Hierarchy, and the Variety of International Relations", 转引自田野《国际关系中的制度选择:一种交易成本的视角》,上海人民出版社2006年版,第169页。

④ Robert O. Keohane, "The Demand for International Regimes", *International Organization*, Vol. 36, No. 2, Spring 1982, p. 334.

⑤ [美] 莉萨·马丁、贝思·西蒙斯:《国际制度的理论和经验研究》,载 [美] 莉萨·马丁、贝思·西蒙斯编《国际制度》,黄仁伟、蔡鹏鸿等译,上海世纪出版集团2006年版,第526页。

个行为体都有自身的理解与行为方式，行为体因为未找到关系提升的途径而使合作停滞不前。如有学者指出："如果一个机制的原则、规范、规则和决策程序变得缺少内在的一致性，或者通常的实践与原则、规范之间越来越缺少一致性，也就意味着这个机制在实践中难以推行。"① 因此，离散性效果很大程度上可理解为在国际机制的某一或某些具体问题领域，成员国坚持已有的行为方式，国际机制无法促使成员国在这些问题进行有效的合作。离散性效果的另外一个体现就是扩大成员国之间的行为差异，从而加剧了成员国在框架内解决这些合作问题的难度。国际机制带来的这种离散性效果，将给机制的持续运转和进一步发展构成障碍。下文将根据上合组织的聚合性效果和离散性效果，对中俄两国在中亚地区的互动带来的具体影响进行分析。

第二节 上合组织的聚合性与中俄在中亚的合作

上合组织是中俄赖以开展合作的主要机制，从最初的"上海五国"会晤机制到上合组织，经过一段时期的摸索与发展，逐渐形成了以"互信、互利、平等、协商、尊重多样文明、促进共同发展"为基本内容的"上海精神"。上合组织有效地促进了成员国之间的合作，除了共同利益的影响外，该组织产生的聚合性效果功不可没。上合组织最为明显的聚合性效果，集中体现在上海五国机制到上合组织的转型。上海五国原本聚焦于中国与俄哈吉塔的边界划分和加强边界地区信任，随着各方合作的持续开展，这一机制逐渐将成员国之间的合作范围拓展到应对非传统安全威胁的合作等问题上，并于2001年正式转变为上合组织。上合组织成立以来，该机制的聚合性效果更为迅速地促进了成员国之间的合作：在成员国方面，增加了乌兹别克斯

---

① Stephan D. Krasner, "Structural Cause and Regime Consequences Regimes as Intervening Variables", *International Organization*, Vol. 36, No. 2, Spring 1982, p. 189.

坦、印度、巴基斯坦,另外还吸纳了蒙古、伊朗、白俄罗斯和阿富汗为观察员国,并发展了亚美尼亚、阿塞拜疆、尼泊尔、柬埔寨、斯里兰卡和土耳其六个对话伙伴国;在合作领域上,上合组织的合作范围从主要集中在安全领域的合作,拓展到了经济、社会、环境、人文交流等一系列领域。除此之外,上合组织每年举行的各种会议、设立的各种专门机构等,都是该机制积聚性效果的反映。为此,下文以上合组织对促进中俄在应对非传统安全和处理美国试图干预中亚国家主权问题上的合作为例,做进一步的分析。

(一) 上合组织与中俄在非传统安全领域的合作[①]

上合组织在非传统安全领域的合作,主要集中在"三股势力"——分裂主义、极端主义和恐怖主义上。就中亚地区而言,并不存在强大的民族分裂主义势力,但是宗教极端主义和国际恐怖主义带来的威胁自20世纪90年代晚期以来就已颇为严重。此前这两种威胁主要集中在乌、吉、塔三国,2011年以来哈萨克斯坦面临的非传统安全威胁也日益突出。尽管中亚各成员国本身没有分裂主义问题,但威胁到俄罗斯和中国领土完整和国家主权的分裂主义势力积极在该地区活动,给两国的国家安全带来了威胁。上合组织将"三股势力"作为在非传统安全领域的主要打击对象,能够促进地区安全和维护地区稳定。这些问题的产生,既有历史的原因,也有新的现实因素发挥作用。更令各国担忧的是,"三股势力"在全球化的世界中影响不但没有减弱,反而朝着"三义合一"的方向发展,这无疑增加了问题解决的复杂性和紧迫性。中亚地区的"三股势力"对于处在自助系统中的中俄来说都是棘手的问题,独自行动很可能事倍功半,因此中俄与中亚成员国合作以解决这些问题成为一种理性的选择。

具体到中俄两国,它们在非传统安全领域的合作的确具有比较明

---

① 为了叙述和理解的方便,本章采用了通常的用法,将分裂主义列为非传统安全的范畴。但值得指出和强调的是,分裂主义造成的影响涉及国家主权和领土完整等高级政治问题,因此它实际上属于传统安全的范畴。

显的共同利益。自20世纪90年代以来，车臣分裂主义一直是俄罗斯暴力恐怖威胁的根源，俄罗斯为此进行了两次车臣战争（1994—1996年、1999—2000年）。这一点与中国在新疆维吾尔自治区面临的恐怖主义和分裂主义势力合一的情形极为相似。问题的关键在于，俄罗斯在北高加索地区和中国在西部地区面临的恐怖主义和分裂主义威胁，都不仅限于两国本土，它们与国际恐怖主义势力之间存在着诸多的国际联系。如俄罗斯的车臣恐怖分子和中国的"东突"分子，都与基地组织和塔利班有密切的联系，自2014年"伊斯兰国"成立以来，上合组织覆盖区域的反恐形势又与该组织的扩散息息相关。这种联系要求中俄两国进行有效的合作，以遏制恐怖主义和分裂主义势力的跨国联系。除了恐怖主义、极端主义和分裂主义的安全威胁外，上合组织成员国还面临毒品走私、国际有组织犯罪、非法移民、武器和人口走私、生态灾难等其他一系列非传统安全问题的挑战。共同的安全威胁，为中俄在中亚地区进行合作提供了坚实的基础。

面对共同的利益诉求，中俄两国只有采取互助行动才符合自身利益。然而，有共同利益并不必然导致合作，需要有一机制来发挥催化剂的作用，上合组织正是基于这种需要产生的。随着机制的建立与完善，上合组织的聚合性效果不断积聚。这主要体现在两个方面：一方面，中俄在上合组织框架内达成了一系列的共识，并将这些共识上升为具有约束力的法律文件。如自2001年成立以来到2008年，上合组织成员国已先后签订了《上海公约》《上合组织地区反恐怖机构协定》《上合组织成员国合作打击恐怖主义、分裂主义和极端主义构想》《上合组织成员国打击恐怖主义、分裂主义和极端主义2007年至2009年合作纲要》《关于查明和切断在上合组织成员国境内参与恐怖主义、分裂主义和极端主义活动人员渗透渠道的协定》《关于在上合组织成员国境内组织和举行联合反恐行动的程序协定》《上合组织成员国政府间合作打击非法贩运武器、弹药和爆炸物品的协定》等一系列具有约束性和规范性的文件。中俄在上合组织内的偏好得以协调，机制的积聚性效果发挥了作用，产生了不断合作的预期并付诸实践。

根据学者们的研究，中俄两国的反恐政策明显趋同，并且进一步影响到中亚国家的反恐政策。① 在这一过程中，上合组织所发挥的累积性效果功不可没。

另一方面，中俄在非传统安全的合作尤其是反恐领域的深入合作，"外溢"到其他非传统安全领域，如促进了防止武器扩散、打击非法毒品和人口走私等其他非传统安全领域的合作。通过这些领域的合作，上合组织大大降低了中俄在非传统安全合作领域中的"搭便车"行为，促进了各方的信息交流，从而减少了上合组织各成员国的机会主义行为，积聚性效果导致各国在非传统安全领域合作的不断展开和深化升级。可以说，在这种区域性的机制安排中，中俄发挥着支柱性的作用，从而使机制能够最大限度地聚合各国的诉求，并累积为聚合性效果。之所以认为中俄双方及其他上合组织成员国就应对非传统安全所签署的一系列条约和协定以及成员国将合作拓展到其他领域上是上合组织聚合性效果的结果，主要是因为如果没有上合组织这一制度，即使各方存在共同利益，成员国之间也难以进行有效的合作，或者合作主要通过双边渠道来进行。正如在上合组织成立之前，1999—2000年乌兹别克斯坦伊斯兰运动入侵乌兹别克斯坦和吉尔吉斯斯坦所表明的，各方因为无法协调立场和共享信息，导致乌不得不采取单边措施应对，这带来了与邻国关系的恶化。上合组织成立之后，通过设立地区反恐中心，中俄与中亚上合组织各成员国可以共享反恐信息，便利了各国之间的合作，并带来各国反恐政策的趋同。

（二）上合组织与中俄应对美国干预中亚成员国内部事务上的合作

上合组织是一个开放性的国际组织，并未将遏制美国在中亚地区影响力作为组织所追求的目标。上合组织的发展动力，主要来自各成员国进行合作的愿望——无论是在安全还是经济、文化等其他领域，

---

① 详见 Mariya Y. Omelicheva, *Counterterrorism Policies in Central Asia*, Abingdon: Routledge, 2011。

以及该组织能有效地满足各成员国对于利益和规范的寻求。不可否认，美国在中亚扩大影响的努力的确给上合组织的发展造成了一定的压力。比如"9·11"事件后美国通过向中亚国家提供更多的安全和经济援助，在某种程度上影响了上合组织在相同领域中的努力。然而，除此之外，还必须意识到，美国参与中亚地区事务与上合组织存在着某些共同利益，这些共同利益或者客观上为上合组织成员国做出了贡献，或者构成双方进行合作的潜在领域。比如在反恐问题上，美国在阿富汗开展的军事行动，不仅摧毁了塔利班政权，削弱了乌兹别克斯坦伊斯兰运动、民族分裂运动等恐怖主义组织的行动能力，而且还通过向中亚国家提供某些援助增强了各国维护自身安全的能力，这些都在一定程度上促进了中亚地区的稳定。至于在潜在的合作领域，如促进阿富汗局势的稳定、打击阿富汗毒品、解决各国复杂的领土和水资源争端，都是美国和上合组织希望实现的目标。然而，尽管带来某些共同利益的实现或者存在可以进行合作的潜在领域，但美国介入中亚地区事务所追求的目标及实现这些目标的手段，仍与上合组织及其成员国的立场存在矛盾甚至冲突。

美国在中亚地区致力于实现的一个重要目标，是把中亚国家纳入到以美国主导的大西洋—欧洲共同体中。无论是克林顿政府时期提出的"扩大"（Enlargement）战略，还是小布什政府时期对于苏联国家"颜色革命"的支持，以及奥巴马政府执行的新"丝绸之路战略"，都体现了这一长期目标。美国所追求的从政治、经济和文化等领域整合中亚国家的目标，源自美国对"民主和平论"的信仰。民主和平论坚信只有民主国家才能和平相处，而非民主国家则是国际冲突和动荡的根源。中亚国家，或被美国政府视为极权国家甚至失败国家，或被认为是恐怖主义、极端主义等势力兴起的土壤。无论是从全球反恐战争的角度出发，还是从维护单极世界霸权的角度出发，美国都希望中亚国家能够向民主国家的方向转化。美国政府的这种愿望和整合中亚国家的目标，造成美国干预中亚国家内政和外交政策的倾向。这一点在吉尔吉斯斯坦"颜色革命"和乌兹别克斯坦的安集延事件中得到了最为明显的体现。尽管自2005年以来,美国明显减少了对中亚国家人权和民主问题的批评,但是对于中亚国家而言,美国干预各国内部事务的倾向和努力,构成了双方进一步发展关系的重要障碍。

相对于美国在中亚地区成为一个改变现状的力量,俄罗斯和中国则是捍卫不干涉别国内政这一基本国际规则的力量。无论是在双边关系上,还是在上合组织的框架中,中国和俄罗斯都坚持不干涉别国内政的基本原则,这也是上合组织不断获得前进动力的一个重要支柱。遵守这一基本原则,客观上就与美国为引导中亚国家走向民主而采取的各种措施相冲突。美国积极支持各国的反对派或公民社会群体,甚至认为各国政府为打击恐怖主义和极端主义的措施压制了人权,并对此横加指责和干涉。正如有学者指出的:"当西方谈论反恐战争,只有在恐怖主义直接针对西方国家及其利益时,它们才会强调恐怖主义的邪恶本性,而当针对的是非西方国家比如俄罗斯和中亚国家,西方强调的则是反恐行动的人权侵犯现象。"[①] 这种立场不利于中亚地区的稳定和发展。中国和俄罗斯认为中亚国家对于发展道路的选择应该由中亚上合组织各成员国自行决定,而不能通过外部强加的"民主出口"和政权更迭来实现这一目标。如果有悖于这一原则,那么中亚国家政局变化带来的结果,可能不是政权稳定和反恐的顺利进行,而是导致该地区陷入无政府状态或衍生出一系列的族群冲突。

中俄在上合组织框架内坚持和发展的"上海精神",是以不干涉成员内部事务为核心原则的,这也是该组织获得发展的重要动力。[②] 通过近二十年的实践,上合组织在此问题上产生了积聚性效果,无论是中俄还是其他上合组织成员国,都意识到维护国家主权和不干涉别国内政的重要性,并内化为处理与成员国相关事务的基本规范。在

---

① Rein Müllerson, *Central Asia: A Chessboard and Player in the Great Game*, London and New York: Routledge, 2007, p. 64.

② 可参考 Stephen Aris, *Eurasian Regionalism: The Shanghai Cooperation Organization*, New York: Palgrave Macmilan, 2011, p. 140。

2005年乌兹别克斯坦发生安集延事件时，面对美国和某些欧洲国家对乌政府是否过度使用武力的问题进行独立国际调查的要求，上合组织认为这是对乌内政的干预，为此上合组织峰会发表声明，强调遵守不干涉内政的重要性，并对乌拒绝西方进行国际调查的立场表示支持。即使在2010年吉再次发生权力非正常更迭并随后在南部发生族群冲突后，吉虽然请求上合组织介入以平息局势，但上合组织依旧坚持了不干预内政的原则。[1] 此外，通过在上合组织框架内的合作，成员国达成了"上海精神"的共识并内化了这些原则，促进了成员国彼此之间的信任：就中俄在中亚地区而言，它们不会通过上合组织干预其他成员的内政，并在成员国面临来自其他方面可能的干预企图时予以支持；就中亚成员国而言，它们预期中俄两国不会干预它们的内政，而且在面临外部干涉的可能时能够获得中俄的支持。上合组织框架内大国的自我克制和小国对在必要时能获得大国支持的预期，是该组织形成了积聚性效果的体现。这在一定程度上也构成上合组织周边国家国家希望加入上合组织的重要原因。

第三节　上合组织的离散性与中俄在中亚的竞争

除了积聚性效果外，国际机制同样可能产生离散性效果。中俄虽然组建了上合组织，使涉及中亚地区的很多问题能够纳入其中处理。但事件或议题本身的复杂性和敏感性，使上合组织成员国在某些领域中的互动表现出一定的离散性效果，结果是这些领域议题的处理被搁置，国家保持了既有的行为方式，或者扩大了成员国行为方式的差异。中俄在对中亚传统安全和中亚经济一体化问题上的互动，一定程度上体现出上合组织的离散性效果。

---

[1] Stephen Aris, "The Response of the Shanghai Cooperation Organisation to the Crisis in Kyrgyzstan", *Civil Wars*, Vol. 14, No. 3, September 2012, pp. 451–476.

（一）上合组织与中俄在传统安全领域行为方式的差异

俄罗斯在中亚地区拥有重要的传统影响，但俄罗斯在参与该地区的事务时，坚持的主要是传统地缘政治的行为方式。这种行为方式，首先是来自冷战时期的长期影响，并固化在俄罗斯精英的对外政策思维之中，也体现在俄罗斯的中亚政策之中。其次是因为俄罗斯长期的大国地位所形成的大国心理。苏联解体以来，恢复俄罗斯的大国地位，构成冷战结束以来俄罗斯政治精英们始终不懈追求的目标。最后，俄罗斯的国际关系研究虽然自 20 世纪 90 年代已经渐趋多样化，包括现实主义、自由主义理论、国际政治经济学、国际谈判等学派逐渐被俄罗斯学术界所接受，并出现了不少的研究成果，但是地缘政治学仍是俄罗斯国际关系研究中占据主导地位的学派，这也是俄罗斯政治家和学者们观察世界的主要视角，自然影响到俄罗斯在中亚地区的行为方式。[1] 不仅如此，对于地缘政治学的关注，仍然集中在以能力为基础、以争夺势力范围为核心的传统地缘政治思维，至于西方以研究话语、具有后现代主义或建构主义色彩的批判地缘政治学，在俄罗斯没有太大影响。[2] 在这样一种思维框架中，中亚地区被俄罗斯视为自身的传统势力范围和战略后院，对于其他外部行为体介入中亚事务，俄罗斯一直都持一种敏感和警惕的态度。

上合组织并不能消除俄罗斯对中国在中亚地区拓展影响力的疑惑。自上合组织成立以来，成员国在传统安全问题上的合作，不如在非传统安全领域的合作顺畅，一定程度上与俄罗斯的兴趣不大有关。与在非传统安全领域的合作带来了中俄及中亚国家行为方式的趋近不同，在传统安全问题上俄罗斯坚持的仍是传统的行为方式。尽管中俄

---

[1] 对俄罗斯国际关系中不同理论流派的研究，可参考 *Communist and Post-Communist Studies*, Vol. 37, No. 1, March 2004, pp. 1 – 133。

[2] A. P. Tsygankov, "Mastering Space in Eurasia: Russia's Geopolitical Thinking after the Soviet Break-up", *Communist and Post-Communist Studies*, Vol. 36, No. 1, March 2003, pp. 101 – 127.

双方都处于上合组织之中，但俄罗斯基于传统的地缘政治思维，认为中国在该地区利益的拓展，会带来排斥俄罗斯影响力的后果。尽管俄罗斯在这一问题上表现得比较谨慎，但从俄罗斯对于发展上合组织与集安组织之间的合作并不热衷，可以发现俄罗斯对中国在中亚地区影响力增强的疑惑甚至不满。对于中国而言，与中亚国家在传统安全问题上的合作，主要通过双边关系实现，这也表现出上合组织在此问题并未取得突破性进展。双方在上合组织的互动非但没有实现双方立场和行为方式的趋近，反而暴露了中俄在此问题上的分歧。如果上合组织要想在传统安全领域实现聚合性效果，有待俄罗斯意识到伟大的帝国时代已经结束，不再纠缠于新帝国主义的话语。这也是索尔伦尼琴提出的俄罗斯应该摆脱"大国雄心"复合症，将自己从"敌国幻想症"（imperial delirium）中解放出来的建议。①

上合组织在传统安全领域带来的离散性效果，还体现在中俄虽然存在共同利益，但双方并不能进行有效合作的问题上。在中亚传统安全领域，中国和俄罗斯有共同的重要利益，即维护该地区的安全和稳定。上合组织的前身——上海五国——的主要合作领域就是传统安全领域，如加强五国边防部门间的合作，增加边界互信措施，反对霸权主义和强权政治，反对各种形式的"新干涉主义"。尽管上合组织的建立将安全合作领域拓展到了非传统安全领域，但传统安全领域的合作仍然构成上合组织的重要合作领域之一。如各国就中亚阿富汗局势举行会议，开展联合军事演习，共同表达对世界新秩序的观点等。然而，通过上合组织的互动，各方在传统安全领域中的合作并未出现大的进展，各方尤其是中俄对于上合组织在此领域的定位和合作重点出现明显分歧。在中亚国家的传统安全领域，俄罗斯主要倚重的是具有军事同盟性质的集体安全条约组织，而不是上合组织。尽管俄罗斯偶尔会把上合组织视为集体安全条约组织的有益补充，但"俄国内很多

---

① Andrés Schipani-Adúriz, "Through an Orange-Colored Lens: Western Media, Constructed Imagery, and Color Revolutions", *Demokratizatsiya: The Journal of Post-Soviet Democratization*, Vol. 15, No. 1, December 2007, p. 94.

人认为上合组织是中国在中亚的'特洛伊木马',在维护中亚的安全与稳定方面,俄确实不希望上合组织的作用超过集安组织"。① 而中国则将上合组织视为维护中国西部稳定和发展与俄罗斯、中亚国家在传统安全问题上的首要也是唯一的多边机制。不仅中俄对上合组织在定位上的观点有所差异,而且对于上合组织框架内的合作重点也有不同看法:"中国比较重视上合组织维护中亚地区安全与稳定方面的作用,而俄则更重视上合组织推动多极化和遏制美国在中亚地区影响方面的作用。"②

中俄对上合组织在定位和合作重点上的差异,导致双方在中亚传统安全问题上难以开展有效的合作,并进一步暴露了双方的分歧。这种分歧还体现在俄罗斯不愿在上合组织框架内推进成员国更大规模的军事交流上。中亚上合组织成员国的军队都是在苏联解体的基础上建立起来的,各国军队的编制机构、军事学说、武器装备、培训方式、行为方式等,都以是俄罗斯为蓝本,而且至今与俄罗斯军队之间仍存在千丝万缕的联系。③ 尽管希望通过借助西方的力量实现本国军队的现代化,但是无论是硬件还是软件方面,中亚五国的军队都是"俄式"而不是"西式"的。在此问题上,俄罗斯希望维持现状或者进一步加大中亚上合组织各成员国对俄罗斯的依赖,并不乐见中国深化与中亚国家之间的军事合作,更不愿意促进上合组织框架内在传统安全领域中合作的深化。相对于集体安全条约组织具有集体防御的条款并建立了快速反应部队,上合组织在这方面没有也不太可能取得重要进展。这本身也说明在中亚传统安全领域的合作上,上合组织并未缓解俄罗斯对中国的猜忌,因此也就带来了传统安全领域的合作在一定程度上停滞不前的局面。如果强行推进,只会导致成员国在此领域的

---

① 杨恕、张会丽:《评上海合作组织与独联体集体安全条约组织之间的关系》,《俄罗斯中亚东欧研究》2012 年第 1 期。
② 同上。
③ 详见 Vladimir Paramonov, Aleksey Strokov, Oleg Stolpovski, Mervyn Brown, *Russia in Central Asia: Policy, Security and Economics*, New York: Nova Science Publishers, Inc., 2009, pp. 29 – 69。

承诺其可信性和执行力受到影响，倒不如暂时搁置。可以预见，传统安全领域问题仍是上合组织需要解决的重要议题，核心问题仍在于俄罗斯坚持既有的思维和行为方式，上合组织未实现中俄在此问题上行为方式的趋近。

（二）上合组织与中俄在中亚经济一体化问题上立场的分歧

随着上合组织的不断发展，该组织越来越重视经济、人文领域的合作，成员国希望把上合组织建设成为一个多功能的综合性国际组织。在上合组织非传统安全领域的合作已经稳定发展的情况下，根据新功能主义合作具有外溢效应的观点，成员国希望将上合组织的领域拓展到经济合作和推进成员国经济一体化建设上。毫无疑问，在上合组织近二十年的发展过程中，成员国之间的经济合作取得了许多进展。然而，上合组织并未在正式文件中将实现成员国之间的经济一体化作为该组织的长期发展目标；不仅如此，在已经达成了合作意向甚至是签署了相关合作文件的领域，成员国之间的实际经济合作仍然面临一定的阻碍。以交通通信的互联互通和建立上合组织开发银行为例。早在2011年11月7日，温家宝就在上合组织成员国总理第十次会议中表示，必须加快成员国互联互通建设，交通能源通信基础设施的互联互通是深化本地区经济合作的前提，建议成员国采取措施加快跨境铁路选建工作，中方愿向本组织内陆成员开放至连云港的公路线路。但是，仅仅依靠目前的亚欧大陆桥来实现上合组织成员国实质性的互联互通是不现实的。到目前为止，哈萨克斯坦提出的关于建设欧亚地区油气管道和输电线网络、塔吉克斯坦和乌兹别克斯坦提出的关于建设和改造本组织跨境铁路、公路，并开展物流合作的建议，虽然各成员国都表示赞同，但是由于各国参与的态度不一和融资方面的困难，各项进程十分缓慢。至于上合组织开发银行。早在2010年的塔吉克斯坦首都杜尚别召开的第九次上合组织总理会议上，温家宝总理就提出建立开发银行的构想，以推动上合组织成员国的融资体系建设。温家宝提出这一建议的背景，在于2008年经济危机爆发以来，由欧美主导的全球货币和经济体系越来越不稳定，欧债危机深化，美国债务危机同样威胁着包括上合组织成员国在内的全球经济发展。为了为上合组织成员国的经济发展提供一定的金融支持，所以温家宝建议除了继续扩大各国货币互换以及结算合作之外，应该加大对区域经济合作项目的金融支持，包括贸易融资。然而，由于成员国对此问题的意见不一致，以致该建议被搁置了起来。直到2019年，关于成立上合组织开发银行与建立上合组织自贸区的建议迄今未取得明显进展。

由此可见，虽然经济合作已成为除安全合作外促进上合组织发展的另一个重要支柱，但该组织要实现经济一体化的目标仍然比较遥远。原因除了各国经济发展水平存在差异、利益考虑有所不同、经济制度和实践各有特点外，也是因为中俄两个大国之间对于是否需要促进上合组织的经济一体化存在一定的分歧。这种分歧主要体现在中国希望实现这种一体化，而俄罗斯对此持谨慎态度。而上合组织在经济一体化问题上未能取得突破性进展，显示出中俄在此问题上态度的差异和上合组织积累的离散性效果。俄罗斯之所以采取这种立场，是因为俄罗斯希望通过欧亚经济联盟而非上合组织来实现整合中亚成员国经济的目标。随着2014年乌克兰危机发生之后，这一局面得到了一定程度的改变，包括中俄就推动"一带一盟"的对接达成了重要共识，双方之间的经济合作进入新阶段。不过，俄罗斯在整合欧亚空间的过程中更为倚重的是欧亚经济联盟而非上合组织，这在俄对上合组织自贸区和建立上合组织银行仍然持怀疑态度上得到了反映。

俄罗斯作为上合组织和欧亚经济共同体的成员国，实际上更偏向于欧亚经济共同体。在经济领域，上合组织六个成员国中俄罗斯和中国的经济实力相对而言更为强大，而这两个国家相较又以中国的经济实力更强。尽管因为历史原因，俄罗斯在中亚地区存在着广泛的经济影响，但中国在中亚地区的影响力也在扩大，而且扩大的速度较快。中国在中亚地区影响力的上升对于俄罗斯构成了压力。虽然上合组织促进了中俄在中亚地区的经济合作，缓和了俄罗斯对中国在中亚地区影响力扩大的担忧，但俄罗斯担心促进上合组织经济一体化将会出现以中国居主导的结果。如果推进上合组织的经济一体化，由于成员国和地域的重叠，在很大程度上将会让上合组织和欧亚经济共同体的经济一体化进程出现矛盾和摩擦。毕竟经济一体化合作不同于安全合作，促进经济一体化的措施往往难以兼容，特别是类似关税同盟、市场准入、能源市场等方面，不仅难以做到同步，更加会影响到另外一个组织的一体化进程。因此，2006年把中亚合作组织合并到欧亚经济共同体中之后，俄罗斯加大了与其他成员国的经济合作力度，在一定程度上旨在加速欧亚经济共同体的经济一体化进程，以应对中国在中亚的影响力和确保先于上合组织实现经济一体化。2015年普京启动的欧亚经济联盟构想，遵循的同样是这样一种逻辑。

俄罗斯在对待上合组织框架的经济一体化上的不同立场，并不仅仅是因为双方的利益分歧，同样也是上合组织离散性效果的体现。对于这一问题的解释，可以进行一个反事实推理，即如果不存在上合组织，那么俄罗斯与中国对于实现与中亚成员国之间的经济一体化会出现什么样的结果？对于中国而言，理性的选择是专注于发展与中亚国家之间的双边经济关系，至于实现与中亚成员国之间的经济一体化，根本不会构成中国中亚政策一个中长期目标。至于俄罗斯，则仍然可以通过独联体、关税联盟、欧亚经济共同体等机制来推进与中亚成员国之间的经济一体化。上合组织的成立，让中国为实现与俄罗斯和中亚成员国的经济一体化具备了一个多边机制，也是唯一的一个多边机制；而对于俄罗斯而言，则是在原有机制的基础上增加了一个多边机制，俄罗斯可以在多个机制中进行选择。上合组织形成后中国希望通过上合组织深化成员国之间的多边合作并最终实现经济一体化，而俄罗斯尽管也参与上合组织内某些经济问题上的合作，但首先仍在于维持既有的行为方式，即优先通过俄罗斯主导的其他多边机制推动与中亚成员国之间的经济一体化。在这种情况下，上合组织的成立、运作和发展过程，是扩大了中俄双方对于实现与中亚成员国经济一体化问题上的分歧，而不是带来了双方在此问题上立场的趋近。这种分歧，只要在俄罗斯仍然坚持以实现欧亚经济共同体或欧亚联盟内的经济一体化为优先目标，那么上合组织框架内的经济一体化仍将是一个遥远的目标。

第四节　结语

在国家利益获取上，国际机制发挥着其相对独特的作用。这种作用被称为"科斯定理的倒置"，① 即国际制度的创设意在克服国际无政府状态中的固有缺陷，解决交易成本过高、信息不完全、国家责任不明确的问题，为国际合作创造条件。② 在现实中，国际制度和合作是一种双向选择与相互强化的过程，合作的需要使国际机制的存在成为必要，而国际机制又为合作提供了相应的环境。在机制创设和合作开展的双向互动过程中，国家利益得到满足。

具体到中亚地区，中俄两个大国之间的互动态势，既关系到两国利益的实现，同时还影响到中亚地区的稳定，甚至影响到世界局势的发展。中俄两国合作的一个重要框架就是上合组织。这一机制的形成和发展，虽然基于中俄双方与中亚国家的共同利益，但随着机制的创立并运作，它已经发挥了相对独立的作用，并影响到中俄在中亚地区的互动。

在本章中，我们集中考察了上合组织在中俄在中亚地区互动的不同领域所产生的影响。其中，在非传统安全和应对美国干预中亚成员国内部事务的领域，上合组织为中俄之间的互动产生了明显的积聚性效果；然而在传统安全和促进上合组织的经济一体化问题上，上合组织已经带来了一定的离散性效果。限于篇幅，这里并未对上合组织在其他领域带来的效果进行考察，例如能源合作领域、人文交流领域等。大体而言，尽管产生了一定的离散性效果，上合组织十多年的运

---

① ［美］罗伯特·基欧汉：《霸权之后：世界政治经济中的合作与纷争》，上海人民出版社 2001 年版，第 107 页。

② 朱文莉：《国际政治经济学》，北京大学出版社 2009 年版，第 207 页。

作积累了更多的积聚性效果，这既是上合组织各成员国继续参与和支持上合组织继续发展的重要原因，也是美国等西方国家越来越看重上合组织作用的部分原因。

对于上合组织的未来发展而言，重要的是促进形成更多的积聚性效果并尽可能控制离散性效果的产生和扩大。机制在某些领域带来积聚性效果，并不是排斥其他领域的离散性效果。不仅如此，聚合性效果与离散性效果还能相互转化，某些领域中的离散性效果可能会影响到那些具有聚合性效果的领域的继续合作，积聚性效果的长足发展会带来减弱甚至消除其他领域离散性效果的结果。如果没有聚合性效果而只有离散性效果，那么离散性效果的持续扩散，一定会让机制名存实亡直至消失。

为了在巩固和拓展上合组织的积聚性效果的同时进一步削减和消除离散性效果，采取的措施需要遵循以下原则：

首先，使上合组织成为回报率高的制度。制度回报高是指制度能为其成员提供可以预期的行为、经济收益的获取、国际地位的提高等。回报率越高的国际制度，形成的地区秩序越稳定。[①] 对于上合组织而言，增强其聚合性的有效途径在于让各成员国能切实感受到参与上合组织能收获权力、利益、国际地位等收益，同时又能有效降低彼此间的猜忌并使它们的行为模式趋同。

其次，处理好大国关系。不管是在某一机制框架下还是某一问题领域，大国的作用都是不容忽视的，甚至可以说主导着机制的运作与问题的解决。中俄在未来的合作中，要想增强上合组织的聚合性效果和降低其离散性效果，需要克服的困难首先在于两国对上合组织的定位和合作重点需要趋近。如果这些问题在两国间能有效达成共识，那么其他国家对上合组织的参与将变得极具可预见性。

最后，建立更多的功能性合作关系。根据功能主义的观点，合作

---

① ［美］约翰·伊肯伯里：《大战胜利之后：制度、战略约束与战后秩序重建》，门洪华译，北京大学出版社 2008 年版，第 247 页。

具有溢出效果，某一问题领域的议题得以解决将溢出到其他领域，使其他问题领域问题解决成本降低。中俄在上合组织这一平台中，如果能够就某一问题领域进行深入合作，达成共识或产生成果，就有可能外溢到其他问题领域。

鉴于上合组织扩员之前，中亚地区有四个国家属于上合组织成员国。就数量而言，中亚成员国对上合组织的发展至关重要，故第四章将集中讨论上合组织扩员前这四个中亚成员国对上合组织发展所产生的影响。至于扩员后这些成员国对上合组织所产生的新期待，将留待第七章进行分析。

第四章　中亚成员国对上海合作组织发展的影响

本章将集中分析中亚成员国对上合组织的具体认知以及基于这种认知对上合组织的参与，进而对上合组织发展产生的具体影响。具体而言，本章的研究主要涉及两个彼此联系的问题，一是中亚成员国对上合组织的利益需求，二是中亚成员国对上合组织的态度、行为及其对上合组织发展进程的影响。

第一节　现有研究与国家主义的小国分析路径

首先，关于中亚成员国对上合组织利益需求的研究，学术界已有较多成果，主要可以分为两类。第一类，成果观点认为，中亚成员国对上合组织的主要需求为经济利益、安全利益和外交利益。[①] 同时，也有学者将视角集中于某一时期，如李敏伦对"颜色革命"后中亚成员国对上合组织的利益需求进行分析后认为："它们（中亚成员国——引者注）对上海合作组织的需求更多的是现实利益，即经济利益、地缘利益和安全利益，政治利益虽然也在它们的考虑之列，但被放在了次要的位置。"[②] 第二类，成果则分别强调中亚成员国对上合

---

① 可参见邢广程、孙壮志主编《上海合作组织研究》，长春出版社2007年版，第182页；赵华胜《上海合作组织：评析与展望》，时事出版社2012年版，第177页。
② 李敏伦：《"颜色革命"后的上海合作组织成员国利益诉求分析》，《社会科学家》2006年第4期。

组织的政治、经济利益需求。① 其次，关于中亚成员国对上合组织的态度、行为及其对上合组织发展进程的影响，学术界也有相关研究成果。其中，国内学者主要认为中亚成员国对上合组织基本持支持态度，并承认中亚成员国的态度及行为能够对上合组织产生直接影响。② 同时，有国外学者试图阐明中亚成员国对上合组织的态度和期望，认为特定领域合作的成功开展，将对中亚成员国致力于扩展上合组织合作领域的态度产生重要影响。③

通过对现有研究成果的简单回顾，可以得出以下几个初步结论。第一，总体而言，国内外关于中亚成员国对上合组织的利益需求、态度及行为的研究成果较为丰硕，但关于中亚成员国因素对上合组织发展的影响的研究成果较少，在很大程度上忽视了前者对后者的巨大影响和贡献。第二，国内外学者对上述问题缺乏专门和系统的研究，理论化程度较低。学者们或只进行简要、宏观的概述，或在研究上合组织其他方面的问题时顺带提及这些问题，缺乏系统的研究成果。第三，相关成果大都是静态研究，缺少动态分析。现有成果大都聚焦某一特定时期中亚成员国对上合组织的态度或行为，在一定程度上忽视了不同时期中亚成员国利益需求变化，以及由此导致的各国态度及行为的变化。④ 本章尝试在一定程度上弥补学术界在上述方面的不足，在一种国家主义的小国分析路径的基础上，力图厘清不同时期中亚成

---

① 关于中亚成员国政治和经济利益需求的论述参见 Flemming Splidsboel Hansen, "The Shanghai Cooperation Organisation", *Asia Affairs*, Vol. 39, No. 2, July 2008, pp. 219, 221 – 223; 关于中亚成员国安全利益需求的论述参见 Gregory Gleason, "Inter-Sate Cooperation in Central Asia from the CIS to the Shanghai Forum", *Europe-Asia Studies*, Vol. 53, No. 7, November 2001, p. 1091。

② 邢广程、孙壮志主编：《上海合作组织研究》，长春出版社 2007 年版，第 182 页；赵华胜：《上海合作组织：评析和展望》，时事出版社 2012 年版，第 183—187 页。

③ Timur Dadabaev, "Shanghai Cooperation Organization (SCO) Regional Identity Formation from the Perspective of the Central Asia States", *Journal of Contemporary China*, Vol. 23, No. 85, 2014, p. 107.

④ 尽管邢广程、孙壮志对个别中亚成员国对上合组织的态度和行为变化进行过论述，但由于其成果出版时间过早（出版时间为 2007 年），并未涉及 2008 年及以后中亚成员国对上合组织的态度及行为的变化，因此也不能提供较为完善的解释。

员国对上合组织利益需求的变化及其衍生的态度及行为的变化，进而探讨其对上合组织发展进程产生的影响。

（一）国家主义分析视角的确立

在理性选择分析框架内，国家主义与功能主义在国际组织研究方面的一些观点是不谋而合的。功能主义的观点认为，"如果理性的人创设和维持制度是为了满足社会需要或者获得社会目标的话，制度就是具有功能作用的"。[①] 遵循类似的逻辑，国家主义的观点认为，国家作为理性行为体，出于自身利益和对合作的需要所建立的国际组织，其首要功能就是满足国家的利益需求。国家是国际组织的主导者，国家的利益需求塑造国际组织的议程，国家的行为对国际组织的发展起到最主要的作用。尽管委托人—代理人路径的观点认为，纯粹的功能分析并不能对国际组织制度安排的出现和演化做出很好的解释，[②] 但就本质而言，"委托人—代理人的方式也属于国际主义和功能主义的范畴"[③]。这种分析路径认为，国家作为国际组织的委托人，当国际组织作为代理人的权力过大而威胁到国家的利益时，国家会限制国际组织的权力以维护其自身利益。[④] 但无论是功能主义还是委托人—代理人路径都承认国家是国际组织的主导者，国际组织应服从国家的利益。因此，对于此类解释都可以纳入国家主义的范畴。

然而，国家主义的观点受到了一些学者的挑战，如迈克尔·巴尼特（Michael Barnett）与玛莎·芬尼莫尔（Martha Finnemore）提出了一种较为新颖的分析路径。这种分析路径认为，国际组织本质上是官僚机构，

[①] Herbert A. Simon, "Rationality as Process and as Product of Thought"，转引自［美］罗伯特·基欧汉《霸权之后：世界政治经济中的合作与纷争》，苏长和、信强、何曜译，上海人民出版社2012年版，第81页。

[②] Mark Thatcher, "Theory and Practice of Delegation to Non-Majoritarian Institutions", *West European Politics*, Vol. 25, No. 1, January 2002, p. 8.

[③] ［美］迈克尔·巴尼特、玛莎·芬尼莫尔：《为世界定规则：全球政治中的国际组织》，薄燕译，上海人民出版社2009年版，第58页。

[④] Mark Thatcher, "Theory and Practice of Delegation to Non-Majoritarian Institutions", *West European Politics*, Vol. 25, No. 1, January 2002, pp. 1–22.

有着以权威为基础的自主性，官僚机构的规则和程序塑造官僚们的利益，官僚文化指导官僚们的行动，官僚机构的规则与文化深刻影响国际组织的变迁。① 换言之，该分析路径视官僚机构为国际组织的主导者，突出强调国际组织的自主性，从而否定了国家主义的核心观点。

事实上，相对于国家主义而言，巴尼特与芬尼莫尔所宣称的观点大都与现实不符。首先，他们将国际组织视为官僚机构不具有普适性。除欧洲安全与合作组织、欧洲委员会等少数国际组织具备相对独立的官僚机构外，上合组织、集安组织等国际组织内部并不存在成熟的官僚文化和自成体系的官僚机构，国家依旧是国际组织的主导者。其次，他们过于强调国际组织拥有的以权威为基础的自主性。国家主义并不否认国际组织的自主性，然而，国家主义强调国际组织的自主性是在国家允许的范围之内的。正如巴尼特与芬尼莫尔承认的那样，国际组织的权威是被授予的，需要他者的承认。② 因此，当国际组织以权威为基础的自主性妨碍国家的重要利益时，国家可以在很大程度上无视国际组织的权威。最后，他们认为，为了自身利益的实现国际组织可以挑战国家利益。③ 尽管国家牺牲自我利益以维护国际组织利益的现象的确存在，但这种利益牺牲往往是出于对获得未来长期利益的考虑。在当前国家主权至上的国际体系文化内，当国际组织的利益与重要的国家利益相碰撞时，获胜者往往是国家利益。以欧盟为例，欧盟作为世界上一体化水平最高的国际组织，实质上是其成员国主权部分让渡的结果。然而，欧盟成员国愿意让渡部分主权是为了获得更多长期的利益，如促进经济合作与发展、维护国家安全等。一旦成员国的重要国家利益受到威胁，欧盟的利益往往将退居其次。例如，在面临希腊债务危机时，欧盟对希腊采取了紧缩的财政政策，希腊国内的财政危机以及国民生活水平急剧下降的问题未能得到有效解决，希

---

① ［美］迈克尔·巴尼特、玛莎·芬尼莫尔：《为世界定规则：全球政治中的国际组织》，薄燕译，上海人民出版社2009年版，第24—61页。
② 同上书，第29页。
③ 同上书，第7页。

腊国内因此出现了退出欧盟的声音。同样，在应对难民危机的问题上，各成员国出于对自身国家安全的考虑，在是否接收难民及接受难民人数等问题上出现了严重分歧。德国、法国等成员国国内的民族主义势力也因此抬头，许多成员国纷纷加强边界管理，欧盟内部围绕难民问题出现了分裂现象。此外，当国际组织的工作人员需要在母国利益与国际组织的利益之间做出选择时，国家认同往往会凌驾于对国际组织的认同之上。

（二）一种国家主义的小国分析路径

国家主义分析视角为研究上合组织的发展进程提供了积极启发。然而，国家主义的大国中心倾向，却使得分析作为小国的中亚成员国对上合组织发展的影响变得十分困难。① 国家主义的大国中心倾向主要受到现实主义的影响，大多数现实主义者不仅是国家中心主义者，如肯尼斯·沃尔兹、罗伯特·吉尔平及约翰·米尔斯海默等人，其研究内容也大都以大国为中心。因此，持现实主义观点的学者往往强调，大国主导建立的国际组织，不仅是为了解决一些功能性的问题或便利合作而创立的，它还作为一种政治控制的机制将弱小国家整合在一个相互承诺的体系中。当然，为消除小国的恐惧心理，大国也会选择限制自身部分的权力。② 总之，国际组织的规则和制度安排，实质上服务于大国的长期利益。③ 以大国为中心的研究固然能对国际组织的发展演变提供强有力的解释，但并非唯一且有效的解释。国家间相互依赖的日益加深及国家对国际规范的普遍认同，使得弱肉强食的丛林法则有所淡化，小国因此能够凭借自身的某些特性对外施加影响，且这种影响有时甚至可以超过其自身实力赋予它们的影响力。

具体而言，小国至少可以通过以下四种途径对大国关系或国际机

---

① 这里的小国是相对而言的，即作为中亚地区强国的哈萨克斯坦与乌兹别克斯坦相对于中国和俄罗斯而言均可被界定为小国，因此，本章将上合组织的中亚成员国统一界定为小国。

② G. John Ikenberry, *After Victory: Institutions, Strategic Restraint, and the Rebuilding of Order After Major Wars*, Princeton: Princeton University Press, 2001, pp. 4 – 5.

③ Ibid., p. 50.

制的发展施加影响。

第一,特殊的地理位置赋予小国不同程度的战略价值,① 而优越的资源禀赋则可在战略价值基础上强化小国对外施加影响的能力。特殊的地缘战略位置与相对丰富的资源禀赋,不仅对大国具有重要战略价值,对其他中小国家也具有很强的吸引力。这些小国在与其他国家的交往过程中,往往能够从其特殊的地理位置和资源禀赋中获得权力,一些小国甚至可以凭借其经济能力或战略位置对大国产生十分重要的影响。② 如伊拉克、伊朗及沙特等国凭借其重要的地缘战略位置与丰富的石油资源吸引着世界众多国家的关注,而历史上出现的三次石油危机则充分证明了它们作为小国所能施加的巨大影响。

第二,在具有特定战略价值的基础上,多边外交为小国提供了更多的行动自由。小国在对外交往中往往具有多边倾向,通过多边外交的途径,小国可以在很大程度上弥补其实力弱小、外交资源匮乏及难以维护自身安全等方面的缺陷。③ 在与其他国家的交往中,由于小国奉行的多边外交政策已被各主权国家默许,多边外交成为小国维护自身利益的一项基本途径。如卡塔尔在与美国保持密切的经济与安全合作的同时,还与法国、英国及中国等国在经贸和能源方面保持较为密切的合作。④ 而作为油气资源十分丰富的小国,卡塔尔对各国在能源合作方面的态度,将对后者的能源利益产生不同程度的影响。

第三,小国自身安全及经济发展的脆弱性,使其往往成为发生冲突与动荡的前沿,进而对地区乃至全球范围产生巨大影响。小国国家实力的相对弱小,往往使得维护自身安全变得较为困难,无论内部的还是外部的安全隐患都极易引发小国内部的动荡与冲突。"由于国家安全具有外溢效应,小国的国内安全状况与区域性,甚至全球性安全

---

① 韦民:《小国与国际安全》,北京大学出版社 2016 年版,第 35 页。
② Susan Aurelia Gitelson, "Why Do Small States Break Diplomatic Relations with Outside Powers? Lessons from the African Experience", *International Studies Quarterly*, Vol. 18, No. 4, December 1974, p. 451.
③ 韦民:《小国与国际关系》,北京大学出版社 2014 年版,第 236—241 页。
④ 同上书,第 229 页。

密切相关。"① 小国内部发生的动荡或冲突可能会扩散至地区乃至全球范围，进而对地区稳定和国际局势产生负面影响。如阿富汗、叙利亚等国的内部战乱对中东、中亚地区安全都构成严重威胁，而萨拉热窝事件更是引发了第一次世界大战的爆发。

第四，"群体数量优势"② 与国际规范的保护，使得小国能够在一些领域发挥令大国侧目的作用。主权平等及不干涉别国内政等国际规范的保护是小国能够在国际事务中发挥作用的重要前提，在此基础上，小国凭借数量优势已成为国际社会中的一支不可忽视的力量。如在1971年10月25日第26届联合国大会上，在阿尔巴尼亚、阿尔及利亚等国的联合提议下，中国得以恢复在联合国的合法权利，这体现了小国凭借群体数量优势在联合国的框架内，发挥了令美国等西方国家为之惊讶的作用。

基于上述分析，本章尝试遵循国家主义的小国分析路径，分析上合组织的发展历程。中亚成员国作为小国，通过上述四种途径对上合组织的发展产生了重要影响。其具体逻辑为：外部环境的变化导致中亚成员国利益需求的侧重发生变化，而上合组织能否满足中亚成员国的利益需求决定了后者对前者的态度，这种态度进而导致中亚成员国采取以上四种中的一种或多种方式影响上合组织的发展。因此，本章以上合组织成立之初、"9·11"事件、"颜色革命"、2008年全球金融危机及2010年吉尔吉斯斯坦动荡为时间节点，分析不同时期中亚成员国对上合组织利益需求的变化，进而探讨这种变化导致的各成员国对上合组织态度及行为的变化及其影响。

第二节 象征性价值的凸显：从"上海五国"到上合组织

众所周知，上合组织的前身为"上海五国"机制，而该机制起

---

① 韦民：《小国与国际关系》，北京大学出版社2014年版，第5页。
② 同上书，第244页。

源于中国与俄罗斯、哈萨克斯坦、吉尔吉斯斯坦与塔吉克斯坦之间的边界划分。随着边界安全领域内合作的成功开展，五国开始加强联系，扩展合作领域。在随后的几次"上海五国"峰会中，多边安全和经济合作逐渐取代边界安全成为会议的主要议程。尤其在第四次、第五次"上海五国"峰会及其他政府官员的会晤上，打击恐怖主义、分裂主义、极端主义及跨国犯罪等非传统安全领域的事项被提上日程，维护地区安全和稳定成为主要内容。由于哈、吉、塔三国在不同程度上都面临"三股势力"的威胁，因此，它们都对打击"三股势力"表示支持。2001年6月15日，"上海五国"协同乌兹别克斯坦在上海举行峰会，签署了《上海合作组织成立宣言》，宣告致力于维护地区和平、安全和稳定的上合组织正式成立。此外，会议还通过了《打击恐怖主义、分裂主义和极端主义上海公约》，将共同打击"三股势力"的政治承诺以法律文本的形式予以固定，打击"三股势力"成为上合组织的主要任务之一。

中亚成员国加入上合组织有很强的利益动机。

第一，维护国家周边安全与稳定。中亚成员国由于其特殊的地理位置而深受"三股势力"及毒品贸易、武器走私等跨国犯罪的危害，它们在地理上临近三股势力的源头，即阿富汗、巴基斯坦等地，容易受到波及。同时，中亚成员国国民大都信奉伊斯兰教，这也有利于"三股势力"以宗教名义对各国进行渗透。上合组织自正式成立以来便将打击"三股势力"作为主要任务之一，它为中亚成员国在打击"三股势力"和众多其他跨国犯罪力量提供了一个新的合作平台，"中国与中亚国家关于打击'三股势力'和跨国犯罪的合作成为上合组织安全合作的核心组成部分。"[1] 因此，上合组织为中亚成员国缓解中亚地区逐步恶化的安全形势提供了一个良好的平台。

---

[1] Sun Zhuangzhi, "New and Old Regionalism: The Shanghai Cooperation Organization and Sino-Central Asian Relations", *The Review of International Affairs*, Vol. 3, No. 4, June 2004, p. 603.

第二，削弱俄罗斯在中亚地区的影响。苏联解体之初，急于快速实现转型的俄罗斯将外交重心放在西方，无暇顾及中亚国家，并将它们视为负担。20世纪90年代后半期开始，由于希望成为西方一员的梦想破灭，俄罗斯开始重新关注中亚地区，视中亚地区为其"传统势力范围"，试图加强对中亚国家的控制以期恢复大国地位。尽管独联体的影响日益衰微，但俄罗斯积极推动建立欧亚经济共同体、酝酿建立集体安全条约组织及加强与中亚国家的双边关系等行为，使得中亚成员国忧虑俄罗斯的大国主义行为，希望在一定程度上摆脱俄罗斯的控制，"而上合组织为中亚国家提供了更多流动的机会，因为中国加入该机制可以抵消或中和俄罗斯在特定事务上的影响"①。

第三，恢复和促进国内经济发展。中亚成员国发现，由于俄罗斯同样面临一些短期难以解决的经济问题，加强与俄罗斯的双边经济合作对于恢复和发展其国内经济成效甚微，它们开始将目光转向中国。一方面，它们希望中国扩大对其援助和投资的规模，尤其是在基础设施方面；另一方面，它们希望借鉴中国经济高速发展的经验，开展与中国的经济技术合作，并借此打开亚洲市场，恢复和发展国内经济。加入上合组织不仅可以保持与俄罗斯的双边经济关系，更为中亚成员国与中国开展更多的经济合作提供便利。

第四，提升国家地位，扩大国际影响力。发展与中国、俄罗斯的外交关系，有利于打破中亚成员国独立之初面临的外交困境，扩大外交范围，尽快获得国际社会的承认。加入上合组织，较为弱小的中亚成员国可以获得更多国际影响力，在某种程度上甚至是权力。② 上合组织的政治影响力由于中国和俄罗斯的关系变得更大，这也使抵制西

---

① Roy Allison, "Virtual Regionalism, Regional Structures and Regime Security in Central Asia", *Central Asian Survey*, Vol. 27, No. 2, June 2008, p. 195.

② Teemu Naarajärvi, "China, Russia and the Shanghai Cooperation Organisation: Blessing or Curse for New Regionalism in Central Asia?" *Asia Europe Journal*, Vol. 10, Nos. 2 – 3, July 2012, p. 124.

方的批评变得更加容易。①

第五，维护国内政局稳定。各种错综复杂的社会和民族问题威胁着中亚成员国的政局稳定，"它们的政治领导人认为，与中国和俄罗斯的多边合作，也许可以帮助稳定其威权政体"，② 从而维护其国内政局的稳定。此外，上合组织秉承的"上海精神"强化了不干涉成员国内部事务的规范。③ 而上合组织奉行的"不干涉"原则，对遏制外来势力对中亚成员国国内事务的介入有积极作用。尽管这一原则受到西方的质疑，但西方学者也承认"上海精神"客观上有利于中亚成员国维持现状。如有学者称，"就其本身而言，'上海精神'也许是致使这些独裁领导人更加敢于拒绝西方民主规范和更加愿意共同协作以确保政权生存的原因"④。

大体而言，中亚成员国对成立初的上合组织基本持积极态度，对上合组织开展的合作活动也大都表示支持。然而，上合组织并非中亚成员国外交政策的首选，它们对上合组织的政策也有所保留，这主要是由以下几个原因导致的。首先，在政治或外交方面，中亚成员国奉行多边平衡的外交政策，它们同时与多种力量开展合作，以期维护独立成果，除上合组织、独联体和欧亚经济共同体外，它们还与美国和欧盟保持密切的联系。其次，在经济方面，中亚成员国独立以来就一直受到美国的援助，欧盟也实施了类似的援助计划，而成立之初的上合组织开展经济合作的能力和可能带来的收益并不确定，故急于恢复和发展国内经济的中亚成员国对后者往往持保留态度。最后，在安全

---

① Teemu Naarajärvi, "China, Russia and the Shanghai Cooperation Organisation: Blessing or Curse for New Regionalism in Central Asia?" *Asia Europe Journal*, Vol. 10, Nos. 2-3, July 2012, p. 125.

② Weiqing Song, "Interests, Power and China's Difficult Game in the Shanghai Cooperation Organization (SCO)", *Journal of Contemporary China*, Vol. 23, No. 85, January 2014, p. 89.

③ Roy Allison, "Virtual Regionalism, Regional Structures and Regime Security in Central Asia", *Central Asian Survey*, Vol. 27, No. 2, June 2008, p. 196.

④ Thomas Ambrosio, "Catching the 'Shanghai Spirit': How the Shanghai Cooperation Organization Promotes Authoritarian Norms in Central Asia", *Europe-Asia Studies*, Vol. 60, No. 8, October 2008, p. 1322.

方面，尽管上合组织提出的打击"三股势力"符合中亚成员国的利益需求，但由于成立时日尚短，此时的上合组织开展相关活动的能力有限，能否有效遏制"三股势力"的渗透仍未可知。总之，在成立初期，由于上合组织在短期内无论是经济上还是安全上都不能带给中亚成员国带来可观的收益，上合组织在很大程度上只是中亚成员国的一个"备胎"，"换言之，在中亚成员国看来，上合组织目前的意义更多是象征性的而非实践性的"[①]。

从上合组织的角度来看，中亚成员国的加入意义重大。第一，中亚成员国在客观上推动了上合组织的成立。中亚成员国出于自身利益的需求，同中、俄一起创立上合组织。甚至可以这样说，没有中亚成员国，也就没有上合组织。第二，中亚成员国重要的战略价值及利益需求塑造了上合组织的议程。正如杨恕、王琇提到的，"中亚是上合组织的核心区，上合组织地缘的中心是中亚，功能的中心是安全，而安全合作又以中亚地区的安全为核心"[②]。这一论断有其合理性，这主要是由中亚成员国特殊的地理位置和国情决定的。中亚成员国处于南亚、东亚、高加索与中东地区之间的敏感安全地带，各国安全面临的威胁极易外溢至中俄两国，维护地区安全便成为上合组织成员国的共同利益需求。因此，维护中亚地区的安全稳定符合上合组织成员国的共同利益，打击"三股势力"及跨国犯罪等便成为上合组织的核心议题，中亚地区自然也就构成上合组织的核心区域。第三，特殊的地理位置及相对丰富的资源赋予中亚成员国重要的战略价值，使得上合组织一经成立就受到国际上广泛的关注，这对上合组织有两重影响：一是有利于扩大上合组织的影响力，避免了成立之初可能出现的无人问津的局面；二是引起了以美国为首的西方对上合组织的猜疑，

[①] Sun Zhuangzhi, "New and Old Regionalism: The Shanghai Cooperation Organization and Sino-Central Asian Relations", *The Review of International Affairs*, Vol. 3, No. 4, June 2004, p. 605.

[②] 杨恕、王琇：《论上海合作组织的地缘政治特征》，《兰州大学学报》（社会科学版）2013年第2期。

所引起的舆论压力阻碍了上合组织的发展。中亚成员国重要的战略价值吸引着美国、欧盟、日本等诸多力量的关注，上合组织的成立在很大程度上被视为对美国等国在中亚地区利益的挑战，西方舆论对上合组织主要持负面态度。第四，中亚成员国面临的严峻的安全形势加深了上合组织的战略负担。同时应对来自"三股势力"及跨国犯罪等外部威胁与中亚成员国内部的冲突、矛盾，无疑对这个新兴组织构成巨大挑战。

第三节 能力不足："9·11"事件后的上合组织

上合组织成立不到三个月，就发生了震惊世界的"9·11"事件。为了对恐怖势力进行报复并借此机会巩固美国霸权，美国将矛头直指"基地"组织，并于2001年10月7日针对阿富汗发起了以"持久自由行动"为代号的阿富汗战争，战争持续到11月中旬结束。"由于塔利班政权的垮台，中亚最严重的威胁源被消除，这减轻了中亚国家对本国安全最大的担忧，中亚的安全环境得到了重大改善。"[①] 美国发动阿富汗战争在一定程度上缓解了中亚成员国对自身安全可能受到威胁的忧虑。相比之下，"9·11"事件爆发后，尽管"俄罗斯和中国立即批评了这次'恐怖袭击'并表示支持美国的立场"[②]，但上合组织并未采取任何实质性措施。上合组织的"不作为"也进一步减弱了中亚成员国对其在安全方面的预期。此外，值得一提的是，尽管上合组织致力于打击"三股势力"，维护中亚地区安全，但事实上，从2001年开始，在应对地区安全威胁方面，美国为中亚国家提供的实际援助要远超上合组织。[③]

---

① 赵华胜：《中亚形势变化与"上海合作组织"》，《东欧中亚研究》2002年第6期。

② Iwashita Akihiro, "The Shanghai Cooperation Organization and Its Implications for Eurasian Security: A New Dimension of 'Partnership' after the Post-Cold War Period", *Slavic Eurasia's Integration into the World Economy and Community*, 2012, p. 267.

③ Roy Allison, "Regionalism, Regional Structures and Security Management in Central Asia", *International Affairs*, Vol. 80, No. 2, May 2004, p. 196.

塔利班北进的势头长期威胁中亚地区的安全，也阻碍中亚成员国与周边国家合作的顺利开展。"塔利班政权的垮台消除了由于它的存在所造成的大中亚地区的割裂，这一变化对该地区的战略含义是出现了形成范围广泛的政治和安全协作与合作机制的可能，出现了形成中亚经济特别是能源开发新格局的可能"①，中亚成员国对于经济利益的需求开始上升。但此时的上合组织仍处于起步阶段，其制度建设还有待完善，经济与能源合作并未得到有效开展，不能满足中亚成员国的利益需求。因此，中亚成员国加强了与美国的经济联系。这主要是因为美国自中亚成员国独立以来就不断给予经济援助，尽管这种援助从2002年开始减少，但它们毕竟比处于初创时期的上合组织更能够满足中亚成员国对于经济利益的需求。同时，中亚成员国也力图通过它们之间的合作来满足自身在政治和经济方面的利益需求。如在2001年12月，由四国发起的中亚经济共同体（CAEC）改名为中亚合作联盟（CACO），"这个在哈萨克斯坦、乌兹别克斯坦、吉尔吉斯斯坦和塔吉克斯坦之间修订过的合作框架致力于推动政治对话多样化，促进区域经济一体化和在创建一个单独的经济空间的想法上的相互理解"。②

"9·11"事件的冲击暴露了上合组织在行动能力上的缺陷。中亚成员国意识到，上合组织的一系列宣言并不能带给它们实际的收益，因此，它们对上合组织的态度和行为也随之发生转变。中亚成员国开始"亲近"美国而"疏远"上合组织。"9·11"事件后，美国军事力量开始进入中亚，然而，美国驻军中亚的意图并未遭到中亚成员国的反对。相反，在得知美国欲驻军中亚的计划后，乌兹别克斯坦立刻表示欢迎并淡化了与上合组织的联系，哈、吉、塔三国对美国势力在中亚地区的存在也表示同意。随后，2001年10月5日，美乌双方代表签署协议，美国获得了驻军罕纳巴德军事机场的许可。同年12月5

---

① 赵华胜：《中亚形势变化与"上海合作组织"》，《东欧中亚研究》2002年第6期。
② Roy Allison, "Virtual Regionalism, Regional Structures and Regime Security in Central Asia", *Central Asian Survey*, Vol. 27, No. 2, June 2008, p. 191.

日，美吉达成协议，美国又获得了玛纳斯机场的租用权。此后，中亚成员国与美国的关系普遍升温。而对于上合组织，中亚成员国则显得态度冷淡，其中以乌兹别克斯坦为最。在2002年3月与美国宣布建立战略伙伴关系后，乌兹别克斯坦既没有参加上合组织于5月15日在莫斯科举行的军事防务会议，也没有参加随后的阿斯塔纳会晤。受美国因素的影响，哈、吉、塔在外交政策上也开始倾向美国，中亚成员国更是一致主张上合组织"非政治化"。

奉行多边外交政策给予了中亚成员国更多的自主性。如国外有学者对中亚成员国在上合组织框架内奉行的多边外交政策进行了详细分析后认为，"没有大国能够单独满足中亚国家的所有需求，中亚国家也不想完全依赖某一个大国"①。同样，尽管中亚地区存在许多地区机制，但中亚成员国并不想完全依赖某一个地区机制，上合组织只是中亚成员国服务于自身利益需求的选择之一。需要认识到，以利益为导向的多边外交政策，决定了任何地区机制或国家都不可能在所有情况下均是中亚成员国的优先选择，上合组织也不例外。

"9·11"事件后，中亚成员国"疏远"上合组织而"亲近"美国的态度及行为，对上合组织的发展产生了重要影响。首先，削弱了上合组织的内部凝聚力及其开展各种合作的能力。除乌兹别克斯坦未参加军事防务会议和阿斯塔纳会晤外，2002年10月举行的上合组织第一次联合反恐军事演习，也仅有中国和吉尔吉斯斯坦两国参加。中亚成员国的冷淡态度和消极行为，不仅给上合组织带来了负面影响，也阻碍了组织内部合作机制的建设和发展进程。其次，中亚成员国同意美国进入中亚地区的行为，使得该地区成为大国的"竞技场"，上合组织的发展受到大国因素尤其是美国因素的干扰。由于中国与俄罗斯的存在，以美国为首的西方始终认为上合组织意在反美、反西方，而驻军中亚不仅赋予美国近距离观察甚至干扰上合组织的机会，也使

---

① Ezeli Azarkan, "The Relations between Central Asian States and United States, China and Russia within the Framework of the Shanghai Cooperation Organization", *Alternatives: Turkish Journal of International Relations*, Vol. 8, No. 3, Fall 2009, p. 16.

得中俄美之间的大国博弈日益激烈,上合组织的发展受到外部因素制约的迹象日益明显。当然,中亚成员国对上合组织的期望虽然有所下降,但这并不表示它们对上合组织完全失去信心。2002年《上海合作组织宪章》与《上海合作组织成员国关于地区反恐机构的协定》的签署,以及各成员国官员的多次会晤均表明,中亚成员国仍对上合组织抱有期望并希望在组织中发挥作用。

第四节 地位提升:"颜色革命"后的上合组织

"颜色革命"始发于2003年11月格鲁吉亚爆发的"玫瑰革命",随后2004年在乌克兰又爆发了"橙色革命",2005年"颜色革命"扩散至中亚地区。吉尔吉斯斯坦发生了"郁金香革命",乌兹别克斯坦爆发了安集延事件。"郁金香革命"和安集延事件发生后,中亚各国精英普遍陷入不安之中,因为这两次事件均被认为与美国在中亚地区推行民主化进程密切相关。至于美国策划"颜色革命"的动机,学术界至少还有两种观点。一种观点认为,在美国眼中,吉处于中国、俄罗斯和阿富汗之间的特殊地理位置赋予其重要的战略价值,尤其是在遏制中、俄两国方面,而乌自"9·11"事件以来就被美国视为重要的伙伴。因此,在中亚地区推行民主制度并不契合美国的利益,支持美国政策的中亚国家才是美国需要的。[①] 另一种观点则认为,美国策划"颜色革命"有三重诉求:追求安全、扩张民主及获取油气资源。[②] 无论美国出于何种动机在中亚地区推进民主,它带来的一个后果是促使中亚国家的精英重新检讨密切与美国关系可能存在的风险。如有评论者指出,"颜色革命"后,"近年来变得明显的是中亚

---

① Yilmaz Bingol,"The 'Colorful' Revolution of Kyrgyzstan: Democratic Transition or Global Competition?" *Alternatives: Turkish Journal of International Relations*, Vol. 5, Nos. 1 – 2, Spring & Summer 2006, pp. 75 – 80.

② 吴大辉:《美国在独联体地区策动"颜色革命"的三重诉求——兼论中俄在上海合作组织架构下抵御"颜色革命"的当务之急》,《俄罗斯中亚东欧研究》2006年第2期。

国家不再将美国的存在视为地区稳定与和平的保证，并开始将其视为一个不稳定因素……该地区的领导人和政治精英们已经意识到美国的存在一方面解决了一些问题……但另一方面给地区和邻国制造了更多严重的问题。"①"颜色革命"的负面影响不仅使得中亚成员国与美国的关系普遍降温，也对独联体的生存构成了严重威胁。②

以吉、乌为代表的中亚成员国在与美关系恶化及独联体面临生存危机的情况下，转而与上合组织靠近。在2005年7月的阿斯塔纳峰会上，上合组织成员国首次提出美国从中亚撤军的问题。同年11月，在乌的要求下，美国被迫关闭了其在乌的罕纳巴德军事基地。此后，出于对"乌兹别克斯坦伊斯兰运动"等恐怖势力的威胁及来自西方的民主批评的忧虑，乌与上合组织的关系也日益密切。同样，政权更迭后的吉也并未淡化与上合组织的联系，新总统巴基耶夫及时参加了阿斯塔纳峰会，并未给上合组织开展活动带来太多消极影响。"颜色革命"后，一方面，由于上合组织较之成立之初机制建设越发完善；另一方面，中亚成员国出于对自身利益需求的考虑，它们对上合组织在安全、经济与外交方面的期望都有所加深。

"颜色革命"后中亚成员国对上合组织的利益诉求主要体现在以下几个方面。第一，在安全方面，中亚成员国面临着来自"三股势力"的威胁。如乌兹别克斯坦境内的"乌伊运"以及来自阿富汗、叙利亚等国的恐怖势力，都严重威胁着中亚成员国的安全与稳定。在中亚地区安全形势再次严峻及中亚成员国与美国的关系普遍恶化的情况下，中俄于2005年8月举行的"和平使命"军事演习吸引中亚成员国向上合组织靠拢，以寻求安全保障。

---

① Andrannik Migrainian, "The Upheaval in Andijan", quoted in Stefanie Ortmann, "Diffusion as Discourse of Danger: Russian Self-representations and the Framing of the Tulip Revolution", *Central Asia Survey*, Vol. 27, Nos. 3-4, September 2008, p. 373.

② 国内许多学者认为"颜色革命"关乎独联体生存，详见陈玉荣《"颜色革命"与美俄角逐独联体》，《国际问题研究》2005年第4期；赵龙庚《"颜色革命"对独联体的冲击和影响》，《和平与发展》2006年第2期；赵华胜《"颜色革命"后欧亚地区形势的变化》，《现代国际关系》2005年第11期。

第二，在经济方面，在上合组织的国际影响力不断扩大和与美国关系恶化的背景下，中亚成员国对上合组织的经济利益需求也有所提升。它们迫切希望上合组织加强对其的投资，尤其是基础设施建设领域，同时，各国对成员国间的技术合作特别是与中国的技术合作期待升高。其中，乌兹别克斯坦希望加强与中国的双边经济合作机制的建设，利用中国对乌的投资带动国内经济发展；哈萨克斯坦重视与中、俄之间的能源和技术合作，以提高本国的经济发展水平；吉尔吉斯斯坦则认为，交通基础设施建设和能源开发方面的合作最为重要；塔吉克斯坦对上合组织在经济方面的期望和需求更多，在提高对本国投资和贷款，加强能源开发援助、基础设施建设和技术合作等方面都有强烈需求。2004年，中国政府决定提供9亿美元的优惠贷款用于实施各中亚成员国的具体合作项目，该计划于2006年完成。中亚成员国普遍认为这一计划有助于推动国内经济发展和区域经济合作，各国对加强上合组织成员国之间的经济合作有很高的热情。

第三，在外交方面，中亚成员国都希望借助上合组织的影响力提升自身的国际地位。哈萨克斯坦和乌兹别克斯坦作为中亚地区的强国，这种意愿尤为明显。如哈萨克斯坦多次提倡上合组织应加强与其他国际组织的合作，希望借此提升本国的国际影响力；乌兹别克斯坦凭借其在中亚地区优越的地理位置和较强的国家实力，长期以来致力于追求地区大国地位。自2004年上合组织在乌首都塔什干设立地区反恐机构（RATS）后，乌积极推动与中俄两国在各方面的合作，试图借助中、俄进入世界，扩大其在欧亚地区的影响力。安集延事件后，乌面临着西方的强烈谴责，为维护国内统治机制的稳定，乌对上合组织的态度更加积极。

总之，通过对美国行为与上合组织所奉行的原则的比较，中亚成员国扭转了此前对上合组织较为冷淡的态度。一方面，美国在中亚地区推行民主进程，严重威胁到中亚成员国国内政权的稳定；另一方面，上合组织奉行的"不干涉"原则有助于维护各国的政权稳定。因此，"颜色革命"后中亚成员国对上合组织态度及行为发生转变，与"9·11"事件后相反,奉行多边外交政策的中亚成员国开始"亲近"上合组织而"疏远"美国。

中亚成员国对上合组织立场的变化,对后者的发展进程产生了积极与消极的双重影响,总体而言积极影响胜于消极影响。在积极影响方面,"亲近"上合组织的态度和行为加强了组织内部的凝聚力,同时也推动了上合组织接纳印度、巴基斯坦成为成员国的决议顺利通过。成员国间在政治、经济、安全等方面开展的合作更加便利,有利于提高组织的办事效率,扩大了组织的影响力。同时,中亚成员国对美国的消极态度以及要求美国从中亚地区撤军的行为,削弱了美国在中亚地区的影响力,这在客观上减弱了美国因素对上合组织发展的制约。在消极层面,由于吉尔吉斯斯坦自身安全的脆弱性,导致其成为"颜色革命"的"前沿验证者"。[①]"颜色革命"的负面效应外溢至中亚地区,对上合组织构成挑战。同时,中亚成员国与美国关系的恶化,使得上合组织面临更多来自西方的舆论压力,如有关上合组织支持成员国压制民主的批评以及散播上合组织的目的在于反美、反西方的言论等。此外,中亚成员国这一阶段致力于维护政权稳定的利益需求,也给上合组织提出了难题,即如何避免在帮助各国稳定政局的过程中避免与美国发生直接对抗;此外,吉尔吉斯斯坦等成员国出现的"颜色革命",也引发了上合组织应该如何应对成员国内部政局变动可能对组织发展造成严重冲击可能的难题,尤其是提出了是否需要坚守不干涉成员国内政等原则的困惑。

第五节 期望升高:2008年全球金融危机后的上合组织

2008年前后的全球金融危机对中亚成员国的经济发展产生了剧烈冲击。针对此次金融危机对中亚国家产生的冲击,国际货币基金组

---

① 韦民:《小国与国际安全》,北京大学出版社2016年版,第5页。

织指出:"在全球所有的经济体中,近期内预计受到最大经济影响的估计是独联体国家。原因在于这些经济体主要受到三方面的沉重打击:受金融危机的影响外来融资锐减;发达经济体的需求缩水以及相关大宗商品的价格下降特别是能源。"[1] 整体而言,中亚成员国受金融危机的负面影响主要体现在以下几个方面。第一,经济增长率下降。除乌兹别克斯坦的 GDP 仍保持 8% 以上高速增长外,其他中亚成员国的经济增长率均大幅下跌。其中,哈萨克斯坦 GDP 增速由 2007 年的 8.9% 降至 2008 年的 3.3%,到 2009 年仅为 1.2%;2007 年塔吉克斯坦 GDP 增速为 7.9%,2008 年降至 3.8%;而就吉尔吉斯斯坦而言,2008 年其 GDP 增速高达 8.4%,2009 年、2010 年则分别降至 2.9% 及 -0.5%。[2] 第二,金融危机还在很大程度上引发了中亚成员国国内的粮食危机与通货膨胀。如哈萨克斯坦的国内面包价格上涨了近 30%,塔吉克斯坦的大米价格上涨了 73%,吉尔吉斯斯坦的食品价格上涨了 2—3 倍,乌兹别克斯坦的面包和面粉制品价格则上涨了 1.5—2 倍。[3] 同时,中亚成员国国内也出现了不同程度的通货膨胀,以 2008 年为例,各国国内的年通货膨胀率均在 20% 左右。第三,由于国际油价的下跌以及西方国家和俄罗斯等主要贸易伙伴的经济普遍受到重创,使中亚成员国与这些国家开展经济合作变得困难,对其对外贸易尤其是哈萨克斯坦等国的油气出口也造成负面影响。第四,由于西方国家受到金融危机的剧烈冲击,许多中亚成员国投资了美国的国债及其他资产,导致各国资产价值缩水;而西方国家及俄罗斯等国外资的撤离,又导致各中亚成员国吸引的投资迅速减少,[4] 中亚成员国的财政也面临不同程度的困境。

受到全球金融危机的剧烈冲击,中亚成员国急于恢复本国经济,

---

[1] IMF,"Crisis and Recovery",转引自许勤华《后金融危机时期上合组织框架内多边能源合作现状及前景》,《俄罗斯中亚东欧研究》2012 年第 4 期。

[2] 数据来自 April 2016,世界银行(http://data.worldbank.org/)。

[3] 邢广程主编:《上海合作组织发展报告(2009)》,社会科学文献出版社 2009 年版,第 57 页。

[4] 同上书,第 54 页。

对上合组织在经济方面的需求自然急速上升，迫切希望推进成员国之间的经济合作，尤其是与中国的合作。为了帮助成员国应对金融危机，上合组织的确采取了一系列应对措施。如2009年上合组织总理会晤通过了《上海合作组织成员国关于加强多边经济合作、应对全球金融经济危机、保障经济持续发展的共同倡议》，向中亚成员国传达了上合组织将帮助各国应对金融危机的态度和信心；同年，在叶卡捷琳堡峰会上，中国提出向中亚国家提供100亿美元信贷，以缓解成员国融资困难的局面。时任国家主席胡锦涛表示，中国的信贷支持将为中亚国家"应对国际金融危机冲击做出自己的努力"。随后，中国与哈萨克斯坦便签署了100亿美元的"贷款换石油"协议。为应对金融危机的挑战，上合组织银联体也做出相应努力。2008年11月2日，在银联体第三次理事会上，各成员银行就如何应对金融危机挑战、促进合作与发展等问题交换意见。随后，银联体采取本币结算和本币贷款等具体措施，并在其框架内签署关于能源开发等领域的合作项目。同时，上合组织拟成立"发展基金"为中亚成员国提供优惠贷款，协同银联体以期解决融资问题。

除寻求上合组织的帮助外，各国为应对金融危机还做出了不同应对。如哈萨克斯坦于2008年11月25日出台"反危机计划"，主要涉及财政政策、货币政策、投资政策及产业政策；乌兹别克斯坦试图吸引居民存款，加强国家对商业银行的调控能力，并寻求与独联体国家间的经济合作；吉尔吉斯斯坦和塔吉克斯坦则主要致力于向国际货币基金组织等国际金融机构寻求援助，以增强应对金融危机的能力。[①] 通过中亚成员国自身的政策调整及来自上合组织、国际货币基金组织等国际组织的帮助，各中亚成员国的经济得到不同程度的恢复和发展。就国内经济增速而言，哈萨克斯坦GDP增长率2009年为1.2%，2010年及2011年则分别增至7.3%和7.5%；塔吉克斯坦2009年

---

① 邢广程主编：《俄罗斯东欧中亚国家发展报告（2009）》，社会科学文献出版社2009年版，第95—98页。

GDP 增长率为 3.8%，2010 年及 2011 年则分别实现 6.5% 和 7.4% 的高速增长；乌兹别克斯坦由于开放程度低，受金融危机的影响较小，2008—2011 年其 GDP 增长率均高达 8% 以上；而吉尔吉斯斯坦由于受到国内 2010 年奥什冲突的影响，经济出现负增长，到 2011 年其经济才实现明显的恢复和发展，GDP 增长率为 6%。[①]

金融危机对中亚成员国经济发展形成的冲击，凸显出各国经济安全体系的脆弱性。金融危机爆发后，中亚成员国国内经济形势普遍恶化（乌兹别克斯坦除外），各国出现通货膨胀、失业率高等现象对其社会稳定构成威胁。中亚成员国安全体系的脆弱性，使其再次成为国际危机的"牺牲品"。上合组织帮助中亚成员国摆脱金融危机给其带来的负面影响，增加了上合组织运行的成本，导致上合组织框架内其他合作领域的投入可能减少，从而阻碍其他领域合作的深化。然而，金融危机的冲击加深了中亚成员国对上合组织在经济方面的倚重，尤其是对中国的倚重。因此金融危机的冲击不仅使得中亚成员国的经济发展陷入困境，同时也严重打击了俄罗斯及欧美国家的经济，而俄罗斯又是中亚成员国最主要的经济合作伙伴。在此背景下，中国提供的信贷支持及上合组织的帮助，在一定程度上满足了中亚成员国的迫切需求，进而加强了中亚成员国对上合组织的认同与组织内部的凝聚力。此外，中亚成员国对上合组织框架内经济合作的态度变得越发积极，这也加速了成员国之间的经济合作，尤其是能源与基础设施建设方面的合作，如中哈石油管道与中吉乌铁路的建设进程的推进等。

第六节　受到质疑：2010 年吉尔吉斯斯坦动荡后的上合组织

继 2005 年"颜色革命"后，2010 年 4 月吉尔吉斯斯坦政局再度陷入动荡之中，以阿坦巴耶夫为首的北方派推翻了南方派的巴基耶夫政权。

[①] 数据来自 April 2016，世界银行（http://data.worldbank.org/）。

同年 6 月，在吉南部的奥什地区爆发了吉国内吉尔吉斯族和乌孜别克族之间严重的族群冲突，不仅出现数以百计的死伤，还导致大量乌兹别克族人前往乌兹别克斯坦避难，给吉、乌两国的稳定带来极大冲击。

吉尔吉斯斯坦动荡爆发后，俄罗斯、美国及中国作为中亚地区具有重要影响力的大国采取了不同的应对措施。俄罗斯对巴基耶夫政权表示强烈谴责，并对吉反对派提供援助，俄被认为是吉外来援助的最主要贡献者。① 动荡期间，在吉国内社会秩序明显崩溃时，吉临时政府总统罗萨·阿坦巴耶娃明确表示要求来自俄罗斯的外部干预以稳定国内局势，但俄罗斯经过慎重考虑予以拒绝，② 俄罗斯主导的集安组织也未直接介入吉国内危机。③ 美国起初对吉国内局势持中立态度，在阿坦巴耶夫与美国就玛纳斯机场使用权达成协议后，美国转而支持阿坦巴耶夫，但也仅局限于人道主义援助，并未进行军事干预。④ 同时，有学者建议，美国不宜过多插手吉国内事务，在事关该国命运的问题上美国应保持距离。⑤ 中国为支持吉国内局势恢复稳定，在吉、乌两族冲突爆发后不久，就提供了数百万元人民币的紧急人道救援物资，随后又陆续提供了巨额资金援助。然而，中国除了对吉国内动荡表示关切和提供人道主义援助外，并无其他明确的表态。鉴于中国对吉动荡所表现出的谨慎态度，有评论称，在吉动荡中，除带来了经济利益外，中国并没有太多贡献。这突出了中国在中亚地区影响力的

---

① Stephen Aris, "The Response of the Shanghai Cooperation Organisation to the Crisis in Kyrgyzstan", *Civil Wars*, Vol. 14, No. 3, September 2012, p. 463.
② Ibid., p. 462.
③ Farkhad Sharip, "Astana and Tashkent Pursue Reconciliation Following the Kyrgyz Crisis", June 2010, The Jamestown Foundation（https：//jamestown.org/program/astana-and-tashkent-pursue-reconciliation-following-the-kyrgyz-crisis/）.
④ 潘光：《吉尔吉斯斯坦动荡：俄美欧的作用、对中国的影响》，《新疆师范大学学报》（哲学社会科学版）2010 年第 4 期。
⑤ Martha Brill Olcott, "U.S. Should Avoid Backroom Deals on Kyrgyzstan", April 2010, Carnegie Endowment for International Peace（https：//carnegieendowment.org/2010/04/13/u.s.-should-avoid-backroom-deals-on-kyrgyzstan-pub – 40583）.

"薄弱"和不干涉原则对中国的意识形态约束。①

尽管俄罗斯、中国及哈萨克斯坦等国都对吉尔吉斯斯坦提供了人道主义援助，但由于将吉动荡界定为该国内部事务，出于对"不干涉"原则和各成员国自身利益的考虑，上合组织作为一个整体并未对此次动荡做出明确的军事回应。上合组织在应对吉动荡时所表现出的不积极以及不干涉的立场，使得其维护地区安全的能力再次受到外界质疑。如有学者称，上合组织没有应对此类突发事件的能力，各成员国的反应表明它们并不能以共同的政治意愿组成一股合力。② 此外，在吉动荡之前也有学者指出上合组织在这方面的不足，"就维护地区和平与安全而言，上合组织既没有维护和平的授权，也不能为其成员国提供集体安全保障。"③

上合组织其他中亚成员国对于是否需要对吉出现的危机进行干涉这一问题上存在态度上的分歧。哈萨克斯坦总统纳扎尔巴耶夫呼吁上合组织成员国对吉提供人道主义援助，以确保维护地区安全继续成为上合组织的核心议题。④ 在此基础上，哈至少为吉提供了近700万美元的援助，但哈并未明确表示对吉进行干涉。而乌兹别克斯坦与塔吉克斯坦的立场则存在明显分歧。乌反对任何形式的干涉，⑤ 认为对吉内政的干涉意味着对不干涉原则的破坏，如果存在干涉吉内政的先例，则存在本国内部事务被干涉的可能，这将对乌的政权稳定构成威胁。塔的态度则与乌相反。塔认为需提高上合组织应对成员国国内危

---

① Bobo Lo, "China's 'Permanent Reset'", *Russia in Global Affairs*, No. 3, July & September 2010, p. 109.

② Stephen Aris, "The Response of the Shanghai Cooperation Organisation to the Crisis in Kyrgyzstan", *Civil Wars*, Vol. 14, No. 3, September 2012, p. 471.

③ Anna Matveeva and Antonio Giustozzi, "The SCO: A Regional Organisation in the Making", *Crisis States Working Papers Series*, No. 2, September 2008, p. 4.

④ Farkhad Sharip, "Astana and Tashkent Pursue Reconciliation Following the Kyrgyz Crisis", June 2010, The Jamestown Foundation (https://jamestown.org/program/astana-and-tashkent-pursue-reconciliation-following-the-kyrgyz-crisis/).

⑤ Stephen Blank, "A Sino-Uzbek Axis in Central Asia?" September 2010, The Central Asia-Caucasus Analyst (https://www.cacianalyst.org/publications/analytical-articles/item/12123-analytical-articles-caci-analyst-2010-9-1-art-12123.html).

机的应对能力。塔总统拉赫蒙在塔什干峰会上表示:"在吉所发生的事件再次证明了创建有效的上合组织反应机制的必要性",他还补充道,"显然,当前我们必须帮助我们的邻国促进法律与秩序的快速恢复"。①

尽管部分国外学者对上合组织没有介入吉国内动荡这一现象颇有微词,但国内学者对此多持肯定态度,认为上合组织此举是根据吉特殊形势所做出的正确选择。国内学者多认为,针对此类危机,上合组织合适的"介入"方式是安全和经济方面的介入,而不是采取军事介入的形式。②事实上,尽管上合组织并未对吉提供军事支持,但向其提供了政治支持,因此,在中亚成员国眼中,上合组织具有重要价值,因为它有助于在成员国面临政治突发形势时,向它们提供集体外交支持。③另外,军事介入虽然可能有助于较快地平息吉国内的动荡,但这会加剧其他成员国对上合组织受到大国主导的猜忌,并担心本国在未来可能面临类似的干涉。在一定程度上,上合组织秉持"不干涉"原则、提供外交支持的态度及行为也有助于吉国内局势的稳定,上合组织对阿坦巴耶夫提供的政治支持强化了其过渡政府的合法性,常常抵御来自西方的批评则使上合组织更受中亚成员国的青睐。出于上述原因,尽管吉对于没有军事力量介入帮助平息暴动这一现象感到沮丧,但过渡政府仍在 2010 年 6 月 16 日的官方声明中表达了对上合组织、俄罗斯以及集安组织的感谢。④需要承认,上合组织对吉动荡的应对,毕竟反映了其行动能力不足的缺陷。对多边主义及领土主权完整价值的崇尚,使得上合组织更多的是一个协调者而非独立的实施

---

① Emomali Rakhmon, "Kyrgyz Clashes Show Need For SCO Response Mechanism-Tajik Leader", June 2010 (http://sputniknews.com/world/20100611/159386669.html).

② 详情参见潘光《吉尔吉斯斯坦动荡:俄美欧的作用、对中国的影响》,《新疆师范大学学报》(哲学社会科学版) 2010 年第 4 期。

③ Stephen Aris, "The Response of the Shanghai Cooperation Organisation to the Crisis in Kyrgyzstan", *Civil Wars*, Vol. 14, No. 3, September 2012, p. 454.

④ Matthew Stein, "Rereading Charters: Security Organizations' Responses to the June 2010 Conflict in Kyrgyzstan", *Small Wars Journal*, September 2011, pp. 8-9.

者。① 正因如此，有学者主张，上合组织应在奉行"不干涉"原则的基础上进行建设性介入，以缓解上合组织在维护地区安全和"不干涉"原则之间的矛盾。② 这类观点是否正确另当别论，但吉2010年政局变动，促使国内学术界更多地思考上合组织的危机反应与管控能力。

继"颜色革命"和全球金融危机后，2010年吉尔吉斯斯坦动荡再次反映了中亚成员国存在抵御政局变动能力不足这一问题。吉动荡不仅恶化了中亚地区的安全形势，也使得外界对上合组织在维护地区安全方面取得的积极成果提出怀疑，对上合组织安全合作的推进构成挑战。此外，中亚成员国奉行的多边外交政策，往往会对上合组织产生负面影响。如"9·11"事件后中亚成员国"亲近"美国"疏远"上合组织的政策，无疑阻碍了上合组织的发展。但由于上合组织对吉动荡的态度及应对与俄罗斯、美国以及集安组织等大致相同，因此并未招致中亚成员国尤其是吉的不满。然而，在此次事件中，尽管吉要求外部势力进行干涉，但出于对"不干涉"原则的坚持，上合组织并未采取军事回应。这进一步凸显出上合组织行动能力不足的缺陷，认为上合组织没有应对此类突发事件的能力的观点也再度出现。③ 同时，塔、乌两国就是否需要对吉进行干预所持的不同立场也使上合组织处理两国关系变得困难。④ 尽管当前中亚地区安全形势依旧严峻，但对上合组织在维护地区安全方面取得的积极成果及其行动能力的质疑，大大削弱了中亚成员国对前者在安全方面的期望。因此，除各成员国领导人的定期会晤以及军事演习外，上合组织在安全领域的合作

---

① Stephen Aris, Eurasian Regionalism: The Shanghai Cooperation Organisation, Quoted in Stephen Aris, "The Response of the Shanghai Cooperation Organisation to the Crisis in Kyrgyzstan", *Civil Wars*, Vol. 14, No. 3, September 2012, p. 459.

② 赵华胜：《不干涉内政与建设性介入——吉尔吉斯斯坦动荡后对中国政策的思考》，《新疆师范大学学报》（哲学社会科学版）2011年第1期。

③ Stephen Aris, "The Response of the Shanghai Cooperation Organisation to the Crisis in Kyrgyzstan", *Civil Wars*, Vol. 14, No. 3, September 2012, p. 471.

④ Ibid..

并未取得太大的突破。

第七节　中亚成员国对上合组织发展历程影响的启示

将小国理论与上合组织的发展进程结合起来考察可以发现，中亚成员国作为小国可以通过其战略价值、奉行的多边外交政策及作为动荡的源头或前沿验证者三种途径，对上合组织的发展产生重要影响。上合组织奉行的"不干涉"原则和"一致通过"原则意味着，每个中亚成员国都能对上合组织的决策产生重要影响，四个中亚成员国在上合组织决策机制中的群体数量优势尤为明显。"不干涉"原则加强了中亚成员国的自主性，使得大国不能随意对它们进行干涉；而"一致通过"原则增强了中亚成员国在上合组织决策过程中的话语权，任何一个国家的反对都会导致特定决策无法通过。同时，中亚成员国的群体数量优势也使得上合组织各项合作的顺利开展越发离不开中亚成员国。因此，本章认为，这种国家主义的小国分析路径，能在很大程度上对中亚成员国的自主性及其对上合组织的重要性做出较好的解释。基于上述分析路径，本章认为，在上合组织未来的发展进程中，需要对中亚成员国给予更多的重视，同时也要根据不同国家的情况区别对待，这既能推动上合组织的发展，也有利于各成员国自身利益需求的实现。为了促进上述目标的实现，上合组织需要做好以下几个方面工作：

第一，积极应对中亚成员国战略价值带来的挑战，引导中亚的战略价值转变为推动上合组织发展的优势。中亚地区的地缘战略意义毋庸置疑，早在100多年前该地区便被麦金德称为"心脏地带"，在历史上也被帝俄、大英帝国等视为重要的安全缓冲区。随着苏联解体及当前国际形势的不断变化，中亚地区作为安全缓冲区仍被中、俄、美等大国所重视。同时，中亚地区具有较为丰富的自然资源，其中以中亚里海地区的油气资源最为突出。"中亚里海地区作为世界上能源潜力仅次于'中东',且尚未全面开发的重要油气区,已经开始成为世界油气供应战略格局中的新兴力量中心,对世界油气地缘战略竞赛起着日益重要的平衡作用。"① 中亚地区的战略价值对大国具有强烈吸引力,大国力量的介入使得中亚地区受到大国因素的深刻影响。

而就大国因素对上合组织的影响而言,俄罗斯、中国和美国无疑最为突出。尽管俄、中之间的博弈在某种程度上不利于上合组织的发展,但俄、中同为上合组织成员国,两国政策的整体方向仍是致力于推动上合组织的发展。相比之下,美国政策对上合组织的发展则主要起阻碍作用。回顾上合组织的发展历程,除美国对中亚成员国的投资、援助及其与上合组织的合作外,对上合组织构成重大挑战的事件,如"9·11"事件、"颜色革命"等,均与美国有密切联系,并对上合组织的发展产生负面影响。尽管大国因素深刻影响上合组织的发展,但由于地缘政治和地缘经济在俄罗斯、中国和美国的三角关系中发挥作用,中亚成员国也因此获得了与前者讨价还价的权力,② 上合组织可以借助这种权力积极应对上合组织面临的挑战。换言之,在应对大国因素带来的挑战时,上合组织不仅可以借助俄、中两个大国的力量,中亚成员国自身的权力也不可忽视。例如,上合组织可以凭借中亚成员国的资源优势,开展与其他国家和地区机制的合作。

第二,明确自身定位,通过深化与其他地区机制及美国等国的合作关系,以减弱中亚成员国多边外交政策产生的负面影响。除上合组织外,中亚地区存在的多方力量,如集安组织、美国、欧盟等,为中亚成员国推行多边外交政策提供了便利,这种政策可能会对上合组织产生不同影响。如前所述,中亚成员国的利益需求是否得到满足,在

---

① 赵旭、董秀成:《中亚里海地区油气地缘环境分析及中国的突围策略》,《改革与战略》2008 年第 3 期。

② Ezeli Azarkan, "The Relations between Central Asian States and United States, China and Russian within the Framework of the Shanghai Cooperation Organization", *Turkish Journal of International Relations*, Vol. 8, No. 3, Fall 2009, p. 1.

很大程度上决定它们对上合组织的态度及行为。当利益需求得到满足时，中亚成员国致力于加强与上合组织的联系，积极参与组织内部的合作活动，进而推动上合组织的发展；而当利益需求没有得到满足时，它们选择淡化与上合组织的联系，转而强化与其他国家或地区机制的合作力度，这种态度及行为削弱了上合组织内部的凝聚力，不利于各领域合作的开展。实际上，至少在中短期内，上合组织不可能满足中亚成员国的所有利益需求，也并非中亚成员国的优先选择。因此，上合组织未能满足中亚成员国的利益需求的情况将时常发生，从而导致中亚成员国"疏远"上合组织的现象会不断出现，中亚成员国奉行多边外交政策对上合组织产生的负面影响也将长期存在。

深化上合组织与集安组织、欧盟及美国等行为体的合作关系，有助于削弱上述负面影响。加强上合组织与其他国家和地区机制间的合作，可以缓解上合组织在某些情况下不能满足中亚成员国利益需求的困境。在此基础上，上合组织与其他国家和地区机制间的良好合作关系，则能够削弱中亚成员国"疏远"上合组织带来的负面影响。与此同时，上合组织需要明确自身定位，既不能高估，也不能低估上合组织对于中亚成员国的重要性。

第三，帮助提升中亚成员国应对危机的能力。中亚成员国抵御来自内部和外部挑战的能力较弱，主要体现在以下两个方面。首先，中亚成员国的政权和社会稳定存在隐忧，如经济结构相对单一、国内或国外的反对派势力的存在及部分国家存在族群冲突等，容易引发各国国内或地区的动荡。其次，中亚成员国国内存在的安全隐患，导致其极易受到来自外部因素的影响，大国的干涉、国际经济形势的恶化、恐怖主义的渗透等，都可以对中亚成员国的安全构成威胁甚至引发动荡。上合组织经历的数次重大挑战，如"9·11"事件后美国军事力量的介入、2005年分别在吉乌两国发生的"郁金香革命"和安集延事件、2008年金融危机对中亚成员国的冲击以及2010年发生的吉尔吉斯斯坦动荡，中亚成员国或是这些动荡的源头，或是动荡的前沿验证者。

事实证明，上合组织在满足中亚成员国利益需求方面，仅局限于提供贷款和援助、提供政治外交支持等方面，并不能有效抑制中亚地区动荡的发生和扩散。欲实现此目标，上合组织应致力于帮助中亚成员国巩固自身安全体系，提升它们应对危机的能力。具体而言，在政治方面，上合组织在秉持"上海精神"的基础上，务必继续支持并敦促各中亚成员国的政治体制向更稳定、更成熟的方向转型；在经济方面，除开展经济领域内具体项目的合作及提供贷款、援助外，上合组织需开展成员国间关于优化经济结构及发展模式的经验交流，尤其是提供中亚成员国借鉴中国经济发展模式的机会；在安全方面，在加强对"三股势力"的打击力度的同时，上合组织应在中亚成员国间的边界问题、水资源争端及民族矛盾等事宜上进行积极斡旋，以期帮助中亚成员国解决这些问题。简言之，一方面，上合组织应坚决反对外部势力对中亚成员国内部事务的干涉，同时帮助中亚成员国解决它们之间的可能引发冲突的问题，从而抑制中亚地区发生动荡的可能性；另一方面，上合组织需帮助中亚成员国加强其国内政治制度、经济结构的稳定性与合理性，提高各国应对危机的能力。

在小国对外施加影响的四种途径中，中亚成员国战略价值的吸引力是中亚地区受大国因素影响的主要原因，上合组织因此受到大国政策的深刻影响；中亚成员国自身安全体系的脆弱性是导致中亚地区多发动荡的主要原因，中亚地区发生的动荡大都构成上合组织面临的重大挑战，对上合组织产生的影响最为显著；中亚成员国多边外交政策的实施及其影响，往往在中亚地区发生动荡后体现得尤为明显；而中亚成员国的群体数量则一直对上合组织的内部决策产生重要影响。实际上，中亚成员国对上合组织施加影响的四种途径之间也存在相互作用，其中，中亚成员国作为动荡发生的源头或前沿验证者对上合组织产生的负面影响最大。因此，在上述建议中，帮助中亚成员国提高应对危机的能力对上合组织的发展无疑具有最积极的意义。

此外，加强中亚成员国对上合组织的认同也十分关键。中亚成员国对上合组织的态度及行为的转变，实质上是一种基于短期自我利益的行为模式，在重要利益需求未能得到满足时，它们通过构建上合组织内部的集体身份，强化中亚成员国对上合组织的认同，可以在一定程度上改变这种行为模式，进而有助于增强组织内部的凝聚力、推动各领域的合作进程及提高组织的决策效率。然而，尽管上合组织在加强组织内部成员国间人文交流合作方面取得了一些成果，如设立孔子学院、开展各种文化交流活动等。但由于历史及文化等因素的影响，相比上合组织而言，中亚成员国对俄罗斯主导的地区合作机制认同更高。如中亚成员国对上合组织倡导的区域经济一体化进程反应较为迟钝，而对俄罗斯主导建立的欧亚经济联盟的态度则相对积极，目前，哈萨克斯坦和吉尔吉斯斯坦已加入该组织。基于此，就目前而言，上合组织地区身份构建的结果不尽如人意，其仍将以功能性合作为主导，[1] 加强中亚成员国对上合组织的认同任重道远。

第八节　结语

本章澄清了自上合组织成立至 2010 年吉尔吉斯斯坦动荡期间，中亚成员国因素对上合组织发展产生的影响。首先，本章构建了一种国家主义的小国分析路径，这种分析路径认为，小国可以通过其战略价值、推行多边外交政策、作为动荡的源头或前沿验证者及群体数量优势四种途径，对国际组织产生重要影响。其次，基于这种分析路径，本章对不同时期中亚成员国对上合组织利益需求的变化及其衍生的态度及行为的变化进行分析，在此基础上探讨中亚成员国通过上述四种途径中的一种或多种对上合组织产生的影响。最后，本章结合小国理论对上合组织的发展提出了几点建议。总体而言，本章的研究具有一定的积极意义。其一，国家主义的小国分析路径的构建及应用，

---

[1] Timur Dadabaev, "Shanghai Cooperation Organization (SCO) Regional Identity Formation from the Perspective of the Central Asia States", *Journal of Contemporary China*, Vol. 23, No. 85, 2014, p. 103.

在一定程度上提高了上合组织研究的理论化水平；其二，分析不同时期中亚成员国对上合组织产生的影响，突出强调中亚成员国作为小国的独立性及重要性，有助于弥补当前上合组织研究中缺乏小国研究与动态研究的缺陷；其三，结合小国理论对上合组织的发展提出的建议也具有一定借鉴意义。

此外，上合组织的深化发展仍面临一些挑战。第一，中亚地区的安全形势依旧严峻。就各中亚成员国而言，各国国内均存在众多社会问题，腐败、贫富差距过大、失业率高等问题经过持续酝酿发酵引发的群体事件困扰着各国政府。各国反对派也时常借机向现有政权发起挑战。同时，由于历史积怨、资源分配、民族主义膨胀和族群矛盾等原因，使得中亚成员国之间存在一系列的矛盾和纠纷，严重影响着中亚地区的稳定。如乌、吉、塔三国间的边界问题及水资源争端问题，乌、吉两族的族群冲突问题，哈、乌两国争夺地区主导权的问题等。"由于国家间的矛盾上升，对一些共同的经济和安全难题难以形成必要的共识，缺乏应有的信任与合作，使极端主义、恐怖主义和跨国犯罪等问题在新形势下更加难以解决，给地区安全造成的威胁更为严重。"[①] 就中亚地区而言，来自恐怖主义势力以及经济形势持续恶化的负面影响也是深刻存在的。一方面，来自塔利班与"伊斯兰国"的威胁真实存在，众多中亚国民前往叙利亚等地参加圣战。由于中亚成员国特殊的地理位置和宗教文化环境及美国在阿富汗军事力量的减弱，中亚成员国面临着恐怖势力回流的威胁。另一方面，受俄罗斯经济形势恶化的影响，中亚成员国的经济发展也纷纷受挫，除乌兹别克斯坦外，各国经济增速普遍放缓，上合组织成员国间的贸易额也明显下降。

第二，上合组织的扩员议程仍存在不确定性。2014 年上合组织第 14 次峰会上通过的《给予上海合作组织成员国地位程序》和《关

---

① 孙壮志：《上合组织区域定位与安全合作的优先方向》，《兰州大学学报》（社会科学版）2013 年第 2 期。

于申请国加入上海合作组织义务的备忘录范本》，正式打开了扩员大门，使得扩员问题再次成为讨论的热点，也是中亚成员国当前面临的重要问题之一。上合组织的扩员进程自其成立初期就已开始。在2004年6月的塔什干峰会上，蒙古成为上合组织的第一个观察员国，在次年7月的阿斯塔纳峰会上，印度、巴基斯坦、伊朗也成了上合组织的观察员国。此后，关于扩员问题的法律基础不断完善，扩员似乎势在必行。对于不断推进的扩员进程，中亚成员国同样表示担忧。"大体而言，中亚成员国对于组织接纳新成员的态度是消极和谨慎的，简单来说是因为通过纳入新成员来扩大组织会降低它们在上合组织的地位并减弱它们的影响力。"[①] 中亚成员国作为上合组织的地理空间依托，一直以来中亚事务都是作为组织的核心议题，印度、巴基斯坦的加入，中亚成员国担忧中亚事务将面临边缘化的危险。同时，在扩员问题上，当时中国和俄罗斯不同的态度（中国倾向于接纳巴基斯坦而俄罗斯倾向于接纳印度）加深了中亚成员国的忧虑，它们认为扩员使其陷入更加复杂的大国博弈中，将会深刻影响其国家稳定和发展。此外，上合组织的"一致通过"原则及"上海精神"等规范，使得中亚成员国在扩员问题上的群体数量优势凸显无疑，中亚成员国关于扩员的态度深刻影响着上合组织扩员的结果。

第三，"丝绸之路经济带"战略与上合组织的对接问题需要解决。自习近平出席提出"丝绸之路经济带"战略构想后，经过近七年的实践，该战略构想现已上升为中国的国家战略。当前"丝绸之路经济带"战略的实施已经取得一定成果，国内关于该战略宏观层面和微观层面的研究成果也已十分丰硕。目前，关于"丝绸之路经济带"战略与上合组织的对接问题也已成为上合组织的议题之一，也开始被学术界所关注。[②] 上合组织是中国主导下成立的首个地区性国际组织，

[①] Weiqing Song, "Interests, Power and China's Difficult Game in the Shanghai Cooperation Organization (SCO)", *Journal of Contemporary China*, Vol. 23, No. 85, January 2014, p. 98.

[②] 陈小鼎、马茹:《上合组织在丝绸之路经济带中的作用与路径选择》,《当代亚太》2015年第6期。

"丝绸之路经济带"则是中国近年来提出的国家发展战略，二者的对接具有必要性和可行性。一方面，"丝绸之路经济带"战略的实施为上合组织的深化发展提供新机遇与动力；另一方面，上合组织为"丝绸之路经济带"战略的实施提供合作平台。然而，上述判断仅仅是学理层面上的。在具体实践过程中，至少就中亚成员国而言，无论是在"丝绸之路经济带"建设中还是在上合组织中，它们的地位都举足轻重。因此，如何把握各国的利益诉求，促使它们积极参与"丝绸之路经济带"建设与上合组织的活动，是我们需要加强研究的一个重要方面。如何避免在推进丝绸之路经济带建设过程中，避免上合组织的边缘化，同样是一个有待深入研究的重大问题。

第五章　上海合作组织对中亚国家的社会化

第四章研究了上合组织发展至今中亚成员国对组织所持态度的变化及其对组织所产生的影响，本章将集中讨论上合组织对中亚成员国所产生的影响。毋庸置疑，上合组织对中亚成员国的国家建构和社会转型产生了多方面的影响，主要包括促进地区稳定、提供一个与大国共存的平台、增强各成员国国家地位、通过加强成员国之间的经济合作获得必要的经济发展资源、借助组织力量打击"三股势力"和抵御组织外大国干预成员国内政的企图以维护国家主权等诸多方面。不过，上合组织对中亚成员国所产生的另一个不太引人注目的影响，在于通过创建新的社会规范、并激励中亚成员国的积极参与和主动认同、必要时进行说服和强制等方式，使中亚成员国接受了许多组织内规范，从而促进了中亚成员国在上合组织框架内的社会化过程。本章将以这一过程为核心探讨上合组织在发展过程中对中亚成员国所产生的具体影响。

事实上，在当前学术界关于中亚国家和上合组织的理论和案例研究，大多数都是基于理性主义的角度进行阐述。冷战结束后，对非物质因素（如文化、价值和观念）的研究，开始在国际政治研究中占据重要地位，建构主义的观点和思想体系开始以不同的方式影响世界互动。① 随着上合组织实践的深入和制度化水平的提高，对其社会化能力的研究也开始成为西方学界的一项议程。这种社会化的能力一方面体现在上合组织的制度框架内举行的高层会晤、执行的经济、安全、外交和人文等方面的项目以及达成的各项相关文件；另一方面，体现为成员国对上合组织规范的遵守和内化。由于中俄两国是上合组织的发起国和主导国，故本章将对上合组织社会化中亚成员国的现象进行深入分析。鉴于学术界关于上合组织对中亚国家社会化的研究尚不充分，本章结合建构主义和理性主义的角度，剖析上合组织对中亚国家社会化的主要规范内容、机制和政治效应。本章的本章结构大致分为以下几个部分：第一部分在对既有文献进行梳理后，确定本章的主要研究问题；第二部分对上合组织社会化进程中规范的内容、社会化的机制和政治效应做出讨论；第三部分对本章的研究做简单总结。

第一节　中亚国家社会化的研究现状

中亚地区存在多个社会化进程，但只有欧洲安全与合作组织（CSTO，以下简称欧安组织）和上合组织是其中最主要的社会化行为主体。这是因为：一方面，尽管个体国家如俄罗斯、美国和中国等在该地区改变话语生产（change-producing discourse）有重要的影响，但毋庸置疑的是，当他们通过多边场合（multilateral bodies）行动时，可以在生产合法的制度性话语（producing legitimised institutionalised discourse）中起到最有效的作用。跨国活动网络也是重要的行为体，但是相比较于国际组织，他们对政府和商业精英的影响比对在野党和积极的市民社会群体更加有限。② 因此，在中亚地区，"国家社会化"

---

① Alireza Rezaei, "The Clash of Ideas in World Politics: Transnational Networks, States, and Regime Change, 1510 – 2010", *International Studies Review*, Vol. 14, No. 2, June 2012, p. 363.

② David Lewis, "Who's Socialising Whom? Regional Organisations and Contested Norms in Central Asia", *Europe-Asia Studies*, Vol. 64, No. 7, September 2012, p. 1220.

的主体主要是国际组织；另一方面，欧安组织和上合组织相对其他的地区安全组织（如：北约、欧盟以及集体安全条约组织）有更加明确的规范议程和对中亚特有的关注，这使得将它们作为中亚地区最具影响力和竞争力的行为体进行研究成为可能。[1]

由于在欧安组织与中亚国家社会化的相关研究中，或多或少存在对上合组织社会化中亚国家的比较分析，因此本章的文献综述在参考上合组织社会化成果的基础上，同时增加此类相关文献的考察。

通过对这两类文献的梳理和概括，从总体上看，国内外学者对该问题的研究大致涵盖三个方面：第一，上合组织规范的主要内容是什么？第二，上合组织社会化中亚国家的机制、途径是什么？第三，上合组织对中亚国家的社会化进程有什么效应？

（一）上合组织规范的主要内容及其效应

国内外学界对上合组织与中亚国家社会化的问题讨论最多的便是其规范内容与政治效应。在讨论上合组织的规范内容时，往往不可避免地需要谈及其效应，因此在本章文献梳理过程中，我们将有关这两者的讨论放在一起。

从当前对上合组织规范内容与政治效应来看，托马斯·安布罗西奥（Thomas Ambrosio）是较早从建构主义的角度来研究上合组织的规范内容和效应的学者。他认为上合组织的规范主要体现在"上海精神"之中，包括互信、互利、平等、协商、尊重多样文明、谋求共同发展。[2] 通过对成员国领导人关于"地区稳定"（stability）和"多样性"（diversity）价值的话语解读，他指出上合组织的规范和价值建立在维持这一地区的非民主现状以应对国内的反对派和外部的批评，而

---

[1] David Lewis, "Who's Socialising Whom? Regional Organisations and Contested Norms in Central Asia", *Europe-Asia Studies*, Vol. 64, No. 7, September 2012, pp. 1219 – 1237.

[2] Thomas Ambrosio, "Catching the 'Shanghai Spirit': How the Shanghai Cooperation Organization Promotes Authoritarian Norms in Central Asia", *Europe-Asia Studies*, Vol. 60, No. 8, October 2008, p. 1327.

上合组织本身则代表了权威政体抵抗地区和全球民主趋势的补充战略①。斯蒂芬·艾里斯（Stephen Aris）在上合组织与东盟的比较研究中也指出，"上海精神"是其自我界定的规范和价值基础。这一精神被上合组织称赞为一种最后的、新的合作模式。② 随后，他对上合组织的规范内容作了补充研究，着重强调不干涉内政和多极世界的原则，以平衡西方世界的指责和干涉。③ 伊曼连·卡瓦斯基（Emilian Kavalski）认为，上合组织是中国社会化倾向的缩影，而主权/不干涉他国内政、和平崛起与克服对历史的恐惧是构成中国当前对中亚外交政策追求的三个规范节点。④ 规范性承诺使得中国能够社会化该地区，并将中亚国家纳入其影响范围内。⑤ 戴维德·刘易斯（David Lewis）在对欧安组织与上合组织规范效果的比较研究中指出，上合组织规范体现在上合组织宪章之中，其中包括相互尊重主权、独立自主、国家领土完整、国家边界不可侵犯、不侵略、不干涉内政、在国家关系中不使用武力或威胁使用武力。⑥ 相比较于欧安组织，上合组织的规范更契合中亚地区的文化结构，这是上合组织成功的最主要的原因之一。⑦

---

① Thomas Ambrosio, "Catching the 'Shanghai Spirit': How the Shanghai Cooperation Organization Promotes Authoritarian Norms in Central Asia", *Europe-Asia Studies*, Vol. 60, No. 8, October 2008, p. 1341.

② Stephen Aris, "A New Model of Asian Regionalism: Does the Shanghai Cooperation Organisation have More Potential than ASEAN?" *Cambridge Review of International Affairs*, Vol. 22, No. 3, September 2009, p. 457.

③ Stephen Aris, *Eurasian Regionalism: The Shanghai Cooperation Organisation*, Basingstoke: Palgrave Macmillan, 2011, pp. 138 – 142.

④ Emilian Kavalski, "Shanghaied into Cooperation: Framing China's Socialization of Central Asia", *Journal of Asian and African Studies*, Vol. 45, No. 2, March 2010, pp. 135 – 138; Emilian Kavalski, "The Struggle for Recognition of Normative Powers: Normative Power Europe and Normative Power China in Context", *Cooperation and Conflict*, Vol. 48, No. 2, June 2013, pp. 256 – 257.

⑤ Emilian Kavalski, "Shanghaied into Cooperation: Framing China's Socialization of Central Asia", *Journal of Asian and African Studies*, Vol. 45, No. 2, March 2010, p. 143.

⑥ David Lewis, "Who's Socialising Whom? Regional Organisations and Contested Norms in Central Asia", *Europe-Asia Studies*, Vol. 64, No. 7, September 2012, pp. 1223 – 1224.

⑦ David Lewis, "Who's Socialising Whom? Regional Organisations and Contested Norms in Central Asia", *Europe-Asia Studies*, Vol. 64, No. 7, September 2012, p. 1225.

相比较于现实主义、功能主义和地缘政治的视角，国内学术界对上合组织规范和社会化的研究较为少见，目前公开发表的本章只有一篇硕士论文。在该文中，作者认为在上合组织框架内，形成了"新兴安全观""主权高于人权，反对干涉他国内政""遵守联合国宪章"和"重视集体规范的力量"的四种共有规范，并形成了"上海精神"这一集体认同。①

由上文可以得知，目前学者对上合组织规范内容的界定体现出主观性较强、因人而异的特点。因此，在规范内容的界定上，需要依据一定的标准和原则。对于西方学者总结的上合组织规范内容，显然有违客观、准确的原则。此外，由于个人主观性的作用，学者们对规范的内容和效应的研究也是存在较大的差异。一个显著的特点就是，仍有大量西方学者以意识形态的对抗性色彩看待上合组织的规范内容及其效应。如安布罗西奥认为，"上海精神"也许可以被看作权威政体的领导人在拒绝接受民主规范时变得更加勇敢的标志。②

（二）社会化机制

在讨论上合组织对中亚国家的社会化机制之前，首先需要对社会化机制的相关文献做一简单梳理。西方学术界对国家社会化机制问题的讨论已经出现了大量的理论和实证成果。在理论探索上，学者们对社会化的程度、过程和机制分别做出了一定的分析。例如，温特认为三种可能性——强迫、利己及合法性——反映了规范得以内化的三种程度，不同的程度可能适用于不同的国家；③ 江忆恩指出，社会化过程包括两个阶段：第一阶段是宏观过程，类似代理人的社会环境将规

---

① 安一平：《建构安全共同体：上海合作组织与地区秩序》，硕士学位论文，外交学院，2007年。

② Thomas Ambrosio, "Catching the 'Shanghai Spirit': How the Shanghai Cooperation Organization Promotes Authoritarian Norms in Central Asia", *Europe-Asia Studies*, Vol. 60, No. 8, October 2008, pp. 1321 – 1344. 对这种观点的反驳，可参见 Inna Melnykovska, Hedwig Plamper and Rainer Schweickert, "Do Russia and China Promote Autocracy in Central Asia?" *Asia Europe Journal*, Vol. 10, No. 1, February 2012, pp. 75 – 89。

③ ［美］亚历山大·温特：《国际政治的社会理论》，秦亚青译，上海世纪出版社2008年版，第278—279页。

范传授给行为体;第二阶段是微观过程,行为体接受规范。他提出,模仿、说服和社会影响三种方式是社会化的微观过程的三种方式。① 此外,安德鲁·P. 科特尔与小詹姆斯·W. 戴维斯提出了一个整体的分析框架。他们认为在社会化的过程中存在五个影响因素,即文化匹配、国内政治口号(national politics rhetoric)、国内行为体的物质利益、国内政治机制和社会化动力。其中国际规范和国内理解的文化匹配因素是国际规范在国内产生影响的重要因素,国内政治口号、国内行为体的物质利益与国内政治机制是国内政治层次上发挥作用的机制,而社会化动力则是在体系层次发挥影响。② 对于后者,安德鲁·P. 科内尔与詹姆斯·W. 戴维斯表示目前的研究仍十分匮乏。③

在社会化的实证研究中,成果颇丰。如玛莎·芬尼莫尔通过三个案例解释了国际组织作为传授者是如何促使国家接受并内化国际规范的。在这三个案例中,社会化的过程是不一样的。如国际组织的科层结构在世界银行和联合国教科文值得案例中至关重要,但在红十字案例中却不重要。个人的能动作用和道德原则在红十字案例中相当重要……而在世界银行的案例中,强制在某些方面很重要;④ 杰弗里·切克尔强调三种不同的链接制度和社会化结果的机制:战略计算、角色扮演和规范劝说;⑤ 阿米塔·阿查亚则指出,"地区文化结构"与"该规范"是否"契合"是决定该规范在该地区能否得以产生的关键原因。⑥

---

① Alastair Iain Johnston, Social States: China in International Institutions (1980—2000),转引自钟龙彪《国家社会化:国际关系的一项研究议程》,《欧洲研究》2009 年第 2 期。
② Andrew P. Cortell and James W. Davis Jr., "Understanding the Domestic Impact of International Norms: A Research Agenda", *International Studies Review*, Vol. 2, No. 1, Spring 2000, p. 73.
③ Ibid., p. 84.
④ [美] 玛莎·芬妮莫尔:《国际社会中的国家利益》,袁正清译,上海世纪出版社 2012 年版,第 15—16 页。
⑤ Jeffrey T. Checkel, "International Institutions and Socialization in Europe: Introduction and Framework", *International Organization*, Vol. 59, No. 4, Autumn 2005, p. 808.
⑥ Amitav Acharya, "How Ideas Spread: Whose Norms Matter? Norm Localization and Institutional Change in Asia Regionalism", *International Organization*, Vol. 58, No. 2, May 2004, pp. 239–275.

从以上关于社会化机制理论和实证研究的文献梳理中，可以得出以下两点结论：其一，在国际政治社会化的实证研究中，不存在一个普遍、单一的解释机制。即在不同地区，面对不同的社会化主体和社会化对象，社会化机制不尽相同。因此，上合组织对中亚国家的社会化机制也必然有其特殊性，特别是该组织包括了欧亚大陆的多个大国。因此，我们不能对上合组织的机制一概而论，做简单的处理。当然，上合组织对中亚国家的社会化也存在一些普遍的现象。其二，无论是理论探索还是实证研究，在对社会化机制的讨论中大都是从体系和地区层次进行分析的。这种讨论忽视了国家行为体接纳规范的主动性。钟龙彪指出，社会化理论给人的印象似乎是，过分强调统一性、稳定性，个体行为体是体系结构的被约束者，被动接受外部规范，缺乏主观能动性、多样性和丰富性。[①] 在当前特别是在政治与安全规范的研究中，成员国对规范的学习和内化也面临类似"集体行动的困境"的问题，即弱小国家如何相信所有成员国都会遵守这一规范，而这一社会化进程不是大国用于制约自己的工具、不会被欺骗？也即是说，即使学习这一规范十分有利，但只有当国家相信该组织内所有成员国都会遵守这一规范时，他们才会主动和勇敢地学习和内化这一规范过程。这是国家接受社会化和进一步社会化的底线和动力，但目前学术界对这一问题的讨论比较少见。

（三）上合组织社会化中亚国家的机制

尽管学界关于社会化机制讨论的理论和实证成果较多，但关于上合组织社会化中亚国家机制的相关成果仍较少，这与上合组织当前的发展程度有关。但一些学者已经开展对此问题的研究。阿斯卡特·萨菲乌林（Askhat Safiullin）是目前学术界较少讨论上合组织社会化机制的学者之一。他的三篇本章分别讨论了上合组织与中亚地区的安全

---

① 钟龙彪：《国家社会化：国际关系的一项研究议程》，《欧洲研究》2009年第2期。陈拯也指出体系建构主义片面强调观念结构对身份和利益的单向度塑造，见陈拯《建构主义国际规范演进研究评述》，《国际政治研究》2015年第1期。

秩序、上合组织社会化中亚国家身份的机制、上合组织的地区安全身份与成员国国家安全身份等三个密切相关的议题。① 他认为上合组织框架内的地区集体身份已经成功地被构想出来，这是一个成员国借此竭力地打消他们恐惧的过程。② 上合组织的地区安全身份极大地影响了成员国的国家安全身份，这一影响的核心驱动就是上合组织的集体安全身份。③ 除此之外，他还认为上合组织正在试图将自己打造为一个安全共同体。根据瑞安·戈德曼（Ryan Goodman）和德里克·金克斯（Derek Jinks）提出的三种不同的社会化机制：强制（coercion）、劝说（persuasion）和文化适应（acculturation）。④ 萨菲乌林指出相比较于强制和劝说，文化适应在上合组织的案例中具有更加强有力的影响，是影响成员国的首要过程。⑤ 文化适应一旦开始，就意味着身份的改变。⑥ 在他看来，文化适应具有四个阶段：观念提出（ideas introduced）、身份判断（evaluation）、角色扮演（the role adoption）和遵从规范（conformi-

---

① Askhat Safiullin, "The Shanghai Cooperation Organization and Security in Post-Soviet Central Asia", *Central European Journal of International & Security Studies*, Vol. 4, No. 2, November 2010, pp. 41 – 57; Askhat Safiullin and Brendan M. Howe, "Security Cooperation and Change of Identities in Central Asia: A Model of Acculturation through Security Regionalization in the Shanghai Cooperation Organization", *International Studies Review*, Vol. 13, No. 1, June 2012, pp. 43 – 65; Matthias Maass, ed., *Foreign Policies and Diplomacies in Asia: Changes in Practice, Concepts, and Thinking in a Rising Region*, Amsterdam: Amsterdam University Press, 2014, pp. 161 – 183.

② Matthias Maass, ed., *Foreign Policies and Diplomacies in Asia: Changes in Practice, Concepts, and Thinking in a Rising Region*, Amsterdam: Amsterdam University Press, 2014, p. 166. 达达巴耶夫提出与之相反的观点。他认为，在中亚国家领导人和公众来看，上合组织成员国中中国代表了中亚国家的"他者"，具有非殖民化和统治力加强的特点。对上合组织来说，它缺失的正是一种积极的地区身份进程，在此进程中上合组织应当清晰的阐明该地区的任务、未来的目标以及重要的是参与国的共同价值的共同前景。见 Timur Dadabaev, "Shanghai Cooperation Organization (SCO) Regional Identity Formation from the Perspective of the Central Asia States", *Journal of Contemporary China*, Vol. 23, No. 85, 2014, p. 118。

③ Matthias Maass, ed., *Foreign Policies and Diplomacies in Asia: Changes in Practice, Concepts, and Thinking in a Rising Region*, Amsterdam: Amsterdam University Press, 2014, p. 161.

④ Ryan Goodman and Derek Jinks, "How to Influence States: Socialization and International Human Rights Law", *Duke Law Journal*, Vol. 54, No. 3, December 2004, pp. 621 – 703.

⑤ Ibid., p. 49.

⑥ Ibid., p. 50.

ty)。① 这四个阶段能够十分清楚地展现国家社会化的程度标准，但作者并没有指出如何从上一个社会化阶段进入下一个社会化阶段，也就是社会化程度是如何被提高的。另外，学界对于上合组织是否构建出了集体身份并不持统一意见。②

综上所述，目前学者对上合组织的规范内容和效应的梳理并不系统。主要缺陷是，一方面，学者的主观色彩较浓，对规范的界定比较随意，从而对规范效应的解释大相径庭；另一方面，从上合组织社会化机制文献的梳理情况来看，当前学界提出了众多的社会化机制，但这些机制并不能有效地解释上合组织是如何促使提高中亚成员国社会化程度的。因此，系统地从规范内容、社会化机制和规范的政治效应三个方面来解释上合组织对中亚国家的社会化问题仍需要进一步探讨。

第二节　上合组织社会化中亚国家的规范内容

上合组织是一个综合性的区域组织，上合组织的规范并不限于安全和政治方面，还涉及经济、文化和人文等方面。本章选择其中的安全和政治方面的规范进行研究。原因如下：首先，上海五国会晤机制最初成立是为了促使解决苏联解体后前加盟国之间和与原苏联外部邻国的边界定界、加强边界地区军事领域信任和裁军问题。安全问题特别是打击"三股势力"自始至终都是上合组织紧要和首要的议题。其次，在国际政治领域，几乎所有的社会化现象都讨论的是与安全和政治相关的规范，因此，本章将着力考察此类规范的社会化现象。最后，由于安全与政治在很多议题上都是相互关联、相互渗透的。如安全规范和政治规范（主权、互不干涉、独立自主等）在很多方面便存在重叠，因此安全与政治规范是无法进行独立研究的。为了便于研究，本章将这两类规范统称为安全规范。

---

① Ryan Goodman and Derek Jinks, "How to Influence States: Socialization and International Human Rights Law", *Duke Law Journal*, Vol. 54, No. 3, December 2004, p. 51.

② Ibid., p. 118.

一般而言，规范具有规定和约束行为及界定和构成认同的作用。①卡赞斯坦将这种不同作用的规范称为法律规范和社会规范。法律规范是正式的和理性的法律原则，社会规范具有非正式性。② 阿查亚将之进一步划分为法律—理性规范和社会—文化规范。③ 上合组织的规范内容也包括成形的法律规范和未成形的社会规范。除了具有普遍默认的规范之外，大量存在的规范是有着可辨识内容的具体规范，比如声明、章程、规定、条例、协议、条约、标准或者程序。④ 这些规范既体现在成形的、具有约束性的《上海合作组织宪章》中，也同时被非正式但具有重要影响的"上海精神"所确定。下文将分别对这两种规范内容进行提炼、总结和阐释。在众多条约文件中，《上海合作组织宪章》（以下简称《宪章》）作为上合组织最基础和最核心的文件，在制度规范的确立中发挥最显著和权威的作用。《宪章》共 26 条，核心内容主要有"宗旨、任务及合作方向"（第 1、3 条）、"原则"（第 2 条）、"机构、经费、成员和决策程序等"（第 4—16 条）和"其他"（第 18—26 条）。⑤ 我们从中总结出三条对地区安全和秩序稳定发挥作用的安全规范：

---

① Peter Katzenstein, "Introduction: Alternative Perspectives on National Security", in Peter Katzenstein, eds., *The Culture of National Security: Norms and Identity in World Politics*, New York: Columbia University Press, 1996, p. 5; Martha Finnemore, *National Interests in International Society*, Cornell: Cornell University Press, 1996, p. 129.

② Peter Katzenstein, "Introduction: Alternative Perspectives on National Security", in Peter Katzenstein, eds., *The Culture of National Security: Norms and Identity in World Politics*, New York: Columbia University Press, 1996, p. 43.

③ ［加拿大］阿米塔·阿查亚：《建构安全共同体：东盟与地区秩序》，王正毅、冯怀信译，上海人民出版社 2004 年版，第 34 页。这种划分的依据最早起源于约翰·罗尔斯的论文《规则的两种概念》之中。罗尔斯将规则划分为构成性规则和限制性规则。限制性规则主要起规定和指令的作用，构成性规则起社会建构的作用。见 John Rawls, "Two Concepts of Rules", *Philosophical Review*, Vol. 64, No. 1, January 1955, pp. 439 – 441。

④ 刘兴华：《国际规范与国内制度改革》，南开大学出版社 2012 年版。

⑤ 本章对《宪章》内容的分类出于以下几点：第一，宗旨、任务和合作方向可以视为上合组织的主要目标，是一种指导性的规范；第二，原则本身就是一种约束性的规范；第三，机构、经费、成员等归于一类主要是出于成员国在机构负责人的选举、会费、与外部关系及决策权力的平等性和独立性考虑；第四，"其他"为《宪章》所阐述的必要信息，但并不是本章所研究的重点，故单独分为一类。在下文中，将会更清晰地对这种划分做出介绍。

（一）首脑协调与平等对话为特征的决策合作规范

首脑协调与积极对话主要体现在上合组织的机制设置上。《宪章》第五条、第六条、第七条、第八条、第九条明确规定了成员国从最高首脑到各部门负责人之间沟通和协调的相关事宜。此外，成员国往往还通过双边外交、非正式会晤等形式对有关事宜进行合作磋商。一方面，这使得成员国在处理地区安全、经济合作和组织发展等重大事项特别是紧急处理突发事件时，能够及时传达各国政策和意图的信息。另一方面，频繁的会谈有助于减少投票机制上"一票否决"的弊端，最大限度地提高组织效率。作为上合组织的最高决策机制，上合组织元首峰会能为组织的发展确定方向和长远规划，定期的首脑会面，增加了各国元首之间的私人友谊，并形成相互稳定的互动模式；各国元首可就彼此关切的问题直接交换意见，除了达成必要的共识外，为避免彼此间的龃龉或异议升级为国家间冲突提供一个不可或缺的交流却道。这是上合组织能够平稳运行的一个至关重要的机制，而其体现出的求同存异精神，可能会反映出上合组织具有的社会化效应。至于政府首脑与各部部长会议，它们作为成员国落实或执行组织会议精神的具体部门或机构，它们之间会频繁地进行互动，尽管由于资料所限，我们难以准备把握各国部门在思维或工作作风方面的异同变化情况，但是，可以预期，领导人思维方式的"求同存异"、处理共同关切议题的客观需要，经由长期的交流合作，组织对行政部门甚至立法部门思维或行为方式的影响很有能不容忽视。如果这一判断成立，那么，这也是上合组织对成员国产生社会化效应的又一种机制。

（二）独立自主与尊重差异为特征的主权平等规范

独立平等是中国处理与世界各国关系的重要原则，也是上合组织成员国之间交往的基础。在上合组织宪章中主要体现三点：第一，成员国无论大小，拥有相同的投票权，即是"一国一票"的"一票否决制"。《宪章》第十六条指出，"本组织各机构的决议以不举行投票的协商方式通过，如在协商过程中无任一成员国反对（协商一致），决议被视为通过"，"如某个成员国或几个成员国对其他成员国感兴趣的某些合作项目的实施不感兴趣，他们不参与并不妨碍有关成员国实施这些合作项目，同时也不妨碍上述国家在将来加入到这些项目中来"。这一规定赋予上合组织成员国平等的投票权，且给予成员国决定事务的自由权。第二，上合组织主要机构的领导人由各成员国公民轮流担任。《宪章》第九条指出，"理事会至少每年举行三次会议。主办国家元首会议例会的成员国国家协调员担任会议主席，任期自上次国家元首会议例会结束日起，至下次国家元首会议例会开始日止"。第十一条指出，"秘书处由主任领导。主任由国家元首会议根据外交部部长会议的推荐批准。主任由各成员国公民按其国名俄文字母排序轮流担任，任期三年，不得连任"。这些规定保证了上合组织在设置日常议程、管理组织活动和组织机构运行的过程中充分表达各国意愿，而不是成为某个国家操纵机制议程话语的工具。第三，《宪章》赋予成员国灵活处理与外部关系的权利。《宪章》第十四条中指出，"本宪章不影响各成员国参加的其他国际条约所规定的权利和义务"。这使得成员国可以灵活处理上合组织与外部关系的事务，最大化保障上合组织成员国的利益。

尊重差异在《宪章》中主要体现在：其一，在平等的基础上，寻求共识。《宪章》第三条指出在相互理解及尊重每一个成员国意见的基础上寻求共识，在利益一致的领域逐步采取联合行动；其二，尊重各国文明、文化特别是政治发展道路。

（三）共同安全与多样合作为特征的务实外交规范

共同安全在《宪章》中体现在，"维护和加强地区和平、安全与稳定""共同打击一切形式的恐怖主义、分裂主义和极端主义，打击非法贩卖毒品、武器和其他跨国犯罪活动，以及非法移民，就裁军和军控问题进行协调""在防止和和平解决国际冲突中相互协助"等。其中最为重要和紧迫的任务便是打击"三股势力"。

多样合作主要体现在合作范围的广泛性上。《宪章》第一条和第三条中明确规定"鼓励开展政治、经贸、国防、执法、环保、文化,科技、教育、能源、交通、金融信贷及其他共同感兴趣领域的有效区域合作""支持和鼓励各种形式的区域经济合作,推动贸易和投资便利化,以逐步实现商品、资本、服务和技术的自由流通……扩大在科技、教育、卫生、文化、体育及旅游领域的相互协作;本组织成员国可通过相互协商扩大合作领域"。多样合作避免了合作的单一化,可以激发不同成员国的兴趣,并推动上合组织的社会化进程。同时,这种多样合作更多的赋予了一种"双赢"的内涵,这种"双赢"的规范便体现了对成员国主权的尊重。

作为上合组织的象征性符号,自上合组织成立以来,"上海精神"便成为指导成员国之间交往和相互关系的重要准则。上合组织各成员国元首在上合组织成立宣言中就确认,"'上海精神'是本地区国家几年来合作积累的宝贵财富,应继续发扬光大,使之成为新世纪上合组织成员国之间相互关系的准则"。以"互信、互利、平等、协商、尊重多样文明、谋求共同发展"为基本内容的"上海精神"是上合组织社会化的主要规范内容。"上海精神"体现出当今世界的新安全观、新合作观、新发展观、新文明观,坚持不结盟、不对抗、不针对其他国家和国际组织的原则。[①]"上海精神"是指导上合组织顺利发展的灵魂,既与我国长期奉行的外交政策、原则和理念一脉相承,又在当代条件下有所发展,"上海精神"以新的形式和内容展现了独立自主原则,"上海精神"是和平共处五项原则的发展,"上海精神"是建立国际新秩序的旗帜。[②]

从"上海精神"的内容来看,政治上的互信是该组织建立的基础,经济上的互利互惠则是该组织发展的前提,各成员国本着平等协商的态度,尊重不同民族、不同宗教信仰国家的文化形态,共同推进人类的发

---

① 《胡锦涛主席接受上合组织成员国媒体书面采访》,《人民日报》2012年6月6日第1版。
② 刘古昌:《"上海精神"是新时期的普世价值》,《公共外交季刊》2011年第3期。

展与进步。① 尽管"上海精神"是一种非正式的规范准则，却与《宪章》的中三条规范——首脑协调与积极对话为特征的决策合作规范、独立自主与尊重差异为特征的主权平等规范、共同安全与多样合作为特征的务实外交规范——相得益彰、相辅相成的。将宪章中的三个主要规范与"上海精神"相结合，可以发现平等、不干涉内政和多样化是上合组织规范内容中的核心理念。其中平等即是指主权平等、决策一致；不干涉内政即不干涉他国内政；多样性即指尊重多样文明、多样合作、多极化、尊重差异以及开放性。这些规范内容贯穿在上合组织的社会化进程之中，并始终指导上合组织成员国之间的行为和国家关系。因此，上合组织如何使这些规范内容得以传播和演化，成为本章接下来将要回答的问题。

第三节　上合组织社会化成员国的机制

上合组织的规范内容既继承了国际社会的主要规范准则，又是中国外交政策理念的延伸。但对于中亚国家来说，对国际规范的学习始于冷战之后。1991年苏联解体，中亚国家开启了阔别一百多年的建国历程。作为苏联中央集权统一体系的一部分，中亚各共和国在通过最重要的决定时几乎没有什么独立自主权。苏联解体使得它们在瞬息万变的世界寻找自己的地位。② 中亚国家从未有过现代意义上的独立和国家身份。③ 在这一过程中，特别是它们成立初期，由于对于自身定位的模糊性、对国际社会的不清晰感，使得中亚国家处于一种茫然状态——它们的国家身份处于初步构建时期，而由身份决定的利益以及与之对应的对外行为也处于建构之中。因此，国际体系和地区体系便成为教化新兴国家如何

---

① 《上合组织这些年》，《瞭望东方周刊》2013年第38期。
② ［哈萨克斯坦］苏·马·阿基姆别科夫：《阿富汗症结与中亚安全问题》，汪金国、杨恕译，兰州大学出版社2010年版，第83页。
③ Eugene Rumer, "The United State and Central Asia: In Search of a Strategy", in Eugene Rumer, Dmitri Trenin and Huasheng Zhao, *Central Asia: Views from Washington, Moscow, and Beijing*, New York: M. E. Sharpe, 2007, p. 18.

学习国际规范的主要场所，国际组织则成为"教化"或者"传授"国家学习国际规范的"教师"。那么，上合组织的社会化过程是如何实现的？

上文中已经提及，国家社会化并不存在单一的解释模式，上合组织也不例外。但规范的传播一般会经历以下三个过程：第一，规范内容与规范接受者的需求是否相符？如果相符，则有利于社会化的推进，反之亦然①；第二，规范传播的倡导者使用自身权力资源，采取各种推进社会化的策略；第三，规范接受者学习、实践并内化规范的过程。据此，本章试图对社会化机制的相关理论有所发展的前提下，较为全面和系统地梳理上合组织的社会化机制和过程。

（一）上合组织规范内容符合中亚国家的需求是其顺利进行社会化的前提

在国家社会化的过程中，需要考虑国际倡导的国际规范是否与符合接受者的需求。温特认为，一种规范如果与行为体外生的需求或者需要相吻合，那么这个规范就会得到迅速的内化；如果与行为体的外生需求或者需要不一致，其内化过程就会十分缓慢。② 安德鲁·P. 科内尔与詹姆斯·W. 戴维斯提出了类似的"文化匹配"的机制。③ 而阿查亚在对"东盟方式"传播的实证研究中也指出，"地区文化结构"与"该规范"是否"契合"是决定该规范在该地区能否得以产生的关键原因。④

---

① 规范内容与接受者的需求不相符，并不意味着规范社会化的进程结束，事实上很多新规范都与接受者的需求和理念是不同甚至相矛盾的，如主权规范刚开始在亚非地区的传播，但最终这些规范都被普遍接受。

② [美] 亚历山大·温特：《国际政治的社会理论》，秦亚青译，上海世纪出版集团2008年版，第300页。

③ Andrew P. Cortell and James W. Davis Jr., "Understanding the Domestic Impact of International Norms: A Research Agenda", *International Studies Review*, Vol. 2, No. 1, Spring 2000, p. 73.

④ Amitav Acharya, "How Ideas Spread: Whose Norms Matter? Norm Localization and Institutional Change in Asia Regionalism", *International Organization*, Vol. 58, No. 2, May 2004, pp. 239–275.

因此，规范内容如果契合该地区的文化结构或行为体的需要将有助于推动社会化进程的顺利进行。

在中亚国家独立的前十年，即21世纪之前，中亚地区并非一个令世界密切关注的区域。① 因此中亚国家与外界交往实践的频率和程度都受到一定的限制。尽管国际社会存在大量指导国家间关系的规范准则，但这些规范之间和规范自身的合理性也充满争议。如不干涉内政与人道主义干涉。② 也即是说，充斥于国际社会的各种规范往往是由倡议国或国家集团的利益驱动的③，在不同的情形下，国家往往会采用最符合自身利益的规范准则来为自己的行为辩护。④ 对于初生的中亚国家来讲，在国际社会缺乏实践经验，也没有代表其需求和利益的"中亚声音"，指导其行为的主要是国际法与联合国宪章。与此同时，中亚国家面临诸多问题：巩固初生且不稳定的国内政权、处理与周边国家的矛盾与关系、打击三股势力、防范西方民主价值扩张以及在中亚大博弈中保持灵活的立场。因此，中亚国家亟须能够指导其行为和维护地区秩序的规范理念和准则。可以说，中亚地区存在一种潜在规范需求，成员国对该规范需求存在一种不言而明的认可。但受制于各国之间的利益纠纷、矛盾，这种规范结构并未被成功建构起来。

作为中亚地区的主要社会化推动者，早在上合组织之前，欧安组织就已经开启了对中亚国家的社会化进程。但欧安组织却并未赢得与上合组织的规范竞争。原因一方面在于欧安组织的社会化策略，另一方面，

---

① 曾向红：《遏制、整合与塑造：美国中亚政策二十年》，兰州大学出版社2014年版，第1页。

② 如对一国人道主义干涉实施的动机、过程和效果是否合理就因人而异。见黄海涛《人道主义干涉的历史进程评析》，《国际论坛》2012年第4期。另外，国际规范往往存在被违反和侵蚀的现象，主权规范也不例外。见周方银《国际规范的演化》，博士学位论文，清华大学，2006年。

③ 阎学通：《道义现实主义的国际关系理论》，《国际问题研究》2014年第5期。

④ 本章并不认为国际社会不存在普遍的规范理念，如人道主义援助、尊重主权等，当然在能否及如何实践规范理念是另一个问题。

上合组织的规范内容是中亚国家精英曾经表示需要的。① 上合组织规范的成功源于其紧紧抓住中亚国家对主权、地区安全与秩序和国际地位的需求,这种需求受到中亚国家领导人长期执政的影响得以持续;欧安组织的规范却更多地聚焦于人权、民主等层面。除此之外,上合组织的规范内容是在继承中国外交政策理念的基础上,增加了"上海五国"进程中积累的经验。即"上海精神"中反映了中亚国家的声音和利益。因此,上合组织的规范内容与中亚国家的需求之间具有一定的契合度,这构成了上合组织社会化的有利条件。

(二) 上合组织借助自身所具备的权力资源采取了积极的社会化策略

国家社会化包括国际社会"传授"和国家"学习"的两个方面。现有的关于规范传播的实证研究更多地强调国际体系从上而下传授和教化,而并未对国家的主动性予以应有的重视。② 一般而言,除在国家积极主动学习国际规范这种情况下,国际规范的传播都需要规范倡导者不同程度地推动。这一主体既可能是国际组织、国家,也可能是个人或社会团体。当然,这并不是否认作为规范接受者的国家的个体属性和主动性。正是因为国家的个体属性和主动性存在不同,规范的传播和社会化机制才会出现差异。当国家自主、积极地学习国际规范时,此时并不需要规范倡导者主动地推进。因此,本章将不考虑国家主动接受、学习国际规范的案例,仅仅考察国际社会为推进规范传播时所采取的社会化机制。

在解释规范传播等具体问题时仍然要求结合社会建构和理性选择两种研究视角。③ 由于国家在面临国际规范的传播时,往往会表现出

---

① David Lewis, "Who's Socialising Whom? Regional Organisations and Contested Norms in Central Asia", *Europe-Asia Studies*, Vol. 64, No. 7, September 2012, p. 1223. 欧安组织主要关注中亚各国的民主和人权问题,并致力推动中亚国家的民主化建设。参见 Marin Raquel Freire, "The OSCE in the New Central Asia", in Emilian Kavalski, ed., *The New Central Asia: The Regional Impact of International Actors*, Singapore: World Scientific Co., 2010, p. 60。

② 陈拯:《建构主义国际规范演进研究评述》,《国际政治研究》2015 年第 1 期。

③ Martha Finnemore and Kathryn Sikkink, "International Norm Dynamics and Political Change", *International Organization*, Vol. 52, No. 4, Autumn 1998, pp. 887–917.

接受、拒绝或迟疑等不同的态度。这种不同态度的出现源于国家不同的行为动机。即国家在面对国际规范的传播时，可能持有工具理性、价值理性、情感和社会惯例等动机。① 在规范的传播和推进过程中，其背后往往有权力的支撑，但传统建构主义并未将权力纳入其分析之中。如巴奈特和雷蒙德所言，"尽管建构主义强调潜在的规范结构是如何建构行为体身份和利益的，但它们很少将那些规范结构看作被权力界定和灌输的结果，也很少强调建构的结果也是权力的反映"。② 为满足或改变其动机需求，以使其接受国际规范，便要求这种权力手段具备多重属性或者具备多个权力手段。显然，现实主义、自由主义和建构主义单一、静态的权力观并不能应用到规范传播机制的分析之中。因此，本章参考了贝伦斯科特所提出的"三维权力观"，③ 对之加以改造，得出国际关系的"四维权力观"。"四维权力观"较之"三维权力观"便是将人类情感和情绪的因素纳入国际事务的分析之中，即"四维权力观"包括强制性权力/物质性权力、制度性权力、象征性权力/呈现性权力和情绪性权力/情感性权力。④ 其中，强制性权力是指以物质为基础，或者以物质为主要内容的关系中产生的权力类型；制度性权力是指，行为体通过自身掌握的国际制度或者在制度性关系中，行为体利用制度具有的设置议程、提出条件、限制替代方案等优势，试图让其他行为体改变其行为规范的能力；呈现性权力是

---

① 曾向红：《霸权世界观与国际关系》，博士学位论文，兰州大学，2010年。
② Michael Barnett and Raymond Duvall, "Power in International Politics", *International Organization*, Vol. 59, No. 1, Winter 2005, p. 41.
③ 贝伦斯科特提出了一种权力研究的"过程视角"。即只有在动态的社会关系中，真实世界中的权力关系才能得到合理的说明，而不应对权力持一种纯粹静态、共时的观点，参见 Felix Berenskoetter, "Thinking about Power", in Felix Berenskoetter and M. J. Williams, eds., *Power in World Politics*, New York: Routledge, 2007, p. 15。
④ 曾向红：《霸权世界观与国际关系》，博士学位论文，兰州大学，2010年。近年来，情感因素得到了学术界越来越多的关注，相应的学术成果也正在增加。参见季玲《情感、身份确认与社会身份的再生产——兼论"东亚共同体"符号的兴起与消退》，博士学位论文，外交学院，2011年；景晓强：《身份、情感与对外政策——以本体安全研究为中心的讨论》，《外交评论》2011年第4期；方鹿敏、尹继武：《情感与国际关系研究：主要路径与发展趋势》，《中国社会科学报》2013年1月16日。

一种改造人心智的力量。主要通过话语、影响、意义、规范、价值、知识等因素而发挥作用。① 情绪性权力（emotional power）是一种以引导、影响、刺激、动员、安抚、隔离、掌握、管理行为体的情绪为主要目标的权力。②

具体在国际规范的传播过程中，物质性力量主要指，国际行为体借助物质手段改变行为体意向或促使行为体接受国际规范的权力。这些物质手段包括物质激励、惩罚、威胁和强迫等。制度性权力主要指，国际行为体利用制度框架设置规范议程、制定维护规范的条约法规，使国际规范接受者在制度框架内形成遵守规范的习惯。呈现性权力则主要指，国际行为体通过诠释规范内容、遵守规范要求、展示规范价值等行动以促进规范接受国对国际规范的认知，改变其否定和不接受国际价值的态度和情感。情绪性权力便是指国际行为体通过引导、渲染、刺激、管理行为体情绪以促使其对国际规范产生情感共鸣或情感排斥。

根据国家行为动机和权力类型的分类，国家社会化的机制可以分别与之进行匹配。第一，当国家面对国际规范传播的主要动机是工具理性时，国际社会可以利用物质性权力、采取奖惩措施；第二，当国家面对国际规范传播的主要动机是价值理性时，国际社会可以借助呈现性权力进行规范诠释和话语塑造并结合制度性权力对行为体行为产生约束；第三，当国家面临国际规范传播的主要动机是情感时，国际社会可以采取历史记忆的情感共鸣或情感排斥的手段进行引导；第四，惯习这种行为动机的作用更多体现在国家遵守既有规范和接受新规范时。一般而言，惯习固化了遵守既有规范的记忆和行为。因此，在面对新规范，特别是与既有规范相左的国际规范时，这种根深蒂固的规范模式会阻碍新规范的推进。此时，国际社会一般只有综合多种权力资源才有助于新规范的推进。当然，国家在面对国际规范的传播

---

① 曾向红：《遏制、整合与塑造：美国中亚政策二十年》，兰州大学出版社2014年版，第118页。

② 曾向红：《霸权世界观与国际关系》，博士学位论文，兰州大学，2010年。

时，其动机往往并不是单一的。因此，国际社会可用的权力资源和国家的社会化机制也是综合性的。三者之间具体的对应关系如下：

表5-1 国家行为动机、权力资源与国家社会化机制关系

国家接受国际规范的动机	国际社会可用的权力资源	国家社会化机制
工具理性	物质性权力	物质激励、威胁、强迫等
价值理性	制度性权力/呈现性权力	制度化、规范说服、示范
情感	情绪/情感性权力	情感共鸣/排斥
惯习	综合多种权力	多种社会化机制

资料来源：笔者自制。

上合组织的规范内容主要聚焦于安全和政治方面，其规范内容既有属于卡赞斯坦所说的法律规范或阿查亚所说的法律—理性规范，也有诸如"上海精神"等非正式的社会文化规范。徐进认为，受到人类工具理性和价值理性的影响，国家在接受国际规范时也会受到这两个因素作用的影响。[1] 针对中亚国家在接受国际规范可能存在工具理性的倾向，且国家只是在被迫或在认为对自己有利的时候才会服从规范，[2] 上合组织分别在议程设置和对外援助方面实施了相应的物质性策略。一方面，尽管安全是上合组织最重要的议题，却并不是唯一的议题。从1996年"上海五国"会晤机制建立以后，会晤内容开始由加强边境地区军事领域信任逐步扩大到五国在政治、安全、外交、经贸等各个领域开展全面互利合作。这与该地区其他区域组织，如只关注经济的欧亚联盟、欧亚经济共同体和主要关注安全的欧安组织、集体安全条约组织形成了对比。另一方面，无论中亚国家在接受上合组织规范的初始阶段时是否存在工具理性的动机，在多边机制内，不管

---

[1] 徐进：《暴力的限度：战争法的国际政治分析》，博士学位论文，清华大学，2008年。
[2] ［美］亚历山大·温特：《国际政治的社会理论》，秦亚青译，上海世纪出版集团2008年版，第346页。

是早期的"上海五国"会晤机制或后来的上合组织，中亚四国都享有平等的地位、优惠政策和交流渠道；在双边关系中，作为上合组织发起国的中国对中亚国家实施了积极的双边贸易援助、优惠贷款、投资和边界领土让步等措施。激励机制能够诱使或引导行为体出于工具理性接受某种规范行为，也即是出于利己心态，接受和服从规范可以获得回报。作为理性实体，那些从其所适用的规则中获益最多的行为体，最倾向于遵守这些规则。① 这些措施无疑加速了成员国对上合组织规范的认识和接受过程。

另一个社会化策略是将上合组织的规范制度化。制度本身可以传达各国意图、减少不确定性、加强信息沟通。"制度是国家的官员接触新规范（比如环境问题）的场所，是规范传播的路径和渠道。"②在社会化的过程中，学习往往发生在制度化的背景中。"制度推动意义从一个国家弥散到另一个国家；制度也积极推动不同的国家在文化上和政治上选择相似的规范性理解和认知性理解；制度也有助于将共同理解从一代传播给下一代。"③ 随着旨在解决边界地区安全与互信和裁军问题的"上海五国"会晤机制的形成，平等、不干涉内政和多样性这三大规范便开始植入到特定的机制、条约和制度中，如《上海合作组织宪章》与"上海精神"之中，成为指导成员国行为的重要原则。之后，上合组织成立并迅速发展，规范力量借助上合组织的各个职能部门、首脑会议、峰会宣言以及联合行动将这些特定的价值、规范和规则推广至各成员国，并以各种条约文件的形式固定下来。自此，在成员国的交往和互动过程中，它们能够在上合组织制度化的背景下学习其传播的规范并予以实践。

此外，作为权力资源中的一种，一方面上合组织还使用情感性权

---

① ［美］尼古拉斯·奥努弗：《规则与世界政治的建构》，载秦亚青编《西方国际关系经典导读》，北京大学出版社2009年版，第168页。
② Michael Barnett and Raymond Duvall, eds., *Power in Global Governance*, Cambridge: Cambridge University Press, 2005, p.42.
③ ［以色列］伊曼纽尔·阿德勒、［美］迈克尔·巴涅特：《安全共同体》，孙红译，世界知识出版社2015年版，第36页。

力来构建成员之间共同的积极的情感基础。聂文娟指出，国家行为体对某事项可能持有三种情感：积极情感、中立情感与消极情感，不同的情感认知会影响国家对规范的不同的认知评价和身份认同。① 在上合组织规范的传播过程中，中亚国家对此持有的情感一方面受到历史关系的影响，另一方面更多地受到现实的互动实践的塑造。在历史关系的话语塑造中，上合组织及其主要发起国——中国着重强调了彼此关系的休戚与共与友好情谊的源远流长，并通过在建设"丝绸之路经济带"过程中多次宣传与中亚国家之间的友好关系来加深这一印象和历史情感；在现实的互动中，上合组织在其前身——上海五国会晤机制的实践过程中，提炼出成员国之间互动的经验和诉求，形成了独具特色的"上海精神"，并以"上海精神"持续指导成员国之间的行为，加深彼此之间的认同和情感。随着上合组织的不断成长和国际形势的变化，中国还提出与中亚国家间的"命运与利益共同体"的理念。杨成指出，"命运和利益共同体"的提出是中国对开展与中亚国家的密切合作及在此过程中保持开放性、平等性、共享性的政治承诺，呈现出的是中国在处理与中亚国家关系方面对共同发展的努力和对文化与传统多样性的尊重。其核心关切在于使政治体系、意识形态、经济模式都具有较大差异性的中国和中亚国家形成一种康德式的合作型文化。可以说，它是"互信、互利、平等、协商、尊重多样文明、谋求共同发展"的"上海精神"的升华。② 这使得上合组织成员国间能够实现某种程度上积极的情感共鸣，使得成员国间关系得以进一步提升，并推动了对上合组织规范的进一步理解和内化。

（三）过程与实践是上合组织规范传播得以推进的根本动力

上文中笔者结合理性主义与建构主义构建了国家动机、权力资源

---

① 聂文娟：《历史怨恨情感和规范认同：非盟与东盟人权规范的比较研究》，博士学位论文，外交学院，2008年。

② 杨成：《构建中国—中亚"命运和利益共同体"》，《东方早报》2013年9月12日A18版。

与社会化机制之间的一般模式,并对上合组织的社会化现象做出了解释。但主流的三大国际关系理论均强调静态结构,并以静态结构作为研究起点。所以,三大理论并不能充分地解释动态的社会化现象。因此,本章借鉴过程建构主义的理论视角对上合组织的社会化现象作以补充解释。

过程建构主义认为,过程的维持也就意味着观念、规则和认同被持续不断地建构和再建构,也就意味着这些被建构的规范、规则和认同对过程的维持起到了促进作用……这种互动产生了行为体之间持续的社会化,行为体的实践活动又促进了这种互动的持续和发展。[①] 过程具有两个作用:一是孕育规范,二是培养集体情感。[②] 具体在上合组织的社会化进程中,过程即指成员国之间、成员国与外部国家之间关系的过程。早期成员国关系的互动和变化,催生了"上海精神"的产生,并使之成为指导成员国关系发展的重要理念。伴随着成员国之间互动的加深,"上海精神"的理念逐渐贯彻在成员国的行为、外交政策和对外关系中,并衍生出"命运与利益共同体"的新规范。与此同时,在成员国与外部国家特别是西方国家和国际组织互动的过程中,他们所倡导的多元民主、人权和自由等规范价值对成员国的主权和国家安全构成了一定的威胁和挑战。这也加速了成员国借助上合组织规范来维护自身行为的合法性和国家利益。此外,上文中提及的上合组织的社会化策略——奖惩措施、制度化与情感引导——也是在过程之中才得以实现和实践的。如过程对于培养上合组织成员国间情感的作用,使得情感性权力成为上合组织社会化过程中的权力资源。而国家间情感的产生并不是一蹴而就,往往是有深厚的历史积淀和良好的现实互动。上合组织十五年的成功,使成员国内部形成良好的友谊和信任,并有助于推动社会化的进程。

---

① 秦亚青:《关系与过程:中国国际关系理论的文化建构》,上海人民出版社2012年版,第190页。

② 秦亚青:《关系本位与过程建构:将中国理念植入到国际关系理论》,《中国社会科学》2009年第3期。

除此之外，笔者认为，过程在社会化现象中还存在一种作用，即规范的遵守和实践需要借助过程来体现和检验，如果规范被关键国家所遵守和实践则会进一步推动社会化的进程。自"上海五国"会晤机制以来，从元首会晤、总理会议到各部门和专家会议，无论讨论或决定哪些议题，都有本着互信互利、协商一致的态度。成员国特别是中俄两国，严格遵守各成员国一律平等、实行一票否决的规则。从未出现将大国意志强加给小国、将多数国家意志强加给少数国家的情况。中亚国家作为新兴独立国家对维持本国独立地位尤为谨慎。早期规范的支撑和中俄两个大国对规范的良好遵守和实践，促使成员国之间形成良好的关系和信任。在具体的案例中，自上合组织成立以来便面临一系列内外部挑战和危机，[①] 但在面对这些挑战时，上合组织仍然坚持了平等、不干涉内政和多样性的规范。这使得中亚国家得以相信上合组织的规范不是某一大国为自身谋利益的手段和工具，而是针对所有成员的政策理念，并减轻了对中国崛起过程中的不确定性。如果当时面临这些挑战时，上合组织选择介入，将必然受到中亚国家的反感和排斥。这将不仅仅使上合组织的规范约束力失去效力，而且可能将上合组织置于解体的边缘。虽然上合组织在面临一些挑战时并未采取妥善有效的手段，但上合组织使合作的进程得以维持、从而加强了成员国之间的互动和关系。如尽管目前中亚国家在领土边界、族际冲突、水资源争端等问题仍存在矛盾和纠纷，但各国之间密切的联系和合作进程，防止了因为这些矛盾突发点而引发大规模冲突。

2006 年张德广指出，"因为成员国展示出高度的团结，共识原则才能起作用。正是因为对'上海精神'原则的遵守，才创造了共同的利益和对重要问题的共同看法"。同时，在 2006 年签署的《上海合作组织五周年宣言》中，成员国对"上海精神"给予了高度赞扬："本组织顺利发展，在于它一直遵循'互信、互利、平等、协商，尊

[①] 如"三股势力"、吉尔吉斯斯坦颜色革命、俄罗斯—格鲁吉亚争端、西方国家和国际组织对上合组织的牵制及非传统安全威胁等。参见潘光《稳步前进的上合组织》，时事出版社 2014 年版，第 10—32 页。

重多样文明,谋求共同发展'的'上海精神'"。作为本组织一个完整的基本理念和最重要的行为准则,它丰富了当代国际关系的理论和实践,体现了国际社会对实现国际关系民主化的普遍要求。"上海精神对国际社会寻求新型的、非对抗性的国际关系模式具有非常重要的意义,这种模式要求摒弃冷战思维,超越意识形态差异。"①

随着成员国对规范的遵守,也加速影响成员国对规范内化的社会化进程。在认同或者内化了集体共有的意义和认同后,中亚国家开始自觉遵守来自体系层面的规范。当这些共有观念得到了各国的单独认可后,它们也就成了集体意愿的象征。当这些集体意愿被所有成员国,或者至少是其中的一大部分国家表达出来后,它们就摆脱了这些国家的约束,并最终被各国所内化,成为一种社会结构、一种精神的而不是物质的结构。此时,成员国不仅仅主动接受社会化的过程,并且明确自身想要达成的目标。如2006年《上海合作组织成员国元首关于国际信息安全的声明》、2009年《上海合作组织成员国关于加强多边经济合作、应对全球金融经济危机、保障经济持续发展的共同倡议》、《上海合作组织地区防治传染病联合声明》、2010年《上海合作组织秘书处同联合国秘书处合作的联合声明》以及2011年的《峰会宣言》对西亚北非政治局势的看法,这些都表明了上合组织成员国已经将追求共同合作、独立与主权和地区安全与繁荣作为一种合理、合法的价值理念,并内化于成员国的外交政策思想中。至此,我们可以看出中亚国家对规范的遵守遵循了从"后果性逻辑"到"适当性逻辑"的转变。

第四节　上合组织社会化的政治效应

从上合组织的宪章、组织功能和近年来进行的工作来看,当前上

---

① 《上海合作组织五周年宣言（全文）》,2006年8月12日（http://www.huaxia.com/zt/tbgz/06-076/2006/00550701.html）。

合组织更多体现为一种以价值为导向的国际组织。这并不是说上合组织在地区事务中很少发挥作用，而是指相较之，上合组织在制定规则、设定议程和塑造地区规范上发挥了更加出色和重要的作用。作为一个愈发成熟的国际组织，上合组织对中亚国家的社会化进程具有以下几个政治效应：

第一，对上合组织而言，社会化过程意味着维护了上合组织赖以生存的"上海精神"。秦亚青认为，"过程绝不仅仅是个体行为体互动和交往的背景或是平台，过程具有自身的重要性……如果合作过程得以维护，即使当时没有产生预期的结果，动态的关系也不至于恶性发展到不可逆转的地步"①。上合组织的社会化过程，一方面使得成员国能够良好的习得其规范理念，使得其行为符合上合组织各国预期；另一方面使得成员国之间形成和保持紧密和友好的国家间关系，在一些国际问题和地区事务中保持一致。在不断地遵守上合组织规范和实践的循环往复之中，成员国不再视之为约束自己行为的大国工具，而是必然和理所应当服从的理念。同时，即使上合组织遭遇重大挑战时，这种不断演进的社会化过程也使得上合组织的生存富有弹性。譬如2005年吉尔吉斯斯坦革命、2008年俄罗斯与格鲁吉亚间的战争对上合组织的功能和生存都形成了威胁。但建立在对上合组织规范理念深度认同的情况下，上合组织即使没有发挥出应有的作为，却也能够在危机之后屹立不倒。各国领导人多次在公开场合称赞上合组织并给予厚望，这便是基于上合组织内部深度规范的力量。

第二，对中亚国家和中亚地区安全与秩序而言，上合组织的社会化进程使得成员国能够习得其规范理念、塑造了中亚国家的行为方式，使得其行为符合"上海精神"和成员国之间的期望。上合组织的社会化过程改变了成员国对冲突和地区秩序的态度和行为，协调了成员国对地区事务和热点问题的看法，促进了成员国对和平行为的共

---

① 秦亚青：《关系与过程：中国国际关系理论的文化建构》，上海人民出版社2012年版，第151页。

同理解和实践。紧密的互动和协调使得成员国对彼此行为形成预期。这一过程使得矛盾和争端颇多的中亚国家之间形成良好的互动关系和信任，阻止成员国回到过度防御的安全策略中，从而使地区安全秩序形成稳定的预期。与中亚相邻的中东阿富汗充斥着冲突和暴力相比较，上合组织的确在该地区实现了稳定的安全秩序。与此同时，在面对外部干涉行为和多元民主规范的挑战时，上合组织的规范理念能够为成员国的行为提供理念支撑。当出现地区危机时，如颜色革命期间美国和西方国家对中亚国家事务的介入时，上合组织的规范理念能够促使中亚国家相信反对干涉是合法并正当的行为。同时，对上合组织来说，面对外部势力对成员国事务的介入，上合组织能够保持一定程度的克制，恪守不干涉内政的原则，促进了成员国对其规范信度的认识。

第三，对中国周边外交而言，上合组织社会化的过程是中国外交政策理念的延伸和具体实践。无论是"和平共处五项原则""独立自主原则""命运与利益共同体"还是"亲诚惠容"理念，上合组织的规范内容都可以从这里找到依据。上合组织对中亚国家的社会化进程推广了我国的周边外交理念，使包括中亚国家在内的周边行为体对此有更清晰的理解，从而推动周边国家对中国外交行为的理解，为我国扩展更加广阔的活动空间。同时，作为一种规范性理念，"上海精神"的推广有利于增强我国的外交软实力，不断争取中国外交的话语权，塑造中国外交的魅力与影响力。

第五节 结语

本章基于建构主义和理性主义的视角，尝试利用规范传播过程解释上合组织对中亚国家的社会化进程。由于中亚国家国家初步建立，对其身份和利益并没有准确的认识。"上海五国"会晤机制及上合组织一方面帮助中亚国家牢固了国际社会的既有认识，另一方面上合组织促使中亚国家建立了新的认识——"上海精神"。规范内容符合中亚国家的需求、上合组织积极有效的社会化策略以及过程在社会化中的根本推动力是上合组织对中亚国家成功社会化的原因和机制。这一社会化进程维持了上合组织的生存和发展、促进了中亚地区实现稳定的安全秩序以及推动中国周边外交理念的传播和实践。然而，尽管上合组织的社会化进程是比较成功的，但上合组织的规范理念却束缚了其功能的发挥。如坚持主权至上的规范，一方面可以保证加深成员国之间的彼此信任，另一方面对上合组织的功能形成了限制。中亚地区一旦发生类似于2005年吉尔吉斯斯坦郁金香革命等事件，坚持规范原则而使上合组织面临功能危机还是改变规范而使上合组织面临信任危机，都是上合组织必须面临的现实挑战。

此外，上合组织还面临着重要而紧迫的扩员问题。当前印度和巴基斯坦已加入上合组织，原有的规范内容能否对新的成员国行为形成指导和约束还有待观察。鉴于中亚成员国参与上合组织已有多年历史，而印度与巴基斯坦则刚加入不久，即使它们对上合组织的规范持积极态度，它们要内化既有的规范仍需要较长的时间。当然，这一过程持续时间的长短，可以作为一个观测和衡量上合组织社会化大国成员的有效指标。不过，考虑到印巴之间的冲突历史和复杂关系，可以预料它们对上合规范的社会化过程很可能不会一帆风顺。最严峻的局面，或许是印巴之间爆发大规模的冲突。由于上合组织坚持协商一致与不干预成员国内政等原则，一旦出现这种局面，首先上合组织坚守的规范将严重脱离成员国关系的现实；其次，寄希望于冲突中的成员国恪守不干预内政、不侵犯他国主权与领土完整、不以冲突的方式解决国家间争端等规范将变得苍白无力。换言之，成员国之间出现大规模冲突，将很有可能导致上合组织建立的规范体系崩塌。

与此同时，要保证和进一步促进上合组织对中亚成员国发挥积极的社会化作用，还需注意中亚地区机制冗余的现实状况。中亚地区一体化虽然停滞不前，但该地区存在诸多涵盖部分中亚国家的多边机制或倡议，如集体安全条约组织、独联体、伊斯兰合作组织、北约和平伙伴关系，等等。在机制冗余的状况下，上合组织如何能够维持其在中亚国家中的认同与地位，还需要做更多更深入的思考。其中的核心问题是需要促进中亚成员国对上合组织的制度认同，正如达达巴耶夫所言："对上合组织来讲，它更缺乏的是一个地区的身份进程。在该进程中，它可以阐明对该组织任务、未来目标以及更为重要的是参与国的共同价值。"① 只有在实现了成员国对上合组织一定程度的组织认同和身份之后，上合组织的发展才能够长久、有效。而维持并加速中亚成员国对上合组织规范的社会化过程，是实现这一目标的有效途径。可喜的是，截至目前，中亚成员国在参与创建和社会化组织规范的过程中扮演了积极角色，虽然社会化程度仍有待加强（如第六章指出的），但只要维持这一势头，那么上合组织的前途是非常光明的。

---

① Timur Dadabaev, "Shanghai Cooperation Organization (SCO) Regional Identity Formation from the Perspective of the Central Asia States", *Journal of Contemporary China*, Vol. 23, No. 85, 2014, p. 118.

第六章　上海合作组织框架下的安全合作及其前景

尽管上合组织对中亚成员国产生了可以识别的社会化作用，不过，这种社会化的程度仍是有限的。这种有限性，即使是在上合组织框架内合作最为频繁、成效最为显著的安全领域也有所体现。本章将以上合组织框架内的安全合作为例，以较为全面地评估其成效与局面。就合作历程而言，上合组织框架内的安全合作发展较为迅速。2001年6月15日，"上海五国"协同乌兹别克斯坦成立了上海合作组织（下称"上合组织"），六国通过的《上海合作组织成立宣言》将打击"三股势力"（恐怖主义、极端主义、分裂主义）、维护地区安全作为上合组织的主要任务。此后，在安全合作的基础上，上合组织逐渐将合作领域扩展至政治、经济、文化等方面。而就成效而言，经过多年的发展，上合组织在各领域的合作均已取得一定成果，其中安全领域的合作成效尤为显著。以反恐实践为例，为应对恐怖主义给地区安全带来的严重威胁，上合组织不断加强自身的反恐合作建设，如召开关于反恐的官方或学术会议、成立地区反恐怖机构、发布涉及反恐的宣言和法律文件以及定期举行反恐军事演习等。目前，以反恐（或打击"三股势力"）①为代表的安全合作业已成为上合组织的标

---

① 目前，由于"三股势力"的部分特征已相互重叠，如极端主义和分裂主义都开始使用恐怖主义手段，对三者进行明确区分颇为困难。同时，上合组织打击"三股势力"的实践也涵盖了反恐领域。因此，本章为便于论述，在此使用反恐一词代替打击"三股势力"的表述。

签。本章旨在通过分析上合组织的反恐合作，讨论上合组织在安全领域合作取得的成效以及存在的不足，进而为上合组织的未来发展提供一定的理论与政策启发。

第一节　问题的提出

长期以来，安全合作都是上合组织的关键议题。通过"上海五国"框架内的合作，成员国在划界、边界裁军及加强军事互信等传统安全领域的合作为上合组织的建立与发展奠定了一定的基础。此后，打击"三股势力"及贩卖毒品、武器和人口等非传统安全问题在"上海五国"议程中逐渐占据重要位置。随着上合组织的成立，打击"三股势力"、维护地区安全与稳定自然成为上合组织的核心议程，也是该组织最重要的合作方向。虽然在后来的发展中，上合组织在经济与人文领域的合作相继发力，但安全合作始终是上合组织发展的基础，其中，反恐又是上合组织安全合作的重中之重。

近年来，以"伊斯兰国"的肆虐为典型现象，恐怖主义对全球和地区安全所构成的威胁有增无减。此外，印度和巴基斯坦加入上合组织，在赋予上合组织以发展潜力的同时，也将中印边界问题、印巴冲突及印巴两国面临的恐怖主义威胁等安全问题纳入上合组织框架内，对上合组织的安全合作提出了新的挑战。相比之下，上合组织的经济合作曾一度遭遇瓶颈。随着"一带一路"倡议建设进程的不断推进，加强与"一带一路"的发展对接，将是上合组织经济合作的新方向。然而，"一带一路"建设面临非常严峻的恐怖主义风险，这意味着，未来上合组织将持续关注恐怖主义的治理问题。鉴于此，对上合组织的安全合作及其发展前景进行研究有其必要性，而以上合组织在反恐领域取得的成效和不足作为分析重心则具有一定的代表性。

"9·11"事件后，在美国倡导的全球反恐战争的推动下，反对和打击恐怖主义的理念开始在世界范围内扩散，并为大多数国家和国际组织所接受，这些国家和国际组织也都开始加强自身的反恐建设。上合组织及其成员国也发布了恐怖主义组织名单，成立了相应的反恐机制，举行了反恐军事演习。虽然上合组织及其成员国的反恐合作取得了突出成效，但为保障上合组织的安全合作获得持续动力，有必要进一步厘清上合组织成员国参与反恐等安全合作的行为逻辑。换言之，明晰各国参与上合组织反恐实践的动机，能够为探明它们参与上合组织安全合作的动机提供参考，有益于对上合组织安全合作的现状及前景进行整体把握，并为上合组织的长远发展提供启示。

目前，国内外关于上合组织安全合作的研究成果颇为丰硕，对上合组织反恐合作进行研究的成果也层出不穷。[①] 其中，与上合组织成员国反恐的行为动机相关的研究，更多涉及各国参与的反恐合作与反恐政策。[②] 这类研究不仅对上合组织成员国的反恐政策和行为做出了较为详细的梳理，还提供了有关各国实施反恐政策动机的解释。大体而言，当前学界对上合组织成员国反恐动机的解读主要有三类视角：(1) 理性主义的解读，即基于效用最大化的目标导向，各国面临的

[①] 参见华玉洁《上海合作组织：地区安全与经济进步》，《世界经济与政治》2005年第1期；许涛《上海合作组织地区安全合作进程与前景分析》，《国际观察》2006年第2期；阳军《上海合作组织的安全合作》，《俄罗斯学刊》2017年第3期；Stephen Aris, "The Shanghai Cooperation Organization: 'Tackling the Three Evils'. A Regional Response to Non-Traditional Security Challenges or an Anti-Western Bloc?" *Europe-Asia Studies*, Vol. 61, No. 3, May 2009, pp. 457 – 482。

[②] 潘光：《新安全观与中国的反恐战略》，《毛泽东邓小平理论研究》2004年第4期；朱威烈：《中东恐怖主义、全球治理与中国的反恐政策》，《阿拉伯世界研究》2011年第2期；靳会新：《中俄在非传统安全领域的反恐合作》，《俄罗斯中亚东欧研究》2008年第4期；古丽阿扎提·吐尔逊：《中亚反恐法制建设及其启示》，《现代国际关系》2010年第1期；Pavel K. Baev, "Instrumentalizing Counterterrorism for Regime Consolidation in Putin's Russia", *Studies in Conflict & Terrorism*, Vol. 27, No. 4, July 2004, pp. 337 – 352; Andrew Phillips, "The Wars on Terror, Duelling Internationalisms and the Clash of Purposes in a Post-Unipolar World", *International Politics*, Vol. 50, No. 1, January 2013, pp. 77 – 96; Thomas Wallace, "China and the Regional Counter-Terrorism Structure: An Organizational Analysis", *Asian Security*, Vol. 10, No. 3, September 2014, pp. 199 – 220; Richard Weitz, "Storm Clouds over Central Asia: Revival of the Islamic Movement of Uzbekistan (IMU)?" *Studies in Conflict & Terrorism*, Vol. 27, No. 6, November 2004, pp. 505 – 530; Mariya Y. Omelicheva, "Convergence of Counterterrorism Policies: A Case Study of Kyrgyzstan and Central Asia", *Studies in Conflict & Terrorism*, Vol. 32, No. 10, February 2009, pp. 893 – 908; Mariya Y. Omelicheva, *Counterterrorism Policies in Central Asia*, Abingdon: Routledge, 2011。

恐怖主义威胁和国家能力决定了它们的反恐政策;①（2）建构主义的解读，即认为各国所处的历史文化背景和所建构的国家身份决定了国家的反恐政策;②（3）基于认知的解读，即反恐政策取决于国家对恐怖主义威胁程度的认知。③

尽管成果丰富，但现有研究仍存在些许不足。首先，大多数关于上合组织安全合作的研究都比较泛化，重介绍而轻分析。其次，理论化水平有待提高。部分研究成果，尤其是国内的研究，将重点放在事实描述上，较少结合理论进行分析。相较而言，国外部分研究成果的理论化程度要高一些。最后，鲜有学者对上合组织成员国反恐的行为动机进行专门研究，相关论点大都零星分布在部分有关上合组织反恐的成果中，且未提供详细论证与经验支撑。实际上，国内外学界关于上合组织的高质量研究，更多集中在上合组织的性质、大国关系、国别政策等领域，而关于上合组织反恐的研究成果或多或少均存在上述不足。因此，本章尝试在一定程度上弥补既有研究的不足。

本章的结构安排如下：首先，从后果性逻辑与适当性逻辑的角度出发建立分析框架；其次，运用分析框架对上合组织成员国反恐动机中两种逻辑的权重进行判断，以厘清各国反恐的行为动机；最后，探讨成员国反恐行为动机对上合组织安全合作所产生的影响，并提出相关政策建议。本章的研究具有一定理论和现实意义：在理论层面，以两种行为逻辑为基础构建分析框架，有助于提高上合组织安全合作研究的理论化水平；在现实层面，分析上合组织成员国反恐的行为动机，有助于明晰上合组织以反恐为重心的安全合作存在的问题及解决之道。

---

① Mark Sidel, *More Secure Less Free? Antiterrorism Policy & Civil Liberties after September 11*, Ann Arbor: University of Michigan Press, 2004.
② Bruce Hoffman, "Is Europe Soft on Terrorism?" *Foreign Policy*, Vol. 5, No. 115, Summer 1999, pp. 62 – 76; Ami Pedahzur and Magnus Ranstorp, "A Tertiary Model for Countering Terrorism in Liberal Democracies: The Case of Israel", *Terrorism and Political Violence*, Vol. 13, No. 2, Summer 2001, pp. 1 – 27.
③ Ronald D. Crelinsten, "Terrorism, Counter-Terrorism and Democracy: The Assessment of National Security Threats", *Terrorism and Political Violence*, Vol. 1, No. 2, December 1989, pp. 242 – 269.

第二节 关于国家行为动机的分析框架

(一) 国家的行为动机：后果性逻辑与适当性逻辑

对国家行为动机的研究，一直是国际关系研究的重要组成部分。其中，理性主义与建构主义的研究最具代表性。大体而言，理性主义认为，国家的行为主要受权力或利益所驱动，通过利益计算的方式调整自身行为以更好地适应外部环境；① 而建构主义则主张，国家间的共有文化或规范建构国家的行为，即共有文化或规范建构身份，身份建构利益，利益决定行为。② 然而，理性主义并不否认主体间文化或规范对国家行为的影响，建构主义也不否认权力或利益的重要性。简言之，理性主义认为国家行为基于利益导向，建构主义主张国家行为基于规范导向。而利益导向和规范导向的动机，在很大程度上可等同于马克斯·韦伯提出的工具理性和价值理性的动机。将国家行为动机还原至这两种行为动机，也得到了国际关系学界的普遍认可。③

在工具理性和价值理性的基础上，詹姆斯·马奇与约翰·奥尔森

---

① [美] 汉斯·摩根索：《国家间政治：权力斗争与和平》，徐昕、郝望、李保平译，北京大学出版社 2006 年版；[美] 约翰·米尔斯海默：《大国政治的悲剧》，王义桅、唐小松译，上海人民出版社 2008 年版；[美] 海伦·米尔纳：《利益、制度与信息：国内政治与国际关系》，曲博译，上海人民出版社 2010 年版；Herbert A. Simon, "Human Nature in Politics: The Dialogue of Psychology with Political Science", *American Political Science Review*, Vol. 79, No. 2, June 1985, p. 294。此外，罗伯特·基欧汉也采用了理性主义的模型，并放宽理性主义的假设，考虑到有限理性、偏好变化以及移情对国家行为的影响。参见 [美] 罗伯特·基欧汉《霸权之后：世界政治经济中的合作与纷争》，苏长和、信强、何曜译，上海人民出版社 2012 年版，第 5—7 章。

② [美] 亚历山大·温特：《国际政治的社会理论》，秦亚青译，上海世纪出版集团 2008 年版。

③ 马克斯·韦伯曾提出人类行为的四种动机，即工具理性、价值理性、情感和传统，并被国际关系学者应用到国家行为动机的研究中。然而，情感与传统对恐怖主义与国家反恐政策的影响虽逐渐得到人们的关注，但由于这两种动机对恐怖主义的影响较难衡量，故出于简化分析的目的，本章假定国家的反恐行为只受到工具理性和价值理性的驱动，由此探讨上合组织成员国的反恐合作与这两种行为动机之间的关系。

提出了适用于国家层面的两种行为逻辑,即后果性逻辑和适当性逻辑。① 就后果性逻辑而言,国家的行为由预期的结果所驱动,国家通过评估其目标所带来的结果进行行为选择;② 就适当性逻辑而言,国家对目标的追求与认同而非利益相联系,是对规则或规范的遵循而非个体理性预期的选择。③ 换言之,后果性逻辑基于对后果的计算,而适当性逻辑基于对规则或规范的认同。

事实上,行为动机的运作非常复杂,外部环境能够对行为逻辑产生很大影响。同时,行为动机也并非一成不变。在外部环境的影响下,动机在不同情境中甚至在同样的情境中都有可能发生变化,而旁观者不可能准确地把握他者的动机。正如汉斯·摩根索所言,动机是心理现象中最虚幻的东西,它被行为体和观察者的利益和情感所扭曲。④ 但是,对动机的研究是必要的。动机是一种复杂的、虚幻的东西,因此需要在研究过程中对动机进行简化操作。本章对行为动机进行二元但非对立的划分,假设行为动机中只存在后果性逻辑和适当性逻辑。由于学界对两种逻辑的关系尚未达成共识,⑤ 因此,需要对二者的关系进行重新梳理。

首先,它们是相互依存的关系。摩根索认为,"现实的人是'经济人''政治人''道德人''宗教人'等多种人的综合体",不存在纯粹、单一的"经济人""政治人""道德人"及"宗教人"。⑥ 同

---

① James G. March and Johan P. Olsen, *A Primer on Decision Making: How Decisions Happen*, New York, NY: Free Press, 1994.

② James G. March and Johan P. Olsen, "The Institutional Dynamics of International Political Orders", *International Organization*, Vol. 52, No. 4, Autumn 1998, p. 949.

③ James G. March and Johan P. Olsen, *Rediscovering Institutions: The Organizational Basis of Politics*, New York, NY: Free Press, 1989.

④ [美]汉斯·摩根索:《国家间政治:权力斗争与和平》,徐昕、郝望、李保平译,北京大学出版社2006年版,第29页。

⑤ 马奇和奥尔森将后果性逻辑与适当性逻辑之间的关系整合为三种:第一,一种是主导因素,一种是非主导因素;第二,二者是发展的关系,即由后果性逻辑逐渐发展至适当性逻辑;第三,一种是另一种的特殊形式。详见James G. March and Johan P. Olsen, "The Institutional Dynamics of International Political Orders", *International Organization*, Vol. 52, No. 4, Autumn 1998, pp. 952–953。

⑥ [美]汉斯·摩根索:《国家间政治:权力斗争与和平》,徐昕、郝望、李保平译,北京大学出版社2006年版,第40页。

样，后果性逻辑和适当性逻辑缺一不可，纯粹、单一的行为动机也是不存在的。其次，它们是相互交融的关系。如果行为体遵守规则是为了获得收益，那么这一行为的主要动机是基于利益计算的后果性逻辑，但某种意义上遵守规则或规范也包含了适当性逻辑的元素。反之，如果行为体遵守规则或规范主要是因为认同，那么该行为的主要动机是基于适当性逻辑。但是，出于"欲望"的需求，[①]遵守规则本就伴随着对后果的预期，也就包含着后果性逻辑的元素。最后，它们是主要与次要的关系，但这种关系是可变的。由于很难对动机进行量化，因此，只能定性地判断两种逻辑中何种占主要地位，何种占次要地位。至于何者占何种地位，取决于不同的研究对象和外部环境。不同的研究对象可能会有不同的认知，而外部环境则能够改变行为体的认知，从而改变两种逻辑的主次关系。这里对两种行为逻辑之间关系的梳理虽然更接近现实，但也使下文的分析趋于复杂。

（二）两种行为逻辑运作的主导机制与参照群体

1. 后果性逻辑与适当性逻辑运作的主导机制

后果性逻辑是基于对后果或利益的计算，其主导机制是战略权衡（strategic calculation）。[②]后果性逻辑是对预期后果所带来的收益和成本的计算，奉行的是利益最大化原则。战略权衡往往是"强制"（coercion）和"报偿"（rewards）相结合的行为机制。[③]这里的强制是指，行为体（国家、国际组织等）依靠自身实力优势施加压力，迫使对象国改变其原有决策进程的行为。强制的目的在于同质化（iso-

---

[①] 柏拉图和亚里士多德曾提出欲望、精神和理智三种基本动力。根据勒博对前者的整合与研究，国际关系中的现实主义、自由主义和马克思主义均根植于欲望。参见［美］理查德·内德·勒博《国际关系的文化理论》，陈锴译，上海社会科学院出版社2012年版。

[②] Jeffrey T. Checkel, "International Institutions and Socialization in Europe: Introduction and Framework", *International Organization*, Vol. 59, No. 4, Autumn 2005, p. 808.

[③] 朱立群、林民旺等提出在规范内化过程中，激励机制即后果性逻辑的三种表现形式——强制、报偿和竞争。参见朱立群、林民旺等《奥运会与北京国际化——规范社会化的视角》，世界知识出版社2010年版，第40—42页。

morphism），即通过施加惩罚迫使对象国的政策及行为与实施强制手段的行为体相契合或保持一致，否则对象国将会付出成本。① 强制的手段主要包括经济制裁、断绝来往、威胁使用武力及使用武力等。报偿则主要指涉外部行为体通过许诺或提供收益的方式，诱导对象国接受某种要求的行为。报偿既可以单独使用，也可以与强制结合使用，其目的与强制相同，都服务于实施国的利益。报偿的手段主要有经济援助、政治承认和外交支持等。一方面，以后果性逻辑为主要动机的国家可以对他国实施强制和报偿的手段（胡萝卜+大棒策略），迫使或（并）诱导他国接受对自身有益的要求。执行惩罚和提供奖励都需要付出成本，但它们都是获得即时或长远收益的手段。另一方面，国家也可能被迫承受他国实施的强制和报偿手段。但无论如何，基于战略权衡，只要获得的收益大于付出的成本即可。

除了面临或实施强制与报偿外，理性国家也可能效仿成功者。这也是后果性逻辑的运作方式之一。"竞争促使行为者对自身的行为加以调整，使之成为最为社会所接受的和成功的实践。"② 效仿行为最显著的收益，就是帮助行为体做出理性选择，减少选择的成本。③ 苏联解体后，独立之初的俄罗斯试图效仿美国的民主政治制度和自由市场经济模式。苏联解体在当时普遍被认为是资本主义制度的胜利和社会主义制度的失败（中国除外），④ 俄迫切希望通过激进改革恢复实力，因此，独立后不久便采用近乎全盘西化的"休克疗法"。俄这一行为遵循的是竞争机制，是为避免被淘汰出大国行列而对美国"成功

---

① Paul J. Dimaggio and Walter W. Powell, "The Iron Cage Revisited: Institutional Isomorphism and Collective Rationality in Organizational Fields", *American Sociological Review*, Vol. 48, No. 2, April 1983, pp. 150 – 151.

② ［美］肯尼思·华尔兹：《国际政治理论》，信强译，上海人民出版社2008年版，第81页。

③ Witold J. Henisz, Bennet A. Zelner and Mauro F. Guillen, "International Coercion, Emulation, and Policy Diffusion: Market-Oriented Infrastructure Reforms, 1977 – 1999", Academy of Management Best Conference Paper, Vol. 2004, No. 1, p. 2.

④ Francis Fukuyama, "The End of History?" *National Interest*, Vol. 16, No. 16, Summer 1989, pp. 3 – 18.

实践"的效仿。这种行为主要不是基于对美国自由、民主制度的认同，而是基于利益计算的后果性逻辑。

与后果性逻辑不同，适当性逻辑独立于特定的物质动机或惩罚结构，是基于对规则或规范的认同。适当性逻辑的主导机制是规范匹配，即行为体认同程度最高的规范与其他竞争性规范之间的匹配程度。① 其他竞争性规范与支配规范的一致程度越高，前者被接受的可能性越大；反之，其他竞争性规范与支配规范的一致程度越低，前者被排斥乃至摒弃的可能性就越大。在适当性逻辑主导行为的情况下，认同程度最高的规范的支配地位至少在短时间内是不容挑战的，遵守这种规范被认为是正确、合法的，是理所应当的。同时，不同行为体对这种支配规范的认同程度也可能有所不同，对支配规范的认同程度越低，适当性逻辑在行为动机中所占的权重也就越低。以适当性逻辑为主要动机的国家，几乎在任何时候都将遵守支配规范，即使有时会损失部分物质利益。从属规范始终服务于支配规范，除非取代支配规范。

当从属规范契合支配规范时，国家对从属规范的认同程度也能够影响适当性逻辑。规范认同往往与规范内化密不可分，规范内化实际上就是规范认同的过程。规范内化是建构主义的重要研究议程，主要涉及国际和国内两个层面。② 除国际与国内层面的影响因素外，相关成果提出了规范内化的机制，如杰弗里·切克尔在提出"文化匹配"概念后，又提出基于适当性逻辑的规范内化（认同）的两种机制，即"规范劝说"（normative suasion）和"角色扮演"（role playing）。③

---

① 与朱立群、林民旺等一样，笔者参考了杰弗里·切克尔提出的文化匹配（cultural match）这一概念，并考虑到本章的情境，将其改为规范匹配。参见朱立群、林民旺等《奥运会与北京国际化——规范社会化的视角》，世界知识出版社 2010 年版，第 35 页；Jeffrey T. Checkel, "Norms, Institutions, and National Identity in Contemporary Europe", *International Studies Quarterly*, Vol. 43, No. 1, March 1999, p. 87。

② 由于该议题不在本章的核心研究范畴之内，且已有学者对相关研究成果做了较好的回顾与整合，故不在此展开讨论。参见黄超《建构主义视野下的国际规范扩散》，《外交评论》2008 年第 4 期。

③ Jeffrey T. Checkel, "International Institutions and Socialization in Europe: Introduction and Framework", *International Organization*, Vol. 59, No. 4, Autumn 2005, pp. 810 – 813.

其中，规范劝说是指他者对行为体进行劝说，使行为体认为某种规范是正确、合理的，认为它们的利益和偏好是可以重新界定的。角色扮演则指行为体出于认同而接受组织和群体环境创造的角色，并获得一种"'我们'感"（sense of "we-ness"）。① 例如，"二战"后美国在北约内部不断强调自由、民主的优越性及"民主共同体"的理念，成为北约成员的国家也都乐于接受美国界定的"民主国家"角色。这些国家接受了来自美国的规范劝说，对美国宣扬的理念表示高度认同，并由此获得了"我们感"。②

此外，模仿（学习）③ 也是规范内化（认同）的一种机制。不确定性是促使模仿行为出现的重要因素，④ 这种不确定性可以是专业技术知识贫乏以及目标模糊等。与竞争机制中的效仿行为不同，这里的模仿行为并非出于减少选择成本和避免被淘汰的功利考虑。在可供模仿的对象不止一个的情况下，行为体倾向于模仿自身更加认同的对象，如中亚国家对俄罗斯制度和政策的模仿。大体而言，基于规范认同的适当性逻辑，行为体更倾向于接受来自自身所认同的社会群体的角色定位和规范劝说，并模仿这一群体的行为。⑤ 同时，由于行为体的社会性几乎无处不在，因此，行为体也不可避免地参考其他社会群

---

① Thomas Risse, "'Let's Argue!': Communicative Action in World Politics", *International Organization*, Vol. 54, No. 1, Winter 2000, pp. 6 – 11; Jeffrey Checkel, "'Going Naive' in Europe? Theorizing Social Interaction in European Institutions", *Comparative Political Studies*, Vol. 26, Nos. 1 – 2, February 2003, pp. 209 – 231.

② Karl W. Deutsch, *Political Community and the North American Area*, Princeton: Princeton University Press, 2015.

③ 学习和模仿之间的关系颇难厘清，既可以说学习是一种模仿的过程，也可以认为模仿是学习的一种形式。虽然在规范内化的诸多成果中都提到了这两种机制，但由于区分二者并非本章的主要任务，且为方便本章的分析，下文只对模仿进行讨论。

④ Witold J. Henisz, Bennet A. Zelner and Mauro F. Guillen, "International Coercion, Emulation, and Policy Diffusion: Market-Oriented Infrastructure Reforms, 1977 – 1999", Academy of Management Best Conference Paper, Vol. 2004, No. 1, p. 2; Paul J. Dimaggio and Walter W. Powell, "The Iron Cage Revisited: Institutional Isomorphism and Collective Rationality in Organizational Fields", *American Sociological Review*, Vol. 48, No. 2, April 1983, p. 151.

⑤ ［澳］迈克尔·豪格、［英］多米尼克·阿布拉姆斯：《社会认同过程》，高明华译，中国人民大学出版社2010年版。

体的社会实践。这一被效仿的群体可被称为参照群体（reference group）。

2. 功利性参照群体与规范性参照群体

参照群体是作为其他国家效仿对象和行为标准的单个或一组国家。一旦被视为参照群体，那么该国或国家群体将会被其他国家视为判断自身行为是否具备合法性和妥当性的信息来源。[①] 参照群体主要分为功利性参照群体、规范性参照群体以及比较参照群体。其中，功利性参照群体的主要功能是提供收益并（或）规避惩罚和收益损失；规范性参照群体可以提供认同对象和增强其他国家的自我形象；比较参照群体能够提供解决问题的必要专业知识。[②] 然而，功利性参照群体和规范性参照群体都具备比较参照群体提供信息的功能。因此，本章在此将参照群体分为功利性参照群体和规范性参照群体，且二者都具备比较参照群体的功能。

以后果性逻辑为主要行为动机的国家，出于利益计算的考虑，其行为更倾向于借鉴功利性参照群体。一方面，国家可能会承受功利性参照群体使用的强制和报偿手段，或后者对其使用强制和报偿手段，但只要该国获得的收益大于付出的成本，便不影响该国对功利性参照群体的借鉴；另一方面，功利性参照群体提供某一领域内成功的社会实践作为参考，能够减少国家的选择成本并提高其竞争力，国家也会基于竞争机制对功利性参照群体进行效仿。由此可见，国家对功利性参照群体的借鉴符合后果性逻辑的运作方式，并涵盖了强制、报偿和竞争三种机制。

相比之下，以适当性逻辑为主要行为动机的国家，出于对某一社会群体的认同，其行为更倾向于借鉴规范性参照群体。社会认同理论认为，行为体不断将他者或感知为与自我是同一范畴的成员（内群成员），或感知为与自我是不同范畴的成员（外群成员），这种行为被

---

① Mariya Y. Omelicheva, *Counterterrorism Policies in Central Asia*, Abingdon: Routledge, 2011, p. 13.

② Ibid., pp. 14-20.

称为自我分类。自我分类的结果是，自我与其他内群成员的心理亲近感增强。确切地说，自我分类使得行为体在自我感知和自我定义的过程中更加需要参照群体或群体原型的呈现/表征。① 由于规范性参照群体能够为国家提供社会认同，因此，该国会对该群体采取认同行为。基于对群体的认同而非利益计算，国家将认同规范性群体所提出的规范、接受并扮演群体所赋予的角色，同时模仿群体的行为。同样，国家对规范性参照群体的借鉴也符合基于规范认同的适当性逻辑，至少涵盖角色扮演、规范劝说和模仿三种机制。

至此，关于国家行为动机的分析框架已基本建立，下文将借助该框架对上合组织成员国反恐的行为动机进行具体分析。至于后果性逻辑和适当性逻辑在成员国行为动机中的大致权重，则需根据两种行为逻辑的主要机制和各国参与上合组织反恐合作的相关经验事实进行判断。

当我们假设国家的行为动机为恒定值"1"时，两种行为逻辑之间存在一定程度的此消彼长关系。那么，判断一种行为逻辑在国家行为动机中的大致权重，往往能得知另一种行为逻辑在其中的权重。考虑到适当性逻辑的诸多机制能够提供相关判断标准，本章将首先对上合组织成员反恐的适当性逻辑进行分析。获悉适当性逻辑的大致权重，便可得知后果性逻辑的权重。需要说明的是，对两种逻辑做出二元区分，主要是出于简化分析的目的。事实上，如前所述，两者之间也存在相互交融的关系，而共同发挥作用的情况会导致本章的分析存在一定偏差。因此，本章的分析只是探索式而非结论式的。

第三节　上合组织成员国的反恐行动与适当性逻辑

对上合组织成员国反恐行为动机中适当性逻辑的权重进行考察，

---

① ［澳］迈克尔·豪格、［英］多米尼克·阿布拉姆斯：《社会认同过程》，高明华译，中国人民大学出版社2010年版，第27页。

将主要考虑成员国在这一议题上的规范匹配情况,即从属规范与支配规范的一致程度。① 三十年战争后,主权规范逐渐取代神权规范成为欧洲对外行为的支配性规范。第二次世界大战结束后,以美国为主要代表的战胜国建立了以主权规范为核心的现代国际体系,体系中的国家都是"'自由'体系中独立的、'不可渗透的''统一的'"成员,② 以尊重国家主权("不干涉"原则)为核心的主权规范成为一种国家间公认的"全球契约",并构成当前国际秩序的基本原则。③ 换言之,主权规范业已成为国家参与国际实践所参照的主导性规范。④

规范层面的主权概念涉及国内和国际两个层面。在国内层面,"主权意味着国家可以自行决定如何应对内外问题"⑤,尤其是指国家在其领土内有使用武力的排他性权威;⑥ 在国际层面,主权是指外部行为体对国家在国内排他性权威的承认,是对国家间享有平等地位的一种"主体间共识"。⑦ 虽然主权规范是国家行事参考的支配规范,但国家对其认同程度有一定差别。与此相似,国家对主权规范的认同也体现在国内和国际两个层面。一方面,国家对自身主权的认同是国家存在的必要条件,否则国家对主权规范的认同就无从谈起;另一方

---

① 关于规范一致性的相关研究,参见 Richard Price, "Reversing the Gun Sights: Transnational Civil Society Targets Land Mines", *International Organization*, Vol. 52, No. 3, Summer 1998, pp. 613 – 644; Ann Florini, "The Evolution of International Norms", *International Studies Quarterly*, Vol. 40, No. 3, September 1996, pp. 363 – 389。

② Louis Henkin, "Human Rights and State 'Sovereignty'", *Georgia Journal of International & Comparative Law*, Vol. 25, No. 31, March 1994, p. 33.

③ Mohammed Ayoob, "Humanitarian Intervention and State Sovereignty", *The International Journal of Human Rights*, Vol. 6, No. 1, Spring 2002, p. 81.

④ Leo Gross, "The Peace of Westphalia, 1648 – 1948", *The American Journal of International Law*, Vol. 42, No. 1, January 1948, pp. 20 – 41.

⑤ [美]肯尼思·华尔兹:《国际政治理论》,信强译,上海人民出版社 2008 年版,第 102 页。

⑥ Janice E. Thomson, "State Sovereignty in International Relations: Bringing the Gap Between Theory and Empirical Researching", *International Studies Quarterly*, Vol. 39, No. 2, January 1995, pp. 216 – 219.

⑦ Janice E. Thomson, "State Sovereignty in International Relations: Bringing the Gap Between Theory and Empirical Researching", *International Studies Quarterly*, Vol. 39, No. 2, January 1995, pp. 218 – 219.

面，国家对他国主权的承认和尊重是充分条件，若一国主权得不到其他主权国家的承认，那么该国便不能说享有充分主权。简而言之，若两个条件都满足，国家对主权规范的认同程度较高；若只满足其中一个条件，国家对主权规范的认同程度次之；① 若两个条件都不满足，国家对主权规范则基本不存在认同。

在适当性逻辑层面，相比主权规范，其他国际规范一般处于从属地位。因而，国家对其他国际规范的认同，在很大程度上取决于其他规范与主权规范的一致程度，一致程度越高，国家对其他规范的认同程度也就越高。反之亦然。例如，第二次世界大战后独立的广大发展中国家出于对主权规范的认同，十分支持中国提倡的以尊重他国领土主权完整为核心的"和平共处五项原则"；而美国和西方倡导的人权规范（即人权高于主权），由于与传统主权规范相悖，故不被大多数发展中国家所接受。由此推断，国家在反恐领域对主权规范的认同程度，限定了适当性逻辑在国家行为动机中的大致权重范围。在此权重范围内，其他规范与主权规范的一致程度，影响到在反恐合作实践中适当性逻辑在国家行为动机中的权重。

（一）成员国对主权规范的认同

上合组织成员国均认同主权规范，只是各国对主权规范的认同程度有所不同。中国十分珍视经过长期反殖民反封建斗争所赢得的主权独立成果。在参与国际实践时，中国一贯秉承"和平共处五项原则"，既不允许他国侵犯自身的排他性权威，也不侵犯他国的内部权威，这体现了中国对主权规范的高度认同。俄罗斯自独立以来一直致力于恢复超级大国的地位，维护国家主权是俄的重要目标，也是实现其大国尊严的需要。然而，与此同时，俄并未对部分国家的主权表现出足够的尊重，如偶尔干预中亚国家事务、吞并克里米亚等显然侵犯

---

① 一般而言，在国际关系领域，几乎不存在国家承认他国主权而不认同和维护自身主权的情况。

了他国的主权。由此可见，俄对主权规范的认同仅限于对自身主权的认同和维护。

相比之下，中亚成员国对主权规范的认同程度更为有限，且程度不一。其中，哈萨克斯坦和乌兹别克斯坦作为中亚地区大国，与俄罗斯类似，都反对他国对自身主权的侵犯。塔吉克斯坦由于独立之初内战的阴影及外界民主革命的影响，也很重视对主权的维护。[1] 吉尔吉斯斯坦虽认可主权规范，但"9·11"事件后为美国军队提供玛纳斯机场、允许俄罗斯军事力量在国内驻扎，以及在2010年6月吉南部发生族群冲突后要求俄罗斯进行干预[2]等行为，表明吉对主权规范的认同程度较低。实际上，其他中亚成员国也存在类似情况。"9·11"事件后，各国均表示愿意对美国在阿富汗开展的军事行动提供支持。其中，哈为美国军队提供了驻扎权，塔向美国提供了杜尚别国际机场供其使用，连一向主张反对外部干涉的乌也向美国提供了汉纳巴德机场。此外，各国也都允许俄罗斯军事力量在各自国内存在，[3] 如俄在塔曾一度驻扎2万名士兵，其中约1.1万名服务于边境守卫，[4] 2003年10月俄又在吉设立了坎特空军基地。

在对待他国主权的态度上，一方面，由于中亚成员国的实力有限，很难干涉他国内政，故各国在话语上均表示尊重他国主权。另一方面，部分中亚成员国也有过不尊重他国主权的行为。如1999年乌兹别克斯坦空军就以打击"乌兹别克斯坦伊斯兰运动"（Islamic Movement of Uzbekistan, IMU）为名，轰炸了吉尔吉斯斯坦的一个村庄。综上可见，中亚成员国对主权规范的认同程度还有较大的提升空间。

---

[1] Lawrence P. Markowitz, "Tajikistan: Authoritarian Reaction in a Postwar State", *Democratization*, Vol. 19, No. 1, February 2012, pp. 98 – 119.

[2] Stephen Aris, "The Response of the Shanghai Cooperation Organization to the Crisis in Kyrgyzstan", *Civil Wars*, Vol. 14, No. 3, September 2012, p. 463.

[3] Sean L. Yom, "Power Politics in Central Asia: The Future of Shanghai Cooperation Organization", *Harvard Asia Quarterly*, Vol. 4, No. 4, Autumn 2002, p. 48.

[4] Center for Strategic and International Studies, Russia and Eurasia Report, quoted from Richard Weitz, "Storm Clouds over Central Asia: Revival of the Islamic Movement of Uzbekistan (IMU)?" *Studies in Conflict & Terrorism*, Vol. 27, No. 6, November 2004, p. 517.

概言之，在上合组织成员国中，中国对主权规范的认同程度最高，俄罗斯次之，中亚成员国较低。尽管如此，主权规范仍是上合组织成员国认同的支配性规范。成员国对主权规范的认同程度不同，说明适当性逻辑在各国反恐行为动机中所占的权重不同。

(二) 美国主导塑造的西方反恐规范

在主导性的主权规范下，上合组织成员国反恐的动机还受到具体反恐规范的影响。所谓反恐规范，实际上是国际社会就打击恐怖主义制定的一系列法律与机制，也是国家间达成的诸多主体间共识。全球范围的反恐规范主要是由美国在"9·11"事件后主导构建并传播的。"9·11"事件后，美国发起"全球反恐战争"以打击恐怖主义。尽管美国在反恐实践中奉行"全球单边主义"①，但在观念上致力于塑造国际社会普遍认同的全球反恐规范。在此过程中，美国使用了一种规范劝说策略，对恐怖主义的如下三个方面进行了说明。②

首先，"原则化信念"。这种观念是关于"详细说明区分对与错、正义与非正义标准的规范性观念"③，即对恐怖主义及其行为做出

---

① Wyn Rees and Richard J. Aldrich, "Contending Cultures of Counterterrorism: Transatlantic Divergence or Convergence?" *International Affairs*, Vol. 81, No. 5, October 2005, p. 906.

② 实际上，已有学者应用"原则化信念""因果信念"和"政策处方"，分析恐怖主义融资规范对南方国家的影响。参见 Peter Romaniuk, "How Northern Norms Affect the South: Adopting, Adapting, and Resisting the Global War on Terror in South and Southeast Asia", in Rafael Reuveny and William R. Thompson, eds., *Coping with Terrorism: Origins, Escalation, Counterstrategies, and Responses*, Albany: State University of New York Press, 2010, pp. 315-337。同时，关于"原则化信念"和"因果信念"，戈尔茨坦与基欧汉早已做过深入研究，详见〔美〕朱迪斯·戈尔茨坦、罗伯特·基欧汉《观念与外交政策：分析框架》，载朱迪斯·戈尔茨坦、罗伯特·基欧汉主编《观念与外交政策：信念、制度与政治变迁》，刘东国、于军译，北京大学出版社2005年版，第3—30页。

③ 〔美〕朱迪斯·戈尔茨坦、罗伯特·基欧汉：《观念与外交政策：分析框架》，载朱迪斯·戈尔茨坦、罗伯特·基欧汉主编《观念与外交政策：信念、制度与政治变迁》，刘东国、于军译，北京大学出版社2005年版，第10页。

"正确或错误"的定性说明。① 正如美国前总统乔治·W. 布什所言，"'基地'之于恐怖主义相当于黑手党之于犯罪。但'基地'的目的并非获取财富，而在于重塑世界并将激进信念强加于人……这些恐怖分子进行杀戮不仅是为了终结生命，还为了破坏一种生活方式……然而，这不仅仅是美国的战斗，也不仅仅关乎美国的自由。这是世界的战斗。这是文明的战斗。这是所有相信进步和多元主义、容忍和自由的人的战斗。"② 美国将恐怖主义置于自由主义乃至整个国际社会和文明的对立面，意在表明恐怖主义是"错误的"。如此一来，美国倡导的反恐理念便是"正确的"，美国就自然获得了维护世界秩序的特殊责任，③ 而加入以美国为首的反恐阵营也就成为其他国家的"义务"。

其次，"因果信念"。这种观念是"关于原因—结果关系的信念"④，即对恐怖主义及其产生做出因果说明。对于恐怖主义产生的原因，布什在其2001年9月20日的国会讲话中有所说明："美国人正在问：为什么他们恨我们？他们恨在座的我们视为正确的东西——一个民主选举的政府。他们的领导人是自我任命的。他们恨我们的自由——我们的宗教自由、我们的演讲自由、我们的投票和集会以及反对的自由。"⑤ 换言之，美国试图向国际社会表明，自由、民主的理

---

① Nina Tannenwald, "Ideas and Explanation: Advancing the Theoretical Agenda", *Journal of Cold War Studies*, Vol. 7, No. 2, April 2005, p. 16.

② George W. Bush, "Address to a Joint Session of Congress and the American People", September 2001, The White House (https://georgewbush-whitehouse.archives.gov/news/releases/2001/09/20010920-8.html).

③ Jack Donnelly, "Sovereign Inequalities and Hierarchy in Anarchy: American Power and International Society", *European Journal of International Relations*, Vol. 12, No. 2, June 2006, p. 160.

④ [美]朱迪斯·戈尔茨坦、罗伯特·基欧汉：《观念与外交政策：分析框架》，载朱迪斯·戈尔茨坦、罗伯特·基欧汉主编《观念与外交政策：信念、制度与政治变迁》，刘东国、于军译，北京大学出版社2005年版，第10页。

⑤ George W. Bush, "Address to a Joint Session of Congress and the American People", September 2001, The White House (https://georgewbush-whitehouse.archives.gov/news/releases/2001/09/20010920-8.html).

念和制度是隔绝恐怖主义及其行为产生的主要"工具"。① 由此可见,美国试图通过开展反恐斗争,推动美国的反恐理念和自由、民主等价值观获得更为广泛的认可。

最后,"政策处方"。这是"源于原则性信念和因果性信念的程序性理念"②,亦即提出如何打击恐怖主义的政策建议。布什表示:"美国人正在问:我们如何战斗并赢得这场战争?我们将直接使用我们掌控的所有资源——所有外交手段、所有情报工具、所有执法工具、所有金融影响力以及所有战争中的必要武器——去破坏并击垮全球恐怖主义网络。"③ 具体的政策建议包括组建反恐联盟、共享反恐情报、出台反恐法律、建立反恐机制、切断恐怖主义组织的融资渠道以及进行反恐军演和实战等。美国及其为首的国际组织致力于落实这些政策建议,并在此过程中逐渐形成了反恐的"全球标准"或"最优实践"。④

至此,美国塑造的全球反恐规范具有一定的连贯性,主要包括三重内涵:(1)恐怖主义是"错误的",是当前国际秩序乃至人类文明的挑战者,每个国家都有打击恐怖主义的义务,而美国拥有维护自由世界秩序的特殊使命;(2)恐怖主义源于"失败的"、非民主的大中东地区,恐怖主义行为衍生于恐怖分子对自由、民主理念和制度的憎恨,而这些理念和制度才是医治恐怖主义的良方;(3)在打击恐怖主义的过程中使用任何必要手段,如军事打击恐怖分子的"庇护国"

---

① Peter Romaniuk, *Multilateral Counter-Terrorism: The Global Politics of Cooperation and Contestation*, Routledge, 2010, pp. 67 – 68.

② Nina Tannenwald, "Ideas and Explanation: Advancing the Theoretical Agenda", *Journal of Cold War Studies*, Vol. 7, No. 2, April 2005, p. 16.

③ George W. Bush, "Address to a Joint Session of Congress and the American People", September 2001, The White House (https: //georgewbush-whitehouse. archives. gov/news/releases/2001/09/20010920 – 8. html).

④ Peter Romaniuk, "How Northern Norms Affect the South: Adopting, Adapting, and Resisting the Global War on Terror in South and Southeast Asia", in Rafael Reuveny and William R. Thompson, eds., *Coping with Terrorism: Origins, Escalation, Counterstrategies, and Responses*, Albany: State University of New York Press, 2010, p. 318.

是合理的,美国及其盟友的反恐实践理应是其他国家借鉴的典范。

(三) 规范匹配:西方反恐规范与主权规范的一致程度

为了推广其反恐规范、增强"全球反恐战争"的合法性,美国不遗余力地向国际社会进行规范劝说。然而,上合组织成员国对西方反恐规范的接受程度如何,首先取决于西方反恐规范与主权规范的契合程度。根据前文关于主权规范的论述,其他规范要与主权规范相契合需要满足一个条件,即不危害或能够维护国家自主应对内外问题的排他性权威。由于上合组织成员国对主权规范的认同程度不同,因此各国的规范匹配情况需要分别进行讨论。

首先是中国的案例。20 世纪 90 年代以来,以"东突厥斯坦伊斯兰运动"(East Turkestan Islamic Movement)为主要代表的"东突"恐怖主义势力加大了在国内实施暴力恐怖主义活动的力度,并幻想将新疆地区分裂出去,对中国国家主权构成了严重威胁。其次"9·11"事件后,美国公开指责恐怖主义是"错误的",将恐怖主义置于整个国际社会的对立面,并宣称每个国家都有反恐的义务。在此背景下,中国的反恐话语与美国提倡的反恐理念在部分内容上有所契合。[1] 美国主导塑造的反恐规范客观上增强了中国反恐的合法性,[2] 有利于维护中国的国家主权。从这个角度来看,反恐规范与主权规范具有较高契合性。

西方反恐规范的第二重和第三重内涵则有悖于中国在反恐过程中对主权规范的坚持。就第二重内涵而言,美国宣称只有西方式民主制度才能真正遏制恐怖主义滋生,据此对包括中国在内的不少"非民主"国家进行批评。对中国来说,美国的观点是不能接受的。首先,

---

[1] Iwashita Akihiro, "The Shanghai Cooperation Organization and Its Implications for Eurasian Security: A New Dimension of 'Partnership' after the Post-Cold War Period", in Tabata Shinichiro and Iwashita Akihiro, eds., *Slavic Eurasia's Integration into the World Economy and Community*, Slavic Research Center, Hokkaido University, 2004, p. 267.

[2] Thomas Wallace, "China and the Regional Counter-Terrorism Structure: An Organizational Analysis", *Asian Security*, Vol. 10, No. 3, September 2014, p. 212.

西方式民主制度并不能阻止恐怖主义的出现和蔓延。如 2003 年 10 月 21 日胡锦涛在亚太经合组织曼谷会议上指出,"冲突和动荡是恐怖主义滋生的温床,贫穷和落后是恐怖主义产生的土壤"①。这与美国对恐怖主义产生根源的诊断截然不同。其次,美国反恐规范中的民主批评是对中国国家主权的不尊重,侵犯了中国的国家主权,而且美国在反恐问题上对中国持有"双重标准",其做法无法让中国认同。② 最后,就第三重内涵而言,美国认为,在打击恐怖主义的过程中,使用包括武力干涉他国在内的任何必要手段均是合理的和可行的,这种观点严重背离了中国秉持的以"不干涉"原则为核心的主权规范。

不同于中国,俄罗斯对反恐规范的认同主要体现在维护自身主权方面,美国主导建构的反恐规范的第一重内涵与主权规范高度契合,故有助于维护俄罗斯的国家主权。而由于俄并未坚持对所有国家的主权予以同样的尊重,所以对于可以使用包括武力干涉他国在内的任何必要手段的理念,俄并未加以抵触。换言之,西方反恐规范的第三重内涵也与俄所理解的主权规范相契合。不过,由于俄经常受到来自西方的民主批评,以及独立初期"全盘西化"的失败经历,使俄不认可有关西方式民主制度能够铲除恐怖主义的观点。换言之,西方反恐规范的第二重内涵与俄认同的主权规范有明显出入。

中亚成员国对反恐规范的认同更为有限。尽管中亚成员国允许他国军队驻扎在国土上或偶尔有侵犯他国主权的行为,但各国并未将干预他国视为一种合法的国际规范。换言之,维护自身主权以及尊重他国主权才是中亚国家在反恐过程中的常态。因此,有助于维护国家主权的西方反恐规范的第一重内涵,与主权规范还是比较契合的。而就西方式民主价值和制度而言,除曾被誉为中亚"民主岛"的吉尔吉

---

① 《胡锦涛出席 APEC 领导人非正式会议第二部分会议》,2003 年 10 月,人民网(http://www.people.com.cn/GB/paper39/10439/951013.html)。
② 《中方敦促美摒弃反恐双重标准,避免发出错误信号》,2014 年 1 月,中国新闻网(http://www.chinanews.com/gn/2014/01-02/5691409.shtml)。

斯斯坦对此在特定时间内有一定认同外,① 其他中亚国家的认同程度一向很有限。美国持续的民主批评以及"颜色革命"等事件的发生,使各国领导人普遍认为政权稳定受到了来自"民主的威胁"。② 由此可见,西方反恐规范的第二重内涵与主权规范契合程度较低。至于西方反恐规范的第三重内涵与主权规范的契合程度,主要基于各国是否需要外部干预:政权较为稳定的中亚成员国,如哈萨克斯坦、乌兹别克斯坦和（内战后的）塔吉克斯坦,对外部干预的需求较低,因此对第三重内涵的抵触程度较高,西方反恐规范与主权规范的契合程度较低;政权时常出现动荡的吉尔吉斯斯坦对外部干预的需求相对较高,故对第三重内涵的抵触程度较低,西方反恐规范与主权规范的契合程度相对较高。

综上所述,上合组织成员国对主权规范的认同程度,大致限定了各国行为动机中适当性逻辑所占的大致权重范围,而西方反恐规范与各国所认同的主权规范的一致程度,则进一步明确了适当性逻辑的权重。根据前文可知,在上合组织诸成员国中,中国对主权规范的认同程度最高,俄罗斯次之,中亚成员国较低,这就意味着在具体反恐实践中,适当性逻辑在中、俄与中亚成员国的行为动机中次第降低。

（四）成员国反恐的适当性逻辑依据

结合规范性参照群体、适当性逻辑运作的具体机制和相关经验知识,可进一步明确上合组织成员国反恐的适当性逻辑依据。事实上,除来自美国的规范劝说,上合组织成员国还受到各种规范性参照群体

---

① J. Anderson, *Kyrgyzstan: Central Asia's Island of Democracy*? The Netherlands: Harwood Academic Publishers, 1999.

② 吴大辉:《美国在独联体地区策动"颜色革命"的三重诉求——兼论中俄在上海合作组织架构下抵御"颜色革命"的当务之急》,《俄罗斯中亚东欧研究》2006 年第 2 期; Graeme P. Herd, "Colorful Revolutions and the CIS: 'Manufactured' versus 'Managed' Democracy", *Problems of Post-Communism*, Vol. 52, No. 2, March 2005, pp. 3 – 18; Yilmaz Bingol, "The 'Colorful' Revolution of Kyrgyzstan: Democratic Transition or Global Competition?" *Alternatives: Turkish Journal of International Relations*, Vol. 5, Nos. 1&2, Spring and Summer 2006, pp. 73 – 80。

的影响。不过，作为大国的中国和俄罗斯由于拥有强大的实力以贯彻它们坚持的反恐规范，往往不会盲目接受其他国家或国际组织倡导的国际规范。大体而言，由于联合国的宗旨与主权规范高度契合，中俄两国均对联合国的反恐理念与实践表示支持。例如，2016 年 10 月 5 日，中国常驻联合国副代表吴海涛在第 71 届联合国大会关于"消除国际恐怖主义的措施"议题的发言中指出，"中国一直坚定支持联合国的全球反恐战略及措施"。① 俄罗斯联邦总检察院副总检察长弗·弗·马林诺夫斯基也建议，"在联合国框架下拟定一份界定国际恐怖主义范围的全面反恐公约，成立反恐联盟"②。实际上，中俄两国是否接受来自外部的规范劝说，主要取决于外部行为体提倡的规范与各自认同的主权规范的契合程度。

中国和俄罗斯均不接受美国为其设定的全球反恐角色。美国主导塑造的西方反恐规范，设定美国为"全球反恐战争"的领导者，主要目的在于给其领导的全球反恐战争提供合法性，而其他国家只是"追随者"。美国奉行的单边主义政策有着较为鲜明的霸权色彩，否定了主权国家间的平等关系。无论是出于对主权规范的认同还是大国的尊严，中俄两国均不接受"追随者"的角色，在反恐过程中获得一种"我们感"更是无从谈起。俄在打击叙利亚境内恐怖主义的过程中，多次与美意见相左。以中俄为代表的许多发展中国家，秉承以"不干涉原则"为核心的反恐规范，与以美为代表的西方反恐阵营构成了当前全球反恐的"两极格局"。③ 此外，中俄并没有明显的基于认同的模仿行为。不过，这不表示中俄不参与、不借鉴国际社会（尤

---

① 《吴海涛大使：中国坚定支持联合国关于国际反恐的措施及活动》，2016 年 10 月，中国经济网（http：//money.163.com/16/1005/15/C2KF4L6A002580S6.html）。

② 《上合组织成员国检察长集聚三亚共商反恐大计》，2016 年 12 月，中华网（http：//military.china.com/news/568/20161201/30059759.html）。

③ 安德鲁·菲利普斯认为，以美国为代表的修正自由国际主义、以中国和俄罗斯为代表的非自由威权国际主义和以各主要恐怖主义组织为代表的圣战反国际主义之间的深层次斗争，构成了全球反恐格局中的大三角关系。参见 Andrew Phillips, "The Wars on Terror, Duelling Internationalisms and the Clash of Purposes in a Post-Unipolar World", *International Politics*, Vol. 50, No. 1, January 2013, pp. 77 – 96。

其是美国）的反恐实践，两国都支持通过国际合作打击恐怖主义，也希望与美国进行反恐合作。①

由于两大阵营对反恐实践的理解不同，国际社会在反恐问题上存在一种明显的规范破碎化现象。② 中国和俄罗斯对美国倡导的西方反恐规范认同较为有限，两国在上合组织框架内提出了自己的反恐规范。上合组织反恐规范与西方反恐规范的不同之处主要在于：（1）各国以平等的主权国家身份参与国际反恐实践；（2）认为恐怖主义的出现与国家政权类型无关，恐怖主义产生的原因包括冲突、动荡、贫穷与落后等；（3）打击恐怖主义需要采用多种手段，但不能以反恐为由干涉他国内部事务。在反恐问题上，中国坚持的反恐规范与主权规范更加契合，意味着中国反恐的适当性逻辑权重较高。出于利益计算的考虑，干预他国（如中亚国家和中东国家）反恐事务的确有利于中国的反恐实践，但基于对主权规范的高度认同，中国并没有选择军事介入他国内部的反恐事务。

俄罗斯的情况则相对复杂。在参与反恐合作方面，俄同时参照两种反恐规范：一方面，尽管俄不接受美国主导塑造的西方反恐规范赋予的"追随者"角色和民主说教，但由于该规范认为可以使用任何必要手段打击恐怖主义，能为俄干涉他国反恐事务提供话语支持；另一方面，出于维护国家主权的需要，俄十分支持上合组织的反恐规范，但该规范对俄干涉其他国家的反恐事务构成了阻碍。实际上，两种反恐规范与俄认同的主权规范的匹配程度不是很高。

与中国和俄罗斯不同，中亚成员国拥有规范性参照群体，即俄罗斯。③ 俄罗斯与中亚成员国之间的历史文化渊源颇深，相互视对方为

---

① Oded Lowenheim and Brent J. Steele, "Institutions of Violence, Great Power Authority, and the War on Terror", *International Political Science Review*, Vol. 31, No. 1, March 2010, p. 32.

② Andrew Phillips, "The Wars on Terror, Duelling Internationalisms and the Clash of Purposes in a Post-Unipolar World", *International Politics*, Vol. 50, No. 1, January 2013, p. 78.

③ Mariya Y. Omelicheva, *Counterterrorism Policies in Central Asia*, Abingdon: Routledge, 2011.

"内群成员"。作为苏联的加盟共和国,独立初期中亚国家领导人大都是苏联的政治精英,故中亚国家深受俄罗斯的影响。① 俄罗斯得到了中亚成员国(尤其是各国民众)较高程度的认同,② 如 1991—2005 年任吉尔吉斯斯坦总统的阿卡耶夫将俄视为第二故乡。③ 俄在苏联解体后一直为中亚各国提供一种"苏联式身份"的认同,中亚国家程度不一地肯定苏联在各国历史中所扮演的角色。此外,多数中亚国家认为,俄及其主导建立的国际组织是中亚国家安全的主要保护者,④ 故俄建立的地区组织及地区外交政策受到部分中亚成员国的支持。例如,中亚国家程度不一地对俄参与俄格战争表示理解,也对俄提出的建立欧亚经济联盟的倡议予以响应。⑤

出于对美国施加的民主压力的不满,中亚成员国更加认同俄罗斯的"主权民主"概念而非美国宣扬的自由民主理念。⑥ 同样受到"苏联思维"的影响,⑦ 中亚成员国更倾向于接受俄罗斯所提倡的反恐规范。当然,经过多次参与上合组织框架内的反恐合作以及对"上海精神"的认同,中亚成员国已处于"上海化"(Shanghaied)的进程

---

① Martha B. Olcott, *Central Asia's Second Chance*, Washington, D. C.: Carnegie Endowment for International Peace, 2005, p. 3.

② 除参考相关调查的统计外,笔者还对本单位(兰州大学)来自中亚各国的留学生进行了调查访问,相比包括中国和美国在内的其他国家而言,他们更认同俄罗斯。

③ Mariya Y. Omelicheva, *Counterterrorism Policies in Central Asia*, Abingdon: Routledge, 2011, p. 37.

④ Raffaello Pantucci and Li Lifan, "Shanghai Cooperation Organization: Not Quiet the New Silk Road", September 2013, The Diplomatic (https://thediplomat.com/2013/09/shanghai-cooperation-organization-not-quite-the-new-silk-road-2/).

⑤ 根据 2015 年的统计,中亚国家的民众普遍支持各国加入欧亚经济联盟,其中,哈萨克斯坦和吉尔吉斯斯坦的民众支持率高达 80% 和 86%。参见《80%哈民众支持国家加入欧亚经济联盟》,2015 年 10 月,中华人民共和国商务部网站(http://www.mofcom.gov.cn/article/i/jyjl/e/201510/20151001144481.shtml)。

⑥ Mariya Y. Omelicheva, *Counterterrorism Policies in Central Asia*, Abingdon: Routledge, 2011, p. 38.

⑦ Roger N. McDermot, Countering Global Terrorism: Developing the Antiterrorist Capabilities of the Central Asian Militaries, Strategic Studies Institute, 2004.

中。① 有学者称，中国正使用其"规范性权力"②让中亚国家了解什么是合理的行为，并让中亚成员国对中国模式产生兴趣。③ 上合组织成员国对以"上海精神"为主导的反恐理念的接受，导致成员国在反恐过程中面临一种理念竞争的现象，即美国宣扬的西方反恐规范与俄中两国基于"主权民主"和"上海精神"的反恐规范的竞争。在这种竞争中，上合组织中亚成员国更认同后者。

综上所述，相比美国在反恐过程中赋予的上合组织成员国的"追随者"的角色，它们更倾向于接受上合组织赋予的平等反恐合作伙伴的角色。对于实力较为弱小的中亚成员国而言，原因主要有两个方面：一方面，中亚成员国认同上合组织的反恐规范；另一方面，出于对"内群成员"俄罗斯的较高认同，接受俄赋予的角色相对而言更易使它们获得"我们感"。事实上，中亚成员国的内部反恐建设，主要模仿的是俄罗斯的反恐实践，如出台反恐法律、界定恐怖主义组织、建立反恐机制以及参加部分俄参与的反恐合作。④ 种种迹象表明，上合组织成员国的反恐合作具有较高的规范化程度，但这种规范与美国主导塑造的西方反恐规范有一定差异。这是国际反恐规范破碎化现象的部分体现。

第四节　上合组织成员国反恐的后果性逻辑

当明晰上合组织成员国反恐中适当性逻辑的大致权重，可有助于对各国反恐行为中后果性逻辑的权重进行把握。大体而言，中国反恐的适当性逻辑的权重最高，相应地，其后果性逻辑的权重相对较低。

---

① Emilian Kavalski, "Shanghaied into Cooperation: Framing China's Socialization of Central Asia", *Journal of Asian and African Studies*, Vol. 45, No. 2, March 2010, p. 132.

② Ian Manners, "Normative Power Europe: A Contradiction in Terms?" *Journal of Common Market Studies*, Vol. 40, No. 2, February 2002, pp. 235 – 258.

③ Chih-yu Shih, *The Spirit of Chinese Foreign Policy: A Psychocultural View*, New York, NY: St Martin's Press, 1990, pp. 21 – 25.

④ 下文关于后果性逻辑的论述将涉及中亚成员国的反恐建设，故在此不展开讨论。

遵循类似的判断方式，俄罗斯反恐的后果性逻辑的权重高于中国，但低于中亚成员国，吉尔吉斯斯坦的后果性逻辑的权重最高。后果性逻辑的主导机制是基于成本—收益计算的战略权衡，在考虑功利性参照群体的同时，又涉及强制、报偿和竞争三种具体机制。下文将提供相关依据以验证该判断。

（一）中国反恐的后果性逻辑依据

在上合组织成员国中，中国反恐动机中后果性逻辑的权重最低。不过，这并不表示中国反恐的行为动机由适当性逻辑主导。实际上，中国反恐动机中同样有重要的后果性逻辑因素。大体而言，后果性逻辑与适当性逻辑在中国反恐行为中的作用大致可区分为：后果性逻辑影响中国多数具体反恐实践，但适当性逻辑为中国的反恐划定了"道德底线"，即要求反恐实践在秉持"不干涉原则"的前提下进行。中国遵循后果性逻辑的反恐实践体现为：在国内打击"三股势力"时，致力于以较小的代价最大限度地打击"东突"等"三股势力"的气焰；在国际层面，中国通过上合组织框架内的合作，与其他上合组织成员国在反恐问题上进行了多年合作，有效地削弱了国内"三股势力"与中亚地区"三股势力"之间的各种联系。[1] 在上合组织框架内，中国反恐的主要利益在于，维护包括新疆在内的西北地区的安全与稳定，以保障国家领土主权完整和民众安全。

在国内层面，中国的反恐实践主要根据恐怖主义形势的变化而进行有针对性的应对，而非盲目跟随美国"全球反恐战争"的步调。20世纪90年代以来，"东突"分裂主义势力开始威胁新疆地区的安全。1990年4月阿克陶县巴仁乡发生的暴乱事件，被认为是"东突"势力重新活跃的标志。[2] 在这一时期，为应对非传统安全威胁，中国

---

[1] Emilian Kavalski, "Partnership or Rivalry Between the EU, China and India in Central Asia: The Normative Power of Regional Actors with Global Aspirations", *European Law Journal*, Vol. 13, No. 6, October 2007, pp. 839–856.

[2] 潘光：《新安全观与中国的反恐战略》，《毛泽东邓小平理论研究》2004年第4期。

提出以"互信""互利""平等""合作"为核心的新安全观作为国家反恐的理论基础。①"9·11"事件后,鉴于恐怖主义的威胁日益上升,中国也开始加强自身的反恐建设。2002年1月1日,中国谴责"东突"势力策划实施的暴恐活动,同年10月11—12日,中国又与吉尔吉斯斯坦举行了代号"演习-01"的双边反恐军演。2003年12月15日,中国公安部将"东突厥斯坦伊斯兰运动""东突厥斯坦解放组织""世界维吾尔青年代表大会"和"东突厥斯坦新闻信息中心"正式认定为恐怖主义组织。中国还建立了国家反恐怖工作协调小组和公安部下设的反恐怖局等机构。由于恐怖主义对中国国家领土主权完整和国民安全构成了严峻挑战,基于战略权衡的考虑,中国反恐机制的建设在较短时间内取得了明显成效。

在国际层面,中国参与国际反恐合作也有明显的利益考虑。就双边合作而言,中国与俄罗斯、美国、中亚国家、英国、印度及巴基斯坦等许多国家都开展了反恐合作。以美国为例,尽管中国对西方反恐规范认同程度较低,但出于改善国家周边安全形势的考虑,2001年10月,中国封锁了与阿富汗之间的边界,为美国在阿军事行动提供帮助。②此后,出于对反恐等共同利益的考虑,中美之间较为松散的反恐合作关系得以维持和发展。③两国的合作主要包括举行双边反恐谈判、签署反恐协议、情报共享以及建立反恐交流与合作机制。

就多边合作而言,除积极参与联合国、亚太经合组织及东盟等全球性或地区性组织开展的反恐合作外,中国参与国际反恐合作的主要平台是上合组织。以国家主义的视角观之,中国对上合组织的利益需求有以下几点:打击国内外的"三股势力"、维持边界稳定、开拓能

---

① "合作"一词后改为"协作"。
② 潘光:《新安全观与中国的反恐战略》,《毛泽东邓小平理论研究》2004年第4期。
③ [美]安东尼·科德斯曼:《中美在中东和中亚地区的反恐合作——在求索中前进》,刘春梅译,《国际政治研究》2012年第1期。

源市场、促进西部地区的经济发展以及增强地区和全球影响力。[①] 这些利益并非相互区隔，而是一种相辅相成的密切联系，获得其中一方面的利益有助于促进其他方面利益的实现。中国积极推进上合组织的反恐建设进程，如举办并参加上合组织框架内的联合反恐军演、推动成立上海合作组织地区反恐怖机构，不仅有助于满足中国反恐的利益需求，也能够为满足其他利益需求提供保障。由此可知，中国参与国际反恐合作付出的成本明显小于获得的利益，其行为符合后果性逻辑的考虑。

基于后果性逻辑，中国的反恐建设同样参照了联合国等功利性参照群体的反恐举措。在不违背"不干涉原则"的前提下，能够为中国的反恐实践提供经验和实际支持的国家或国际组织，均可被中国视为功利性参照群体，如基于减少选择成本和提升反恐能力的竞争机制，中国的反恐实践或多或少对美国、联合国等国家和国际组织的反恐举措有所借鉴。在此过程中，中国未对其他国家使用过明显的强制手段。不过，中国却时常受到来自美国的民主批评和人权问题"双重标准"的苛求。美国的这种行为，不仅有损中国的国家声誉，而且为美国干涉中国内政提供了借口。面对这种消极后果，中国自然不满美国的这种行径。

（二）俄罗斯反恐的后果性逻辑依据

与中国相比，在俄罗斯的反恐行为中后果性逻辑的权重较高。20世纪90年代的两次车臣战争，使俄非常重视恐怖主义的威胁，并加速推进国家反恐机制建设。"9·11"事件后，俄进一步加强了自身的反恐建设。在反恐法律方面，2006年3月6日，俄通过《抵制恐怖主义法》以取代1998年的联邦法律《俄罗斯联邦反恐怖主义法》，完善了关于恐怖主义的法律界定、反恐使用武力的合法性并制定了一

[①] Jing-Dong Yuan, "China's Role in Establishing and Building the Shanghai Cooperation Organization (SCO)", *Journal of Contemporary China*, Vol. 19, No. 67, November 2010, pp. 855–869.

系列反恐措施。值得一提的是，该法律授权总统无须通过联邦议会可直接使用军事力量打击国内外的恐怖主义势力及其活动。在反恐机制方面，2003年之前俄反恐事务均由联邦安全局主导，此后则由联邦内务部掌控，但二者间的协调问题一直未得到有效解决，从而阻碍了俄罗斯反恐实践的推进。2006年2月15日，俄成立新的联邦反恐委员会，涵盖了联邦内务部在内的17个机构，用以协调所有联邦层面的反恐政策和措施。2010年4月俄在北高加索联邦区成立了一支长期反恐工作组。俄参与反恐的机构还有国防部、外交部、对外情报局、通讯部、联邦紧急状况部及联邦金融监察局等。[1]

在国际层面，俄罗斯的反恐具有很强的工具主义色彩。就双边合作而言，俄的合作对象包括中国、美国、欧盟、东盟及委内瑞拉等国家。以美国为例，20世纪90年代，美国对俄的反恐实践基本持否定态度，并不断指责俄在反恐过程中侵犯人权。作为回应，俄也指责美的反恐实践是奉行全球单边主义的霸权主义行为。"9·11"事件后，俄美关系得到改善。俄不仅为美"全球反恐战争"提供外交支持，并且对美驻军中亚的行为表示默许，还与美进行实质性的反恐合作，如向美提供反恐情报、提供阿富汗北方联盟的相关信息、成立北约与俄罗斯理事会、与北约举行反恐军演。[2] 俄态度的改变主要基于战略权衡。中亚一贯被俄视为"传统势力范围"，俄尝试"休克疗法"失败后便一直致力于经营中亚。默许美军事力量进入中亚，不仅不利于重塑俄的大国形象，而且有损俄在中亚的战略利益。然而，俄配合美反恐战争也取得了不少收益，如借助美力量打击"基地"组织、削弱中亚地区的恐怖主义势力，提升自身在反恐问题上的国际影响力，以及缓解与美紧张关系。

就多边合作而言，俄罗斯参与的国际反恐平台主要有独联体、集体安全条约组织与上合组织。俄参与独联体及其集体安全条约组织框

---

[1] 戴艳梅：《俄罗斯反恐机制研究》，《俄罗斯中亚东欧研究》2012年第5期。
[2] 刘勇为、崔启明：《俄罗斯反恐的国际合作》，《俄罗斯研究》2008年第6期。

架内的反恐合作，不仅致力于维护周边稳定，而且还可以主导中亚的反恐实践以追求地缘战略利益。① 在独联体的框架内，俄于1999年主导出台了《独联体成员国关于打击恐怖主义的合作协定》，并于2000年6月主导成立了独联体反恐中心。此外，俄还与其他独联体成员国展开反恐立法合作，在组织框架内制订年度反恐计划，并定期举行反恐军演。而俄罗斯参与上合组织框架内的反恐合作至少有两个方面的收益：一是利用上合组织和中国平衡美国在中亚的影响力；② 二是利用上合组织抵制来自西方的人权和民主批评。③ 相比之下，俄所需付出的成本只涉及提供经费、参与反恐军演等方面，明显小于获得的收益。

　　基于后果性逻辑，那些明显有助于俄罗斯推进反恐工作的国家或国际组织，同样被俄视为功利性参照群体。正因如此，俄反恐实践对美国、联合国等也有不同程度的借鉴。与中国不同的是，俄在反恐过程中对中亚国家实施了明显的强制和报偿策略，即俄依靠自身实力，要求中亚国家在反恐政策上与其保持基本一致，并给予各国以军事保护、经济援助及技术支持等方面的补偿。一旦不能如愿，俄则予以惩罚，如减少油气购买量或经济援助，甚至支持各国反对派力量。俄的强制和报偿策略，是典型的基于理性考虑的利益计算。与此同时，俄又面临来自西方的强制与报偿措施，强制性惩罚如美国对俄持续的民主和人权批评以及附带的经济制裁，至于美国提供的相应报偿则是，俄若做出妥协便停止对俄的经济制裁。俄基于战略权衡对美国的提议予以拒绝。在干预叙利亚反恐事务的过程中，就巴沙尔是否应该离任的问题，俄美立场针锋相对。事实上，俄因北约东扩等问题曾数次面

---

① Pavel K. Baev, "Instrumentalizing Counterterrorism for Regime Consolidation in Putin's Russia", *Studies in Conflict & Terrorism*, Vol. 27, No. 4, July 2004, pp. 337–352.

② Marc Lanteigne, "In Medias Res: The Development of the Shanghai Co-Operation Organization as a Security Community", *Pacific Affairs*, Vol. 79, No. 4, Winter 2006/2007, p. 613.

③ Thomas Ambrosio, "Catching the 'Shanghai Spirit': How the Shanghai Cooperation Organization Promotes Authoritarian Norms in Central Asia", *Europe-Asia Studies*, Vol. 60, No. 8, October 2008, p. 1322.

临来自美国等西方国家对其实施的经济制裁,但俄并未做出明显的妥协。需要指出的是,俄后果性逻辑的限制条件仅限于外部行为体不对俄内部事务进行干预。

(三) 中亚成员国反恐的后果性逻辑依据

在上合组织成员国中,中亚成员国的反恐行为深受后果性逻辑的影响。各国的反恐在很大程度上受到如何有效应对恐怖主义的实际威胁这一考虑的影响。独立之初,中亚成员国对恐怖主义的重视程度不高,直到20世纪90年代末才开始改变这种立场。随着"乌伊运"的猖獗,中亚国家面临的恐怖主义和宗教极端主义威胁加剧。其中,乌兹别克斯坦受到的威胁最为严重。自1998年以来,"乌伊运"便开始在乌境内实施暴恐活动。1999年2月16日,"乌伊运"尝试刺杀卡里莫夫总统,失败后又于同年8月策划推翻卡里莫夫政权,以期建立一个塔利班式的伊斯兰共和国。此后,乌开始推行强硬政策以打击国内恐怖主义和极端主义势力,如对认定为恐怖主义分子的个人判处20—25年有期徒刑甚至死刑。[①] 此后,乌于2000年通过了《加强打击反动极端主义和恐怖主义力度的措施的计划》和《打击恐怖主义法案》,2004年又出台了《打击恐怖主义犯罪活动和融资合法化的法案》,并强化了国家安全局和内务部等负责国内反恐事务机构的职能。

塔吉克斯坦于内战前后便开始意识到激进伊斯兰群体的威胁,内战的经历使塔政府和民众对危及国家安全稳定的恐怖主义和极端主义势力十分敏感。[②] 因此,塔的反恐政策也较为强硬。根据塔刑法规定,涉及恐怖主义的相关惩罚为5年有期徒刑到无期徒刑不等。[③] 塔于

[①] Mariya Y. Omelicheva, *Counterterrorism Policies in Central Asia*, Abingdon: Routledge, 2011, pp. 55 – 56.

[②] Lawrence P. Markowitz, "Tajikistan: Authoritarian Reaction in a Postwar State", *Democratization*, Vol. 19, No. 1, February 2012, pp. 98 – 119; Dov Lynch, "The Tajik Civil War and Peace Process", *Civil Wars*, Vol. 4, No. 4, Winter 2001, pp. 49 – 72.

[③] Mariya Y. Omelicheva, *Counterterrorism Policies in Central Asia*, Abingdon: Routledge, 2011, p. 57.

1997年就出台了《1998—2000年期间加强打击恐怖主义力度的计划》，并加强了对安全部等负责反恐实践的机构的支持力度。由于独立之初受到恐怖主义和极端主义的威胁较小，21世纪之前，哈萨克斯坦的反恐政策相对温和，涉恐行为的惩罚为2—18年有期徒刑。在见证其他中亚成员国涉恐形势持续恶化后，哈逐渐改变了立场，于1999年和2000年分别通过了《打击恐怖主义的措施的法案》和《打击恐怖主义和其他形式的极端主义和分裂主义的计划》。"9·11"事件后，哈对恐怖主义的重视程度明显提升。纳扎尔巴耶夫总统在2005年对民众的讲话中也就恐怖主义、极端主义的威胁与国家政治、经济、安全之间的密切联系作出阐述。① 2006年，哈国家安全委员会协同内部事务与防务部等机构共同负责反恐问题。2011年以来，面对更加严峻的恐怖主义形势，哈加快了反恐机制建设的步伐，2013年将国家安全委员会下辖的反恐中心更名为哈萨克斯坦共和国反恐中心，以统筹全国的反恐实践，同年出台了《哈萨克斯坦反恐活动组织原则》等反恐法律文件，2016年12月通过了《反极端主义和恐怖主义问题相关法律的修订和补充法》，再次加强打击恐怖主义的力度。②

20世纪90年代，吉尔吉斯斯坦虽对俄罗斯及独联体的反恐立场表示支持，但并未将恐怖主义视为严重威胁，故其反恐政策也较为宽容。阿卡耶夫曾表示，"如果不存在一个真正的宗教极端主义问题，为什么我要创造一个？"③ 1999年8月，吉国内出现"乌伊运"武装分子挟持人质的事件。此后，类似的恐怖主义事件接连发生，吉不得不开始重视极端主义和恐怖主义带来的威胁。2002年9月，"乌伊运"宣称要杀死吉国家安全委员会官员米斯尔·阿希尔库洛夫

---

① Nursultan Nazarbayev, "Kazakhstan on the Road to Accelerated Economic, Social and Political Modernization", February 2005 (http://www.akorda.kz/en/addresses/addresses_of_president/address-of-the-president-of-the-republic-of-kazakhstan-nursultan-nazarbayev-to-the-people-of-kazakhstan-february-18-2005).

② 关于哈萨克斯坦近年来的反恐措施与机制建设，参见刘肖岩《哈萨克斯坦恐怖活动态势与治理》，《云南警官学院学报》2017年第4期。

③ I. Rotar, "Interview with A. Akaev", Nesavisimaya Gazeta, July 1999, p.2.

（Misir Ashirkulov）。2002年10月，"乌伊运"宣称要推翻中亚各国的世俗政权。① 2002年12月，"乌伊运"与"东突"合作策划了比什凯克服装市场的爆炸事件。面对不断加剧的恐怖主义威胁，吉也开始加强反恐机制建设，1999年和2000年分别出台了《打击恐怖主义的法案》和《打击恐怖主义和其他形式的极端主义和分裂主义的国家计划》。2003年11月26日，吉对"乌伊运""基地"及"伊扎布特"等组织颁布禁令。2006年，吉正式出台了《反对恐怖主义的行动法》。此外，吉赋予国家安全局及内务部等负责反恐的主要机构以更多职责。近年来，吉对待恐怖主义的政策日趋强硬，如对涉恐人员处以罚款、8—25年有期徒刑或死刑等处罚。②

有观点认为，中亚国家面临的恐怖主义实际威胁一般比政府宣称的要小。③ 各国夸大恐怖主义的威胁主要有以下几重目的：（1）将国内反对势力界定为恐怖主义，方便对其进行打击；（2）使民众的目光转向恐怖主义，从而忽略国家政策在某些领域的失败；（3）获得他国或国际组织的反恐支持，如允许美国驻军以换取经济资源和美国的援助。毋庸置疑，夸大恐怖主义的威胁带来了一些负面影响，如不利于吸引外来投资、影响民心安定、妨碍旅游业的发展等。④ 不过，总体而言，中亚成员国参与国际反恐合作获得的收益大于付出的成本。基于后果性逻辑的考虑，反恐行为有助于维护政权稳定，这是中亚成员国参与国际反恐合作的最大收益。

---

① Zamira Eshanova, "Central Asia: Are Radical Groups Joining Forces?" *Eurasia Insight*, October 2002.

② Mariya Y. Omelicheva, *Counterterrorism Policies in Central Asia*, Abingdon: Routledge, 2011, p. 55.

③ Bartuzi Wojciech, Grzegorz Zasada and Marceli Zygala, "Central Asia after September 11, 2001 – Political Islam Draws Back", *Islam in Central Asia-CES Research Program*, December 2002; Mariya Y. Omelicheva, *Counterterrorism Policies in Central Asia*, Abingdon: Routledge, 2011, p. 70; Michael Mihalka, "Counterinsurgency, Counterterrorism, State-Building and Security Cooperation in Central Asia", *China and Eurasia Forum Quarterly*, Vol. 4, No. 2, 2006, p. 132.

④ Richard Weitz, "Storm Clouds over Central Asia: Revival of the Islamic Movement of Uzbekistan (IMU)?" *Studies in Conflict & Terrorism*, Vol. 27, No. 6, November 2004, pp. 518 – 519.

就参与国际反恐合作而言，中亚成员国奉行的是多边平衡外交政策，战略权衡的色彩同样十分浓厚。在双边合作层面，各国的合作伙伴包括俄罗斯、美国、中国、欧洲国家及印度等众多国家。以美国为例，中亚成员国早在独立初期就开始与美国建立合作关系，并获得了美国提供的诸多经济援助。此外，除塔吉克斯坦外的中亚国家于1994年（塔于2002年加入）即已加入北约的"和平伙伴关系计划"，并参与了1997年、1998年和2000年的"计划"演习。[1] "9·11"事件后，各国允许美国军事力量进驻中亚，双方合作关系进入蜜月期，乌兹别克斯坦更成为美国在中亚地区最重要的战略伙伴。然而，"郁金香革命"和安集延事件发生后，这种关系发生了改变。中亚成员国普遍担忧"颜色革命"危及政权稳定，于是在2005年的上合组织阿斯塔纳峰会上一致要求美军撤离中亚，乌与美国之间的密切关系也出现逆转。由于哈萨克斯坦对政权发生动荡的担忧较小，因此，基于共同的战略需要，哈美关系取得了明显进展，哈取代乌成为"美国在中亚的战略伙伴"。[2]

在多边合作层面，中亚成员国参与的反恐合作，主要是在独联体集体安全条约组织与上合组织的框架内。加强与俄罗斯及其主导的国际组织的反恐合作是中亚成员国的优先选择，如吉尔吉斯斯坦政府就曾表示，加强与俄的多方面联系是吉的长期战略。[3] 其他各国同样从参与各种多边组织的反恐合作中获益甚多。以上合组织为例，中亚成员国参与上合组织的反恐合作主要可以获得以下收益：第一，由于打击"三股势力"是上合组织的核心议程之一，参与上合组织的反恐合作有助于维持各国的国内安全；第二，以一种平等合作伙伴而非追随者的身份参与国际反恐合作，可以获得政治合法性与来自中俄两个

---

[1] Ehsan Ahrari, "The Strategic Future of Central Asia: A View from Washington", *Journal of International Affairs*, Vol. 56, No. 2, Spring 2003, p. 163.

[2] Vladimir Socor, "U. S. Reviewing Options in Central Asia", *Eurasia Daily Monitor*, Vol. 2, No. 153, August 2005.

[3] Michael A. Weinstein, "Kyrgyzstan at the Crossroads", *The Power and Interest New Report*, January 2005.

大国的尊重,以及更多的国际影响力;① 第三,获得上合组织及(或)中国的外交支持,不仅有利于推进各国的反恐进程,还能够借此抵御来自西方的人权和民主批评;② 第四,视中国及上合组织为多边平衡的工具,不仅可以借此平衡俄罗斯在中亚事务上的影响,③ 而且能削弱来自美国及其他西方国家的民主和人权压力;第五,借助与中国反恐合作的机会加强与中国的经济联系,以期获得来自中国的经济资源,尤其是在投资和基础设施建设方面。不过,中国在中亚地区影响力的持续扩大,被中亚成员国视为面临的风险。④ 为此,中亚成员国寄希望于借助俄罗斯等行为体的力量平衡中国。总体而言,对中亚成员国来说,参与上合组织框架内反恐合作的收益是十分可观的。

中亚成员国在反恐事务上的双边和多边合作对象,均是各国在反恐问题上的功利性参照群体。基于竞争机制,中亚成员国对这些合作对象的反恐行为都有所借鉴。其中,各国对俄罗斯的借鉴最为明显,如哈萨克斯坦和吉尔吉斯斯坦于 1999 年出台的反恐法律,明显参照了俄 1998 年通过的反恐法律。尽管获益甚多,但中亚成员国在与其他国家进行反恐合作时面临的风险也不容忽视。一方面,各国面临的来自俄罗斯和美国的强制和报偿手段同时并存,俄罗斯既施加政策压力,也提供经济支持与安全保护,而美国既有人权、民主批评,也有经济援助。各国出于安全和经济等方面的利益需求,时常会对俄美做

---

① Roy Allison, "Virtual Regionalism, Regional Structures and Regime Security in Central Asia", *Central Asian Survey*, Vol. 27, No. 2, June 2008, p. 196; Teemu Naarajärvi, "China, Russia and the Shanghai Cooperation Organisation: Blessing or Curse for New Regionalism in Central Asia?" *Asia Europe Journal*, Vol. 10, Nos. 2 – 3, July 2012, p. 124.

② Stephen Aris, "The Response of the Shanghai Cooperation Organisation to the Crisis in Kyrgyzstan", *Civil Wars*, Vol. 14, No. 3, September 2012, p. 454.

③ Roy Allison, "Virtual Regionalism, Regional Structures and Regime Security in Central Asia", *Central Asian Survey*, Vol. 27, No. 2, June 2008, p. 195.

④ Elizabeth Wishnick, "China's Challenges in Central Asia: Fallout from the Georgian War, the Financial Crisis, and the Xinjiang Riots", *PONARS Eurasia Policy Memo*, No. 73, 2009, p. 5.

出妥协，有时甚至不惜牺牲部分国家主权以换取支持。另一方面，哈萨克斯坦、塔吉克斯坦和吉尔吉斯斯坦也受到来自乌兹别克斯坦的压力。乌一度指责吉、塔为恐怖主义势力提供安全庇护所，认为哈、吉的反恐政策过于软弱，并以中断向吉、塔供应油气资源相威胁。根据自身的实力，各国的应对明显不同。其中，哈、塔不接受乌的胁迫，而吉则为获得油气资源选择性地对乌的要求做出让步。[①] 由此可见，在不危及国家政权稳定的前提下，中亚成员国反恐受到后果性逻辑的诸多影响。

第五节 结语

根据本章的考察，上合组织成员国反恐的行为动机以后果性逻辑为主，其中中亚成员国最高，俄罗斯次之，中国较低。上合组织成员国在反恐问题上的行为逻辑，是上合组织框架内成员国合作行为逻辑分布的缩影，可将以上结果扩展至上合组织的安全合作领域。换言之，成员国参与上合组织安全合作主要是由后果性逻辑所主导，而适当性逻辑的影响有限，这在很大程度上阻碍了上合组织安全合作的深入发展。实际上，上合组织以反恐为重心的安全合作仍处于较低层次，具体体现在如下方面：

第一，尽管上合组织业已发布不少涉及安全合作的宣言和法律文件，但具体落实却较为缓慢，许多仍停留在书面或起步阶段。[②] 虽然这些宣言或法律文件不断强调打击"三股势力"及联合应对其他安全威胁的必要性，并确立了相关的宗旨、原则、方向、合作方式及落

[①] Mariya Y. Omelicheva, "Convergence of Counterterrorism Policies: A Case Study of Kyrgyzstan and Central Asia", *Studies in Conflict & Terrorism*, Vol. 32, No. 10, February 2009, p. 898.

[②] 赵华胜认为，上合组织的许多规划和项目都还停留在书面状态或理论阶段，即宣言多，实际结果少。参见赵华胜《上海合作组织：评估与发展问题》，《现代国际关系》2005年第5期。

实机制，但整体而言，上合组织应对突发安全事件的能力较弱，① 安全合作的形式化色彩浓厚，实质性合作较少。

第二，上合组织的安全合作机制建设有待完善。以反恐为例，在上合组织出台的反恐法律文件中，涉及反恐刑事司法合作及保障人权的内容较少，② 对恐怖主义手段和范围等的界定与部分成员国的界定存在一定差异。③ 同时，上合组织的反恐预警机制、反恐监督机制及反恐决策机制均有待建立或完善，上合组织反恐法律机制与成员国立法、司法制度的对接也存在问题，导致上合组织制定的法律条文在部分成员国难以落实。④ 而就上合组织地区反恐怖机构而言，该机构存在人员与经费均不足的问题，活动也受到很大限制。个别西方学者甚至视其为一个"清谈馆"，而非有效运转的功能性机构。⑤

第三，在上合组织的安全合作中，反恐合作在很大程度上停留在演习阶段，反恐协调与联合应对能力有限。⑥ 上合组织十分重视对国家主权的维护，"不干涉原则"是各国开展安全合作的宗旨，客观上对各国的反恐合作构成了牵制。受此影响，针对各国发生的恐怖主义事件，如中国的"七五事件"和乌兹别克斯坦的安集延事件，上合组织仅为各国政府提供外交支持，并不介入各国的反恐实践，这无疑削弱了上合组织反恐合作所取得的成效。此外，在上合组织举行的多

---

① 在应对突发安全威胁时，如"9·11"事件和2010年吉尔吉斯斯坦动荡，上合组织所持的谨慎态度和有限作为都凸显出其行动能力不足的缺陷。有国外学者甚至认为，上合组织没有应对此类突发事件的能力。参见 Sean Yom, "Power Politics in Central Asia", July 2002, Foreign Policy in Focus (http://fpif.org/power_politics_in_central_asia/); Stephen Aris, "The Response of the Shanghai Cooperation Organisation to the Crisis in Kyrgyzstan", *Civil Wars*, Vol. 14, No. 3, September 2012, pp. 451 – 476。

② 刘猛：《〈反恐怖主义法〉视域下中国的反恐国际合作》，《山东大学学报》（哲学社会科学版）2017年第2期。

③ 陈效飞：《上海合作组织反恐合作研究》，硕士学位论文，吉林大学，2015年，第40页。

④ 同上。

⑤ Thomas Wallace, "China and the Regional Counter-Terrorism Structure: An Organizational Analysis", *Asian Security*, Vol. 10, No. 3, September 2014, pp. 199 – 220.

⑥ 赵华胜：《对上海合作组织发展前景的几点看法》，《国际问题研究》2006年第3期。

边反恐军事演习中，除"和平使命-2007"外，乌兹别克斯坦均未参加，这说明在参加联合反恐行动方面，上合组织仍有许多工作要做。为深化上合组织的安全合作，需要做到以下几点：

首先，继续坚持以"不干涉原则"为核心的"上海精神"。"上海精神"是指导上合组织开展各项合作的"原则性信念"，是关乎组织根本性质的规范，也是上合组织区别于其他国际组织的标签。上合组织应始终秉承"上海精神"，否则不仅不利于上合组织的安全合作建设，还将对组织产生灾难性的影响。

其次，在坚持"上海精神"的基础上，当前上合组织要设法"放低身段"和"改变行为"。所谓"放低身段"，是指上合组织需进一步明确自身的定位，继续以安全合作为发展的基础和主要方向，不应大包大揽。随着上合组织政治、经济、人文等领域的合作实践持续深入，试图在多领域同时取得显著成效的观念开始出现。然而，上合组织的行动能力与资源有限，急于求成只会适得其反，这样既违背了上合组织维护地区安全的初衷，也不利于上合组织的长远发展。

"改变行为"则需要加强上合组织安全合作领域内技术层面的合作。在不断完善上合组织安全合作机制建设的同时，还要保证这些机制的功能得到充分发挥。当前无论是在研究层面还是在实践层面，人们往往过多关注上合组织的性质与战略意义，而较少关注组织的功能性日常活动。[1] 上合组织本质上应当是一个功能性组织，在不损害成员国国家主权的前提下，它应尽可能服务于维护地区安全的使命并满足成员国在经济合作等方面的其他合理需求。[2]

最后，"放低身段"和"改变行为"并不意味着偏废其他领域的合作。事实证明，不仅经济领域的合作效益会外溢至政治领域，[3] 各

---

[1] Thomas Wallace, "China and the Regional Counter-Terrorism Structure: An Organizational Analysis", *Asian Security*, Vol. 10, No. 3, September 2014, p. 199.

[2] David Mitrany, "The Functional Approach to World Organization", *International Affairs* (Royal Institute of International Affairs 1944 -), Vol. 24, No. 3, July 1948, pp. 350 - 363.

[3] Ernst B. Hass, *The Uniting of Europe: Political, Social, and Economic Forces, 1950 - 1957*, Stanford: Stanford University Press, 1958.

个领域的合作之间均可相互促进。换言之，加强上合组织其他领域的合作，满足成员国部分领域的利益需求，是激发成员国更加积极地参与上合组织安全合作的重要方式。同时，由于沟通往往在调节国家间关系方面起到重要作用，[①] 因此，加强成员国间的人文交流合作能够增强各国间的信任，进而促进上合组织的长远发展。

随着恐怖主义的威胁日益严峻，"丝绸之路经济带"建设的不断推进，以及印度和巴基斯坦的加入，当前上合组织的发展模式可以总结为：以安全合作为基础和主导方向，与以"发展对接"为共识的经济合作并行，以人文合作为纽带，以拓展对外关系为抓手。安全、经济、人文与对外关系"四轮驱动"虽在原则不可偏废，但鉴于上合组织成立的初衷和当前的形势，安全合作仍将是上合组织未来发展的主导方向。此外，在国际无政府状态下，成员国主要基于后果性逻辑行事，不可避免地出现或多或少的不信任与权力斗争现象，进而对上合组织的长远发展产生消极影响。由于改变国家的行为动机是一个缓慢且艰难的过程，故上合组织的当务之急在于，在保证成员国秉承"上海精神"的前提下，尽量满足成员国在各领域的合理利益需求。唯其如此，才能逐渐使成员国在合作过程中深入内化"上海精神"，促使它们更多地由适当性逻辑而非后果性逻辑来主导反恐等国际行为。不仅如此，加快上合组织的安全合作，也就能为中亚成员国的国家建设和社会转型赋予重要的助力。

本章对成员国在上合组织框架内安全合作的讨论，主要局限于上合组织扩员前的情况。印度与巴基斯坦加入上合组织后，无论是组织本身还是成员国对组织的期待均会发生变化。由于上合组织的发展主要受到组织中大国的影响，而印度作为一个大国的加入，很有可能会改变组织的发展动力。鉴于此，下章我们将视角重新放在组织中的大国身份，集中讨论扩员后中俄印三国在组织内可能形成的不同互动模式及对组织发展可能产生的影响。

---

① John Burton, *World Society*, Cambridge: Cambridge University Press, 1972.

第七章　扩员后中俄印在上海合作组织内的可能互动模式

　　2017年6月在哈萨克斯坦首都阿斯塔纳举行的上海合作组织峰会正式接受印度与巴基斯坦为成员国。这标志着上合组织在成立16年后已初步完成了机构建设、制度化建设和多边合作框架建设等初级阶段的任务，向成员扩充、议程扩展及合作深化的阶段迈进。同时，它也意味着中国、俄罗斯、印度首次同处于一个地区性国际组织之中。本章旨在通过逻辑推演，分析中、俄、印三国在上合组织内可能发展出的四种互动模式以及它们的制度内涵、表现形式和实现可能。本章结构安排如下：第一节评估当前中外学界对中俄印三边关系的研究成果。第二节选取俄中关系与俄印关系的对比和中印关系的状态作为两个基本变量，构建出一个初步的分析框架。第三节对可能互动模式的制度内涵、在上合组织内的具体表现及溢出效应展开详细分析。第四节则基于各成员国在上合组织内的利益诉求，分析它们对三国可能互动模式的不同偏好。第五节结合成员国偏好与中俄印关系的现状等，初步判断三国在上合组织内最有可能形成何种互动模式。最后，本章将对中国应该如何应对上合组织扩员后的新形势与新挑战，以保障上合组织的稳定与中国在上合组织内合理利益提供相应的政策建议。

第一节　问题的提出

同处上合组织为中、俄、印的三边互动创造了一个历史性契机。在此背景下，自冷战结束后便在政策及学术层面引发热议的中俄印"战略三角"概念，重新进入国际战略研究界的视野。自 1998 年俄罗斯总理普里马科夫首次提出中俄印"战略三角"一词，这一地缘战略构想就进入三国官方话语中，成为相关政策宣示和战略筹划的一部分。但三国之间的实质合作进展缓慢，其中一个重要原因是没有一个制度性的合作平台。三国既缺乏建立该平台所必需的高度政治互信，也顾及这个平台可能触动域外大国的神经而为自己带来更大的战略压力。上合组织此次扩员，为中俄印提供了一个现成的三边互动场所。三国将在其他成员国的见证下，以上合组织的多边框架为制度平台，以上合组织的规章制度为行为准则，以上合组织的议程与项目为现实载体，进行多层次、多领域和高质量的互动。这种互动还将产生外溢效应，对三国在地区和全球层面的关系产生深远影响。

有关中俄印建立某种"三角"关系的构想最早可追溯到列宁。他从世界革命的角度，提出过苏联、中国与印度进行联合的构想，认为三国合作将对未来世界产生"决定性影响"[①]。20 世纪 50 年代中期，这种三角关系一度具备变为现实的诸多必要条件。苏联此时与中国处于蜜月期，为印度提供的大量援助则奠定了此后半个多世纪的苏（俄）印友好的基础。印度也致力于发展对华友好，不仅与中国共同提出和平共处五项原则，尼赫鲁还力邀中国参加万隆会议。1955 年 5 月尼赫鲁访苏期间，苏联总理布尔加宁正式提出关于苏、印、中三边关系的整体构思，称三国"彼此存在友好关系"，[②] 尼赫鲁也表示认同。虽然随后中国与苏联及印度关系的恶化中断了这一进程，但关于

[①] 参见《列宁选集》第 4 卷，人民出版社 1995 年版，第 796 页。
[②] "Talk with N. A. Bulganin, Moscow, 8 June 1955", *Selected Works of Fawaharlal Nehru*, Second Series, Vol. 29, DelhiL: Oxford University Press, 2003, p. 208.

"亚洲大三角"①的理念并未完全从俄罗斯的战略视野中消失。1998年,时任俄罗斯总理的普里马科夫在访印时重提俄印中"战略三角"(Strategic Triangle),②象征着该理念在当代国际关系中的重新登场。

普里马科夫这一表态,在西方,尤其美国官方与学界引发了强烈反响。美国此时正在全球范围内推行一系列单边主义行动。北约的东扩、1998年年末美英发动对伊拉克的"沙漠之狐"军事行动及1999年科索沃战争,使俄罗斯深感美国霸权主义的压力,中国则因驻南斯拉夫大使馆被轰炸而对此更有切身体会。这三个大国的走近,自然被看作抱团反美。而普里马科夫在其"战略三角"构想中的确强调了其同盟属性,表达了对强有力的中俄印三边关系制约美国霸权主义行为的期待,这更加深了美国的战略焦虑。美国国家情报委员会2000年发表的报告《全球趋势:2015》,正是这种焦虑情绪的典型表现。该报告预测,2015年前后,中、俄、印可能形成一种"制衡美国影响力的地缘战略同盟",③美国将逐渐失去在欧亚大陆甚至亚洲的影响力。

由于美国的激烈反应,且中国与印度并未积极回应俄罗斯的倡议,俄罗斯随即改变策略,淡化三国合作的结盟性质及对抗美国的色彩。2000年10月,普京在出访印度前发表谈话,为俄中印三国合作重新定调,强调俄中印发展关系只是为了保障在亚洲的共同利益,不具有全球性质,这种合作也不会给他国带来威胁。2001年11月,普京与访俄的印度总理瓦杰帕伊会谈时指出,"谈论三个国家形成新的轴心或抑制其他世界集团的一极是不对的",三国合作的目的,"完

---

① Gilles Boquerat and Frederic Grare, eds., *India, China, Russia: Intricacies of an Asian Triangle*, Singapore: Marshall Cavendish Intl, 2004, p. 7.
② Rakesh Krishnan Simha, "Primakov: The Man Who Created Multipolarity", June 2015, Russia Beyond (https://www.rbth.com/blogs/2015/06/27/primakov_the_man_who_created_multipolarity_43919).
③ "Global Trends: 2015: A Dialogue About the Future with Nongovernment Experts", December 2000, U. S. National Intelligence Council (https://www.dni.gov/files/documents/Global%20Trends_2015%20Report.pdf).

全在于拟定对付极端主义和恐怖主义的恰当办法"。① 这种非结盟、非排他性的温和论调，获得了中国与印度的认可，中俄印自此围绕着三边合作关系展开了缓慢且谨慎的探索。从 2002 年起，三国外长在多个国际会议场边进行了三方会晤。2005 年，三国正式建立了三国外长会晤机制，迄今已进行了 16 次（含非正式会晤），发表联合公报 8 份，是三边合作机制化建设最具实质意义的成果。三国首脑则在 2006 年八国峰会期间进行了具有历史意义的三方会谈，虽未建立专门会晤机制，但也形成了借国际会议之机进行场边会晤的常规做法。此外，三国还在金砖国家组织峰会的框架下建立了"三国对话"机制，并于 2016 年启动三国亚太事务磋商机制。除官方交往外，三国在第二轨道上的合作也已初显成效，如三国青年外交官互访，三边学术研讨会及三国科技合作项目等。但整体而言，中俄印的三边合作仍处于谨慎探索阶段，机制建设和具体合作的进展十分有限。②

　　与三边合作的缓慢发展不同，中、俄、印及英语学界对三边关系的评估、预测和研究则显得十分活跃。相关研究虽未成为国际关系研究的核心议题，但在学界始终保持着一定的热度。③ 现有成果大多遵从较为相似的研究路径，即从地缘政治与战略角度，认为中俄印三角关系对地区格局及全球秩序均存在重大意义；随后分析中俄、中印、俄印三对双边关系，以及三国与美国的双边关系；最后基于中印关系的不确定性和三国与美国双边关系的密切性等因素，认为在预见的未

---

① Мария. Стратегический треугольник Москва – Дели – Пекин во внешней политике России（Владивосток: Дальневосточный государственный технический университет. 2009）.

② 陈东晓、封帅：《体系变革背景下的中俄印三边关系：现状、条件及前景》，《国际展望》2016 年第 6 期。

③ 俄罗斯学界关于中俄印关系的代表成果，参见 Яковлев А. Треугольнику Россия-Китай-Индия нужна стратегия дальних рубежей. Проблемы Дальнего Востока. 2002. №5；Сост. А. Ф. Клименко. Шанхайская организация сотрудничества: взаимодействие во имя развития（М: ИДВ РАН, 2006）.

来，中俄印建立密切的"战略三角"关系的可能性不大。① 此外，美国学界的研究还受到一种风险意识的驱动，其大致逻辑认为中俄印暂时很难"抱团"，但它们的走近将对美国在亚洲的利益造成重大冲击，美国对此应有所防备，如使用"楔子"战略、打造"新丝绸之路"计划、启动印太经济走廊及构建在亚洲的双边与多边同盟体系等，来抵消可能的风险。②

除了同质性较高外，现有研究还存在以下几个问题。在分析导向上，侧重论证中俄印"战略三角"的积极意义和可行性，忽视了三国形成其他关系的可能。研究者的着眼点多放在回答"中俄印能不能形成战略三角"这一问题，得出否定的答案后，没有进一步分析三国关系除保持现状外的其他走向。近年来，中俄印政府基于战略环境的需要，对三方合作的热情有所提高，但来自双边冲突与域外大国的干扰也在逐渐显现。因此，三边关系除了保持现状和实现"战略三角"之外，还有很多其他可能性应予以考虑。

在分析层次上，现有研究大多处在宏观的体系层面，很少从地区层面着手。尤其是现有研究没有将三国关系置于具体的议题和组织内，有流于抽象和空洞之虑。当前，地区日益成为国际关系的重要研究视角，从贸易到安全，从气候变化到冲突管理，在国际事务的方方面面发挥着日益重要的作用。巴里·布赞和奥·维弗在研究国际安全结构时也着重强调地区的作用，认为应该更系统地构建"由强势地区

---

① 代表成果参见 Harsh V. Pant, "Feasibility of the Russia-China-India 'Strategic Triangle': Assessment of Theoretical and Empirical Issues", *International Studies*, Vol. 43, No. 1, January 2006; Abanti Bhattacharya, "The Fallacy in the Russia, China Triangle", *Strategic Analysis*, Vol. 28, No. 2, April 2004, pp. 358 – 361; Amresh Chandra, "Strategic Triangle among Russia, China and India: Challenges and Prospects", *Journal of Peace Studies*, Vol. 17, Nos. 2 – 3, April-September, 2010, pp. 40 – 60; 崔继新:《中俄印三边合作的稳定发展及其制约因素》，《俄罗斯中亚东欧研究》2009 年第 4 期。

② "Global Trends: 2015: A Dialogue About the Future with Nongovernment Experts", December 2000, U. S. National Intelligence Council (https://www.dni.gov/files/documents/Global%20Trends_2015%20Report.pdf); Francine R. Frankel, eds., *The India-China Relationship: What the United States Needs to Know*, New York: Columbia University Press, 2004, pp. 280 – 295.

组成的全球秩序"（global order of strong regions）①的概念。因此，观察中俄印三国在欧亚地区与上合组织内的互动及其对三国全球互动的影响，能有效弥补这种分析层次单一的不足，使有关三国关系的研究更加深化和具体化。

在研究方法上，相较于中美俄（苏）、中美日等常见三边关系研究，中俄印三边关系研究仍处于就事论事的初级阶段，即单纯阐述中俄、中印、俄印这三对双边关系及三国与美国的双边关系，然后做简单叠加。涂志明尝试将西方三边关系理论引入中俄印三边关系研究，并对理论进行修正和补充。②但总体而言，现有研究方法很难反映出中俄印关系的复杂性和变化性。因为三边关系不仅是双边关系地简单相加，而是需要为这些双边关系引入多个新的变量。每对双边关系不仅受到另外两对关系性质的影响，还会因另外两对关系的相对关系而变化，所以三边关系的本质是对比和在对比中寻求平衡。相比双边关系的稳定性、约束力和可预期性，三边关系具有更大的"流动性"③，处于一种随时变化的情势之中。如果不将这些因素纳入考虑，对中俄印三边关系的研究将囿于局部视角而无法得出全面或具有前瞻性的结论。

第二节　分析框架的建立

目前中俄印通过三边外长会晤机制、三国元首不定期会谈和金砖国家峰会、东亚峰会、20国集团等非正式多边机制已积累丰富的合作经验，但同处于一个制度性的区域国际组织里还是第一次。研究三国在上合组

---

① Barry Buzan and Ole Waver, *Regions and Powers: The Structure of International Security*, Cambridge: Cambridge University Press, 2004, p. 20.

② 涂志明：《中俄印三角关系：理论、形成条件及其变迁》，《俄罗斯东欧中亚研究》2017年第4期。

③ 对"流动性"及中印美三角关系从20世纪50年代到冷战后变化历程的研究，参见Harry Harding, "The Evolution of the Strategic Triangle: China, India, and the United States", in Francine R. Frankel and Harry Harding, eds., *The India-China Relationship: What the United States Needs to Know*, New York: Cambridge University Press and Woodrow Wilson Center Press, 2004, p. 332.

织的互动，对于人们把握上合组织的发展动力和演进方向非常必要。

首先，上合组织与中俄印三边关系目前均处于发展的关键期，存在着前景上的不确定性。诚然，上合组织的合作领域和影响范围在扩员后将得到进一步巩固和延伸，但它也有可能进入自身发展的"中段陷阱"，① 即在完成初步的规章制度等建设的快速发展后，在推进更具实质意义的合作方面时不仅速度会减缓，而且将遇到效率低下、利益协调等难题。② 与此同时，中、俄、印三边关系随着国际秩序和地区形势的变化而呈现合作升级和竞争加剧并存的局面，合作越深入，竞争越明显，分歧也将越尖锐。此外，上合组织的核心地区——中亚本身也是多方利益交会、大国激烈博弈之地。因此三边在上合组织内的互动将会走向何方，仍是未知数。上合组织是借助现有的经济与安全合作框架，在相关领域内进行紧密互动，逐步加强政治互信，落实经贸合作，最终实现三国在上合组织内的战略协作？抑或在某些重大问题上的观念或利益分歧使三边关系发生一定程度的倾斜，导致某两国走近并制衡另一国？还是出现最坏的情况，即三国现存分歧没有被有效控制，反而在频繁互动时被激化，三国继而在上合组织内展开激烈的利益竞争与主导权争夺，产生分化与对立？目前仍没有答案。扩员后的上合组织将为中俄印提供三边与多边互动的平台，三国在上合组织内形成的权力分配与关系格局又将决定上合组织的走向，而上合组织对这种影响的处理与应对，还将进一步塑造三国互动的结果。

其次，虽然三国在上合组织的互动与全球层面的关系并不存在直接的因果联系，但这种局部经验势必会扩展到上合组织之外，影响三国在其他地区和全球的互动。国际体系理论认为，国家行为体在不同层面的互动具有较强的传递效应。三国在较小的空间范围、较窄的议程领域内进行的互动，将通过一定的机制，传播到其他层面，甚至构成它们在地区和全球互动的基调与动力。三国在金砖国家组织内的密

---

① 杨成：《制度累积与上合、金砖发展的"中段陷阱"》，《世界知识》2015年第15期。
② 同上。

切合作对三边关系的积极影响，就是一个良好的范例。与金砖国家组织相比，上合组织具有制度化程度更高、合作项目更多元、地区主义色彩更明显等特征，三国在上合组织内的互动因此将具有更强的传递性。如果三国在上合组织建立类似"战略小三角"的互动模式，它们在地区和全球层面的三边合作或许也会获得长足进展。同样，如果它们在上合组织内产生严重分歧和对立，三国在其他地区与全球范围内的关系也将不可避免地蒙上阴影。

此外，上合组织这一实体组织也为研究三国互动提供了前所未有的便利。与冷战时期的中美苏关系相比，中俄印关系较为松散，即任何两方关系的变化对第三方利益并不构成直接且显著的影响。因此对三边关系的相关研究只能着眼于宏观、落脚于演绎，难以具化和深入。中俄印三边外长会晤因为没有常设机构和具体合作规划，其象征意义较大，不是一个理想的观察对象。但在上合组织这个务实合作的多边框架内，三国的互动将因遵循特定规章、依托具体机构和项目而具有更强的相关性和不可分割性，更易于被观察和归纳。此外，虽然中俄印三边关系无法摆脱美国这一外部因素的影响，但上合组织在一定程度上能降低美国因素的干扰，三国进行互动时自主性更强，效果也更直接。综上所述，上合组织将成为中俄印继三边外长会晤之后另一个管理三边关系的重要平台。三国在上合组织内的互动，不仅是上合组织研究的前沿问题，也将成为大国关系研究的重要内容，还能为国际关系理论中地区主义研究提供生动的案例。

西方国际关系史上的三边互动实践极为丰富，欧洲各国在威斯特伐利亚体系之后便基于本国利益不断建构正式或潜在的三边关系，又随形势变化而解构或重构新的三角。罗伯特·杰维斯在讨论国际系统中国家议价能力时，简要分析过欧洲历史上各种形态的三角关系及各国在其中的行为方式与利益得失。[1]而当代国际关系理论中的三边关

---

[1] 杰维斯虽未提出关于三边关系的系统性理论，但他总结出三边关系里"中枢"（pivot）国家的重要性，为后来的学者构建三边关系理论奠定了基础。Robert Jevis, *System Effects: Complexity in Political and Social Life*, Princeton: Princeton University Press, 1999, pp. 181 – 191.

系研究，大多由西方学者基于冷战时期中、美、苏三角关系发展而来。英国国际关系学者马丁·怀特以体育竞赛为类比，提出了最早的三边关系四种类型，包括决战型或世界冠军型，即一国击败另外两国位居第一，另两国分属第二与第三；半决赛型，即两国联合击败第三方，两国要么势均力敌，要么是较强一国接着对抗进入体系的新挑战者；首轮比赛型，即三国因互相竞争而耗尽实力，最后被外来者征服；预赛型，结成紧密伙伴关系的两国无法与第三者发生冲突，三角关系消失。① 体育比赛是一种非胜即负的游戏，怀特以此类比三边关系，反映了当时中美苏关系强烈的对抗性和零和性。

随着中美及美苏关系的缓和，洛厄尔·迪特默（Lowell Dittmer）发现了三角关系中的合作性。基于两性关系的意象，迪特默将三边关系分成三种类型，即三人共处型，即三个国家处于对称的友好关系中；罗曼蒂克型，即一个国家处于中枢性位置（pivotal position），与两个侧翼国家保持着不一定完全相等、但大致友好的关系，而侧翼两国之间则呈敌对态势；以及稳定婚姻型，即两个国家构成友好及稳定的友好关系，且分别和第三国形成敌对。② 这种分类随后被广泛地运用于中美俄、中美日与中美欧等三角关系的分析中。美国学者何汉理（Harry Hardin）在迪特默的三分法基础上又补充了一种，他认为三个国家可构成三边合作（all working together），一方协调两方（one mediating the conflicting two），二方反对一方（two against one）以及所有人反对所有人（all against all）这四种类型。③ 英国印裔学者哈什·潘

---

① Martin White, *Systems of States*，转引自涂志明《中俄印三角关系：理论、形成条件及其变迁》，《俄罗斯东欧中亚研究》2017 年第 4 期。
② Lowell Dittmer, "The Strategic Triangle: An Elementary Game-Theoretical Analysis", *World Politics*, Vol. 33, No. 4, July 1981, p. 489.
③ Harry Harding, "The Evolution of the Strategic Triangle: China, India, and the United States", in Francine R. Frankel and Harry Harding, eds., *The India-China Relationship: What the United States Needs to Know*, New York: Cambridge University Press and Woodrow Wilson Center Press, 2004, p. 322. "所有人反对所有人"也被其他学者概括成单位否决型，即第一个行为体与其他两个行为体的关系都极为消极，三方均处于对立之中。参见涂志明《中俄印三角关系：理论、形成条件及其变迁》，《俄罗斯东欧中亚研究》2017 年第 4 期。

特（Harsh V. Pant）还提出了第五种情况，即三国合作以平衡第四方。①虽无法穷尽三边关系所有表现方式，但这五种分类足以覆盖常见的三方互动模式，也为本章提供了分析的基础。

本章通过提出基础变量、建构基础互动模式、应用于上合组织这三个步骤来构建一个初步的分析框架。沙俄与苏联一直是欧亚大陆多组重要三边关系的参与者，拥有管理三边互动并谋求本国利益最大化的丰富经验和熟练技巧，这些外交遗产为俄罗斯所继承。因此在处理与中国及印度关系时，俄罗斯始终保持与两国大致对称的友好关系。②与此同时，俄罗斯在中印发生矛盾时试图扮演平衡者与斡旋者的角色，是典型的中枢国家。如果仍按旧有路径，直接基于中俄、中印、俄印三组双边关系来分析三国在上合组织的互动，所得有效信息将十分有限。本章以俄印与俄中的相对关系作为基础变量之一，并得出三个衍生变量，即俄印好于俄中、俄中好于俄印、俄印与俄中一样；以中印关系作为基础变量之二，得出两个衍生变量，即中印关系好和中印关系差。五个衍生变量共有六种排列组合方式，分别对应三种具有普遍意义的中俄印互动模式。与上合组织结合后，这三种普遍模式又将表现为四种特殊模式。

表7-1　　　　中、俄、印在上合组织内的四种互动模式

	中印关系好		中印关系差	
	普遍模式	上合组织内模式	普遍模式	上合组织内模式
俄中好于俄印	三角平衡（向俄中倾斜）	战略三角（偏中俄共管）	俄中对印	中俄共管
俄印好于俄中	三角平衡（向俄印倾斜）	战略三角（偏俄印联合）	俄印对中	俄印与中巴对立
俄印等于俄中	三角平衡	战略三角	俄调节中印矛盾	俄罗斯主导

---

① Harsh V. Pant, *Contemporary Debates in Indian Foreign and Security Policy: India Negotiates Its Rise in the International System*, New York: Palgrave Macmillan, 2008, p. 55.

② Thomas W. Zarzecki, "Arming China or Arming India: Future Russian Dilemmas", *Comparative Strategy*, Vol. 18, No. 3, 1999, p. 272.

如表7-1所示，在第一种组合中，即俄中关系好于俄印关系且中印关系较好时，三国将形成一种大致平衡、稍向俄中倾斜的三角关系。体现在上合组织内，即中俄印将形成一个具有较高信任和协作水平的战略三角，共同引领上合组织的发展。鉴于印度加入上合组织时间较短，短期内很难建立起与中、俄相称的影响力，因此中俄两国共管的局面将持续一段时间。如果俄中关系好于俄印关系的幅度较小，中俄将共同支持印度在上合组织发挥更大作用，使其尽快与中、俄共同承担推动上合组织发展的责任。如果俄中关系远好于俄印关系，那么印度在上合组织内争取地位的过程将耗时更长也更复杂。中俄拥有比印度更多的优势，三方关系类似于中俄在上、印度在下的倒三角形态。在第二种组合中，即俄中关系好于俄印关系而中印关系较差时，中俄与印度可能形成二对一的态势。体现在上合组织内，即中国与俄罗斯持续"两国共管"的双引擎模式，印度无法在上合组织发挥主导作用，只能作为普通成员国参与正常合作。

在第三种组合中，即俄印关系好于俄中关系且中印关系较好时，三国仍有可能形成一种大致平衡、稍向俄印倾斜的三角关系。体现在上合组织内，即俄罗斯将积极扶持印度在上合组织内发挥作用，中国虽不一定支持，但也不会阻止俄罗斯的行为，印度将逐渐提升在上升的影响力，最终与中俄构成"战略三角"，而俄印在其中拥有比中国更多的优势。但在第四种组合中，即俄印关系好于俄中关系而中印关系较差时，俄印与中国可能形成二对一的态势。俄罗斯将在上合组织内帮助印度发挥更大作用，并限制中国影响力的扩大。中国为了捍卫本国利益，可能与巴基斯坦联手进行反制。俄印与中巴可能在上合组织内形成两相对立的局面。

在第五种组合中，即俄印关系与俄中关系基本持平，且中印关系较好时，三国将形成一种最接近等边三角形的"战略三角"。在第六种组合中，即俄印与俄中关系持平但中印关系较差时，俄罗斯将扮演中印矛盾协调者的角色。在上合组织内，当中国与印度产生激烈竞争或重大分歧时，俄罗斯利用自己的中立地位进行斡旋，在缓解中印纷争的同时在上合组织内获取更大的主导权。

影响中俄印在上合组织内互动的变量并不限于这五种变量，但为保证研究的针对性和有效性，本章将它们视为无关变量。以中亚成员国为例，上合组织并非几个大国主导中亚事务的工具，而是所有成员国基于协调一致原则、共同寻求地区问题解决之道的平台。中亚是上合组织在地域与议程上的核心，也是中、俄、印三国利益交会地带，为三国互动提供重要场所。就此而言，中亚成员国理应对中俄印在上合组织的互动产生影响。但事实上，中亚各国在上合组织内外均保持着大国平衡和多元化的外交路径。在中俄印的互动过程中，中亚成员国将避免与任何一个国家发展超出其他两国的密切关系。因此，本章将中亚各国与中、俄、印三国的关系视为无关变量，不纳入考察。此外，基于巴基斯坦与印度的紧张关系及其与中国的密切合作，与俄罗斯的逐步走近，它对于中、俄、印在上合组织的互动也会产生一些影响。但这并非它的主动选择，而是被动纳入。因此，它对于三国互动的影响仅出现于第四种组合中，其他时候本章不将其视为重要变量。同样，虽然对中俄印三边关系的讨论无法脱离国际体系多极化和制衡美国的语境，但在上合组织内，美国对中俄印三边互动的"中心地位"（centrality）[1] 受到了很大制约，最多发挥搅局者的干预变量作用。因此美国因素也未被纳入本章的考察范围。

需要说明的是，迪特默、哈丁等人的三角关系理论来源于中美苏在冷战时期的实践，因而带有强烈的权力制衡、零和博弈和军事对抗等特点。而当代国际关系中的三边关系早已褪去了传统现实主义理论中的"零和"底色，除保留了若干"均衡"思想外，更加突出合作、稳定和互利共赢的价值取向。[2] 因此本章在分析中俄印互动时使用"反对"一词并非意味着对抗、冲突和排他性竞争，而只是一种相对于密切合作关系而言的非零和性博弈、低烈度的对抗和有限竞争。同

---

[1] Harsh V. Pant, *Contemporary Debates in Indian Foreign and Security Policy: India Negotiates Its Rise in the International System*, New York: Palgrave Macmillan, 2008, p. 56.

[2] 冯绍雷：《多重三边关系影响下的中亚地区》，《俄罗斯研究》2009 年第 6 期。

样，为了分析的便利性，本章也不得不牺牲一些细节，如用"好"与"坏"来描述双边关系的性质，而不对它们进行准确的描述与评估。从双边关系的外交话语看，俄罗斯与中国将对方均定义为本国的全面战略协作伙伴关系，高于俄罗斯与印度的"首选战略伙伴"和"特惠战略伙伴关系"。但俄印与俄中关系的对比远不止外交话语这一个维度，因此本章对此也只能简约处理。

第三节 中俄印在上合组织内的四种可能互动模式

本章建构了一个由五个变量构成的有关中俄印三边关系三种基本模式的分析框架，并认为中俄印在上合组织内的互动可能形成四种模式，即"战略三角"、中俄联合共管、俄印与中巴对立以及俄罗斯主导。下文将结合上合组织的制度建设及运行特征，阐述这四种模式的具体表现形式、它们对上合组织运行的影响，以及这些互动的效应将如何外溢出上合组织，进而对三国在地区与全球层面的互动乃至世界秩序可能产生的影响。

（一）战略三角

在中印关系良好时，无论俄中关系与俄印关系呈现何种对比状态，三国在上合组织内均可能建立"战略三角"。只是随着俄中与俄印关系的对比关系发生变化，这种"战略三角"的内涵也会产生一些差异。当俄中好于俄印时，"战略三角"将偏向中俄一方。虽然中国此时有能力压制印度在上合组织的存在，但在中印友好的积极作用下，中国愿意帮助印度在上合组织内发挥更大的影响。但作为新成员的印度无法在短期内取得与中俄相当的影响力，中俄将继续作为上合组织的"双引擎"发挥作用，印度则通过积极参与上合组织合作、发挥自身优势，逐步提高对上合组织的贡献及影响，从而实现"战略三角"。当俄印关系好于俄中关系时，"战略三角"将偏向俄印一方。

俄罗斯将帮助印度在上合组织获得更大的话语权，以达到制衡中国的目的。而中国为保证上合组织的正常运行，减小俄罗斯对中国影响力上升的顾虑，也会默许，至少不会阻止俄印一定程度的走近以及印度影响力的上升。因此印度仍有机会跻身"战略三角"，只是会面临更大的阻力，需要的时间也更长。当俄印关系与俄中关系基本持平时，双边关系中的对抗与博弈冲动将暂时平息，中俄印将迎来最有利于构建"战略三角"的环境。

　　三国在上合组织的"战略三角"并非西方理论语境中的"同盟"，与普里马科夫的"战略三角"理念也存在内涵上的区别。它是中俄印以上合组织的多边框架为制度平台，以上合组织的规章制度为行为准则，以上合组织的议程与项目为现实载体，进行多层次、多领域和多渠道的互动，以建立互相谅解、高度信任、密切协作同时又保持灵活性和开放性的合作关系。这种合作关系将从三方面体现出其独特价值。在权力结构上，中国与俄罗斯在上合组织的"双引擎"将变成"三引擎"。"上海精神"强调所有成员一律平等原则并遵循"协商一致"的决策机制，以防止出现大国控制组织议程、小国利益受损的情况发生。因此担任上合组织的"引擎"和主导国并不代表等级制上的优越和即时收益，更多是意味着提供公共产品的责任，和对本国逐利行为的自我约束。截至目前，中国已为上合组织当前的经济合作项目资金向各成员国提供了超过 270 亿美元贷款。① 2004 年通过的《〈上合组织成员国多边经贸合作纲要〉落实措施计划》共规划了 127 个项目（后有所精简），其中大部分的资金、技术和人员都由中国提供。如 2007 年开建、横贯中塔乌的塔乌公路，其建设资金来自中国及亚投行贷款，施工方系中国企业，包括挖土机等设备和大部

---

　　① 中国政府曾分别于 2004 年、2007 年、2009 年、2012 年宣布向上合组织成员国提供 9 亿、12 亿、100 亿和 100 亿美元的信贷支持。2014 年，习近平主席在上合组织杜尚别峰会上宣布中国决定再向上合组织成员国提供 50 亿美元贷款，用于合作项目融资。参观《习近平在上海合作组织成员国元首理事会第十四次会议上的讲话（全文）》，2014 年 9 月，新华网（http://news.xinhuanet.com/world/2014-09/12/c_1112464703.htm）。

分工人也由中国提供。

而俄罗斯对上合组织的贡献主要体现在安全合作方面，如组织联合军演、提供后勤保障，为各国安全部队进行反恐技术培训等。加入上合组织后，印度应该凭借其综合经济实力、多项产业优势和与阿富汗的密切联系等，在相关领域有所作为。比如积极参与上合组织发展银行的筹建和管理工作，为上合组织框架内经贸合作项目承担一部分出资责任等。一旦形成"战略三角"，中俄印均会摒弃零和与竞争思维，积极履行本国对上合组织的责任，并为其他两国履行责任提供支持。在上合组织重大发展问题上，如下一次扩员、建立能源俱乐部、建立上合组织发展银行，三国在贯彻本国意志时，也愿意为共同利益和集体利益而适当妥协，遭遇分歧时能通过双边或多边渠道予以协调，最终寻求共同立场，避免相互掣肘。通过合理的制度设计和缜密的战略规划，中俄印在上合组织内的"战略三角"将打消俄罗斯对中国在中亚实力增强的焦虑，实现印度提高在欧亚地区影响力的夙愿。中国对上合组织担任"一带一路"倡议及"新安全观"、亚洲命运共同体等战略观念的承接平台的期待，也更有可能实现。2016年中俄印三国外长会晤提出共建一个"开放、包容、不可分割、透明的地区安全与合作架构"的倡议，上合组织将有望成为这一架构的起点和雏形。此外，"战略三角"还可能促成欧亚地区几大地区合作机制的联合。扩员的上合组织与印巴主导的南亚区域合作联盟（SAARC）、俄罗斯主导的欧亚经济联盟在地域、成员国和合作领域上均存在高度重合。当前地区性组织之间的战略对接与合作已成地区治理的大势所趋，如果中俄印主导的几大组织能进行类似合作，并形成一个横跨欧亚、纵穿南北的经济合作与地区治理综合体，这片占全球面积一半，全球人口四分之三的地区的地缘政治图景将会被重塑。

在具体分工上，"战略三角"里的中、俄、印可凭借各自在经济、安全、金融等领域的优势，推动该领域合作水平的提高。学界一个普遍共识，是中国与俄罗斯在中亚和上合组织进行着经济与安全上的分工与合作，类似"中国是银行，俄罗斯是枪"①。而印度在金融、电子、科技、制药的产业优势则恰是中亚成员国亟须而中俄尚不具备的。印度已通过"北望"政策与中亚各国建立了在各优势领域的双边合作框架，这为它参与上合组织相关合作或发起新的合作倡议奠定了基础。上合组织发展银行的筹建也是印度大有作为的机会。当前印度在亚投行持股8.5%，是股权仅次于中国的第二大股东。印对参与亚洲尤其是欧亚地区的基础设施建设抱有较高热情，也具备相应的经济实力。上合组织在推动成员国的互联互通和经贸发展时，一直受制于融资渠道短缺的难题，多个项目进展缓慢甚至陷于停滞。中国与中亚各成员国呼吁建立上合组织发展银行为大型合作项目进行融资，但俄罗斯对此不太积极。目前，上合组织的金融合作限于上合组织银行联合体和由中俄哈塔吉白组成的"欧亚反洗钱与反恐融资小组"这些非实体化机制，上合组织发展银行的倡议仍处在可行性研究的阶段。印度的加入有可能加速该银行的建设进度，比如争取俄罗斯支持，筹集启动资金以及未来对银行进行高水平管理等。在上合组织"能源俱乐部"的筹建过程中，印度或许也能发挥积极作用。

此外，在阿富汗问题等安全领域，印度也拥有独特优势。在阿富汗战争期间，印度积极为美军与北约提供后勤、情报和军事培训等辅助工作，并展开了很多独立行动，如在中亚开设军事医院，为北方联盟提供医疗保障、武器装备与财政支持以抗击塔利班等。2001—2015年，印度向阿富汗提供了共计20亿美金的资金支持和安全援助，亚洲排名第一，全球排名第五。② 它还通过举办阿富汗国际投资者会议、参与印美阿三方协商机制、印中关于阿富汗问题的双边对话、印中俄关于阿富汗问题的三边对话以及印度—伊朗—阿富汗交通走廊等，寻

---

① Reid Standish, "China and Russia Lay Foundation for Massive Economic Cooperation", July 2015, Foreign Policy (http://foreignpolicy.com/2015/07/10/china-russia-sco-ufa-summit-putin-xi-jinping-eurasian-union-silk-road/).

② M. Ashraf Haidari, "India and Afghanistan: A Growing Partnership", September 2015, The Diplomat (https://thediplomat.com/2015/09/india-and-afghanistan-a-growing-partnership/).

求在阿富汗的战后重建中发挥更大作用。加入上合组织后，印度的这一抱负将有充分的施展空间。由于北约撤军，上合组织在阿富汗问题上被寄予厚望。扩员后，它的疆域将覆盖以费尔干纳盆地为中心的整个恐怖主义活跃地带，以及受其影响的中国新疆、俄罗斯车臣地区及南部边界、印度的克控克什米尔以及巴基斯坦北部与阿富汗北部。在中俄印的统筹下，上合组织八个成员国将在地区反恐怖机构内制定更完善的信息共享与联合行动机制，对本地区恐怖主义的源头、跨国联络及跨境流窜等环节进行监控和打击，以增强打击恐怖主义行动的效率。总而言之，中俄印的三边协调将为它们各自在优势领域发挥影响力提供机制平台，而它们在这些领域的成果又将巩固和加强"战略三角"下的互信与合作水平。

中俄印"战略三角"的第三种价值体现在对地区主义精神的培育上。中亚国家独立后，各方发起了旨在推进中亚地区经济、贸易、能源等合作领域的多个机制与组织，或多或少都带着整合中亚、实现中亚一体化的雄心，[1] 西方学界对中亚的一个十分重要的研究视角也是地区整合和地区主义发展。但西方学界研究存在两个较为突出的倾向。第一，强调中亚国家"非民主"国家的性质，认为威权主义政权是中亚进行地区主义建构的最主要障碍。[2] 第二，基于欧洲融合的经验，认为只有超越民族国家、让渡主权才有可能实现地区主义，[3] 因此坚持主权与不干预内政为原则的中亚地区合作潜力有限，[4] 只能

---

[1] 如1993年欧盟的"新丝绸之路工程"（The New Silk Route Project，或者叫Transport Corridor Caucasus Asia，TRACECA），1994年中亚三国发起的"中亚经济联盟"（Central Asian Economic Union），1996年亚洲发展银行发起的中亚地区经济合作（Central Asian Regional Economic Cooperation，CAREC），以及俄罗斯发起的欧亚经济联盟与集体安全条约组织等。

[2] Annette Bohr, "Regionalism in Central Asia: New Geopolitics, Old Regional Order", *International Affairs*, Vol. 80, No. 3, May 2004, pp. 485–502.

[3] Amitav Acharya, "Europe and Asia: Reflections on a Tale of Two Regionalisms", in Fort B. and D. Webber, eds., *Regional Integration in Europe and East Asia: Convergence or Divergence?* London: Routledge, 2006, p. 318.

[4] Stephen Aris, *Eurasian Regionalism: The Shanghai Cooperation Organization*, Basingstoke: Palgrave Macmillan, 2011, p. 53.

形成某种"虚拟的地区主义"。①

中俄印在上合组织框架内形成"战略三角",可以对这两种观点做出有说服力的回应。第一,印度是西方语境下的"民主国家",它加入上合组织,证明了上合组织的开放性与非意识形态化,西方舆论对上合组织缺乏政治正统性、是"威权国家俱乐部"的指责就会失去根基。第二,中俄印在上合组织的高水平互信与合作也说明,用基于西方经验的地区主义理论来衡量其他地区合作的做法是有失偏颇的。三国有望能带领中亚各国,定义一种属于亚洲经验的"地区主义":它充分尊重上合组织成员国与欧亚地区国家的历史传统、社会经济环境与政治制度,能反映出成员国在地区合作中的特定偏好,还有助于建立起各成员国的新地区意识与新地区主义观念。② 在过去十余年中,由于成员国在政治、经济、社会与文化上呈现高度多样化,上合组织在成员国间构建身份认同方面的努力一直难有建树,而中俄印"战略三角"或许能成为一个突破口。三国之间的良性互动将激发成员国对上合组织的向心力,而因三国合作而扩大的经济与安全收益,则可能进一步强化成员国的共同体意识和身份认同,从而形成一种以上合组织为载体的欧亚地区主义精神的雏形。这将成为上合组织区别于其他地区合作机制的独特优势和不可替代之处,也是"非西方"世界对地区多边合作的贡献。

当然,期待上合组织达成如欧盟那样紧密甚至超国家的合作形式,不仅在价值观上与强调主权独立的上合组织精神相悖,在现实上也不具备实现可能。中俄印在上合组织的"战略三角"以平衡、合作与协商为基调,但这并不意味着这种关系不存在内在张力。国家间利益不可能完全一致,三国要在行动上实现高度协调,必然需要在某些问题上做出妥协和让步,或在长期和短期利益、实用目标与战略目

---

① Roy Allison, "Virtual Regionalism, Regional Structures and Regime Security in Central Asia", *Central Asian Survey*, Vol. 27, No. 2, June 2008, pp. 185 – 202.

② 雷建锋:《中国的中亚主义——一种治理型周边战略的建构》,《辽宁大学学报》(哲学社会科学版) 2016 年第 5 期。

标之间进行抉择。中国与俄罗斯还需要认可与支持印度在上合组织的利益关切,这也意味着中俄要做出一些牺牲。此外,作为"战略三角"的一角,中国在上合组织的影响力将比"中俄共管"时期有所下降。尤其当这个三角向俄印倾斜时,由中国推动的上合组织经济合作议程以及上合组织在"一带一路"内的相关功能,都可能因受重视程度下降或印俄的联手制约而受到迟滞。所以,即便中、俄、印三国在上合组织内形成大体相等的力量对比,它们也不会放弃谋求更大话语权和影响力的努力,不过它们围绕权力的争夺与反争夺将以隐秘和低强度方式展开。不过,只要三国对于推动世界多极化的共同诉求仍然存在,它们对"战略三角"的追求短期内也不会停止。

(二) 中俄共管

领土争端、地区竞争以及民族主义情绪等因素使中印的双边关系一直处于大局稳定、小摩擦不断的循环中。如果这些摩擦因特定事件的激化而升级,中俄印在上合组织内的互动将呈现与中印友好完全不同的局面。此时,如果俄中关系好于俄印关系,中国与俄罗斯不会有强烈意愿将印度纳入上合组织"管理层"。扩员前中俄对上合组织的"联合共管"模式将继续,印度则以普通成员国的身份参与上合组织活动。

中俄在上合组织的"联合共管"(condominium)[①] 不是上合组织初建时的设计,而是一种自然演化结果。基于地区与全球事务的发展需求,上合组织从五国提高边境军事互信的多边论坛发展为欧亚地区最具影响力的经济与安全合作机制。而中俄在经济发展与安全管理上的实力,恰好投射于上合组织之内并得到其他成员国的响应,因此成为上合组织发展的"双引擎"或"两驾马车"。中俄的双边关系也成

---

① Richard Hu, "China and Central Asia: the Role of the Shanghai Cooperation Organization (SCO)", *The Mongolian Journal of International Affairs*, No. 11, 2004, pp. 129 – 151.

为上合组织发展的"晴雨表"。① 有学者在论述联盟理论时提出,相互制约是维持与管理两个友好国家所结联盟的核心机制,盟友之间的权力对比和意图匹配程度这两个变量通过"相互制约"的动态变化影响联盟的命运。② 虽然上合组织并非中俄组建的联盟,但中俄在上合组织中的联合共管与这种相互制约关系存在类似之处。

一方面,两国在中亚的意图匹配度与利益兼容度较高,通过上合组织可以形成两国在中亚的优势互补和战略合作。中俄多个重大双边合作项目都是在上合组织的框架内得以实现的,一些西方分析人士甚至将上合组织"和平使命"联合军演称作"打着上合组织旗号的中俄军演"。③ 这体现了西方认为上合组织受中俄"操控"的一贯偏见,但以双边促多边的地区合作模式的确是上合组织发展的重要特征。

另一方面,由于竞争与分歧依旧存在,中俄在上合组织内的互动也呈现出权力制衡的特征。具体而言,中国与中亚的经贸合作使它在组织和本地区的影响力呈稳步上升的趋势,而俄罗斯则试图用在议程设置上的优势及与中亚的密切联系,把上合组织推向自己期待的方向,同时捍卫在中亚的优势地位。有观点认为,中俄对上合组织的不同定位和相互拉扯,是上合组织的各项实质合作进展缓慢的主因。比如中国推行的经济议程频频受到俄罗斯的消极对待,俄罗斯在扩员问题上也不得不和中国及各成员国进行长时间协商,才如愿将印度纳入上合组织。但中俄在上合组织的权力对比始终维持在一个动态平衡之中,且它们在中亚的意图匹配度较其他国家更高,双方这种相互制约关系是良性且积极的,能为上合组织的运行与发展提供持续的推动力。

---

① Stephen Aris, "A New Model of Asian Regionalism: Does the Shanghai Cooperation Organisation have More Potential than ASEAN?" *Cambridge Review of International Affairs*, Vol. 22, No. 3, September 2009, p. 460.

② 苏若林、唐世平:《相互制约:联盟管理的核心机制》,《当代亚太》2012 年第 3 期。

③ Roger McDermott, *Rising Dragon: SCO Peace Mission 2007*, Washington, D. C.: Jamstown Foundation, October 2007, p. 13.

当俄中关系优于俄印关系且中印关系较差时,中国既有动机也有能力将印度排除于上合组织的领导层之外,使其仅作为普通成员国参与上合组织的活动,而俄罗斯则不太可能阻止中国的行为。在事关上合组织发展的重大问题上,印度投射自身意志和影响组织进程的空间较小。它将与巴基斯坦一起,逐步融入上合组织现有的组织架构与利益格局,并树立起作为普通成员国的角色定位。此外,还有一种情况会使中俄"共管"现状持续下去,即印度主动保持观望状态,有限参与上合组织内的某些合作,不谋求在上合组织内获得重大影响力,并侧重通过双边渠道推动与中亚各国的关系。奥巴马政府将印度视为美国"重返亚太"战略的制轮楔(linchpin),特朗普政府的南亚新战略与此一脉相承,旨在以美印的战略伙伴关系为支点,建立一个实现印度洋—太平洋区域"再平衡"的同盟架构。[1] 美国还想将美日外长与防长的"2+2"对话机制也复制到美印关系中。此外,印度也是美国主导的多个三边和四边关系的成员。[2] 美日印三边战略对话和三边安保合作体制已十分成熟,美澳印围绕"印太"战略构想的三边合作正不断产生新成果,美、日、澳、印四国领导人对话机制也在筹建之中。在此背景下,印度很有可能不愿过多介入上合组织,只把它当成一个补充性措施、一种"对冲"手法,以保持对美、对俄和对华关系的自主性。

不管出于何种原因,维持现有的中俄共管的权力架构和发展方向而不做大幅调整,对上合组织而言是一种风险较小的选择。但是,此前上合组织对扩员的收益预期,比如扩大上合组织的地缘政治影响力、提高在国际社会中的发言权、改善其国际"合法性"、拓展经济与安全合作空间等,很可能无法全部实现。此外,它还面临一个逻辑与现实的悖论。从逻辑上来讲,俄中关系优于俄印关系,中俄可能会

---

[1] Prashanth Parameswaran, "Trump's Indo-Pacific Strategy Challenge", October 2017, The Diplomat (https://thediplomat.com/2017/10/trumps-indo-pacific-strategy-challenge/).

[2] David Scott, "The 'Indo-Pacific'—New Regional Formulations and New Maritime Frameworks for US-India Strategic Convergence", *Asia-Pacific Review*, Vol. 19, No. 2, 2012, p. 93.

延续"共管",但从事实来看,俄罗斯支持印度加入上合组织,本就是它对"共管"关系不满、试图重构权力格局的表现。所以,即便印度主动选择与上合组织保持距离,中俄的现有分歧也有可能慢慢浮出水面。一旦俄印关系好于俄中关系,俄罗斯将印度引入权力格局的冲动就会加强,从而使中俄共管无法持续下去。此时,中印关系的走向便成了决定性因素。如果中印关系较好,中俄共管可能向"战略三角"演变;一旦中印关系变差,俄罗斯与印度的走近就可能引发中国的不满和反弹,在极端情况下导致俄印与中巴的两相分化。

(三)两相分化

在中苏于 20 世纪 50 年代末日渐疏远之际,苏联逐步将亚洲政策重心向印度转移。在中印 1959 年边界战争中,苏联采取了明显偏向印度的立场。此后,苏印关系便以密切的军事技术合作为主线,一直维持了较为密切的状态。苏联解体后,俄罗斯整体上继承了苏联的对印政策,印俄关系发展平衡。在中亚,除了叫停阿伊尼基地以惩罚印度实行武器进口多样化之外,俄罗斯对印度的其他行动大体持支持的态度。推动印度与俄白哈关税同盟及后来的欧亚经济联盟签订自贸区协议,与印度联合筹建国际南北运输走廊,邀请印度加入集体安全条约组织(CSTO)等,都是俄罗斯想将印度拉入"欧亚博弈桌"[①] 的表现。印度加入上合组织的过程,也体现出俄印的这种默契。2002年,印度驻俄大使向俄罗斯首次明确表达加入上合组织的意愿。2008年,在上合组织杜尚别峰会上,俄罗斯打破了上合组织决定以提高效率和完善制度为优先任务的共识,力促成立专家组研究扩员问题,上合组织随后便将扩员提上了日程。2010—2014 年,上合组织陆续颁布的《接受新成员条例》《给予上海合作组织成员国地位程序》和《关于申请国加入上海合作组织义务的备忘录范本》,均体现出了俄

---

① Saurav Jha, "In Central Asia, Modi Jump-Starts India's 'Look North' Strategy", July 2015, World Politics Review (http: //www.worldpoliticsreview.com/articles/16243/in-central-asia-modi-jump-starts-india-s-look-north-strategy).

对印的特别关注。在印度加入上合组织已成定局后，莫迪于2017年1月访俄期间当面感谢了普京对印度的"积极支持"。他表示："印度和俄罗斯间有信任关系。在国际舞台所有问题上，印俄总是站在一起。"①

与印俄在上合组织内外的配合相对照的，是印度在加入上合组织前后的半年内与中国发生数次摩擦。2017年4月4日，十四世达赖喇嘛窜访中国藏南地区，一路由印度内政国务部长陪同。中国随后取消了参加俄罗斯举办的中俄印三国国防部部长会谈的安排，以抗议印度这一行为。在正式加入上合组织一个多月后，印度非法越过中印边界实际控制线，与中方人员进行了长达72天的武装对峙。由此可见，上合组织成员国身份并没有使印度在中印冲突问题上有所克制。目前这些插曲虽未影响上合组织的正常运行，但领土及主权完整属于中国国家核心利益，如果印度持续在这些问题上进行挑衅，双方在上合组织内冲突的可能性便会增大，印度与俄罗斯联手制衡中国的冲动会变得突出。

当然，这里的制衡，并不是说俄罗斯与印度会联手以军事或经济手段来压制中国，而是利用上合组织现有的决策机制和制度工具，防止中国在议程设置和话语权等方面获得超过己方的影响力。这种制衡如果保持在一定范围内，将无损上合组织友好大局。但一旦中印关系严重恶化，印度在上合组织内会加紧与俄罗斯对中国的联合牵制，由此不能排除中国为捍卫本国利益进行反制的可能。此时，印巴的紧张关系将成为进一步激化矛盾、加速分裂的因素，俄印与中巴将在上合组织内形成两相对立的局面。双方在上合组织的多边框架下各自表达及坚持己方主张，力求压制对方主张。为获得相对优势，各种"损人不利己"的行为将可能上演，战略互疑与非理性选择将成为各方的决策动力。这对上合组织的影响将是灾难性的。在"协商一致"的决

---

① "Meeting of President Vladimir Putin with Indian Prime Minister Narendra Modi", June 2017, The Russian President's Official Website (http://en.kremlin.ru/events/president/news/54654).

策机制下，上合组织所有决策都会因为对立双方的利益分歧甚至刻意阻挠而难以达成一致。如果双方坚持立场，不肯让步，相关议程只能被搁置。即便付出极大的时间成本和外交资源进行协调而使决策得以通过，执行决策的过程也可能因双方的继续较量而变得低效。上合组织正处于提高制度化水平、深化合作、扩展议程的阶段，如果这种内部分化局面长期持续，新的合作无法开展，现有合作也将陷入停滞，组织将从一个以经济与安全务实合作为核心的地区组织变成没有行动力的清谈馆。更严重的是，中俄印（巴）在上合组织内的分化还有可能产生外溢效应，使它们在上合组织外的关系也发生倒退。曾倍受外界关注的南亚区域合作联盟，正是由于印巴对峙而陷入发展困境，这个教训应该引起上合组织的警惕。

（四）俄罗斯主导

基辛格的中美苏三角理论认为，美国的制胜之道在于必须确保它与中国及苏联的关系要好于中苏两国的关系。俄罗斯在管理俄中印三角关系时也采取了相同战略。[①] 尤其在俄中与俄印关系比较对称而中印关系变差时，俄罗斯将有机会成为三国在上合组织互动的中枢（pivot）。它将在中印互相拆台时迅速推进自己关切的议程，调解中印矛盾的功劳也可以赋予它额外的影响力。如果中印不能在短期内缓解纷争而陷入长期内耗，上合组织的权力格局将明显向俄罗斯倾斜，构成形式上的中俄共管、而事实上由俄罗斯主导的局面。

俄罗斯参与和主导多边外交框架的经验远较中国丰富。即便现阶段中俄在上合组织内保持着较为平衡的共管关系，俄罗斯仍在制定规则、使用规则和设置议程上拥有一定优势。它是上合组织内部提出倡议最多的成员国，而且大多反映在上合组织正式文件或实际运行中，比如建立上合组织——阿富汗联络小组、力主将印度吸纳为上合组织成员国等。此外，尽管它提出的某些建议或者主导上合组织议程的尝

---

① 韩克敌：《莫迪访俄，所为何来》，《世界知识》2016 年第 2 期。

试,因不切实际而遭到其他成员国的拒绝,但它不断提出新议程的行为本身就起到了较好的宣传效果,甚至给外界留下一种印象,即俄罗斯掌握了上合组织的议程设置权。有学者认为,中国为照顾俄罗斯的感受,常常放弃在议题设置上的主动权。[①] 即使中国具有强大的经济实力,但在中亚地区经贸合作上依然步履缓慢,上合组织自贸区迟迟不能实现即是一个明证。可以设想,如果中国在上合组织内还需应付印度的掣肘,俄罗斯的这种优势将进一步扩大。不管它按自己的意志将上合组织打造成"阐述非西方的多极世界观和其他非西方价值"[②]的松散组织,抑或走向其他方向,中国在上合组织内的影响力会产生严重倒退,它对上合组织的设计与期待也将落空。

第四节 各成员国的偏好及其走向

运用变量推演出中俄印在上合组织内的四种互动模式及其表现形式,是一种学术意义上的分析。但哪一种互动模式最后会变为现实,则取决于三国与上合组织各成员国的政策偏好和行为选择。也就是说,它们将基于理性选择范式,结合本国在全球、地区以及上合组织的利益诉求,选择与本国利益兼容度最高的互动模式,形成自己的价值偏好和政策结果。如果多个成员国偏好某一种模式,该模式则较有可能变成现实。反之亦然。当然,国家行为体的对外关系决策存在着理性的有限性,易受国内政治与国际环境等其他结构性因素的影响。国际组织中多边博弈的"流动性"也会带来一些不确定性,不过这些国家并不是本节论述重点。本章节将集中分析各成员国的偏好以及由此带来的中俄印三国在上合组织框架内最有可能实现的互动模式。

[①] 陆钢:《"一带一路"背景下中国对中亚外交的反思》,《探索与争鸣》2016年第1期。

[②] Alexander Lukin, "Shanghai Cooperation Organization: Looking for A New Role", July 2015, Global Affairs (http://eng.globalaffairs.ru/valday/Shanghai-Cooperation-Organization-Looking-for-a-New-Role-17576).

（一）俄罗斯的偏好次序

上文对四种模式的分析清晰反映出一个重要事实，即扩员后上合组织的形势对俄罗斯十分有利。无论权力格局如何变动，俄罗斯始终占据主动，其利益在任何情况下都不会受到大幅削弱，只有获益多少的区别。如果俄罗斯借中印对峙之机迅速扩展在上合组织内的影响力，成为优势主导者，上合组织将成为它推动欧亚大陆经济与安全一体化的现成机制。虽然会失去一部分中国与印度的经济资源，但它整合其他资源的效率将大大加快，其意志在上合组织决策和行动中的贯彻也会更加顺遂。因此，俄罗斯主导或许是俄的最佳偏好。但作为"战略三角"这一理念的提出者，俄罗斯在推动中俄印三国的深入合作也十分积极。2009年和2015年，俄罗斯两次将上合组织峰会与金砖国家组织峰会安排在同一城市举行。此举旨在向外界表达新兴国家通过"合金峰会"改写世界秩序的决心，也宣示俄中印在这两大多边合作机制的合作成果及俄罗斯在其中的特殊地位。也正因为俄罗斯的这种安排，一直派部长级别官员参加上合组织峰会的印度在这两年里均提高配置，派出总理参会。2014年3月18日，俄罗斯总统普京在宣布合并克里米亚的演讲中，特意感谢了中国与印度在克里米亚事件中对俄罗斯的支持。

俄罗斯种种举动也反映出对中俄印"战略三角"的希望。这既源自俄罗斯擅长经营三边与多边关系的外交传统，也和它正经历着国力衰退有关。它希望以自身在俄中印关系中的中枢地位为杠杆，以中国和印度经济实力为支点，撬起俄罗斯在世界舞台的存在感和影响力。因此，在上合组织内形成一个以俄罗斯为中心、以中印为侧翼的"战略三角"，既符合俄罗斯对俄中印三国合作的期待，也是它力推印度加入上合组织的初衷。不管这个三角向哪边倾斜，居中而立的俄罗斯始终是受益者。

对俄而言，延续当前中俄对上合组织的共管也是一种可接受的选项。当前中国在上合组织内的经济优势及它对上合组织经济功能的强化已引起了俄罗斯的不安。它希望通过吸收印度来改变现有中俄权力对比，通过使上合组织在成员国和议程上发生泛化，将上合组织引向自己期待的方向。但如果中印之间的矛盾使"战略三角"需要俄罗斯付出较多的外交资源抑或引起中国的反感甚至对抗，俄罗斯也不会强行推进"战略三角"的形成。延续当前与中国的共管、在中国可接受的范围内发挥印度的制衡效应，也能相当程度上实现俄罗斯的战略诉求。

虽然俄罗斯与中国在上合组织内存在一些分歧和竞争，但双方默契地将其保持在可控范围内，而不使之明朗化和尖锐化。究其原因，中俄是彼此最高级别的战略协作伙伴，双方在上合组织内的对立，必然给双边关系的大局造成不利影响。此外，上合组织在中国与俄罗斯的地区与全球战略中均具有重大意义。如果上合组织发生成员国对立而陷入发展瓶颈甚至走向分裂，俄罗斯赋予它的诸多功能，如阐述俄罗斯的非西方世界观、彰显其地区治理能力、表达国际秩序多极化的价值等，都会无法实现。所以俄罗斯有充分的理由阻止这种情况发生。就此而言，俄罗斯的偏好次序为：俄罗斯主导、战略三角、中俄共管、俄印与中巴对立。

（二）中国的偏好

虽然中俄在上合组织的相互制约使中国无法完全按照自己的意愿推动上合组织发展，但相互制衡本就是国际关系的常态，且中俄现有的制衡关系总体处在一种良性与可持续的动态之中。中国在上合组织内推动的多边经济合作，如上合组织发展银行、国际道路运输便利化项目等，虽然进展较慢，但已有雏形。2015年5月中俄共同发表关于丝绸之路经济带建设与欧亚经济联盟建设对接合作的声明，明确提出以上合组织及上合组织银联体作为对接的落实平台和金融合作机制之一。这是中国与俄罗斯推进欧亚大陆一体化进程的共同意愿，也是双方在上合组织内合作的具体结果。因此，保持中俄共管现状对中国是最有利的。

"战略三角"对中国的利好则是长期和战略性的。中国将上合组织视为经营中亚外交的"关键管理机制"[①]和解决亚洲地区安全困境与经济发展的多边机制样板，同时也是在中亚推进"一带一路"的现成平台。如果中国与俄印在上合组织内形成平衡的战略三角，中国对上合组织的这些期待均有可能实现，中国的周边外交战略也将事半功倍。在中俄印的全力推动下，上合组织在合作的深度和广度上也许会有所提高，一些搁置已久或陷入停滞的合作项目有望重新启动。更重要的是，战略三角将证明中国在推动地区合作上的领导力，为中国日后在地区与全球性的国际组织中发挥更大作用积累威望。中俄印在上合组织内探索三边相处的经验，也会促进它们在地区与全球事务上的合作。因此，即便中国需要向印度出让一部分影响力和话语权，中俄印三边合作的战略收益也能在一定程度上弥补这些损失，从长远来看是利大于弊的。由此，即便"战略三角"并非中国的最佳选项，只要它具备了实现条件，中国将支持它的形成。但中国应留意的一个情况是，印俄的密切关系、中印的现实龃龉与俄印对中国影响力增长的不安，使中俄印三角模式很有可能向俄印一边倾斜。

如果俄印与中巴在上合组织内保持较为隐秘与低水平的对抗，可以视为国际体系内的良性竞争。但如果它受偶然因素的激化而变成严重对立，则有可能使中国的上合组织政策、周边局势及整体外交均陷入困境。从能力上看，中巴一方目前不能在与俄印的对立与博弈中占据上风，因此在对立局面中会遭受明显损失。中国在上合组织内的议程会在俄印的掣肘下无法推行，中国的周边安全，尤其是西部边疆，也可能因中俄关系的下行、中印关系的恶化和上合组织的停摆而呈现全面紧张的态势，甚至其他地区和国别的外交也会受到牵连。

如果俄罗斯主导上合组织，所有其他成员国均会被边缘化，中国的损失将最为惨重。上合组织成立之初，中国参与和管理多边机制的

[①] Andrew Scobell, Ely Ratner and Michael Beckley, "China's Strategy Toward South and Central Asia: An Empty Fortress", 2014, RAND Corporation (http://www.rand.org/pubs/research_reports/RR525.html), p. 29.

经验不足，与中亚的历史联系和心理认同也十分薄弱。但当前，中国在上合组织内已经能与俄罗斯平分秋色，在某些领域的影响力还在迅速上升。这既是地区格局与国际形势变化的大势所趋，也是中国进行充分资源投入与外交努力的成果。如果俄罗斯在上合组织内形成独大局面，中国不仅会丧失此前来之不易的成果，也将无法对上合组织的未来发展施加强有力的影响。上合组织承载的诸多事关中国国际战略的功能也会失去依托。在俄印与中巴发生对立时，只要一方愿意做出让步与妥协，这种对立仍有缓解的可能。但影响力一旦急剧衰落，重新恢复的可能性很小。因此中国的偏好次序是：中俄共管、战略三角、俄印与中巴对立、俄罗斯主导。

（三）印度的偏好

印度虽有心通过上合组织追求它在中亚的诸多目标，但它对中俄印"战略三角"和上合组织多边合作始终持保留态度。这是印度作为"摇摆国家"[①]的外交惯性使然。中等大国的体量、在南亚的战略地位，以及"不结盟"外交政策，使印度一直是众多"三角""四角"关系青睐的对象。当前美国不断提升印度在其"印太"战略中的地位，它不会允许印度一方面在自己的双边与多边同盟体系中担任主角，另一方面在上合组织框架内与中俄进行密切的三边互动。因此与中俄的走近，可能导致印度与美国关系的降温，真正意义上的中俄印"战略三角"则可能意味着印度要与美国主导的各种地区同盟体系脱钩。[②] 这是印度不愿看到的。早在 2009 年，印度著名外交家、学者斯多丹便在分析印度在上合组织的收益与成本后认为，印度不应急于进入上合组织，而应利用观察员国身份继续观望，保留充分的战略

[①] Sonia Luthra, "India as a 'Global Swing State': A New Framework for U. S. Engagement with India", July 2013, Indian National Bureau of Asian Research (http://nbr.org/research/activity.aspx? id=354).

[②] 张力：《美国"重返亚太"战略与印度的角色选择》，《南亚研究季刊》2012 年第 2 期。

空间与筹码。① 也就是说，印度应将上合组织当成一个补充性措施和多面下注的手法，以保持对美、对俄、对华关系上的主动性。

此外，印度对中国的种种顾虑也降低了它对"战略三角"的偏好。有印度学者认为中国将在上合组织内设置障碍阻止印度实现自身目标，② 或要求印度当"小伙伴"（junior partner），跟随中俄两个"前辈"（senior partner）的步伐。③ 有印度战略家还提出另外一种设想，即中国与俄罗斯当前在上合组织的分歧可能在将来某个时间点激化，印度可以"等待时机，韬光养晦"，届时坐收渔人之利。④ 更有学者建议，印度与其在上合组织内和中国争一席之地，不如另起炉灶，组建一个全新的、涵盖中亚地区所有重要行为体的地区组织，并在其中扮演领导者角色。⑤ 这些学者的观点反映出印度对中俄印在上合组织内"战略三角"的偏好较为有限。有选择地参与上合组织特定领域的活动，但不谋求主导地位，也不承担更大责任，更符合印度当前的诉求。

即便与俄罗斯存在较高的政治互信及共同利益，印度也不会欢迎俄罗斯主导上合组织的情况出现。印度在上合组织内的目标大部分都

---

① P. Stobdan, "Shanghai Cooperation Organization and Asian Multilateralism in the Twenty-first Century: A Critical Assessment", in N. S. Sisodia and V. Krishnappa, eds., *Global Power Shift and Strategic Transition in Asia*, New Delhi: Academic Foundation, 2009, p. 244; P. Stobdan, "Central Asia and China Relations: Implications for India", *The Mongolian Journal of International Affairs*, No. 10, 2003, p. 84; P. Stobdan, "Shanghai Cooperation Organization and India", July 2014, Institute for Defense Studies and Analyses (http://www.idsa.in/policybrief/ShanghaiCooperationOrganizationandIndia_ pstobdan_ 140714).

② Ashok Sajjanhar, "India and Shanghai Cooperation Organization", June 2016, The Diplomat (http://thediplomat.com/2016/06/india-and-the-shanghai-cooperation-organization/). Ashok Sajjanhar, "What is the Future of India in the Shanghai Cooperation Organization?" July 2016, SWARAJYA (https://swarajyamag.com/world/india-and-the-sco-future-prospects).

③ V. C. Khanna, "Implications for India: Competition or Cooperation?" in P. Vohra and P. K. Ghosh, eds., *China and the Indian Ocean Region*, New Delhi: National Maritime Foundation, 2008, p. 95.

④ Raja Mohan, "Be Aware of Beijing", June 2017, Indian Express (http://indianexpress.com/article/opinion/columns/beware-of-beijing-4693739/).

⑤ Gulshan Sachdeva, "India's Attitude towards China's Growing Influence in Central Asia", *China and Eurasia Forum Quarterly*, Vol. 4, No. 3, January 2006, pp. 23 – 24.

需要以多边框架为基础、以上合组织在经济与安全领域的复合发展为保障。如果在俄罗斯的主导下，上合组织日渐"虚化"，追求"非西方"意象而非本地区发展，重视外交与政治意义而非经济与安全合作，这与印度的亲西方的价值取向与现实利益都存在抵牾之处。虽然印度会凭借印俄友好而实现一些战略性目标，比如在上合组织内制衡中国，打压巴基斯坦，与中亚各国加强联系等，但它在上合组织的三大现实诉求则会大打折扣，包括通过大型基础设施建设项目增加与中亚的陆上"联通性"，实现中亚能源的跨地区贸易与输送，与上合组织地区反恐怖机构更深入合作打击地区恐怖主义，以及利用上合组织多边机制更有效地维持阿富汗局面的稳定等。这些诉求不仅代表印度在中亚的利益，也是印度的能源安全、国土安全与周边外交等宏观战略的重要组成部分。

虽然印度与中国及巴基斯坦的双重紧张关系可能成为触发俄印、中巴对立的关键因素，但这种分化对印度的消极影响并不亚于其他成员国。上合组织的正常运行被打乱后，印度在上合组织内的战略目标与现实诉求都会流于空谈，能源、反恐和阿富汗问题等核心国家利益也将遭遇挫折。就此而言，印度的偏好次序为：中俄共管、战略三角、俄罗斯主导、俄印与中巴对立。

（四）中亚各成员国的偏好

中亚各成员国对上合组织扩员的态度转变，说明了它们对"战略三角"存在较大偏好。自上合组织重启扩员程序并将印巴纳入考虑范围，中亚各成员国多次表达了对扩员后果的担忧，包括印巴冲突对上合组织的可能干扰、印巴拥核国身份对中亚无核区性质的影响以及上合组织重心向南亚倾斜等。[①] 扩员最后得以实现，应该是中亚四个成

[①] 多位哈萨克斯坦学者于 2014 年合著本章《现阶段上合组织扩员的主要问题》，评估了印、巴、蒙古、伊朗等国加入上合组织的影响及可能性，认为上合组织在中期以内不可能接收印度与巴基斯坦。虽然事实证明该文的预测失准，但它提出了中亚学界反对印巴加入上合组织的这三大原因，仍具有参考价值。Stambulov Berdibaevich, "The Main Problems for SCO Enlargement at the Present Stage", *Asian Social Science*, Vol. 11, No. 13, 2015, pp. 6–11.

员国在衡量利益得失后改变立场的结果。四国与印度存在较为坚实的双边合作基础，印度的加入还能使上合组织成为一个多中心的组织。中亚成员国可以利用这种多元结构争取更多的发展红利，并可能打破中俄双引擎结构下经常出现的两难选择。① 如果中俄印的多边动态平衡发生倾斜，中亚成员国还能通过外交折冲，获得居于劣势地位国家提供的额外好处，以此换取它们的支持。因此中俄印"战略三角"的形成符合中亚各国在各大国之间寻求平衡的一贯立场，也能保障它们实现在上合组织内的利益诉求。

如果发生成员国对立，上合组织提供公共产品的能力会因内耗受到严重削弱，中亚成员国的利益将首当其冲受到冲击。以中亚为枢纽的欧亚大陆交通与运输网络的建设可能遭到迟滞，各国还将面临放弃大国平衡外交战略的压力，不得不在俄印与中巴之间"选边站"。而中亚各国对俄罗斯重新整合苏联空间的努力一直抱有抵触情绪，上合组织的出现一定程度上缓解了中亚各国的忧虑，为它们提供了多样化的合作选择。一旦俄罗斯主导了上合组织，除公共产品的供给水平下降，中亚各国的国内发展进程和政治自主性也会受到干扰。因此中亚各国的偏好次序为：战略三角、中俄共管、俄印与中巴分化、俄罗斯主导。

4分代表最大偏好，1分代表最小偏好，上合组织各成员国对中俄印四种互动关系的偏好程度从高至低依次为：中俄共管、战略三角、俄罗斯主导、俄印与中巴的对立。

表7-2　　上合组织成员国对中俄印四种互动模式的偏好次序

国家	战略三角	中俄共管	分化对立	俄罗斯主导
中国	3	4	2	1
俄罗斯	3	2	1	4

---

① 杨成：《制度累积与上合、金砖发展的"中段陷阱"》，《世界知识》2015年第15期。

续表

国家	战略三角	中俄共管	分化对立	俄罗斯主导
印度	3	4	1	2
巴基斯坦	3	4	2	1
中亚四国	4	3	2	1
共计	16	17	8	9

（各国不同偏好之间的差异没有详细区分，只做简单处理，是否应该至少说明一下。）

第五节 结语

本章的逻辑推演可为我们预测中俄印在上合组织内关系模式的现实提供一定启示，但这种预测并不等于。原因在于，逻辑推演与现实政治之间存在诸多鸿沟。

第一，将简单的互动模式应用于国际关系，从而提出轴心、三角、四角等概念，是一种较机械的做法。冷战结束，尤其是 21 世纪以来，国家间的互动关系日趋复杂，呈现网状、交叉和叠加等特征。为了保证充分的行动自由和战略行动空间，各大国均通过参与多个双边与多边关系，使外交多元化，风险分散化，而不是局限在一个紧密的双边、三边或多边关系中。因此，中俄印的"战略三角"不会是一种紧密且闭合性的关系，它必然与中国、俄罗斯、印度参与的其他双边和多边关系交织在一起。因此本章提出的四种模式本身就是一种理论启示，很难与现实一一对应。

第二，与高度简化的理论分析不同，中俄印在上合组织内的现实关系很难被归类于某一个类别，而是介于多个类型之间、融合了多种特征。举例来说，一种完全平衡的等边战略三角是不存在的，它中间必然会掺杂了俄印对中国的制衡，或者中俄占优势的"战略倒三角"等成分。也就是说，三国在上合组织的互动很难发展为亲密且高水平的"战略三角"，也不太可能演变成显而易见的分庭抗礼，而是在这个区间内变化。此外，不管上合组织在扩员后会延续、调整抑或重构其权力结构，这个过程也不会是突变而是渐进式的。现实的模糊性、融合性、渐变性和国内政治的"黑箱子"性质，都使得纯学术推演的预测能力有所局限。

第三，中俄印三边关系在上合组织的最终演变方向，并不全然由三国的政策偏好和政治协商来决定，全球战略环境、欧亚地区局势、美国的印太战略和国际组织发展特征等，均会对中俄印在上合组织的互动产生影响。上合组织本身也因进入发展的"中段陷阱"而表现出一些发展综合征，如制度化进程日趋缓慢、协商一致原则更显低效、深化合作难度进一步提高等。这些外部因素均会给中俄印互动的走向带来更多变数。

不过，在承认理论预测存在缺陷的前提下，结合上述偏好次序、中俄印关系的现实以及制度变迁中的路径依赖等因素，对中俄印在上合组织内的互动模式提出预测仍然是有价值的。本章认为，扩员后的五年内，中俄印三国将在上合组织内构成一种融合了中俄共管、战略三角、两相对立等多重特征的关系。具体表现为，中俄将继续保持对上合组织的共管状态。俄罗斯将帮助印度更多地参与能源、大型基建、阿富汗问题等重要事务，印度在上合组织的影响力会迅速超过巴基斯坦与中亚各国。虽然短时间内无法追上中、俄，但印度将因在上合组织重大事务中发挥作用，如组织筹建上合组织发展银行、推动能源俱乐部的建立、推动上合组织——阿富汗联络小组的工作等，得以与中国、俄罗斯形成一个倒三角关系，即中俄发挥主要领导作用，印度影响力相对较弱，但在重大决策与行动中具备一定的话语权与博弈能力。当中印发生摩擦，印度会寻求俄罗斯支持，在上合组织内展开一些较为隐秘、对中国的利益构成挑战的行动。此时，俄印、中巴双方会在上合组织内形成低烈度的竞争与对立。由于中印矛盾持续恶化的可能较小，在矛盾缓解后，这种对立又将消弭，三国又回到倒三角关系下的博弈与合作。如果中国处理得当，中、俄、印在上合组织内形成一种较为松散、灵活、低投入、低承诺的低水平"战略三角"关系是有可能的。但也不能排除存在处理失误的可能，即俄印与中巴的对立可能持续较长时间，上合组织会日渐走向松散与分裂。

基于这种判断,在 2017—2018 年担任主席国及随后几年期间,中国在上合组织内的战略目标应是促进中俄印形成低水平"战略三角",避免出现双方对立或俄罗斯主导的情况,同时维护本国在上合组织的影响力。在以下几个方面采取措施有助于这一目标的达成。

(一)更加积极地提出议程,提高对上合组织日程的影响能力

前文提到俄罗斯在掌控上合组织议程时的技巧和优势。印度同样是展开"问题"外交与引导国际舆论的高手。中国如果在上合组织扩员后不改变此前的被动与低调姿态,其议程设置能力将遭到进一步削弱,在上合组织框架内的话语权则进一步弱化。中国应主动出击,深入研究容易引发多数成员国关注与共鸣、激发其参与热情的议题。在提出议题后,可通过会场发言、会后简报、媒体报道、智库报告等渠道形成一种宣传攻势和规模效应,使各成员国的政府、学界与民众有更多机会来了解、思考和讨论这些议题,从而最终促成议题被认可和采用。俄罗斯在上合组织内提出议程的诸多技巧均值得中国参考。

(二)尽快对上合组织成员国冲突协调机制展开可行性研究

上合组织对成员国内政和成员国之间的冲突一向采取不干预和不讨论的做法,这在过去有一定的合理性。但在 2010 年吉尔吉斯斯坦族群冲突后,学术界开始进行反思,有学者建议上合组织应发展自身"建设性介入"的能力。[1] 扩员后,印巴的历史积怨和中印的频繁摩擦会损害上合组织的正常运行,也是中俄印三边关系趋于动荡的最大诱因。在此背景下,探索建立一个有效的成员国冲突调解机制成为上合组织下一发展阶段无法忽视的议题。而中国既对上合组织发展寄予厚望,又可能成为被调解对象,不如主动提出议题,争取在冲突调解机制设立的可能、可能采取的制度形式、机制运行规则、人员组成、

---

[1] 赵华胜:《不干涉内政与建设性介入》,《新疆师范大学学报》(哲学社会科学版) 2011 年第 1 期。

操作程序等方面提出详细和中肯的建议，并在双边和多边层面征求其他成员国的意见，进一步完善这些建议。为保障可能的冲突调解机制能真正发挥作用，还需要研究对违反"上海精神"、主动挑起矛盾或不履行调解结果的成员国采取相应惩罚措施的可能性与具体对策。最后，英国脱欧过程的烦琐与复杂及其带来的消极后果能为我们提供相应的启示，如《上海合作组织宪章》中增补有关成员国退出上合组织的条件、程序等具有可操作性的条款，以应对可能出现的类似情况，同时也对那些桀骜不驯的成员国予以必要的警示作用。

（三）加快上合组织与中国主导的其他地区合作机制的对接

要缓解扩员后的成员国人心浮动，弥补中国在上合组织影响力的下降，中国还可以寻求外部合作机会。丝路基金、亚洲投资与发展银行、金砖国家开发银行、"一带一路"倡议等地区发展机制，均是上合组织可以合作的对象。通过在资金、项目、产业、发展战略甚至是名义上进行对接，中国能对这些倡议与机制进行优化组合与协调互动，从而为周边外交与地区合作构建一个统一高效的机制网络。俄印即便有心联手制衡中国，也会心存顾虑，而且无能为力。此外，以上合组织为平台，实现"一带一路"倡议与俄罗斯"大欧亚伙伴关系"计划的有效对接，将有效抑制印度分化中俄的企图。最为理想的情况是，上合组织为中印处理相互间的问题提供一个不可或缺的平台，有助于深化双方的战略互信程度，从而改变印度对"一带一路"的抵触心理。与其他重要地区性国家间组织，如东南亚国家联盟、南亚区域合作联盟的合作也应同时展开。

（四）加强与俄罗斯在上合组织内外的协调

中俄在上合组织内的关系是分歧与合作并存。扩员后，合作不一定能加深，但分歧会因印度的介入而更凸显。中国必须防止俄罗斯与印度在上合组织的过度走近甚至形成一致立场。要做到这一点，中国可以通过舆论宣传和外交渠道，向俄罗斯进行战略确认，即中国更重视与中亚进行互惠互利的经贸合作,而无意与俄罗斯争夺政治影响力,更不会进行军事部署,以打消俄罗斯的顾虑。此外,还要深入挖掘上合组织在安全与经济合作中的巨大潜力,使俄罗斯与其他成员国获得合作实利,从而放弃边缘化上合组织、仅将它视为向西方宣示立场和展示肌肉的工具的意图。推动"丝绸之路经济带"与欧亚经济联盟在上合组织内的对接是一个很好的势头。但它能进展到什么程度,还需要观察。应明确认的是,只要中国在中亚和上合组织的影响力持续增加,俄罗斯制衡中国的战略就不会发生根本性改变。不过外部压力的存在,尤其是俄美关系的停滞不前,会让俄罗斯对中国在中亚地区影响力的扩大保持一定的克制。中国则可通过多种手段扩大自己的影响力,获取更多的博弈筹码和发展空间。

随着国家实力对比变化和新问题的涌现,中俄印在上合组织内的互动会处于持续的动态变化之中。但全球化背景下的地区发展和安全等问题的共生性,决定了中俄印三边关系的非零和博弈特征[①]和合作潜力。虽然目前三边关系仍缺少实质成果,也存在薄弱环节,但"战略三角"引发的想象空间,将为三国寻找在上合组织内外的共同利益提供持续的动力。掌握处理分歧的技巧与制度工具,寻找共同利益并积极落实,是中俄印三国在上合组织未来的重要任务。或许值得指出的是,当前出现了一些有助于促进中俄印三方在上合组织框架内开展有效合作的一些积极迹象,比如中印关系的缓慢改善,俄印之间较为友好的传统关系,中俄在上合组织框架内长期互动经验的累积等,或许为三个大国通过合作协力推动上合组织的健康发展奠定必要基础。最为关键的是,特朗普政府上台以来,秉持"美国优先"的外交理念,采取具有鲜明政治民粹主义和经济保护主义的对外政策,从而给中俄印三国均带来不少的压力,也就给它们加强政策协调、"抱团取暖"提供了一定的外部动力。作为三国协调彼此间关系的机制性平

---

① 涂志明:《中俄印三角关系:理论、形成条件及其变迁》,《俄罗斯东欧中亚研究》2017年第4期。

台，上合组织有望从三个大国获得更多的支持与投入，从而为其平稳发展提供部分新的动力。

不过，仍需强调两点：其一，寄希望国际或地区形势的改变推动上合组织的发展是不太可靠的，上合组织的成功终究取决于自身的机制建设和成员国对其的认同和所做的积极投入。就中俄印三个较大的成员国而言，它们尤其需要理顺彼此间的关系，避免彼此间关系不睦对认同和向上合组织进行投入产生的影响，并通过向其他较小成员国提供地区公共产品，为它们参与组织活动获得实质性收益提供机会与渠道。其二，大国在上合组织框架内的良性互动及其对组织提供的切实支持固然非常重要，但较小成员国对组织的认同与支持同样不可或缺。一旦上合组织的议程被大国把持，那么中小成员国参与上合组织的热情将会急剧降低；而一旦它们消极对待上合组织，甚至撤销对组织的支持，或退出组织以示抗议，那么，上合组织终将走入发展的死胡同。因此，上合组织固然需要推进大国成员国之间的友好互动，还需要提高中小成员国对组织的认同与支持水平，两者缺一不可而且并行不悖。

实质上，这两点需要注意事项，均涉及如何保障和促进中亚成员国对上合组织的积极参与问题。鉴于此，第八章我们将回到上合组织中较小成员国的诉求上，着重分析上合组织扩员后，尤其是近两次峰会召开以来，中亚成员国对组织所产生的新期待。

第八章　扩员后中亚成员国对上海合作组织的期待

扩员后，上合组织如何尽可能满足与平衡各成员国的主要诉求，并在此基础上凝聚组织共识，将上合组织打造成团结互信的典范、安危共担的典范、互利共赢的典范和包容互鉴的典范，进而朝着上合组织命运共同体的总体目标平稳发展，成为组织当前亟待完成的一项重要任务。本章拟集中讨论中亚成员国对上合组织所产生的新期待。本章之所以重点关注中亚成员国，主要原因在于，包括哈萨克斯坦、吉尔吉斯斯坦、塔吉克斯坦、乌兹别克斯坦在内的中亚四国，不仅是上合组织的创始成员国，而且是组织内的中小成员国。它们通过利用自身的地缘战略价值、奉行多边平衡外交政策及发挥群体数量优势等方式，对上合组织的历史发展进程产生了重要影响。诚如第五章所展示的，在特定发展阶段，中亚成员国的利益需求变化及上合组织能多大程度上满足中亚成员国的利益需求，将对上合组织阶段性发展产生直接且显著的影响。

鉴于此，本章主要将从中亚成员国的具体利益诉求与上合组织对中亚成员国利益诉求的满足方面出发，通过梳理2017年6月上合组织阿斯塔纳峰会至2019年6月上合组织比什凯克峰会期间，哈萨克斯坦、乌兹别克斯坦、吉尔吉斯斯坦和塔吉克斯坦四个中亚成员国领导人及政府决策相关人士关于上合组织的公开话语，以考察中亚成员国各自关于上合组织的最新期待及其原因。并在此基础上，提出上合组织应对成员国多元利益诉求的具体措施。需要指出的是，尽管中亚成员国政府决策人士的话语表达具有一定的宣传成分，不过，中亚成员国国家元首或政府首脑在诸如上合组织峰会等正式多边场合的话语表述，具有较高程度的连贯性，因此也具有相当高的真实性和可靠性，在很大程度上能够代表了各自国家在上合组织框架内的主要诉求。本章的结构安排如下：首先，分析上合组织扩员后中亚成员国提出具体利益诉求的主要原因。其次，考察扩员后中亚成员国团结互信、安危共担、互利共赢与包容互鉴方面的具体期待。最后，提出上合组织满足中亚成员国主要诉求的具体措施。

第一节 扩员后影响中亚成员国诉求的主要原因

上合组织扩员后，中亚成员国利益诉求变化的原因主要来自国家、地区和国际三个层面。首先，在国家层面，中亚成员国国内政治、经济和安全等领域均发生了显著变化，国内进程的变化导致各国将上合组织作为应对国内问题的不可或缺的平台。其次，在地区层面，阿富汗局势是影响中亚成员国利益诉求的重要因素。阿富汗局势产生的外溢风险、阿富汗和平进程及国内经济社会重建，不仅为中亚成员国参与阿富汗事务提供了重要机遇，而且成为中亚成员国对上合组织提出安全诉求的主要缘由。最后，在国际层面，美国、欧盟和印度等行为体中亚政策的调整，对中亚成员国对上合组织的诉求产生了一定程度的影响。

（一）国家层面：中亚成员国国内政治进程的变化

自2017年以来，中亚成员国及地区政治进程均发生的重大变化，是中亚成员国对上合组织的主要诉求变化的国家层面的原因。中亚成员国中，吉尔吉斯斯坦、乌兹别克斯坦和哈萨克斯坦均实现了国家最高权力的平稳交接，为各国国内各领域的发展提供了较为稳定的政治环境。随着新一届国家领导人上台及政府成员相应调整，中亚国家整体上展现新的发展活力和强劲的发展势头，各国均将推动经济发展和改善民生作为优先发展任务，并制定或更新了未来一段时期的战略目标，包括《哈萨克斯坦—2050 战略》、乌兹别克斯坦《2017—2021 年乌兹别克斯坦五大优先发展方向行动战略》、吉尔吉斯斯坦《至 2040 年发展战略》和《塔吉克斯坦共和国至 2030 年国家发展战略》。如吉尔吉斯斯坦为推动《至 2040 年发展战略》在经济社会各领域的实施，通过改善国际形象、强力反腐、引进新技术及推进数字化转型等一系列措施，改善并创造有利的营商环境。2019 年 6 月 7 日，吉尔吉斯斯坦通过 2020—2022 年社会和经济中期发展规划，将确保宏观经济稳定与实现积极发展作为未来两年经济政策实现的主要目标。①中亚成员国国内政局相对稳定，也为成员国间关系的改善与中亚一体化进程创造了有利的条件。沙夫卡特·米尔济约耶夫（Shavkat Mirziyoyev）上台后，乌兹别克斯坦大幅度调整乌中亚地区政策，致力于修复和发展与中亚国家间的关系。如 2018 年 3 月 9—10 日，时隔 18 年后，米尔济约耶夫对塔吉克斯坦进行了历史性访问等，这一系列善意之举不仅使停滞不前的中亚地区一体化进程重获升级，而且也极大地促进中亚成员国间关系整体氛围的改变。② 在此背景下，中亚成员国正在就一些阻碍双边关系发展的问题开展积极对话，如吉尔吉斯斯坦与塔吉克斯坦的边界问题、吉尔吉斯斯坦与乌兹别克斯坦的水资源分配等问题，均已取得阶段性成果。在欧亚大陆互联互通向纵深推进的情况下，地处欧亚大陆枢纽地带的中亚国家在深度融入国际社会进程中面临难得的历史发展机遇。基于此，上合组织为中亚国家的发展提供了不可或缺的多边合作平台，中亚成员国尤为重视发展与上合组织成员国的经贸关系。

---

① "Prime Minister of Kyrgyzstan Approves Forecast of Social and Economic Development", June 2019, Kyrgyzstan News Line（https://newslinekg.com/article/767757）.

② 周明：《乌兹别克斯坦新政府与中亚地区一体化》，《俄罗斯研究》2018 年第 3 期。

与此同时，中亚国家在政治、经济、安全与人文交流等领域的发展面临一些挑战，亟须通过更加积极地参与多边合作予以有效应对。第一，在政治领域，上合组织扩员后，中亚成员国对于印度和巴基斯坦之间的历史恩怨和现实冲突、中国与印度之间的领土主权争议，以及中亚成员国之间的资源与领土争端等影响成员国间政治互信的因素表现出明显的担忧。第二，在经济领域，中亚成员国均不同程度上面临国内经济挑战。如乌兹别克斯坦由于受近年来劳动人口数量增长较快、国有企业与私营企业结构不合理、出口竞争能力下降及能源效率低下等诸多因素的影响，乌国内改革面临不少挑战。① 此外，自2017年以来，吉尔吉斯斯坦面临的经济下行压力增大。据吉尔吉斯斯坦国家统计委员会公布的数据，2017年吉国内生产总值为4933.22亿索姆（约合71.63亿美元），同比增长4.5%。② 2018年，吉尔吉斯斯坦国家统计委员会发布的数据显示，吉国内生产总值约为5570亿索姆（约合81.15亿美元），同比增长3.5%，增幅下降1%。③ 与此同时，与2017年相比，2018年吉尔吉斯斯坦外国直接投资减少27.7%，降至5.232亿美元，减幅较大的领域集中在矿业企业、地质勘探、制造业等。④ 第三，在安全领域，在后"伊斯兰国"阶段，中亚成员国国内恐怖主义在国际恐怖主义势力的影响下呈快速发展势头，导致成员国国内面临的极端化问题日益严重，中亚地区"外籍战士"回流与外流带来的安全风险同时增加。其中，吉尔吉斯斯坦和塔吉克斯坦面临的安全形势较其他中亚成员国成为严峻。如2017年，

---

① 赵琪：《透视乌兹别克斯坦经济改革》，2018年12月，中国社会科学网（http://ex.cssn.cn/zk/zk_jsxx/zk_zx/201812/t20181226_4800226.shtml）。

② 《吉尔吉斯斯坦2017年全年社会经济发展概况》，2018年2月，中华人民共和国驻吉尔吉斯共和国大使馆经济商务参赞处（http://kg.mofcom.gov.cn/article/ztdy/201802/20180202715044.shtml）。

③ 《2018年吉尔吉斯斯坦GDP同比增长3.5%》，中华人民共和国国家发展和改革委员会（http://wzs.ndrc.gov.cn/jwtz/gbzl/201901/t20190131_927241.html）。

④ 《2018年吉国外国投资流入5.698亿美元》，2019年4月，新丝路观察网（http://web.siluxgc.com/jejsst/kgNews/20190425/16654.html）。

吉共查封 159 个宣扬极端主义和恐怖主义的网站。① 吉境内因实施恐怖主义和极端主义而被告的人数超过 500 人。有近 200 人由于涉及恐怖主义和极端主义被监禁。② 就塔吉克斯坦而言，近年来，阿富汗局势给塔吉克斯坦国家安全带来的威胁日益增强。第四，在人文合作领域，中亚成员国对于加强上合组织成员国之间的人文交流，较以往更为主动和积极。人文交流不仅增进了成员国之间的了解，而且对促进经济发展的作用越来越显著。

（二）地区层面：阿富汗局势对中亚成员国的影响

在地区层面，阿富汗局势始终是中亚成员国对上合组织利益诉求变化的重要因素。总体来看，当前，阿富汗国内和平曙光再现，同时风险和挑战也在积聚。首先，阿富汗安全形势仍然不容乐观，国内暴力事件近两年有所增加。防止阿富汗局势对中亚国家产生较大的安全影响，包括阿富汗与中亚国家边界安全、毒品跨国贩运及武器走私等问题，成为中亚成员国国内安全的主要担忧，甚至是首要关切，如塔吉克斯坦总统埃莫马利·拉赫蒙（Emomali Rahmon）及塔政府相关决策者在不同场合多次表达了对这一问题的担忧。以毒品贩运为例，在此方面，塔吉克斯坦首当其冲，塔阿边境是阿富汗毒品流向中亚进而进入欧洲的主要通道。根据塔吉克斯坦禁毒机构的数据显示，仅在 2018 年 8 个月内，由于阿富汗阿片剂产量的迅速增加，输入塔吉克斯坦国内麻醉物质比 2017 年增加了 23.5 公斤。③ 其次，阿富汗当局和塔利班之间的和平谈判进程曲折复杂。由于特朗普政府对武力解决

---

① 《吉尔吉斯斯坦 2017 年查封 159 个涉恐网站》，2018 年 1 月，新华网（http://www.xinhuanet.com/world/2018-01/09/c_1122234744.htm）。

② 《吉国实施恐怖主义和极端主义被告人数超过 500 人》，2018 年 9 月，中华人民共和国驻吉尔吉斯共和国大使馆经济商务参赞处（http://kg.mofcom.gov.cn/article/ddgk/201809/20180902785058.shtml）。

③ "The Policy and Vision of the Republic of Tajikistan on Strengthening of Cooperation and Development Prospects within the Framework of the SCO", April 2019, InfoRos News Agency（http://infoshos.ru/en/?idn=21302）.

阿富汗问题缺乏信心和耐心，阿富汗政府和塔利班对和谈的期望有所增加，以及国际社会的共同努力，2018年以来，阿富汗和平进程获得新的发展动力。① 尽管美国与塔利班之间的和谈至少进行了五轮，但塔利班并未与阿富汗政府进行过实质性接触，美国与塔利班的谈判也存在变数。② 阿富汗局势的最新发展为中亚国家积极介入阿富汗问题提供了机遇。最后，阿富汗国内经济重建任务艰巨。受国内局势持续动荡的影响，阿富汗国内各领域的发展均受到严重影响。因此，阿富汗经济重建是一项长期而艰巨的任务。在内生动力不足的情况下，国际社会的援建成为短期内推动阿恢复经济生产的主要动力。为此，中亚成员国如乌兹别克斯坦等不仅在各领域积极发展与阿富汗政府的合作，而且期望上合组织在阿富汗经济重建进程中发挥更大的作用。

  作为上合组织中亚成员国，除积极消除阿富汗局势产生的安全威胁外，中亚成员国主要通过两种方式接入阿富汗事务。一方面，积极介入阿富汗国内经济重建进程。在此方面，乌兹别克斯坦较其他中亚成员国成为积极。乌兹别克斯坦热衷于在阿富汗实施重大基础设施和社会经济项目，涵盖运输和物流、能源、贸易和教育等领域。如在跨境电力运输方面，乌兹别克斯坦有效利用自身在电力运输方面的过境潜力，致力于建造从乌兹别克斯坦苏尔汗河州（Surkhan）至阿富汗普勒霍姆里（Pul-e-Khumri）的输电线路。在贸易方面，乌兹别克斯坦与阿富汗在邻近乌南部城市铁尔梅兹（Termez）的边界地区设立自由贸易区。该自由贸易区于2019年5月24日正式运营，展出的商品涵盖食品、纺织品、皮革和鞋类、药品、建筑和汽车产品等种类，共计300多种。③ 在跨境铁路设施建设方面，乌兹别克斯坦与阿富汗在2017年12月签署协议，共同修建从阿富汗北部城市马扎里沙里夫至

---

  ① 王世达：《阿富汗和平进程新态势及前景》，《国际问题研究》2019年第1期。
  ② 朱永彪：《美国撤军计划搅乱阿富汗局势》，《世界知识》2019年第7期。
  ③ "Uzbekistan – Afghanistan Border Trade Zone Starts Its Activity", May 2019, Uzbekistan National News Agency（http://www.uza.uz/en/business/uzbekistan-afghanistan-border-trade-zone-starts-its-activity-24-05-2019）.

阿富汗西北部赫拉特的铁路。该铁路建成后，不仅将与乌 2010 年 11 月在阿修建了海拉顿（Hairatan）至马扎里沙里夫（Mazar-e-Sharif）的铁路相衔接，而且乌兹别克斯坦从阿富汗经过乌安集延市 3 日内可抵达中国。① 这一铁路线将为乌兹别克斯坦提供最短和最有效的过境贸易路线，乌兹别克斯坦的商品能够通过阿富汗进入国际市场。② 乌兹别克斯坦还计划与阿富汗、哈萨克斯坦、巴基斯坦和俄罗斯密切合作，建设马扎里沙里夫—喀布尔—白沙瓦铁路线，以实现中亚和南亚交通设施的互联互通，促进上合组织成员国之间的经济联系。③ 此外，在铁尔梅兹，乌兹别克斯坦开设阿富汗青年培训中心。

另一方面，在阿富汗政府与塔利班之间充当斡旋者角色，为双方之间的和平谈判创造必要条件。乌兹别克斯坦与美国、俄罗斯、阿富汗政府和塔利班等各方均保持密切的交往，为推动阿富汗和平进程做了大量的斡旋努力。如 2018 年 3 月，乌兹别克斯坦在首都塔什干主办了阿富汗问题高级别会议，美国、俄罗斯、阿富汗、巴基斯坦和伊朗等 20 个国家的代表出席，并通过了《塔什干宣言》。该宣言支持阿富汗当局在不设置先决条件的情况下同塔利班开展直接谈判，同时呼吁塔利班接受和谈建议。④ 2018 年 8 月 6—10 日，乌兹别克斯坦秘密邀请塔利班代表团前往乌兹别克斯坦，并与乌外交部长阿卜杜拉济兹·卡米洛夫（Abdulaziz Kamilov）、乌驻阿富汗特别代表伊斯马蒂拉·伊尔加舍夫等举行会谈，探讨了包括阿富汗安全局势在内的多项议题，塔利班和乌兹别克斯坦政府就外国军队撤离及阿富汗和解进程

---

① 《乌兹别克斯坦计划修建阿马扎里沙里夫至赫拉特铁路》，2018 年 1 月，中华人民共和国商务部（http://www.mofcom.gov.cn/article/i/jyjl/j/201801/20180102706158.shtml）。

② 《阿乌将合作修建马扎里沙里夫至赫拉特铁路》，2017 年 12 月，中华人民共和国驻阿富汗伊斯兰共和国大使馆经济商务参赞处（http://af.mofcom.gov.cn/article/jmxw/201712/20171202686043.shtml）。

③ "Uzbekistan Delegation Attended SCO - Afghanistan Contact Group Meeting", Embassy of the Republic of Uzbekistan to the Republic of Kazakhstan, (http://www.uzembassy.kz/en/article/uzbekistan-delegation-attended-sco-afghanistan-contact-group-meeting).

④ 《乌兹别克斯坦外长说乌愿主办阿富汗和谈》，2019 年 2 月，新华网（http://www.xinhuanet.com//world/2019-02/05/c_1124087949.htm）。

等议题交换意见。① 2019 年 3 月 31 日，乌兹别克斯坦外交部长卡米洛夫率团访问阿富汗，与阿富汗政府讨论了阿富汗局势在内的多项议题。② 尽管目前阿富汗政府与塔利班尚未进行实质性的接触，不过，在乌兹别克斯坦及国际社会的共同努力下，阿富汗和谈有望在乌兹别克斯坦斯坦举行。在此情况下，中亚成员国希望上合组织成员国加大对阿富汗问题的介入力度，充分发挥上合组织阿富汗联络小组的作用，在地区安全合作、阿富汗国内和平进程与国内重建等面，全面合力应对阿富汗局势，促进阿富汗问题逐步得以解决。

（三）国际层面：外部主要行为体中亚政策的调整

除俄罗斯外，对中亚地区具有不可低估影响力的国际行为体包括美国、欧盟、土耳其、印度和日本等。这些主要行为体关于中亚地区政策的变化将直接或间接影响中亚国家的发展，进而影响中亚成员国对上合组织的利益诉求。其中，美国是除俄罗斯外对中亚国家国内政治进程影响最大的域外国家，特朗普上台后，美国部分调整了自身的中亚政策。当前，特朗普政府继续维持在中亚的战略存在，以牵制俄罗斯、中国和伊朗在中亚地区的影响力。尽管如此，特朗普政府对中亚地区安全的需求似乎已超过对经济、民主推广等的需求，成为特朗普政府在中亚地区的主要利益。因此，特朗普政府中亚政策的一个核心议题是打击跨国恐怖主义，同时防止核武器、核技术和核材料落入恐怖分子手中。不过，美国在中亚打击恐怖主义的力度目前较为有限，加之特朗普政府缩减对中亚国家的经济援助规模，导致美国在中亚地区的影响力有所减弱。③ 另就欧盟而言，2019 年 5 月 15 日，欧

---

① 《塔利班赴乌兹别克斯坦商讨阿富汗和平进程等议题》，2018 年 8 月，新华网（http://www.xinhuanet.com//world/2018-08/14/c_129932101.htm）。

② "Uzbekistan Governmental Delegation Visits Afghanistan", January 2019, Uzbekistan National News Agency（http://www.uza.uz/en/society/uzbekistan-governmental-delegation-visits-afghanistan-01-04-2019？sphrase_id=3740672）.

③ 陈亚州、曾向红：《特朗普政府的中亚政策：继承与调整》，《国际问题研究》2018 年第 4 期。

盟委员会和欧盟外交事务与安全政策高级代表费代丽卡·莫盖里尼（Federica Mogherini）共同发表了题为《欧盟与中亚：更坚实伙伴关系的新机遇》（The European Union and Central Asia: New Opportunities for a Stronger Partnership）的联合声明，阐述了欧盟与中亚国家构建更加紧密合作伙伴关系的新愿景，成为欧盟未来与中亚国家开展全方位合作的新的指导战略与政策框架。新版欧盟中亚战略以促进中亚国家的复原能力（resilience）和繁荣（prosperity）作为战略支撑，以十余个领域为实施重点，旨在实现提升"区域合作"（regional cooperation）水平的总体战略目标。① 与此同时，作为上合组织正式成员国，印度强化与中亚成员国的高层互访和制度安排，在经济上注重与中亚国家的能源合作和地区连通，在安全上与中亚成员国举行联合军演和提供援助等。②

在此背景下，世界主要行为体在中亚地区的竞争与合作呈现复杂的态势。从客观上来看，美国、欧盟、印度与日本等行为体与中亚国家关系的发展，有助于上合组织中亚成员国国内各领域的发展，推进中亚一体化进程加快发展，并促进欧亚大陆走向深度互联互通。从主观方面而言，美国的中亚政策和欧盟的中亚战略具有明显针对中国和俄罗斯的意图。如欧洲议会议员伊维塔·格里古勒（Iveta Grigule）在谈到欧盟与中亚国家间关系时说，"我们并非邻居，但胜似邻居……如果你（中亚国家——引者注）和中国进行合作，或者更糟的是，如果你和俄罗斯站在一起，我们就不会更好地与你合作。如果你愿意合作，那我们也愿意。这是建立在尊重和接触基础上的公开对话。我们将寻找能团结我们的东西"③。鉴于此，在国际层面，世界

---

① "The European Union and Central Asia: New Opportunities for a Stronger Partnership", May 2019, European Commission（http://europa.eu/rapid/press-release_IP-19-2494_en.htm）.

② 张杰、石泽：《透视莫迪政府的中亚政策》，《国际论坛》2019年第3期。

③ "Relations of Central Asia with Neighbors not Affect Cooperation with EU", November 2018, 24.kg News Agency（https://24.kg/english/101926_Relations_of_Central_Asia_with_neighbors_not_affect_cooperation_with_EU/）.

主要行为体对上合组织中亚成员国的影响也是复杂的。首先，中亚成员国基于大国平衡外交政策，往往将会在世界主要行为体之间进行利益权衡与慎重选择。由于美国、欧盟、印度和日本等行为体能够部分满足中亚成员国的利益诉求，导致它们对上合组织产生更高的期待。其次，尽管欧盟与美国等已全面深度介入中亚地区事务，不过，在参与中亚事务过程中，欧美国家浓厚的意识形态色彩增加了中亚成员国积极参与上合组织事务的积极性。再次，在与欧美国家进行合作的过程中，如欧盟往往要求中亚国家在一方面与欧盟标准保持一致，而事实上中亚国家与欧盟要求的标准尚存在距离，这导致中亚国家进一步寻求在上合组织框架内开展国家间合作，以抵御来自欧盟的压力。最后，由于印度已成为上合组织正式成员国，印度与中亚国家关系的进一步密切，有利于中亚成员国在上合组织框架内开展各领域的合作。

第二节 扩员后中亚成员国的主要期待

扩员后，从打造上合组织"四个典范"方面来看，中亚成员国在团结互信、安危共担、互利共赢和包容互鉴四个方面均对上合组织充满期待。整体而言，在团结互信方面，中亚成员国期望强化上合组织成员国之间的政治对话和信任水平。在安危共担方面，中亚成员国期冀提升上合组织对阿富汗社会经济问题的综合应对能力，并进一步深化非传统安全领域的合作。在互利共赢方面，中亚成员国的共同利益需求在于提升组织框架内的多边经济合作成效。在包容互鉴方面，中亚成员国对强化成员国之间的人文交流与合作较以往更为迫切。

（一）团结互信方面：加强成员国之间的政治互信

上合组织成员国之间的政治对话与信任建立缘起于"上海五国"在边境与军事等传统安全领域开展的合作实践，并明显体现出大国相互信任对中小成员国彼此信任的引领作用。① 上合组织扩员以来，成员国尤其是中亚成员国之间的政治互信有所提升。这主要得益于哈萨克斯坦与乌兹别克斯坦关系的改善，不仅改变了中亚成员国之间关系的整体氛围，而且赋予中亚地区一体化进程新的发展动力。② 在此过程中，哈乌两国高层之间密集的政治互动在推动两国关系发展及中亚一体化进程方面起到了举足轻重的作用。哈乌两国继2017年3月、2017年10月举行元首会晤后，2019年4月14—15日，卡瑟姆-若马尔特·托卡耶夫（Kassim Jomart Tokayev）在就任代总统不满一个月就对乌兹别克斯坦进行首次国事访问，这一活动是对两国元首间政治对话的继承与发展，体现了乌兹别克斯坦及中亚国家在哈外交中所处的优先位置。与此同时，乌兹别克斯坦将哈萨克斯坦视为亲密的邻居和可靠的战略伙伴。乌总统米尔济约耶夫对此托卡耶夫访乌表示高度赞赏，并称"在过去的短时期内，两国关系取得了前所未有的成就"。③ 总之，扩员后，利用上合组织的机制平台加强与新老成员国之间的政治对话和信任水平，成为中亚成员国在上合组织框架内的一项重要任务和主要活动，将有助于上合组织成员国之间政治互信水平的进一步提高。

除继续与中国、俄罗斯巩固政治互信外，中亚成员国积极发展与印度、巴基斯坦之间的双边关系，积极参与中亚—印度多边政治对话框架。一个最新的体现是，2019年1月，印度、中亚五国和阿富汗在乌兹别克斯坦撒马尔罕举行首届"印度—中亚—阿富汗外长会议"（the India-Central Asia-Afghanistan Dialogue FMs），旨在提升区域间合作水平。这一对话框架是中南亚七国尝试合力应对阿富汗局势和发掘国家间经贸合作潜力的一项创举，各方支持将其作为一种机制化平台

---

① 林珉璟、刘江永：《上海合作组织的形成及其动因》，《国际政治科学》2009年第1期。

② 周明：《乌兹别克斯坦新政府与中亚地区一体化》，《俄罗斯研究》2018年第3期。

③ Shavkat Mirziyoyev, "For Uzbekistan, Kazakhstan Is a Close Neighbor, Reliable and Strategic Partner", April 2019, Ministry of Foreign Affairs of the Republic of Uzbekistan (https: //mfa. uz/en/press/news/2019/04/18609/).

延续下去。① 而对印度来说，以"联通性"为核心，全面发展与包括哈萨克斯坦在内的中亚各国的关系，是其加入上合组织的一个主要动机。② 不仅如此，扩员后，在双边层面，中亚成员国与印度和巴基斯坦之间政治对话的进程明显加快。以哈萨克斯坦为例，近年来，印哈两国间政治对话的主要内容集中在经贸与军事领域。如在经济领域，哈萨克斯坦的主要关切在于，希望充分利用哈萨克斯坦—土库曼斯坦—伊朗的铁路线扩大国内商品进入南亚市场的途径。同时，哈萨克斯坦积极支持并参与欧亚经济联盟与印度自由贸易区之间的谈判。③ 在安全领域，为加强两国军事领域的交流及共同应对地区恐怖主义威胁，印度和哈萨克斯坦将举行"KAZIND"系列联合军演作为两国军事合作的主要内容。截至2019年6月，该系列军演已举行三次。与此同时，扩员后，上合组织为哈萨克斯坦开展与巴基斯坦之间的政治对话提供了机制平台，两国双边关系在上合组织扩员后有了明显提升。哈萨克斯坦与巴基斯坦之间具有共同信仰、文化传统和历史遗产，为彼此继续深化政治对话和提高互信水平奠定了基础。2019年2月，哈萨克斯坦驻巴基斯坦大使巴利贝·萨季科夫（Barlybay Sadykov）表示，哈萨克斯坦已起草了一份合作协议，旨在扩大巴基斯坦和哈萨克斯坦之间的双边经济合作。④ 此外，两国在共同利益和合作需求的基础上致力于深化军事层面的交往。

尽管如此，扩员后，影响成员国之间政治互信的诸多因素仍然未

---

① "India Brings Forward Some Initiatives for Central Asia", January 2019, Kazinform International News Agency (https://www.inform.kz/en/india-brings-forward-some-initiatives-for-central-asia_a3487674).

② 杨恕、李亮：《寻求合作共赢：上合组织吸纳印度的挑战与机遇》，《外交评论》2018年第1期。

③ "President Arif Alvi Seeks Access of Pakistani Commodities to Kazakhstan's Markets", April 2019, Kazinform International News Agency (https://www.inform.kz/en/president-arif-alvi-seeks-access-of-pakistani-commodities-to-kazakhstan-s-markets_a3516033).

④ "Road Map Ready to Intensify Pak-Kazakhstan Bilateral Economic Cooperation: Ambassador Barlybay Sadykov", February 2019, Kazinform International News Agency (https://www.inform.kz/en/road-map-ready-to-intensify-pak-kazakhstan-bilateral-economic-cooperation-ambassador-barlybay-sadykov_a3494157).

得到彻底解决，如吉尔吉斯斯坦与塔吉克斯坦之间的领土争端、乌兹别克斯坦与塔吉克斯坦之间的水资源争端等。不仅如此，扩员后影响成员国之间的政治互信的因素有所增加。正如有学者所言，"完成首次扩容后的上合组织内部出现的差异性，无论从质量上还是数量上看，都是与此前不可同日而语的"。因此，能否有效巩固上合组织政治基础是各成员国必须重视的问题。[1] 为避免成员国之间的矛盾与冲突对上合组织的正常运转产生不利影响，中亚成员国不同程度上呼吁通过加强组织成员国之间的政治对话，以提高彼此的政治互信水平。其中，哈萨克斯坦在此方面的态度与立场最为明显。哈萨克斯坦政府认为，上合组织未来发展的战略重点是加强成员国之间的政治对话与提高彼此互信水平，以增强上合组织的内部凝聚力和向心力。2018年6月，哈萨克斯坦第一任总统纳扎尔巴耶夫在上合组织青岛峰会上强调，由于政治对话与政治互信是组织成员国在各领域开展合作的基础与实现组织目标的重要保证，因此，成员国必须始终遵守《上海合作组织成员国长期睦邻友好合作条约》，确保上合组织地区的安全与发展。未来一个阶段，上合组织应将《〈上海合作组织成员国长期睦邻友好合作条约〉实施纲要（2018—2022年）》，作为提高成员国之间政治对话和信任水平的路线图。[2] 哈萨克斯坦在政治方面对于上合组织的诉求并没有因国家最高权力交接而发生改变，卡瑟姆－若马尔特·托卡耶夫（Kassym-Jomart Tokayev）就任哈萨克斯坦新总统后，基本继承了前任总统纳扎尔巴耶夫关于建设上合组织的主要观点。在2019年6月比什凯克峰会上，托卡耶夫指出，"国际关系的转变需要多边组织发展新的、更健全的原则。加强信任、对话与合作以确保地

---

[1] 许涛：《青岛峰会后的上海合作组织：新职能、新使命与新挑战》，《俄罗斯学刊》2018年第6期。

[2] "Participation in the Meeting of the SCO Council of Heads of State in an Expanded Format", June 2018, Official Site of the President of the Republic of Kazakhstan（http://www. akorda. kz/en/events/international_ community/foreign_ other_ events/participation-in-the-meeting-of-the-sco-council-of-heads-of-state-in-an-expanded-format? q = Shanghai% 20Cooperation% 20Organization）.

区安全与协作,仍是上合组织的关键任务"。同时,托卡耶夫强调,扩大和巩固与欧亚地区主要国际组织的全面关系,对于提升上合组织的国际竞争力至关重要。①

(二)安危共担方面:消除阿富汗局势的影响和深化非传统安全合作

第一,对极端主义在国内和地区蔓延带来的潜在安全隐患,成为中亚成员国国家领导人的主要安全关切。相比与哈萨克斯坦与乌兹别克斯坦,在上合组织框架内,吉尔吉斯斯坦和塔吉克斯坦对这一问题更为关注。吉尔吉斯斯坦总统、总理等政府高级官员均在不同场合表达了他们的安全诉求。如2018年6月,吉尔吉斯斯坦总统索隆拜·热恩别科夫(Sooronbay Jeenbekov)在青岛峰会上表示,上海合作组织应在维护地区安全与稳定方面发挥更突出的作用,希望成员国进一步协调立场和行动,更好地应对恐怖主义、分裂主义和极端主义"三股势力"对本地区构成的威胁。② 2018年10月,在上合组织成员国政府首脑(总理)理事会第十七次会议上,吉尔吉斯斯坦总理穆哈梅特卡雷·阿布尔加济耶夫(Muhammetkaliy Abulgaziyev)表示,上合组织的主要任务之一是确保地区稳定与安全,国际恐怖主义和极端主义势力以史无前例的速度发展,这给上合组织成员国加强反恐合作提供了可能。③ 2019年1月,热恩别科夫在听取上合组织成员国元首理事会会议筹备工作汇报时再次表示,加强成员国在打击恐怖主义、极端主义和贩毒领域的合作尤其重要。④ 2019年2月,在参加吉尔吉斯

---

① "Tokayev: SCO Key Task Is to Strengthen Confidence, Dialogue", June 2019, Kazinform International News Agency (https://www.inform.kz/en/tokayev-sco-key-task-is-to-strengthen-confidence-dialogue_ a3538027).

② 《吉尔吉斯斯坦总统说上合组织权威与日俱增》,2019年1月,新华网(http://www.xinhuanet.com/world/2019 - 01/12/c_ 1123980373.htm)。

③ 《综合消息:上合组织成员国总理建议强化该组织框架内多边合作》,2018年10月,新华网(http://www.xinhuanet.com/world/2018 - 10/13/c_ 1123554160.htm)。

④ 《吉尔吉斯斯坦总统说上合组织权威与日俱增》,2019年1月,新华网(http://www.xinhuanet.com/world/2019 - 01/12/c_ 1123980373.htm)。

斯坦纪念苏联从阿富汗撤军 30 周年会议上，热恩别科夫强调，维护地区和平与稳定仍是一项紧迫的任务，越来越多的吉尔吉斯斯坦公民倾向于参加各种宗教极端主义活动，有些人成为受雇的恐怖分子，具有恐怖主义活动经历的恐怖分子正在企图加剧该区域的局势，对此必须高度警惕。①

此外，吉尔吉斯斯坦认为，利用信息技术实现犯罪与恐怖活动，以及达到政治和军事目标的威胁正在增加。因此，确保信息安全应该是上合组织议程上的一个重要任务。2019 年 6 月在上合组织比什凯克峰会上，热恩别科夫指出："一般来说，经济犯罪是跨国的。它们与贩毒、走私、洗钱犯罪密切相关。因此，它们危及国家安全。吉尔吉斯斯坦提议在上合组织内建立一个打击经济犯罪的机构。"② 此外，吉尔吉斯斯坦还借助乌哈关系改善和中亚一体化动力较以往明显增强的有利地区环境，倡议建立中亚五国统一的安全空间。在 2018 年 3 月第一次中亚五国元首会晤期间，吉尔吉斯斯坦总统热恩别科夫强调，中亚在历史上本是一个各民族相互包容的地区，极端主义从来都不是我们民族所具有的思维方式。面对中亚恐怖主义发展的新动向，"吉支持建立统一的安全空间，支持为保持区域内的和平以及稳定所采取的共同措施"③。就塔吉克斯坦而言，塔政府支持《2018—2023 年上合组织成员国禁毒战略》及其实施计划。与此同时，塔吉克斯坦还认为需要迫切落实塔方提出的在杜尚别设立上合组织禁毒中心的建议，以协调这方面的行动。另外，塔吉克斯坦政府考虑及时通过"上海合作组织成员国元首对青年的联合呼吁"和"上海合作组织关于

---

① "Jeenbekov: Feat of Afghan War Participants Will Remain Example of Patriotism", February 2019, 24. kg News Agency (https://24.kg/english/109388__Jeenbekov_Feat_of_Afghan_war_participants_will_remain_example_of_patriotism/).

② "Agency for Combating Economic Crimes May be Created within SCO", June 2019, Kazinform International News Agency (https://www.inform.kz/en/agency-for-combating-economic-crimes-may-be-created-within-3sco_a3538139).

③ 《吉尔吉斯斯坦总统称中亚五国元首会晤将会促进中亚国家之间睦邻友好关系》，2018 年 3 月，中华人民共和国驻吉尔吉斯共和国大使馆经济商务参赞处（http://kg.mofcom.gov.cn/article/jmxw/201803/20180302721923.shtml）。

防止青年参与破坏性团体活动的行动纲领"。为了巩固国际社会消除以上问题的努力，塔吉克斯坦计划举行"国际和区域反恐合作"高级别会议。① 总之，中亚成员国积极支持上合组织共同打击恐怖主义、极端主义、分裂主义以及非法贩运武器和毒品、网络犯罪和其他类型的跨国有组织犯罪。

第二，消除阿富汗局势对塔吉克斯坦及整个中亚地区的安全威胁。在 2018 年上合组织国家元首理事会会议上，塔吉克斯坦总统拉赫蒙指出，鉴于不容乐观的阿富汗局势，拉赫蒙提请上合组织正式成员国和观察员国注意确保世界和平与稳定的问题，并强调需强化在上海合作组织框架内的共同努力，促进地区和平、安全与稳定。② 2019 年 4 月 17 日，在与俄罗斯总统普京讨论中亚地区面临的安全问题时，拉赫蒙指出，"塔吉克斯坦是防止该地区安全威胁扩散的缓冲区"，并呼吁各方和平解决阿富汗问题。③ 2019 年 4 月 17 日，在北京举行的上海合作组织论坛第十四次会议上，塔吉克斯坦总统战略研究中心副主任穆罕马迪祖达（P. A. Muhammadzoda）提请与会者注意与上合组织国家接壤的阿富汗国内局势。他认为，尽管国际社会已采取了各种冲突解决措施，不过，阿富汗目前的局势仍然是不可预测的。塔吉克斯坦对于来自叙利亚和其他地区的包括"伊斯兰国"成员在内的武装分子转移到阿富汗北部表示严重关切。鉴于此，他强调，塔吉克斯坦欢迎加强执法机构在安全事项上的协调与合作。为此，上海合作组织有必要作出努力，扩大对阿富汗支持力度。④ 塔吉克斯坦希望上

---

① "The Policy and Vision of the Republic of Tajikistan on Strengthening of Cooperation and Development Prospects within the Framework of the SCO", April 2019, InfoRos News Agency (http://infoshos. ru/en/？idn = 21302）.

② "Participation in the Meeting of the Council of Heads of State of the SCO", June 2018, Press Service of President of Republic of Tajikistan（http：//president. tj/en/node/17761）.

③ "Putin, Tajik President Discuss Asian Security, Threats Coming From Afghanistan", April 2019, TASS Russian News Agency（http：//tass. com/world/1054196A）.

④ "The Policy and Vision of the Republic of Tajikistan on Strengthening of Cooperation and Development Prospects within the Framework of the SCO", April 2019, InfoRos News Agency (http://infoshos. ru/en/？idn = 21302）.

海合作组织—阿富汗联络小组就这些问题取得积极的协商成果。2019年6月，在比什凯克举行的上合组织成员国元首理事会第十九次会议上，拉赫蒙再次谈到了阿富汗局势、该地区日益增长的安全威胁，以及联合打击恐怖主义、极端主义和遏制意识形态蔓延的必要性。①

不过，与塔吉克斯坦重点关注阿富汗局势对其国内带来的安全挑战不同，乌兹别克斯坦不仅密切关注阿富汗动荡局势的外溢风险，而且为阿富汗政府和塔利班之间的政治对话创造有利条件，并致力于为阿富汗经济重建、运输、工业、能源和社会基础设施的发展发挥积极作用。这是因为，在地区政策方面，米尔济约耶夫上台后，乌兹别克斯坦实行建设性的对外政策，深化国际合作，并致力于在乌兹别克斯坦周边地区建立稳定和互利友好的"安全带"。② 特别是对于邻国阿富汗及其国内政局走向，乌兹别克斯坦给予了特别关注。乌兹别克斯坦在其外交政策表述中认为，一个稳定和繁荣的阿富汗是中亚地区安全的重要保障。基于这种认知，乌兹别克斯坦将进一步扩大与阿富汗的关系，积极参与和平解决阿富汗局势的国际努力。③ 米尔济约耶夫在阿富汗问题上比前任总统卡里莫夫（Islom Abdug'aniyevich Karimov）更为积极和主动，自其执政以来，乌兹别克斯坦明显加大了对阿富汗问题的介入力度。乌兹别克斯坦总统战略与地区间研究院院长弗拉基米尔·诺罗夫（Vladimir Norov）于2019年1月1日就任上合组织秘书长，同年1月23日，诺罗夫便将促进阿富汗和平与稳定列为上合组织的优先事项，并希望充分发挥"上海合作组织—阿富汗联络组"在阿富汗问题上的建设性作用。④ 2019年6月，米尔济约耶夫在上合

---

① "Participation in the Meeting of the Council of Heads of State of the Shanghai Cooperation Organization", June 2019, Press Service of President of Republic of Tajikistan（http：//president. tj/en/node/20372）.

② 高寒：《乌兹别克斯坦改革成效初现》，2017年11月，中国社会科学网（http：//ex. cssn. cn/gj/gj_ gjwtyj/gj_ elsdozy/201711/t20171119_ 3747129. shtml）。

③ "Foreign Policy", Ministry of Foreign Affairs of the Republic of Uzbekistan（https：//mfa. uz/en/cooperation/）.

④ 《上合组织秘书长将促进阿富汗和平与稳定列为优先事项》，2019年1月，上合组织（http：//chn. sectsco. org/news/20190123/510050. html）。

组织比什凯克峰会上更是表示,"地区稳定是由阿富汗局势所决定的"。上合组织—阿富汗联络小组所擘画的路线图及阿富汗积极参与区域合作,对于解决阿富汗问题至关重要。① 这在一定程度上反映了乌兹别克斯坦对促进阿富汗问题和平解决的积极立场。

(三) 互利共赢方面:提升上合组织多边经济合作成效

自成立以来,各成员国以《上海合作组织成员国多边经贸合作纲要》为指导,在区域经济合作方面取得了显著成绩。② 上合组织框架内多边经济合作成效不彰已日益成为制约地区合作水平的突出因素。近年来,这一问题引起成员国越来越多的关注。尽管上合组织框架内的区域合作是成员国追求共同利益的重要方式,不过,整体来看,囿于成员国利益诉求多元化、部分成员国经济发展乏力,部分成员国对于组织未来发展方向存在认知分歧等因素,成员国之间的双边合作项目多于多边合作项目不仅已成为一种客观事实,而且由此导致上合组织框架内多边合作水平明显滞后于成员国间的双边合作水平。③ 2013年"丝绸之路经济带"倡议提出后,尽管上合组织成为"丝绸之路经济带"建设的多边平台,不过,就目前的实际情况来看,"丝绸之路经济带"倡议在欧亚大陆的实施,更多依靠中国与沿线国家的双边合作。这不仅增加了交易成本,而且国家间相互竞争也造成了一些资源浪费。④ 因此,协调成员国间双边合作与多边合作的关系,使两者之间形成相互协作、彼此促进的良性互动局面,是推动上合组织提高组织制度效率的重要途径。2018 年 10 月,在上合组织成员国政府首

---

① "Shavkat Mirziyoyev Unveils Vital Initiatives to Enhance Practical Cooperation in the SCO", June 2019, Ministry of Foreign Affairs of the Republic of Uzbekistan (https://mfa.uz/en/press/news/2019/06/19559/).

② 韩璐:《深化上海合作组织经济合作:机遇、障碍与努力方向》,《国际问题研究》2018 年第 3 期。

③ 王树春、万青松:《上海合作组织与欧亚经济共同体的关系探析》,《世界经济与政治》2012 年第 3 期。

④ 凌胜利:《上海合作组织扩员与中国的"一带一路"战略》,《欧亚经济》2017 年第 5 期。

脑（总理）理事会第十七次会议上，各成员国一致认为，需进一步发掘上合组织经济合作的潜力，推动地区多边经济合作水平的提高，①促使上合组织成员国之间的贸易和投资项目从双边层面提升至多边层面。如哈萨克斯坦新总统托卡耶夫2019年6月在上合组织比什凯克峰会上强调，在经济增长放缓和世界金融市场不稳定的情况下，应更有效地挖掘上合组织巨大的经济合作潜力。②

首先，中亚成员国的优先诉求在于希望在上合组织框架内实现跨境交通设施的互联互通。就乌兹别克斯坦而言，2019年6月在比什凯克峰会上，米尔济约耶夫强调，中亚的稳定和开放为广泛合作和实现重要的区域项目提供了巨大的机会。其中一个项目是中吉乌铁路的建设，这将为地区贸易和投资提供强大的推动力。③ 此外，米尔济约耶夫提出了与上合组织合作建设中亚交通运输体系的倡议。该倡议主要涵盖四个方面的内容：其一，在世界银行、亚洲开发银行、伊斯兰开发银行及其他国际金融机构的协助下，制定统一的中亚交通走廊发展战略。其二，在上合组织框架下建立综合运输管理体系。其三，成立中亚国家交通运输理事会，作为解决跨国物流运输问题的权威协调机构。其四，与世界旅游组织共同制订中亚地区旅游枢纽发展方案。乌兹别克斯坦总理阿卜杜拉·阿里波夫（Abdulla Aripov）2018年9月在塔什干举办的"国际交通走廊系统框架下的中亚：战略前景和有待实现的机遇"国际研讨会上，呼吁与会各方对此予以积极支持。④

---

① 丁晓星：《上合组织总理会就多边经济合作发出强音》，2018年10月，中华人民共和国中央人民政府网站（http://www.gov.cn/xinwen/2018-10/15/content_5330845.htm）。

② "SCO Needs a Pool of State-of-the-art Technological Parks – Tokayev", June 2019, Kazinform International News Agency（https://www.inform.kz/en/sco-needs-a-pool-of-state-of-the-art-technological-parks-tokayev_a3538047）.

③ "Shavkat Mirziyoyev Unveils Vital Initiatives to Enhance Practical Cooperation in the SCO", June 2019, Ministry of Foreign Affairs of the Republic of Uzbekistan（https://mfa.uz/en/press/news/2019/06/19559/）.

④ 《乌积极推动中亚交通运输体系发展》，2018年9月，中华人民共和国驻乌兹别克斯坦大使馆经济商务参赞处（http://uz.mofcom.gov.cn/article/jmxw/201809/20180902791915.shtml）。

哈萨克斯坦认为，在上合组织内实施基础设施领域的重大项目，可以取得经济增长的倍增效应，进而带动上合组织成员国在科技、金融和人力资源等方面的发展。除继续推进 CASA—1000 项目，以扩大哈萨克斯坦向阿富汗和巴基斯坦的电力供应外，哈萨克斯坦还提议建设北京—阿斯塔纳—莫斯科—柏林欧亚高铁干线。纳扎尔巴耶夫认为，建设欧亚高铁干线将有助于实现欧亚大陆交通设施的互联互通，加强上合组织与欧亚经济联盟之间的协作进而推进欧亚一体化进程，同时有助于促进上合组织与欧盟关系的发展。①

就吉尔吉斯斯坦而言，其试图利用自身的地理位置增强其交通线路过境国的角色。2018 年 9 月，热恩别科夫强调，吉尔吉斯斯坦作为一个内陆国家，对完全连接并成功发展东西方贸易的运输路线具有非常浓厚的兴趣，并指出中吉乌铁路项目的建设对于扩大中亚地区的运输走廊具有重要意义。② 2019 年 3 月，吉副总理热尼什·拉扎科夫表示，吉尔吉斯斯坦当局提议俄罗斯参与中吉乌铁路的建设。③ 2019 年 6 月，在上合组织比什凯克峰会上，热恩别科夫呼吁尽早实施中吉乌铁路铁路建设项目。对于能够创造区域价值链的产业要加大投资力度。④ 对塔吉克斯坦而言，建立一个统一的交通运输系统和有效利用成员国的过境潜力对该区域具有重要意义。在这方面，应优先执行重建和建造公路和铁路的项目，以及建立通往海港的区域运输走廊。在此背景下，塔吉克斯坦认为，2019 年上海合作组织成员国元首理事会若批准上海合作组织成员国铁路局（铁路）在铁路运输领域的构

---

① 《哈萨克斯坦总统建议上合组织成员国建设欧亚高铁干线》，2018 年 6 月，中华人民共和国驻吉尔吉斯经济商务参赞处（http：//kg.mofcom.gov.cn/article/jmxw/201806/20180602754248.shtml）。

② 《热恩别科夫：中吉乌铁路的建设具有重要意义》，2018 年 9 月，新丝路观察网（http：//web.siluxgc.com/jejsst/kgNews/20180905/15094.html）。

③ 《吉国当局建议俄罗斯参与中吉乌铁路建设》，2019 年 3 月，新丝路观察网（http：//www.siluxgc.com/jejsst/kgNews/20190304/16332.html）。

④ "Kyrgyzstan Insists on Settlements in National Currencies within SCO", June 2019, 24. kg News Agency（https：//24.kg/english/120702_Kyrgyzstan_insists_on_settlements_in_national_currencies_within_SCO/）.

想，将是非常及时的决定。①

其次，提升上合组织多边经济合作成效是中亚成员国普遍的期望。哈萨克斯坦政府认为，上合组织需特别关注加强经济合作问题，促使上合组织成员国之间的贸易和投资项目从双边层面提升至多边层面。纳扎尔巴耶夫2018年6月建议，成员国可从研究共同感兴趣的经济合作项目开始，逐步推进这方面工作，并在多边贸易合作获得充分发展后建立上合组织自贸区。② 就乌兹别克斯坦而言，2019年1月，在会见上合组织秘书长诺罗夫时，米尔济约耶夫对上合组织框架内尚未得到充分开发的巨大经济合作潜力给予了特别的关注，并指出应将维护安全以及发展贸易、经济、投资、交通运输、旅游、农业等领域的合作及地区间合作列为上合组织未来发展的优先事项。③ 吉尔吉斯斯坦重视上合组织在促进吉国内经济发展中所发挥的作用，并在此框架内积极发展与组织成员国之间的双边和多边经济合作。上合组织扩员后，吉尔吉斯斯坦对上合组织在地区多边经济合作中扮演的角色寄予新的期待。2018年10月，在上海合作组织成员国政府首脑（总理）理事会第十七次会议上，吉尔吉斯斯坦总理阿布尔加济耶夫表示，吉愿完善和推动上合组织框架内的多边合作，在经贸、交通运输以及投资领域加强合作应成为上合组织框架内多边合作的优先方向。④ 与此同时，塔吉克斯坦认为上合组织地区合作的优先领域是建立广泛的贸易、经济和投资伙伴关系，并相互支持，共同实施互利项目。在经济蓬勃发展和电力需求迅速增长的情况下，一项优先事宜是

---

① "Participation in the Meeting of the Council of Heads of State of the Shanghai Cooperation Organization", June 2019, Press Service of President of Republic of Tajikistan（http：//president. tj/en/node/20372）.

② 《哈萨克斯坦总统认为上合组织应进一步加强经济合作》，2017年6月，新华网（http：//www. xinhuanet. com//world/2017 - 06/09/c_ 1121118740. htm）。

③ 《乌兹别克斯坦共和国总统会见上合组织秘书长》，2019年1月，上合组织（http：//chn. sectsco. org/news/20190103/504068. html）。

④ "Shavkat Mirziyoyev Unveils Vital Initiatives to Enhance Practical Cooperation in the SCO", June 2019, Ministry of Foreign Affairs of the Republic of Uzbekistan（https：//mfa. uz/en/press/news/2019/06/19559/）.

在上海合作组织框架内进一步密切能源合作，实施有利于地区发展的水电项目，进一步推动上合组织成员国一体化进程。①

最后，在金融、农业、能源、数字化等另中亚成员国提出了各自的诉求。第一，在金融领域，哈萨克斯坦建议尽快启动上合组织发展银行和发展基金（专门账户），并合组织成员国之间使用本国货币结算，以尽可能缓解全球货币市场不稳定对哈萨克斯坦产生的不利影响。纳扎尔巴耶夫2018年6月在上合组织青岛峰会上指出，上合组织成员国之间以本国货币结算，是应对全球货币金融体系不稳定的一种有效方式。② 此外，在应对全球性金融风险对中亚国家造成的冲击方面，哈萨克斯坦成立了阿斯塔纳国际金融中心，该中心于2018年7月正式开业。哈萨克斯坦对此抱有很高的期望，将其视为哈最重大的项目之一。③ 吉尔吉斯斯坦建议继续就建立上合组织发展银行问题进行讨论，加快上合组织发展银行建设步伐。与此同时，为确保上合组织内部经济可持续发展，塔吉克斯坦总统拉赫蒙建议，加快解决上合组织银行和上合组织发展基金建设过程中遇到的问题，以及利用亚洲银行和上合组织银行间联合体（SCO Interbank Association）等提供的基础设施投资机会，为联合项目的顺利实施提供融资。④ 第二，在农业领域，包括发展农业部门、生产和加工有机农产品等在内的"绿色"经济是吉尔吉斯斯坦在上合组织内优先发展领域。⑤ 乌兹别克斯

---

① "Participation in the Meeting of the Council of Heads of State of the Shanghai Cooperation Organization", June 2019, Press Service of President of Republic of Tajikistan（http：//president. tj/en/node/20372）.

② Umida Hashimova, "As SCO Admits New Members, Central Asian Countries Want Greater Focus on Economic Issues", *Eurasia Daily Monitor*, Vol. 15, No. 93.

③ 《总统：阿斯塔纳国际金融中心是独立哈萨克斯坦的新篇章》，2018年7月，哈通社（https：//www. inform. kz/cn/article_ a3310198）.

④ "Participation in the Meeting of the Council of Heads of State of the Shanghai Cooperation Organization", June 2019, Press Service of President of Republic of Tajikistan（http：//president. tj/en/node/20372）.

⑤ "Kyrgyzstan Insists on Settlements in National Currencies within SCO", June 2019, 24. kg News Agency（https：//24. kg/english/120702_ Kyrgyzstan_ insists_ on_ settlements_ in_ national_ currencies_ within_ SCO/）.

坦总统米尔济约耶夫 2019 年 6 月提议制定并引进智慧农业和进行农业创新，批准上合组织"绿色丝绸之路"计划（Green Belt），广泛引进资源节约和生态清洁技术。① 第三，在数字化建设方面，哈总统托卡耶夫倡议，在上合组织框架内建立现代科技园区，这一倡议将有助于切实落实成员国在此次峰会上达成的有关数字化、创新和通信技术领域的合作理念。作为朝这个方向迈出的第一步，托卡耶夫建议在阿斯塔纳国际金融中心举办一次组织成员国年轻信息技术专家论坛。② 同时，吉尔吉斯斯坦认为，上合组织成员国有必要在过境运输以及数字经济方面加强合作。③

（四）包容互鉴方面：扩大成员国之间的人文合作与交流

在人文交流领域，中亚成员国对于扩大上合组织成员国之间的人文合作与交流比以往更为迫切。如 2018 年 3 月，在"新时代上海合作组织新发展"智库论坛上，乌兹别克斯坦发展战略中心执行主任阿克马尔·布尔哈诺夫强调，人文交流同样是乌在上合组织框架内关注的重点领域，乌兹别克斯坦希望拓展与上合组织成员国之间的互利伙伴关系。④ 具体而言，中亚成员国在人文合作方面对上合组织的诉求主要包括：第一，扩大与上合组织成员国之间的旅游规模。近些年，尽管上合组织成员国的旅游市场进一步扩大，但上合组织框架下旅游合作的巨大潜力尚未得到充分挖掘。⑤ 在此方面，如塔吉克斯坦认为，

---

① "Shavkat Mirziyoyev Unveils Vital Initiatives to Enhance Practical Cooperation in the SCO", June 2019, Ministry of Foreign Affairs of the Republic of Uzbekistan（https：//mfa. uz/en/press/news/2019/06/19559/）.

② "SCO Needs a Pool of State-of-the-art Technological Parks - Tokayev", June 2019, Kazinform International News Agency（https：//www. inform. kz/en/sco-needs-a-pool-of-state-of-the-art-technological-parks-tokayev_ a3538047）.

③ 《综合消息：上合组织成员国总理建议强化该组织框架内多边合作》，2018 年 10 月，新华网（http：//www. xinhuanet. com/world/2018 - 10/13/c_ 1123554160. htm）。

④ 《上合组织，开创区域合作新路径》，《人民日报》2018 年 4 月 24 日第 23 版。

⑤ Cheng Si, "Tourism to SCO Nations Sees Rapid Expansion", June 2019, China Daily（https：//www. chinadaily. com. cn/a/201906/14/WS5d02f09da3103dbf14328211. html）.

加强旅游领域的合作是塔吉克斯坦与上合组织成员国关系的一项重要内容。关于旅游合作问题，考虑到塔吉克斯坦将 2019 年、2020 年、和 2021 年分别设为"农村发展年""旅游年"和"民间工艺品年"，塔吉克斯坦计划与上合组织成员国在这些方面进行密切合作，继续实施《2019—2020 年落实〈上海合作组织成员国旅游合作发展纲要〉联合行动计划》。此外，塔吉克斯坦希望，上海合作组织秘书处与世界旅游组织在即将举行的 2019 年上合组织峰会框架内签署"谅解备忘录"。① 就乌兹别克斯坦而言，近年来，旅游服务业成为拉动乌经济增长的重点领域乌兹别克斯坦服务出口以交通运输和旅游业为主，2018 年，乌兹别克斯坦服务业超过能源领域跃居乌第一大出口领域。旅游服务出口额 10.42 亿美元，同比增长 90.5%，当年接待外国游客 440 万人次，增长近 1 倍，成为服务出口的主要增长点。② 受此激励，上合组织成员国之间的巨大旅游市场受到乌兹别克斯坦政府越来越多的关注。鉴于此，乌兹别克斯坦外交部将吸引外国游客来乌旅游与扩大出口、吸引投资并列，设定为 2019 年乌兹别克斯坦外交部需要实现的三大主要任务。③ 此外，乌兹别克斯坦还希望与世界旅游组织进行合作，以帮助制订中亚地区旅游枢纽的发展方案。2019 年 6 月，在上合组织比什凯克峰会上，米尔济约耶夫强调，需更加积极地挖掘成员国的历史文化遗产，充分发挥成员国间的旅游潜力，并建议每年将成员国中的一个城市设立为上合组织的旅游和文化之都。④

---

① "The Policy and Vision of the Republic of Tajikistan on Strengthening of Cooperation and Development Prospects within the Framework of the SCO", April 2019, InfoRos News Agency (http://infoshos.ru/en/?idn=21302).

② 《乌兹别克斯坦 2018 年外贸形势浅析》，2019 年 5 月，中华人民共和国驻乌兹别克斯坦共和国大使馆经济商务参赞处（http://uz.mofcom.gov.cn/article/ztdy/201905/20190502864220.shtml）。

③ 《2019 年乌外交部三大主要任务：出口、游客和投资》，2018 年 12 月，中华人民共和国驻乌兹别克斯坦共和国大使馆经济商务参赞处（http://uz.mofcom.gov.cn/article/jmxw/201812/20181202820997.shtml）。

④ "Shavkat Mirziyoyev Unveils Vital Initiatives to Enhance Practical Cooperation in the SCO", June 2019, Ministry of Foreign Affairs of the Republic of Uzbekistan (https://mfa.uz/en/press/news/2019/06/19559/).

第二，加强与上合组织成员国之间的公共外交。尽管中国与中亚成员国在人文交流方面取得显著成效，如中国与吉尔吉斯斯坦地方之间的交流活跃，两国已建立17对友好省州和城市。2018年，两国人员往来超过7万人次，吉尔吉斯斯坦在华留学生超过4600名。吉尔吉斯斯坦开设4所孔子学院和21个孔子课堂。① 不过，值得注意的是，影响中国与中亚成员国关系健康发展的一些消极因素依然存在，特别是"中国威胁论"在中亚成员国具有一定的市场。如"中国威胁论"在吉尔吉尔斯坦社会中具有较广泛的传播。由于吉政府预算透明度比较有限且缺乏完善的监管体制，以及部分人士出于实现自身政治目的考虑，炒作与恶意散播"对华负债规模居高不下""中国在吉非法移民增多"等与现实极不相符的言论进而渲染"中国威胁论"，已成为吉国内一些政客博取民众关注的噱头。② 另就哈萨克斯坦而言，其与中国各领域合作关系的进一步密切，一定程度上导致"中国威胁论"在哈萨克民众中持续蔓延，尤其是哈民众强烈反对将国内土地出租给外国人。③ 这些因素的存在对中国与吉尔吉斯斯坦双边关系的发展以及成员国普通民众对上合组织的制度认同产生了消极影响。在此方面，2017年6月，米尔济约耶夫在阿斯塔纳峰会上提议建立上合组织公共外交中心。经过各方一年多的共同努力，2019年1月29日，上合组织首个公共外交中心在乌兹别克斯坦首都塔什干正式成立。通过举办博览会、保护文化遗产活动及成员国非政府组织会晤活动等，公共外交中心有助进一步加强乌兹别克斯坦与上合组织成员国之间的关系，增进成员国间的相互信任和睦邻友好。④ 此外，乌兹别克斯坦

---

① 《习近平在吉尔吉斯斯坦媒体发表署名本章》，2019年6月，中国新闻网（http://www.chinanews.com/gn/2019/06-11/8861372.shtml）。

② 《吉尔吉斯斯坦澄清：不会因债务问题向中国割让领土 驳斥反华论》，2019年1月，中俄资讯网（http://www.chinaru.info/News/redianjujiao/55705.shtml）。

③ 《美媒：哈萨克斯坦民众抗议 担心中国"租地扩张"》，2016年5月，环球网（http://world.huanqiu.com/exclusive/2016-05/8915642.html）。

④ 《上海合作组织公共外交中心在塔什干建立》，2019年1月，新华网（http://www.xinhuanet.com//world/2019-01/30/c_1210051008.htm）。

还呼吁在科技、教育、文化和媒体等各领域深化与上合组织成员国之间的人文合作，并扩大成员国间青年和妇女等群体之间的交往与交流。

第三节　上合组织的应对之策

上合组织自扩员以来，中亚成员国对上合组织的认知整体表现积极。如哈萨克斯坦继续重视并积极发展与上合组织的关系，在组织框架内加强与其他成员国在地区安全、经济以及人文交流各领域的合作。乌兹别克斯坦尤为重视发展与上合组织成员国的经贸关系，并积极提升自身在推动阿富汗国内和平进程中所扮演的角色。就吉尔吉斯斯坦而言，由于长期受恐怖主义的危害及国内经济增长乏力，吉尔吉斯斯坦在上合组织框架下发展与各成员国之间的多边合作，不仅是其外交政策的优先事项，而且也是维护国家安全和促进国内经济增长的主要方式。塔吉克斯坦在强调消除阿富汗局势对其国内安全威胁的同时，在经济、人文交流等方面积极发展与上合组织成员国的关系。尽管中亚成员国对上合组织诉求的侧重点有所不同，不过，他们的共同诉求在于：首先，在政治方面，中亚成员国普遍希望强化上合组织成员国之间的政治对话和信任水平，为上合组织未来发展奠定更坚实的政治基础。其次，在经济方面，中亚成员国的共同利益诉求在于提升上合组织成员国之间的经贸合作，促使成员国之间的双边经贸合作向多边升级，提升上合组织多边经贸合作成效。再次，在安全方面，中亚成员国一方面期待提高上合组织对阿富汗社会经济等问题的综合应对能力，另一方面，呼吁进一步深化成员国在打击"三股势力"等非传统安全领域的合作。最后，在人文交流方面，中亚成员国对于上合组织框架内的人文合作较以往更显积极主动，扩大上合组织成员国之间的旅游规模，及充分发挥公共外交的作用，是中亚成员国在这方面的主要诉求。

总体来看，中亚成员国之间以及他们与其他成员国之间均存在不断扩大的共同利益。因此，上合组织需要在以下几个方面做出努力，以满足和平衡各成员国合理的利益关切，将上合组织打造成团结互信的典范、安危共担的典范、互利共赢的典范和包容互鉴的典范，进而朝着构建上合组织命运共同体的总目标前进。

第一，在打造团结互信的典范方面，需加强上合组织成员国之间的政治互信。扩员后，能否有效巩固上合组织政治基础是各成员国必须重视的问题。① 鉴于此，成员国间特别是大国间的政治互信是上合组织现有合作机制发挥作用的重要保障，也是成员国在上合组织框架内开展有效协调与合作的前提。其一，加强中印俄三方战略协调。目前，中国、俄罗斯与印度在上合组织定位和未来发展方向上存在明显分歧。② 由于中俄印三国合作不仅对全球和地区局势稳定具有重要意义，而且三国合作的潜力巨大。因此，在印巴已加入上合组织的情况下，上合组织应巩固中印俄三方对话机制，并努力提升该机制在上合组织框架内的作用，以积极加强各成员国之间的互利合作，扩大和巩固彼此共同利益，建立政治互信，增进相互理解和相互支持，避免彼此猜忌与相互消耗。其二，进一步巩固中俄政治互信。作为上合组织中的核心大国，中国需与俄罗斯在双边和多边层面保持密切沟通，使双方在中亚地区的互动形成良性循环。其三，加强中小成员国之间的政治对话与合作。由于中亚成员国在边界、水资源、能源等领域中尚存在一些没有解决的问题，由此导致中亚成员国之间的关系具有潜在的不稳定因素，这些问题的复发将削弱了上合组织在涉及中亚问题上的行动能力。近些年，在哈乌关系改善的有利形势下，上合组织应大力引导中亚成员国之间需要积极开展政治对话，提升彼此信任水平，进而促使中亚国家形成深层次的区域认同。总之，上合组织成员国需要在上合组织框架内理念协调、政策协调、战略协调、法律协调与主

---

① 许涛：《青岛峰会后的上海合作组织：新职能、新使命与新挑战》，《俄罗斯学刊》2018年第6期。
② 李进峰：《上海合作组织扩员：挑战与机遇》，《俄罗斯东欧中亚研究》2015年第6期。

体协调等,加强新形势下上合组织的政治建设。①

第二,在打造安危共担的典范方面,需深化上合组织的安全合作。(1)在对接新老成员国的利益诉求与重视中小成员国的主要诉求的基础上,进一步提炼成员国在安全领域的共同利益,明确上合组织在安全合作的重点。(2)由于阿富汗局势对上合组织成员国的安全具有直接和重要的影响,且阿富汗是联通中亚成员国和印度、巴基斯坦的地理枢纽,故需要提高上合组织对阿富汗问题的应对能力。自"9·11"事件发生以来,上合组织与阿富汗的联系日益密切,上合组织在阿富汗问题上的作用和地位不断提高。② 在当下,应积极发挥"上海合作组织—阿富汗联络组"作用,在政治对话、经济重建与社会稳定等方面促进阿富汗和平与重建进程。(3)深化上合组织与地区其他安全机制之间的合作,形成对成员国安全需求和地区安全公共产品的互补性供给。③ (4)探索在上合组织框架内建立成员国间冲突调解机制的可能性。扩员后,印巴双方之间的现实冲突与中印边界摩擦已影响到上合组织的正常运行。在新的形势下,上合应对如何处理成员国之间的冲突提前进行研究,探索在上合框架内建立成员国冲突调解机制的可能。

第三,在打造互利共赢的典范方面,提升上合组织多边经济合作水平。其一,厘清组织框架内双边合作与多边合作的关系。上合组织多边经济合作的潜力尚充分发挥的一个重要因素在于,成员国之间双边经贸合作远多于多边合作,由此造成上合组织在多边经贸合作中的作用并未得到有效展现。因此,上合组织需要理顺组织框架内多边与双边合作的关系,使两者形式良性发展态势。其二,推进与实施经贸合作领域内的重大项目。实施重大项目能够从根本上促进成员国利益的增长以及区域发展水平的提高,同时也是促进组织凝聚力、保障组

---

① 孙壮志:《新形势下上合组织的政治建设》,《世界知识》2018年第11期。
② 赵华胜:《上海合作组织:评析与展望》,时事出版社2012年版,第212—231页。
③ 陈小鼎、王翠梅:《扩员后上合组织深化安全合作的路径选择》,《世界经济与政治》2019年第3期。

织合作取得成效的重要方式。目前，上合组织稳步实施了一批重大项目，但是在互联互通以及贸易合作等多个领域，一些能够惠及成员国的重大项目推进速度较为缓慢，甚至有些项目还未启动。因此，需要在开展充分调查研究工作的基础上，根据成员国的共同利益和需求，提出有助于实现成员国经济协同发展和有效稳定成员国安全形势的重大项目。其三，为了保障重大项目顺利开展，还需完善上合组织的决策程序。对"协商一致"原则的适用范围做出清晰界定，即明确成员国在哪些问题上可以适用协商一致的决策原则，哪些问题上不适用该原则。而对于涉及上合组织经贸合作领域的具体议题的决议，可考虑不必严格实行协商一致的决策原则，而使用多数表决制等决策方式，以提高组织的决策效率。其四，加快组织框架内金融保障体系的建设与完善，如尽快破除制约上合组织发展银行建设的因素，以为上合组织多边经贸合作提供充足资金保障的同时，规避全球金融市场不稳定对上合组织成员国带来的冲击，并防范上合组织地区产生金融风险。

第四，在打造包容互鉴的典范方面，需扩大上合组织框架内的人文交流。其一，探索建立成员国人文合作的长效机制。通过建立人文合作的长效机制，细致扎实地推进人文合作，提高人文合作效率等，以增进成员国民众之间的友好交往和相互沟通。其二，上合组织应强化民生类公众物品的供给。民生类公众物品有助于成员国民众在参与上合组织合作的过程中获得福利水平的提高、国家地位提升等实质性和象征性收益。唯有夯实成员国的民意基础和社会基础，上合组织才能获得不竭的发展动力。① 其三，遏制并消除"中国威胁论"在上合组织成员国中蔓延。中国与中亚国家日益密切的经济关系导致民众对中国经济与政治雄心、对地区自然资源"掠夺"和中国劳动力涌入的持续担心。② 基于这些担心，"中国威胁论""资源掠夺论"和"人

---

① 陈小鼎、马茹：《上合组织在丝绸之路经济带中的作用与路径选择》，《当代亚太》2015年第6期。

② Marlene Laruelle, ed., *China's Silk Road Economic Belt Initiative and Its Impact in Central Asia*, Washington, D.C.: The George Washington University, 2018, p.97.

口威胁论"等论调依然在一些地方具有市场,而且在某些地方持续扩大。上合组织人文交流与合作的一项重要使命在于消除普通民众对相关成员国的误解与曲解。其四,促进成员国民众对上合组织的归属感和认同感。目前来看,成员国普通民众对上合组织的认同程度依然较为有限,因此,上合组织成员国应该构建一套各自关于上合组织的界定清晰的认同话语体系,通过有效手段提升民众对上合组织的认同感。

第五,对中国而言,尤其需要在各领域尽可能满足中小成员国的利益需求。周边是中国国家利益最集中的地方,也是加强与其他国家的交流合作、"维护良好国际环境"最关键的地区。无论上合组织将来的扩员对象如何,中亚地区由于地缘位置的重要性,始终是上合组织需要重点关注的区域。毋庸讳言,中亚国家加入上合组织的一个重要原因,是希望上合组织能够满足它们在安全和经济等方面的利益需求。它们希望通过上合组织有效维护本国国家安全与政治稳定,并在此基础上加强与成员国尤其是与中国的互利合作以促进经济发展。与此同时,中亚成员国对中国同样心存疑虑,并不希望中国影响力占据主导地位。中亚成员国奉行多边平衡的外交政策,以期维护国家的独立性,增加自身外交的灵活和应对各种局面的空间。从追求自身利益的实用主义角度考虑,中亚成员国的多边平衡外交政策是上合组织缺乏凝聚力的原因之一,这限制了上合组织行动能力。这种局面短时间无法得到根本改善,中国需要做的是通过加强上合组织框架的实务合作,并借助"一带一路"建设的契机,为中亚成员国带来切实利益,逐渐增强上合组织凝聚力,推动打造上合组织"四个典范"和构建上合组织命运共同体。

第四节　结语

上合组织命运共同体的构建是一项涵盖多层次、多方位和多领域的总体目标,可视为主要由团结互信的典范、安危共担的典范、互利共赢的典范和包容互鉴的典范"四个典范"构成的复合共同体形式。

"四个典范"的打造实际上分别对应上合组织价值共同体、安全共同体、利益共同体和情感共同体的构建。大体而言,团结互信是基本前提,安危共担是主要保障,互利共赢是重要支撑,包容互鉴是亮丽底色。上合组织在实现扩员以来,在推动上合组织向"四个典范"发展的进程,中亚成员国在政治、安全、经济与人文交流等方面不仅对上合组织提出了新的具体诉求,而且,从整体来看,中亚成员国的诉求呈现进一步多元化的发展趋势,这为上合组织命运共同体的构建提出了诸多挑战。为此,上合组织需通过加强成员国之间的政治互信、深化上合组织的安全合作、提升上多边经济合作水平和拓展人文合作,以管控与化解利益分歧,汇聚共同利益,进而推动上合组织向命运共同体的总体目标顺利推进。

由于上合组织命运共同体已成为上合组织成员国的远景发展目标。下章将对上合组织提出该倡议的背景、成员国共同推进上合组织命运共同体构建所面临的各种现实挑战、攸关上合组织命运共同体构建的一些重要学术命题等进行简要的讨论,以从学术层面上推进对该重要倡议的研究,并激励更多的研究参与到研究中来。

第九章　上海合作组织命运共同体的研究方向

2018年6月，习近平主席在青岛峰会上正式提出的"上海合作组织命运共同体"理念。该理念的提出，不仅丰富了中国特色外交思想的内涵与话语体系，而且是对中国政府提出的周边命运共同体、亚洲命运共同体及人类命运共同体等理念的拓展和具体化。再加上上合命运共同体的构建可以依托一个具体的地区性国际组织，故相对于其他类型的命运共同体而言，其参与主体更加明确，且可为其他类型共同体的构建提供机制保障，进而为系列命运共同体理念的实践和推进做出贡献。不过，由于提出时日尚短，学术界对上合命运共同体的研究尚处于起步阶段。鉴于此，本章在阐释上合命运共同体提出背景和意义的基础上，分析上合命运共同体研究要成为一个有效的研究议题需要回答的几个重要问题，并对涉及该共同体构建的部分重大理论命题进行尝试性探讨。

第一节　上合组织命运共同体提出的背景与意义

2018年6月，在山东青岛举行的上合成员国元首理事会第十八次会议上，习近平主席首次提出上合命运共同体的理念。习近平强调："我们要继续在'上海精神'指引下，同舟共济，精诚合作，齐心协力构建上海合作组织命运共同体,推动建设新型国际关系,携手迈向持久和平、普遍安全、共同繁荣、开放包容、清洁美丽的世界。"①青岛峰会是上合吸收印度和巴基斯坦后,八个正式成员国元首举行的首次峰会,此次峰会通过了《青岛宣言》,对上合的未来发展描绘了一幅美好蓝图。时隔一年后的2019年6月,在吉尔吉斯斯坦比什凯克举行的上合成员国元首理事会第十九次会议上,习近平再次呼吁各成员国要"从'上海精神'中发掘智慧,从团结合作中获取力量,携手构建更加紧密的上海合作组织命运共同体",最终将上合打造成"团结互信的典范、安危共担的典范、互利共赢的典范和包容互鉴的典范"。②要将上合打造成为"四个典范",事实上明确了上合命运共同体的具体内涵及其构建所遵循的基本方向。

(一) 上海合作组织命运共同体提出的时代背景

上海合作组织命运共同体理念,是在上合发展到一定阶段之后中国提出、得到各成员国认可的组织发展愿景。鉴于上合在中国外交总体布局中具有不可或缺的地位与作用,该理念的提出体现了中国对上合发展、周边国家和我国周边外交工作的一贯重视。早在2013年中国周边外交工作座谈会上,习近平就强调,中国在开展周边外交工作时要"谋大势、讲战略、重运筹","让命运共同体意识在周边国家落地生根"。③除中国之外,上合其他七个成员国均属于中国的邻国或周边近邻,因此,上合命运共同体理念的提出首先是对中国周边外交理念的落实与升级。不仅如此,从广义上而言,上合已是一个涵盖

---

① 《习近平在上海合作组织成员国元首理事会第十八次会议上的讲话(全文)》,2018年6月,中华人民共和国外交部(https://www.fmprc.gov.cn/web/gjhdq_676201/gjhdqzz_681964/lhg_683094/zyjh_683104/t1567432.shtml)。

② 《习近平主席在上海合作组织成员国元首理事会第十九次会议上的讲话(全文)》,2019年6月,中华人民共和国外交部(https://www.fmprc.gov.cn/web/gjhdq_676201/gjhdqzz_681964/lhg_683094/zyjh_683104/t1672328.shtml)。

③ 《习近平在周边外交工作座谈会上发表重要讲话》,2013年10月,新华社(http://www.xinhuanet.com/politics/2013-10/25/c_117878897.htm)。

正式成员国、观察员国和对话伙伴国的地区合作网络，故上合命运共同体的理念还突破了中国周边地区的范畴，进而与周边命运共同体、亚洲命运共同体及人类命运共同体等理念之间形成了紧密的衔接。或许更为重要的是，与周边命运共同体、亚洲命运共同体及人类命运共同体等理念相比，上合命运共同体理念的指向更为明确，即主要涵盖组织正式成员国，它们是构建上合命运共同体的主体。正因主体明确，再加上上合运行多年，已初步具备形成命运共同体的基础与条件，故相对其他共同体而言，上合命运共同体的构建不仅具有更多现实可行性，而且其发展经验可为其他类型命运共同体的构建提供必要借鉴。

除体现中国外交的战略谋划外，上合命运共同体理念的提出，还顺应了近年来国际与地区形势演变、上合自身发展趋势及上合发展动力出现的变化等动态。具体而言，至少以下三个方面的因素让上合主动谋划、提出新的发展理念：

首先，国际与地区形势的深刻演变，需要各成员国在团结互信和包容互鉴的基础上实现安危共担与互利共赢。当前，国际体系与全球权力格局正处于新一轮深度调整与转型时期。尽管世界多极化和经济全球化仍在向纵深方向发展，不过，国家社会在追求和平、发展、合作、共赢的过程中似乎正遭遇越来越多的挑战，主要体现为霸权主义和强权政治依旧存在，传统安全和非传统安全威胁仍在涌现，贸易保护主义与贸易霸凌主义强势凸显，"文明冲突论"和"文明优越论"沉渣泛起。受此影响，国际政治重回大国竞争的迹象越来越明显，而国际和平与合作面临的不确定性因素相应增加。在此背景下，上合对于维护地区和平与稳定所具有的重要意义全面凸显。事实上，上合组织所涵盖的区域在一定程度上可称为欧亚地区的"稳定之岛"。当然，当今上合及其周边地区仍出现了一些国际冲突（如乌克兰危机、阿富汗局势，以及上合内部印度与巴基斯坦之间的领土争议等），并存在不少可能引发冲突的潜在因素（中亚成员国之间的领土划界、水资源分配之争，"颜色革命"可能再次出现等）。但客观而言，自上合成立以来的近二十年期间，组织成员国之间并未爆发大规模的国家间冲突。不仅如此，上合各成员国在组织框架内开展了富有成效的合作，促进了彼此之间的和平与发展，这自然为保障整个欧亚地区的秩序和稳定做出了贡献。在全球风险与挑战不断积聚的背景下，上合命运共同体理念的提出，有助于为组织成员国增进团结、加强合作明确努力方向，同时也为组织成员国抵御和化解外部世界风险的提供理念指引。

其次，上合当前面临的总体形势，需要通过新的共享理念引领成员国予以有效应对。在上合实现首轮扩员后，成员国在国情差异性、利益诉求多元性及彼此间关系复杂性等方向相比以往明显扩大。由此导致在当前及未来一段时期，上合组织身处新旧问题相互叠加的复杂阶段。与此同时，上合还需对地区政治经济进程中发生的重要变化作出必要回应，主要包括成员国间合作中出现了新动向，以及地区发展倡议实施过程中的战略协调有待进一步加强和具体化等。如2018年3月，中亚五国时隔多年召开了第一届中亚国家峰会，围绕地区合作问题进行了磋商；[1] 2019年11月底，中亚五国再次召开第二次中亚国家首脑咨询会议。这两次峰会的召开，重燃了中亚国家推进地区一体化的希望。尽管中亚国家重启地区一体化进程，并不必然会对上合的发展造成较大冲击，但这一进展毕竟要求上合进一步思考满足成员国合作意愿增强的有效路径，尤其需要考虑如何尽可能满足上合中小成员国利益诉求这一问题。此外，中国提出的"一带一路"倡议与俄罗斯提出"大欧亚伙伴关系"计划已是涉及欧亚地区整合两个重要地区发展倡议，且二者的顺利开展和对接均可依靠上合这一平台，那么如何通过上合实现这两个发展倡议之间的对接，使二者共同促进欧亚地区的安全、稳定和发展，是一个在上合框架内得到越来越多讨论的议题。[2] 上述这些新形势的出现，要求上合不断进行自我革新与实

---

[1] 周明：《乌兹别克斯坦新政府与中亚地区一体化》，《俄罗斯研究》2018年第3期。

[2] 杨雷：《俄罗斯大欧亚伙伴关系倡议的形成、实践及其影响》，《欧亚经济》2017年第6期；顾炜：《中俄构建欧亚伙伴关系的逻辑》，《国外理论动态》2018年第3期。

现转型，以巩固和提升组织活力。① 上合命运共同体理念的提出，旨在促使成员国在上合定位、发展方向和追求目标等方面达成共识，进而促进成员国之间形成紧密的共同体意识及其组织形成深层次制度认同，这对于上合应对各种形势大有裨益。

最后，处于过渡时期的上合需要思考并解决如何解决组织发展动力的问题。回顾上合的发展历程可以发现，中俄之间的战略协作是上合得以成立和顺利运行的政治基础，也是推动组织持续发展的重要动力。尽管中俄在上合框架内存在利益需求、组织发展重心和前景设想等方面的差异，甚至在其中部分领域不乏竞争，但中俄之间密切的战略协调有效保证了双方在涉及上合发展的重大问题上能达成有效共识。2019年6月，中俄将双边关系升级为新时代全面战略协作伙伴关系，这为上合命运共同体的构建注入了强劲的动力。② 然而，印度和巴基斯坦的加入，尤其是作为地区大国的印度的加入，有可能使中俄在上合框架内的协调方式受到一定影响，并可能产生一种由三个国家进行博弈的中俄印互动模式（详见第七章）。乐观地期待，上合同样能为中印关系的调适提供新的平台，从而使印度积极参与上合框架内各项活动并为之贡献新的发展动力。如上合峰会期间领导人之间的磋商与会面、各层级政府官员之间建立的机制性联系，以及上合在各领域开展的合作交流活动，均可能有助于中印乃至印巴之间缓解冲突与积累互信。这种合作过程可重塑成员国的身份，并培育成员国之间的集体情感，进而使各国彼此逐渐形成良性的互动模式。③ 然而，这种前景毕竟只是一种可能。另一种可能的状况是，印度由于与中国、巴基斯坦之间的复杂关系，可能使其缺乏充分、全面参与上合框架内活动的积极性，且其对组织的认同度在短期内也难以得到迅速提高。

---

① 更详细的讨论可参见杨成：《上海合作组织转型的必要性及其前景试析》，载《中国国际战略评论2019（上）》，世界知识出版社2019年版，第33—47页。
② 《中华人民共和国和俄罗斯联邦关于发展新时代全面战略协作伙伴关系的联合声明》，2019年6月，新华网（http://www.xinhuanet.com/world/2019-06/06/c_1124588552.htm）。
③ 秦亚青：《关系本位与过程建构：将中国理念植入国际关系理》，《中国社会科学》2009年第3期。

更令人担忧的是，印巴这两个成员国复杂的历史纠葛和现实矛盾，很可能让两国在诸多问题上达不成共识，甚至把彼此间的矛盾带入到上合运行程中。一旦出现这种情况，上合如何做出有效应对以保障组织始终具有强劲的发展动力，是上合必须思考且不能回避的问题。上合命运共同体理念的提出，或许有助于为上合确保构想新的发展动力给出答案。

总之，上合命运共同体理念是根据国际与地区形势变化、上合本身面临新的发展局面及上合发展动力可能发生的变化等新的动态而提出的发展倡议。该理念有望为上合未来发展赋予新的时代内涵和历史使命，从而使上合在波谲云诡的世界中不断自我巩固、发展与超越，同时也为希望借此为成员国及其民众带来更多的信任感、安全感与获得感。

（二）上海合作组织命运共同体理念研究的主要价值

对上合命运共同体进行深入与系统的研究，既是学术界义不容辞的使命，也是一项重要的政治任务。一方面，提高上合命运共同体理念的学理化程度，有助于促进区域问题研究和国际关系理论研究的结合，甚至有可能在此过程中提出新的理论假设。另一方面，上合命运共同体的构建攸关我国外交总体布局，故国家决策部门非常关心上合命运共同体构建的进展。通过扎实的学理研究，为国家的相关决策建言献策，是开展上合命运共同体构建研究的题中应有之义。此外，推动上合命运共同体理念的研究成为一项学术议题，至少还具有以下四个方面的价值：

第一，赋予上合命运共同体理念以更多的普遍价值，以提高成员国及其他行为体对上合命运共同体理念的认同。上合命运共同体的构建绝非中国一国之事，也非中国仅凭一国之力能够完成。这一愿景的达成，有赖成员国的普遍认可和国际社会的广泛参与。上合之所以取得目前的成效，本身就是成员国共同努力的结果，而且也离不开组织外诸多行为体的支持。尽管上合命运共同体理念的提出主要源自中国领导人的战略谋划和主动倡导，但它同样反映了成员国的共同诉求并得到了它们的认可。在当前国际和地区形势变幻不定的背景下，中国有责任向国际社会、周边国家提供可资借鉴的中国智慧、中国方案与中国经验，以促进各国的协同发展和共同进步。上合命运共同体理念顺应了国际社会和成员国期待和平、盼望发展与致力稳定的共同诉求，这也是该理念得到广泛关注的内在原因。进一步深入挖掘上合命运共同体所具有的普遍价值和意义，一方面可使成员国超越"中国倡议"的片面认知，另一方面可使该理念获得国际社会更广泛的认可。

第二，有助于反击西方对上合进行"污名化"和"妖魔化"的习惯，打造上合的话语体系。自成立以来，上合虽为促进地区和平与稳定、改善成员国间关系、保障成员国及周边国家的共同发展做出了重要贡献，但西方始终用充满意识形态偏见的眼光看待上合的成立和运行。西方时而认为上合无所作为，不过是欧亚国家自娱自乐的"清谈馆"，时而又基于上合的行动能力和发展势头而对其耿耿于怀，认为这是发展中国家或"威权国家"抱团取暖、挑战西方地位的"东方北约"。[1]虽然西方世界也不乏客观评估上合积极意义和发展潜力的声音，但大体而言，西方世界有"污名化"和"妖魔化"上合的内在冲动和习惯，并针对上合形成了各种各样的偏见与成见。上合本无须理会西方的各种偏见和成见，只需专注于自身的发展；然而，当

---

[1] 赵华胜:《美国与上海合作组织：从布什到奥巴马》,《国际问题研究》2010 年第 2 期;王晨星:《美国对上海合作组织的最新认知及原因》,《俄罗斯学刊》2018 年第 6 期; Stephen Aris, "The Shanghai Cooperation Organisation: 'Tackling the Three Evils': A Regional Response to Non-traditional Security Challenges or an Anti-Western Bloc?" *Europe-Asia Studies*, Vol. 61, No. 3, May 2009, pp. 457 – 482; Thomas Ambrosio, "Catching the 'Shanghai Spirit': How the Shanghai Cooperation Organization Promotes Authoritarian Norms in Central Asia", *Europe-Asia Studies*, Vol. 60, No. 8, October 2008, pp. 1321 – 1344; Ingmar Oldberg, The Shanghai Cooperation Organisation: Powerhouse or Paper Tiger? Stockholm: Swedish Defence Research Agency, 2007; Nicola P. Contessi, "China, Russia and the Leadership of the SCO: a Tacit Deal Scenario", *China & Eurasia Forum Quarterly*, Vol. 8, No. 4, 2010, pp. 101 – 123; Graeme P. Herd, "The Future of the SCO: An Axis of Inconvenience?" 2014 (http: //www. risingpowersglobalresponses. com/wp-content/uploads/2014/02/HerdPaper. pdf)。

前国际体系的一个残酷现实是，西方仍在国际话语体系中占据主导地位，西方针对上合所构建起来的话语体系也的确塑造了许多国家和地区民众对上合的认知，进而影响到上合的国际形象和声誉。鉴于此，上合需要打造一套有效的话语体系，以改变国际社会对上合的负面认知。而上合命运共同体理念的提出及其学理化，不仅可以有效展示上合发展的独特性与普遍性，凸显上合命运共同体理念的前瞻性和创造性，而且还可通过推动上合命运共同体的构建取得进展，从而为其他地区合作组织的发展贡献必要的经验与启示。

第三，通过揭示上合能够超越"文明冲突论"的内在机制，展示了"上海精神"（互信、互利、平等、协商、尊重多样文明、谋求共同发展）的生命力。众所周知，不同文化/文明之间缺乏相互理解和交流，往往容易造成文化间的隔阂、偏见，甚至引发文化优越论等。上合成员国来自不同的地区且拥有不同的文化与文明，这意味着上合自成立开始就承担着通过包容不同文明和加强文化/文明交流，以促进成员国民众彼此了解、相互尊重，进而实现共同发展的重要使命。上合成立近二十年的发展历程表明，文明之间的差异并未构成上合平稳运行的主要障碍；相反，不同文化之间的交流、不同文明之间的互鉴反而成为维系上合成员国共同发展的重要纽带。这意味着上合的发展在很大程度上突破或超越了"文明冲突论"的预言，突破了西方政客、学者、舆论的意识形态偏见。不过，遗憾的是，学术界较少对上合所取得的这种成功经验从学理层面予以阐释，进而揭示上合能够超越"文明冲突论"的内在机制。就实践层面上的社会价值而言，上合无疑展示了一种不同文明类型国家之间开展地区合作的有益经验，而这种经验不仅对于如何处理印度和巴基斯坦加入之后所带来的诸多现实挑战具有现实意义，而且还可对上合顺利发展至命运共同体的阶段提供诸多洞见，甚至对于其他区域性国际组织开展地区合作提供参考价值。毕竟世界上不少区域性国际组织就是在文化、文明、发展阶段、政治体制、发展道路等方面存在诸多差异的情况下，通过自主探索的方式开展合作的。而这种合作路径在"上海精神"中得到了充分体现。

　　第四，突破了地区合作的既有模式，有助于为维护地区和平与稳定提供有效建议。上合的发展体现了自身独具特色的发展模式与经验。上合既不像"霸权稳定论"预设的那样，由一个主导国家通过供给公共产品以获得成员国对组织的支持和认可，进而维系组织的存续发展；也不像欧盟那样具有两个实力相当、意识形态相近的国家——"法德轴心"——共同主导以保障组织顺利运行，更不像东盟那样由一些小国采取协商一致的决策模式，以保证组织团结一致并避免分崩离析，这种基于成员国共识逐步地推进组织制度化进程的模式，被学术界称为"东盟模式"。① 与上述三种国际组织的发展模式明显不同的是，上合的发展既离不开中俄两个大国之间的战略协调，也离不开组织内中小成员国的广泛参与和积极配合。换言之，上合的发展经验兼具欧盟模式与东盟模式的部分特征，但又与二者存在较大差异，从而形成了自身独特的地区合作模式，这一模式可称为"上合模式"。② "上合模式"是否具有推广的必要性和可行性姑且不论，但对这种模式进行学理化提炼，无疑有助于解释上合的发展轨迹，也有助于丰富国际关系中的区域合作理论，进而可为预测上合命运共同体的发展前景提供启示。完成"上合模式"的理论化工作，需要上合

---

　　① 郑先武：《区域间主义与"东盟模式"》，《现代国际关系》2008 年第 5 期；郑先武：《区域主义治理模式》，社会科学文献出版社 2014 年版，第三章；Amitav Acharya, "Ideas, Identity, and Institution-Building: From the 'ASEAN way' to the 'Asia-Pacific way'?" *The Pacific Review*, Vol. 10, No. 3, January 1997, pp. 319 – 346; Mely Caballero-Anthony, *Regional security in Southeast Asia: Beyond the ASEAN Way*, Singapore: Institute of Southeast Asian Studies, 2005; Mikio Oishi, eds., *Contemporary Conflicts in Southeast Asia: Towards a New ASEAN Way of Conflict Management*, New York: Springer Science + Business Media Singapore Pte Ltd, 2016, etc。

　　② 关于上合发展经验与"东盟模式"之间的比较，可参见 Stephen Aris, "A New Model of Asian Regionalism: Does the Shanghai Cooperation Organisation have More Potential than ASEAN?" *Cambridge Review of International Affairs*, Vol. 22, No. 3, September 2009, pp. 451 – 467; Chinara Esengul, "Comparing Regional Integration in East Asia/Southeast Asia and Central Asia", *Asian Regional Integration Review*, No. 3, 2011, pp. 18 – 38; Scott Blakemore, "Chinese Regionalism: China's Engagement with ASEAN and SCO", *Culture Mandala: The Bulletin of the Centre for East-West Cultural and Economic Studies*, Vol. 11, No. 1, September-December 2014, pp. 22 – 28; Stephen Aris, "A New Model of Asian Regionalism: Does the Shanghai Cooperation Organisation have More Potential than ASEAN?" *Cambridge Review of International Affairs*, Vol. 22, No. 3, September 2009, pp. 451 – 467。

成员国学术界的协同研究和相互支持,这也是上合框架内人文交流的重要组成部分。这一工作一旦取得重大进展,就能提高并凸显上合成员国学术界的理论创新和协作研究能力。

总之,考虑到构建上合命运共同体已成为中国外交工作中的一项重要任务。如何通过开拓性、前瞻性的学术研究丰富其学理内涵,同时为该愿景的实现探索出行之有效的构建路径,已不仅是一个纯粹的学术课题,更是决策者非常关心的政治命题。而当我们能阐明上合命运共同体理念提出的意义,并将其打造为一项具有科学内涵的学术议题,那么,将不仅有助于为中国或上合对内对外介绍其发展历程、塑造国内外对上合命运共同体的认知、宣传和推广上合发展的独特经验和普遍价值做出必要贡献,而且能为组织在明确命运共同体构建所遵循的一般路径的基础上,直面发展过程中面临的挑战、把握国际和地区局势中发展变化提供的机遇提供必要的政策建议,以保障上合命运共同体的构建不断取得切实进展。

第二节 共同体研究需要解决的五个关键议题

在上合命运共同体理念提出之后,学术界有必要将其作为一项完整的研究议题来开展研究。在此方面,国内外现有关于上合的研究成果能为我们提供必要的基础。事实上,国内外学术界对上合的研究成果已相当丰富,只不过由于受到上合命运共同体理念提出时日尚短等因素的制约,相关研究尚未全面展开。这意味着要充分挖掘上合命运共同体理念的丰富内涵并探讨其构建路径,仍有赖学术界进行创新性研究。为把握上合命运共同体研究的大致方向,下文将首先对国外有关上合的研究现状做一简要梳理,在此基础上提炼并讨论上合命运共同体构建研究涉及的主要议题。

(一)关于上合及上合命运共同体的现有研究

国内学术界对上合给予了较多关注,出版的相关专著远多于国外学术界。从目前国内已出版的专著来看，它们对上合的发展历程、发展动力、机制建设、合作领域、发展方向、指导理念、与中国外交之间的关系及面临的挑战等问题，做了较为全面的分析，这对于我们把握上合所取得的重要成就及其发展方向大有裨益（详见前言）。与国内学术界著作频出类似，俄罗斯学术界也出版了不少关于上合的专著。俄罗斯学术界围绕上合在世界上的地位与意义、① 上合框架内的经济与安全合作、② 上合与"一带一路"之间的关联性、③ 上合与域外国家之间的关系、④ 上合与欧亚大陆其他地区合作组织（如集体安全条约组织）之间的关系等出版了不少学术专著。⑤ 这些成果与国内研究上合的专著有许多相似性，包括主要着眼于上合的发展历程和实践成效，强调上合具有的地区意义和世界价值，突出上合在俄罗斯和中国对外战略中的地位，未回避上合在发展过程中遭遇的问题与挑战等。两者之间的主要区别在于，国内学术界对上合进行学理化的研究视角虽然仍有待丰富，但整体仍比较多元，而俄罗斯学术界关于上合的研究因受到传统地缘政治视角主导的影响，研究视角更显单一。当然，需要肯定的是，俄罗斯学术界对上合的研究的确较为全面地反映

---

① О. А. Борисенко, М. Н. Фомина, ШОС в контексте глобального мировоззрения. М. : Издательский дом Академии Естествознания, 2016.

② А. И. Быков, Экономическое сотрудничество в рамках ШОС. Основные направления и перспективы развития. М. : Флинта, 2011；М. Р. Арунова, Хакимов Б. М. ШОС и страны Ближнего и Среднего Востока（к 10 - летию образования ШОС）. М. : Институт Ближнего Востока, 2011；В. А. Матвеев, Проблемы и перспективы реализации инициативы 《Экономический пояс Шелкового пути》 в контексте ШОС. М. : Институт Дальнего Востока РАН, 2017；Л. Е. Васильев, Борьба с терроризмом на пространстве ШОС. М. : Институт Дальнего Востока РАН, 2017.

③ В. И. Василенко, Василенко В. В., Потеенко А. Г. Шанхайская организация сотрудничества в региональной системе безопасности（политико - правовой аспект）. М. : Литагент Проспект, 2014.

④ М. Р. Арунова, Б. М. Хакимов, ШОС и страны Ближнего и Среднего Востока（к 10 - летию образования ШОС）. М. : Институт Ближнего Востока, 2011.

⑤ Ю. Л. Никитина, ОДКБ и ШОС: Модели регионализма в сфере безопасности. М. : Навона, 2009；Ю. В. Морозов, Перспективы многостороннего сотрудничества ШОС с международными структурами в интересах развития стратегии Организации. М. : Институт Дальнего Востока РАН, 2019.

了俄精英对上合的认知，它们对于人们了解俄在上合发展及其命运共同体构建方面所持的立场有诸多助益，更何况俄相关成果在如何促进上合的发展方面提供了不少真知灼见。英语学术界出版的上合专著屈指可数，[①] 不过在学术论文方面相当可观。虽然这些论文的质量参差不齐，但英语学术界关于上合的学术论文不乏创新性的观点（详见第十章）。大体而言，英语世界关于上合的研究成果虽然数量不如国内学术界那么丰富，但其中部分成果创新意识较强、理论深度相对较高。对于那些真正有助于揭示上合发展动力及辨析出上合发展独特性与普遍性的英文学术成果，我们需要予以参考或进行借鉴。[②] 总之，增强国际关系理论方面的知识储备，提高上合研究中的问题意识与创新意识，增进与国际学术界的学术对话能力，是我们实现上合及上合命运共同体研究理论创新的必经之路。

（二）上海合作组织命运共同体构建研究涉及的五个主要子议题

倘若使上合命运共同体构建能够成为一项研究议题，那么至少需要从学理层面解决上合命运共同体理念提出的理论与实践意义，并回答上合命运共同体构建的可行性、主要障碍、重点任务与保障措施等问题。具体而言，作为研究议题的上合命运共同体研究，首先需要界定上合命运共同体的内涵，并阐述上合命运共同体理念提出的理论与实践意义；其次，从理论上厘清不同类型国际共同体如利益共同体、

[①] Thrassy N. Marketos, *China's Energy Geopolitics: The Shanghai Cooperation Organization and Central Asia*, New York: Routledge, 2009; L. C. Kumar, *Shanghai Cooperation Organisation: Eurasian Security though Cooperation*, Delhi: Shipra Publicaitons, 2010; Benjamin Gonzalez, *Charting a New Silk Road?: The Shanghai Cooperation Organization and Russian Foreign Policy*, VDM Verlag Dr. Müller, 2010; Stephen Aris, *Eurasian Regionalism: The Shanghai Cooperation Organisation*, Basingstoke: Palgrave Macmillan, 2011; Michael Fredholm, ed., *The Shanghai Cooperation Organization and Eurasian Geopolitics: New Directions, Perspectives, and Challenges*, Copenhagen: Nordic Institute of Asian Studies, 2013; Weiqing Song, *China's Approach to Central Asia: The Shanghai Co-operation Organisation*, New York: Routledge, 2018.

[②] 当然，也需要指出，不是所有西方学术界提出的创新性学术概念的成果均具有重大学术价值，因为其中部分成果不乏意识形态偏见。对于这些成果，我们必须进行认真甄别。

安全共同体、责任共同体、命运共同体等之间的异同，进而分析上合命运共同体构建的可能路径；再次，就构建上合命运共同体过程中可能遭遇的重大挑战进行前瞻性研究；最后，对如何促进上合命运共同体顺利构建提出政策建议。换言之，为了使上合命运共同体的研究成为一项具有学理性的研究议题，学术界至少需要深化以下五个方面问题的研究：（1）上合命运共同体理念的提出究竟有什么样的理论与实践意义？（2）上合命运共同体的构建将遵循什么样的发展路径或轨迹？（3）构建上合命运共同体的现实基础和条件是什么？（4）构建上合命运共同体将面临哪些挑战或困难？（5）如何采取有效措施保障上合命运共同体构建的顺利推进？

这五个子议题之间具有明显的承接关系。第一个子议题的主要目的在于从全局高度概括上合命运共同体理念提出的意义与价值，从而为后续四个问题的解答奠定必要的理论基础；第二个子议题旨在梳理历史和展望未来，既对上合自成立以来的发展轨迹和发展动力进行理论总结，又需要厘清上合命运共同体可能需要经历的发展阶段及遵循的构建路径；第三个子议题通过对上合现状的分析以展望上合的发展历程与趋势，主要任务在于通过全面分析上合当前的发展状态，包括当前主要的合作领域、成功的发展经验、上合参与地区与国际事务的主要方式、成员国对上合的认同状况、域外国家对上合所持的态度等，以判断其处于共同体发展的何种阶段；第四个子议题旨在分析上合当前遭遇的困难与未来可能面临的挑战，并展望这些困难和挑战对构建上合命运共同体可能造成何种影响；第五个子议题则在前四个研究议题的基础上，为上合有效应对各种挑战、促进其快速发展提出具有前瞻性和可行性的政策建议。下文将对这五个子议题的主要研究内容及各子议题之间的关系进行说明。

表9-1　　上海合作组织命运共同体的主要研究议题

子议题1：上合命运共同体提出的理论与实践意义
子议题2：上合命运共同体构建的路径前瞻

续表

子议题3：上合命运共同体构建的现有基础
子议题4：上合命运共同体构建的挑战分析
子议题5：推动上合命运共同体构建的对策建议

子议题1：上合命运共同体提出的理论与实践意义

如果上合命运共同体的构建的确构成一项研究议题，那么首先需要厘清上合命运共同体提出的理论与实践意义。上合命运共同体的提出具有深刻的理论指向和实践背景。首先，就构建上合命运共同体的理论内涵而言，一方面，上合命运共同体的提出有助于为中国国际关系开展创新性的研究提供一个具有生命力的研究议题。日益走近世界舞台中心的中国，比以往任何时候更为迫切地需要科学思想和理论的指引，其中包括能满足中国开展对外交往的国际关系学说与理论。当前，西方国际关系理论总体上进入常规科学阶段，并呈现创新乏力的状态。[1] 经过长期发展，中国学术界在当前基本上完成了引进与吸收西方国际关系理论的阶段。[2] 在此背景下，中国政治学与国际关系领域的学者开始尝试探索中国特色国际关系理论生成的可能路径，并形成了一批具有家国情怀与国际视野的原创性理论成果。[3] 不过，整体来看，国内国际关系理论的研究尚未完全摆脱主流国际关系理论内嵌的西方问题意识和世界观预设，由此导致的结果是，学术研究往往缺乏立足中国现实需要的核心问题意识，且在对相关问题进行描述、解

---

[1] 可参见《欧洲国际关系杂志》2013 年第 3 期关于"国际关系理论的研究是否已经终结的讨论"。尤其见 Tim Dunne, Lene Hansen and Colin Wight, "The End of International Relations Theory?" *European Journal of International Relations*, Vol. 19, No. 3, September 2013, pp. 405 – 425。

[2] 王存刚：《国际关系理论研究再出发：马克思主义的路径》，《外交评论》2017 年第 1 期。

[3] 相关原创性成果见秦亚青《关系与过程：中国国际关系理论的文化建构》，上海人民出版社 2012 年版；阎学通《世界权力的转移：政治领导与战略竞争》，北京大学出版社 2015 年版；唐世平《国际政治的社会演化：从公元前 8000 年到未来》，董杰旻、朱鸣译，中信出版社 2017 年版。

释和预测时，未能充分体现驻中国学者的本土关怀。

体现在上合的研究中，人们更多着眼于对上合进行描述性研究，由此导致学理性研究成果较少，遑论围绕此议题构建一套完整的学术话语体系。客观而言，国内学术界对上合的研究甚至称不上是一个相对独立的研究领域，相反，它在很大程度上仍嵌入在区域问题研究，尤其是中亚问题研究中。而国内的中亚问题研究还存在以下局限，即"研究成果缺乏深度，缺乏针对某一领域或者某一议题的持续关注和系列研究……目前中亚学界很多议题研究深度不足、不够透彻。另外，受到重大热点事件的影响，国内学者研究中亚问题更多选择宏观视角，对一个问题的持续细致研究变少"。[①] 这些局限的存在，很大程度上反映了中亚问题研究与国际关系理论、比较政治学研究之间的脱节。举例来说，在研究上合时，学术界很少运用国际机制理论或多边主义学说对上合的发展历程、大国在组织内的互动、中俄互动对组织发展的影响等问题进行分析。而当研究者将上合的发展及其演变视为一种特殊和孤立的国际现象，研究者的研究视野很有可能受到限制，难以全面认识上合的优势与劣势。而上合命运共同体理念的提出，为国内学术界开展对上合的学理研究提供了一次难得的机遇。这是因为：上合命运共同体理念不仅蕴含着中国传统政治思想和政治哲学的价值追求，而且吸纳了马克思主义关于共同体建设的思想，同时也蕴含了对新中国成立以来中国参与和创建国际组织实践历程的经验总结。因此，对上合命运共同体这一理念进行开创性的学理探索，可为中国国际关系理论的创建与发展提供诸多来自非西方国家的实践经验和理论启迪。

另一方面，探讨上合命运共同体的学理价值有助于创新和完善关于上合的话语体系。自成立以来，上合初步构建了一套基于各成员国共识、反映成员国诉求的话语体系（如"上海精神"），并明显体现

---

① 孙壮志、王海媚：《21 世纪以来中国的中亚研究：进展与不足——孙壮志研究员访谈》，《国际政治研究》2019 年第 2 期。

出对"稳定""平等""主权""多样性""合作"等概念或话语的偏好。尽管如此，上合话语体系的传播渠道及传播效果仍存在不足。这种不足至少体现在两个方面：其一，由于受成员国政府信誉、传播途径、社会群体差异等多种因素的影响，上合的话语体系是否得到各成员国广大民众的接受与认同是一个需要进一步思考和探索的问题。或许真实的情况是，上合构建的宏大政治话语在缓解其他成员国民众对中国的不安、担忧和猜忌情绪方面所发挥的作用是有限的；[①] 其二，如前所述，西方世界有"污名化"和"妖魔化"上合的内在冲动，并对上合产生了各种各样的偏见或成见。尽管上合的发展屡屡证明西方的偏狭和无知，展示出强大的生命力和光明的发展前景；然而，客观而言，学术界对上合的理论研究，似乎严重滞后于上合的实践。缺乏对上合发展经验的经验总结和理论提炼，似乎影响到国际社会对上合的支持和认可。在国家领导人提出上合命运共同体这一理念的背景下，学术界有义务对其进行深入系统的学理化研究。更重要的是，学术界还需要论证上合命运共同体理念的内涵及其提出的时代背景，尤其是其构建的可能性、可行性及具体路径，以扩大该理念在成员国以及国际社会的可信度和接受度。

子议题2：上海合作组织命运共同体构建的路径前瞻

与上合命运共同体构建作为一个研究议题息息相关的第二个子议题，是上合从当前状态演化到命运共同体阶段可能遵循的路径。上合命运共同体描述了一种地区发展愿景，既然是愿景，那么它无疑属于未来，描绘其发展路径首先是对人们预测能力的一种考验。如果该愿景缺乏实现的可能性，或者缺乏清晰的发展路径，那么它可能摆脱不

[①] Elena Y. Sadovskaya, "Chinese Migration to Kazakhstan: A Silk Road for Cooperation or a Thorny Road of Prejudice?" *China and Eurasia Forum Quarterly*, Vol. 5, No. 4, 2007, pp. 147–170; Konstantin Syroczhkin, "Social Perceptions of China and the Chinese: A View from Kazakhstan", *China and Eurasia Forum Quarterly*, Vol. 1, No. 7, 2009, pp. 29–46; Timur Dadabaev, "Shanghai Cooperation Organization (SCO) Regional Identity Formation from the Perspective of the Central Asia States", *Journal of Contemporary China*, Vol. 23, No. 85, January 2014, pp. 102–118.

了作为一种"乌托邦"存在的厄运。目标的描绘至关重要，否则组织的发展会失去方向；然而，如果仅有目标而无接近目标的阶梯或路径，那么目标很可能会遥不可及。令问题更为复杂的是，命运共同体的概念还与利益共同体、安全共同体、责任共同体等概念具有很多亲缘性，如何区分不同概念的异同，并将他们纳入上合命运共同体构建的整体分析框架予以辨识，需要从学术层面进行深入论证。就此而言，本子议题的首要任务在于通过前瞻性的学理研究，以说明上合命运共同体这一愿景能否以及如何才能实现，即需要描绘上合逐渐趋近命运共同体的路径。证明上合命运共同体这一愿景是可以通过阶段性的目标和清晰的路径逐步靠近的，这是子本议题的意义与价值所在。

然而，由于上合命运共同体的构建是一项涵盖多层面、多领域和多方位的任务，因此，视角选择的差异会使人们对有关上合命运共同体构建路径的认识趋向多元。大体而言，国内外学术界围绕共同体——主要是人类命运共同体——的构建路径提出的建议包括：以国际法为中心的构建路径、以文化为中心的构建路径、以哲学为中心的构建路径、以话语为中心的构建路径和以全球治理为中心的构建路径等。[①] 这些路径各自聚焦于共同体构建的某一方面，并基于某一视角提出各自关于构建共同体的路径。不过，任何从单一视角提出的构建路径对于上合命运共同体等命运共同体类型构建的启发均是有限的。因此，学术界有必要在对各种构建路径进行比较分析的基础上，借鉴与吸收它们的合理之处，并提出一种构建上合命运共同体的整合性路径。学术界面临的任务是，需要尝试从理论层面论证不同类型国际共同体的内涵及彼此间关系、它们相互之间的演化动力（包括退化、进化、停滞、跳跃等不同状态）、彼此间演化的可能过程与具体机制。一个初步的基本观点是，上合命运共同体的演化可能会历经价值共同体、安全共同体、利益共同体和情感共同体等不同阶段，且它们之间的演化可能不一定遵循线性发展路径。尝试从理论层面上分析它们之

---

① 相关研究成果较为丰富，在此不一一列举。

间演变与转化的动力、条件、机制，进而勾勒出它们向上合命运共同体演变的整体路径，是对学术界研究能力和创新能力的重要考验。

子议题3：上海合作组织命运共同体构建的现有基础

涉及上合命运共同体构建研究的第三个研究议题，是上合从当前状态走向命运共同体所需具备的基础和条件。本子议题的主要任务在于对上合当前的发展状态做出全面评估，并就其所处的共同体阶段做出准确判断。根据上合的演变进程和组织目前的发展状况来看，上合似乎同时具备了价值共同体、安全共同体、利益共同体和情感共同体的部分因素或内涵，这意味着上合目前以为命运共同体的构建奠定了一定基础。首先，在上合命运共同体构建的共同价值基础方面，基于"互信、互利、平等、协商、尊重多样文明、谋求共同发展"的"上海精神"已得到各成员国的广泛认可，成为成员国自觉恪守的行为准则。不仅如此，"上海精神"还构成上合成员国评价各种外来规范时的参考规范。其次，在共同安全方面，自上合成立至今，成员国在共同打击"三股势力"、跨国武器走私和毒品贩运等方面的安全合作，始终是成员国的优先合作领域。上合框架内的安全合作使各成员国摒弃了冷战思维进而摆脱了"安全困境"，并逐渐向普遍安全的方向发展。再次，在共同利益基础方面，上合框架内多边经济合作的规模和质量均在稳步提升，使成员国之间初步形成了利益交融和互利合作的局面，这为上合命运共同体的构建奠定了一定的共同利益基础。最后，在共同情感基础层面，成员国之间不断扩大的人文交流与合作，为上合命运共同体的构建奠定了一定的社会心理和情感基础。不过，值得注意的是，上合在共同体建设方面虽然多少具备了共同价值、共同安全、共同利益和共同情感的成分与要素，但当前上合终究处于何种共同体阶段仍是不明确的。此外，应该优先促使何种共同因素凸显、不同共同体类型的发展孰先孰后、特定共同要素的发展是否与其他共同体要素的增减之间存在何种关系等重大问题，也需要学者们通过不懈的理论与实践探索予以解答。

大体而言，根据成员国对组织的认同程度大体可以判断，上合目前仍处于利益共同体的深度构建阶段，并处于向安全共同体转变的过程中。这主要是因为各成员国在上合框架下合作（除印度、巴基斯坦除外）主要受到工具性逻辑的驱动，而适当性逻辑、习惯、情感等行为逻辑对上合成员国行为的影响相对有限（可见第六章）。当然，也可以预期，随着各国之间长期互动所积累的互信程度提高以及通过以"上海精神"为核心的上合规范持续发挥作用，适当性逻辑对各成员国互动与合作的影响将逐渐提升。至少对于作为创始成员国的六个成员国而言，以战争手段解决彼此间纷争的可能性虽然不能完全排除，但可能性较小，对和平变革的可靠预期逐渐成为上合内大部分成员国的共识。这也是上合在从利益共同体向安全共同体转变的重要表征。尽管如此，上合要真正趋近于命运共同体仍有相当长的路要走。在此过程中，需要强化成员国的共同体意识，不仅需要推动利益共同体和安全共同体向纵深方向发展，而且需要在构建价值共同体和情感共同体等层面采取更多的有效举措。

子议题4：上海合作组织命运共同体构建的挑战分析

上合目前呈现出良好的发展势头，但要推进上合命运共同体的构建，其所面临的挑战也不容低估。大体而言，上合命运共同体的构建至少面临来自内部、外部两方面的挑战，且两方面的挑战均复杂多样。在内部挑战方面，上合面临的棘手问题包括：如何保持扩员后的凝聚力、决策力和执行能力；是否以及如何应对成员国之间可能产生的矛盾乃至冲突；如何解决中亚成员国面对印巴的加入产生的自身被边缘化的疑虑甚至不满；如何缓解较小成员国对自身诉求得不到尊重的担心；如何恰当地处理中俄印在上合框架内的互动；如何继续保障中俄在上合框架内的良性互动，尤其缓解其对中国在中亚地区影响力持续扩大的猜忌或恐惧；如何在保障上合维持安全合作与经济合作"双轮驱动"的基础上拓宽合作领域；如何处理其他成员国对中国经济影响力在上合范围内显著扩大的忧惧；如何使上合发展和"一带一路"建设形成相互支持、彼此促进的关系；如何促使其他成员国支持中国提出的构建上合自贸区、建立上合开发银行等倡议，等等。而就外部挑战而言,上合短期内面临的挑战包括:如何应对非成员国要求加入上合、推动上合进行下一轮扩员的压力和期望;如何应对西方国家及其主导的国际组织对上合的竞争乃至猜忌;如何应对中亚地区存在的"制度过剩""制度冗余"等局面;如何应对当前中亚地区重新启动的地区一体化进程;如何有效应对在上合周边地区出现的各种复杂局面,包括阿富汗局势、乌克兰危机及中亚地区仍可能出现"颜色革命"并蔓延的态势等;如何应对世界上诸大国或超国家行为体积极介入成员国内部事务,尤其是中亚事务的举动;如何加强上合在欧亚地区和国际社会的影响力和权威,包括进一步加强与联合国、东盟等国际组织之间的合作;如何进一步发挥上合在全球恐怖主义治理、气候治理等全球治理议题中的作用;如何展示上合在国际规范创新、扩散过程中的积极作用,等等。

从不同的共同体类型及其阶段性特征这一较为抽象的层面来剖析这些挑战,可发现上合命运共同体的构建绝非易事。首先,在上合命运共同体构建的共同价值基础方面,尽管"上海精神"已得到各成员国的普遍认同,然而,各国在基本国情、发展理念等方面存在诸多差异,以及成员国所在区域层出不穷地区性和国际性合作机制并存的局面,使得"上海精神"及上合倡导的其他规范面临激烈竞争,很难想象成员国仅仅接受任何一个特定组织的规范。[1] 其次,在构建上合命运共同体的共同安全基础方面,成员国之间安全合作的主要内容、合作模式和合作重点等,会因为成员国国内和地区安全形势的变化而面临进行相应调整的任务。再次,在构建上合命运共同体的共同利益基础方面,上合框架内多边经济合作相较于成员国之间的双边经

---

[1] Emilian Kavalski, "Partnership or Rivalry between the EU, China and India in Central Asia: The Normative Power of Regional Actors with Global Aspirations", *European Law Journal*, Vol. 13, No. 6, October 2007, pp. 839 – 856; Derek Averre, "Competing Rationalities: Russia, the EU and the 'Shared Neighbourhood'", *Europe-Asia Studies*, Vol. 61, No. 10, December 2009, pp. 1689 – 1713; David Lewis, "Who's Socialising Whom? Regional Organisations and Contested Norms in Central Asia", *Europe-Asia Studies*, Vol. 64, No. 7, September 2012, pp. 1219 – 1237.

济合作始终处于相对滞后的状态，主要表现为成员国之间的双边合作项目明显多于多边合作项目。最后，在构建上合命运共同体的共同情感基础方面，由于成员国之间国情差异性较大，上合命运共同体的构建需要加强成员国之间在社会心理文化层面的沟通，进而增进成员国官方与民众对彼此之间的尊重和认可，这绝非易事。此外，由于构建上合命运共同体的倡议是由中国提出且已成中国外交话语体系的一部分，因此，还需对其他成员国对构建上合命运共同体的反应、态度和观点等予以跟踪分析，进而评估不同话语传播方式、内容、途径等对构建上合命运共同体产生的影响。由此可见，上合命运共同体目标的实现是一项长期且艰巨的任务，需充分关注上合在遵循共同价值、推进共同安全、实现共同体利益、形成共同情感等方面所取得的进展，同时对促进各方面齐头并进而面临的挑战有清醒的认识。

子议题5：推动上海合作组织命运共同体构建的对策建议

在明晰了上合命运共同体构建的路径、现有基础、相关挑战的基础上，学术界可以提前谋划能有效应对或克服各种挑战、促进上合命运共同体建设的政策建议。毫无疑问，政策建议的转化是一个非常复杂的过程，而学术界的责任在于通过细致深入的研究，尽可能保证政策建议的合理性、可行性与前瞻性。为推进上合命运共同体的构建，学术界和政策界需要在政治、安全、经济、文化等各个领域构想新的举措并全面发力，旨在推动上合成员国之间及成员国对上合的认同水平得到显著提升，如此才能为上合命运共同体的构建赋予全新动力。首先，在构建上合命运共同体的共同价值基础方面，需要在遵循"上海精神"的基础上构想、提出新的普遍价值并促进所有成员国对这些价值的认可和接受。能否有效巩固上合的共同价值是各成员国必须重视的问题，也是构建上合命运共同体的基本前提。其次，在构建上合安全共同体方面，需深化上合的安全合作，为上合命运共同体的构建奠定坚实的共同安全基础。再次，在构建上合利益共同体层面，需着力提升上合多边经济合作水平。具体措施包括厘清组织框架内双边合作与多边合作的关系，推进与实施经贸合作领域内的重大项目，以及为了保障重大项目顺利开展，还需完善上合的决策程序等。最后，在构建情感共同体层面，需深化上合框架内的人文交流，具体措施包括探索建立员国人文合作的长效机制，强化上合对民生类公众物品的供给，遏制并消除"中国威胁成论"在上合成员国中蔓延等。尽管上述措施具有一般性的意义，但客观而言，它们很大程度上具有短期性。事实上，上合命运共同体的构建是一个长远目标，而些拟议中的措施很有可能不再适用十年或二十年之后的上合，而且停留在原则性层次，失之具体。而能否根据上合及上和命运共同体的发展状况及时更新长远策略，这对学术界而言这同样是相当艰巨的任务。

第三节 共同体研究密切相关的四个理论命题

鉴于篇幅所限和上合命运共同体的研究尚未全面展开，下文将简要讨论与上合命运共同体理念研究密切相关的四个理论命题，尝试抛砖引玉，激发更多的学者就此理念开展更丰富、更深入的学理研究。由于上合命运共同体理念首先涉及共同体，其次涉及上合，故下文四个理论命题中的前两个主要攸关命运共同体这一关键词，后两个则密切涉及上合的发展历程与经验。

（一）国际共同体类型的区分与上海合作命运共同体的特征

截至目前，上合命运共同体的确切内涵仍存在模糊不清之处。这不仅成为制约学术界对上合命运共同体的研究开展深入的一个主要障碍，而且在一定程度上也削弱了该理念对上合成员国的吸引力和感召力。事实上，随着共同体这一术语在社会学科研究各领域得到广泛使用，层出不穷的共同体概念开始出现，某种程度上甚至出现了被滥用的趋势。截至目前，仅在我国国内和外交话语体系中至少出现了十五种与共同体相关的概念，包括人类命运共同体、亚洲命运共同体、周边命运共同体、上合命运共同体、中非命运共同体、中拉命运共同体、中国—东盟命运共同体、澜湄国家命运共同体、中巴命运共同体、中老命运共同体、海洋命运共同体、网络空间命运共同体、核安全命运共同体、能源合作共同体和中华民族命运共同体等。此外，在学术研究中还存在如"中缅命运共同体""中俄命运共同体"等类似的表述。面对这些名目繁多的共同体概念，学术界的当务之急是确定一种可对这些"家族相似性"概念进行类型化处理的科学标准，以帮助研究者对"命运共同体"系列概念进行归类、对其内涵进行可操作化的界定，并通过抽象概念与经验事实的匹配程度进行理论框架的构建。① 在此之前，可以明确的是，既然上合命运共同体是共同体的一种类型，那么，它首先应具备共同体的一些基本特征。可以认为，一般意义上的共同体同时理念性与实体性并存、规范性与批判性并存、自然性与构建性并存的复合特征。上合命运共同体自然也不例外。

　　上合命运共同体兼具实体性与理念性特征，即共同体既是一种实体存在物，也可以仅是一种理念。如根据斐迪南·滕尼斯（Ferdinand Tönnies）的观点，共同体可视为根据人的本能、习惯和记忆等形式而形成的人与人之间的结合。共同体既可以是建立在自然基础上的群体，也可以是历史或思想联合体。据此，滕尼斯将共同体区分为三种类型：血缘共同体、地缘共同体和精神共同体。其一，血缘共同体具体表现为亲属关系，包括亲子关系、夫妻关系、兄弟姐妹之间的关系和权威关系。其二，地缘共同体是人们基于相近的地理位置而形成的联合体，如邻里、村庄和城市等，并通过习俗等维持共同体成员之间的关系。其三，精神共同体是人们之间基于共同或相近的活动而在思想或观念层面形成的联系，如师徒等，连接共同体成员的往往是友谊等精神纽带。② 而著名社会学家埃米尔·杜尔凯姆（Emile Durkheim，又译为涂尔干）更多是将共同体视为个体在社会互动中形成的共有特性，而非一种实体化的社会结构。沿袭迪尔凯姆分析路径的社会学家

---

　　① 刘丰：《类型化方法与国际关系研究设计》，《世界经济与政治》2017年第8期。
　　② 张国芳：《滕尼斯"共同体/社会"分类的类型学意义》，《学术月刊》2019年第2期。

认为，近似共同体的社会关系具有结构和文化两个层面的特征：紧密的社会约束力；对社会机构的依附和参与；仪式庆典；小规模人口；相似的外表特征、生活方式和历史经验；相同的道德信仰、道德秩序等。① 与此类似，安东尼·柯亨（Anthony Cohen）指出，不要把共同体理解为建立在地方性基础之上的社会互动网络，而要更多地关注共同体对于人们生活的意义以及他们各自认同的关联性，即尽量不要把共同体予以实体化。② 无论对共同体做何种界定，根据社会学家的研究，共同应具有实体性与理念性双重特征。

上合命运共同体的功能呈现规范性与批判性共存的特征。不论是马克思的"真正的共同体"思想，迪尔凯姆的集体意识还是马克斯·韦伯的主观情感、滕尼斯亲密的共同生活，"共同体这个理想的类型概念本身都排斥了冲突，它代表了一种社会关系的积极类型……以及他们希望通过对冷漠现实的'反正'而复归于这种美好的愿望"。③ 因此，不论是哲学家、社会学家还是政治学家，他们提出共同体这一概念均体现了对美好社会与公共秩序的追求。如国际关系批判理论的代表人物安德鲁·林克莱特（Andrew Linklater）从包容与排斥的整体视角出发，认为国家在本质上是一种道德与政治共同体，是社会发展到一定阶段的产物。林克莱特对于国家作为一种政治共同体所呈现的封闭性和排斥性并不满意。基于此，他认为国际社会应推动政治共同体的转型和更高形式的政治共同体的产生，这种新型共同体更具普遍性、更尊重文化差异以及具有更少的物质不平等。④ 林克莱特对国家作为政治共同体的局限性的分析以及对更具包容性的政治共

---

① Steven Brint, "Gemeinschaft Revisited：Rethinking the Community Concept"，转引自陈美萍《共同体（Community）：一个社会学话语的演变》，《南通大学学报》（社会科学版）2009 年第 1 期。

② 孔凡建：《共同体语义演化史考辨》，《甘肃理论学刊》2014 年第 3 期。

③ 谭志敏：《流动社会中的共同体——对齐格蒙特·鲍曼共同体思想的再评判》，《内蒙古社会科学（汉文版）》2018 年第 2 期。

④ 阎静：《国际关系批判理论和政治共同体的转型》，《世界经济与政治论坛》2009 年第 5 期。

同体的期待，为超越国家的共同体的构建提供了一种规范性框架，引发了对跨国共同体如何维持不同国家间和文明间秩序，以及赋予对新共同体的认同等一系列问题的思考。

至于共同体所具有的自然性与建构性并存的复合特征，在国际关系理论中的建构主义产生并跻身于主流理论之后，似乎已成为一个耳熟能详的观点。毫无疑问，任何一个共同体都具有自然的特征，这就是共同体生成的生物、物质或地理基础，即便是涵盖全球的人类命运共同体也是如此。至于共同体的建构性特征，则是指共同体的生成离不开人们在自然基础上通过话语、想象、言说等活动主观构建的努力，其中主要涉及身份的塑造与再造。①

总而言之，尽管人们可以根据上合的发展经验提炼出上合命运共同体的其他特征，但对其上述三个方面基本特征的把握，是展望上合命运共同体理念发展前景的重要前提。至于如何在研究过程实现共同体一般特征与上合发展实践的结合，并在此基础上推进社会科学对国际共同体的研究，是上合命运共同体研究过程中需要完成也是可以努力的方向。

（二）上海合作组织命运共同体理念的思想渊源

赋予上合命运共同体这一理念以丰富的学理内涵，首先需要借鉴人文社会科学关于共同体研究的相关研究成果。自"共同体"这一概念提出以来，一系列知名思想家曾介入到该概念的讨论和研究中。如有学者统计，早在1981年，关于共同体的定义就已达140多种。②尽管人们对共同体概念的界定众说纷纭，但大家能达成的基本共识是，共同体不仅是建立在地方性基础之上的一种社会关系模式，而且

---

① 对此，英国学派代表巴里·布赞（Barry Buzan）和安娜·冈萨雷斯·佩莱兹（Ana Gonzalez—Pelaez）等人做过深入阐述，在此不再赘述。可参见［英］巴里·布赞、安娜·冈萨雷斯《"国际共同体"意味着什么？》，任东波、蒋晓宇译，《史学集刊》2005年第2期。

② 李慧凤、蔡旭昶：《"共同体"概念的演变、应用与公民社会》，《学术月刊》2010年第6期。

已超越了特定的地理范围、文明界限和政治制度等的隔离，因个体或群体共享的认同、身份、价值、忠诚、利益、情感等形成的社会关系。而从共同体概念的历史流变来看，在人类社会发展中形成的如家庭、部落和国家等共同体形式，及学者在学术研究中已概念化的形形色色的共同体，已使"共同体"这一概念成为一个涵盖理念到实体的连续谱。而对于上合命运共同体的研究而言，如果其要成为一个有效的学术研究议题并使其普遍意义得到有效的挖掘，那么，需要将之与人文社会科学对共同体的研究接续起来。通过借鉴共同体研究的一般性研究成果，不仅可以有效揭示包括上合命运共同体在内的各类国际共同体构建的一般模式，而且还可以通过经验研究完善或更新既有的共同体理论或假设。

其次，需要参考国内外学术界对人类命运共同体、周边命运共同体等与上合命运共同体具有家族相似性概念的相关研究成果。如就国内学术界对人类命运共同体的研究而言，学者们从多学科、多视角、多层面出发，对人类命运共同体的提出背景、科学内涵、基本特征、思想渊源、价值蕴含与构建路径等问题进行了全方位且卓有成效的学理探讨，这能为上合命运共同体的构建提供诸多启示，不过，既有研究成果本身存在的缺憾及上合命运共同体与人类命运共同体之间的差异，限制了这种启示的适用性。其一，这是由于人类命运共同体研究自身存在一定缺陷所导致的：（1）关于人类命运共同体的内涵和构建原则的研究成果丰硕，但对推动人类命运共同体演变的动力、机制与构建途径的研究仍存在缺失；（2）对人类命运共同体实现的展望具有长时段的视野，但对其阶段性特征却关注不足；（3）较少有成果将人类命运共同体理念与国际上其他类似倡议进行比较研究，使相关研究呈现出一定的"自说自话"的特点。其二，与人类命运共同体概念相比，上合命运共同体仅涉及一个地区性国际组织的发展及前景，无论是它们涵盖的地域范围和涉及的行为体数量，还是行为体之间利益协调的复杂程度，甚至就两个理念的性质和高度而言，上合命运共同体均不能与人类命运共同体同日而言。因此，对上合命运共同体的研究虽然可与人类命运共同体等国际共同体的研究相互参照，但它也需要根据自身的需要设计自身的研究议题。

再次，还需要结合中国传统政治哲学、马克思主义国际关系思想和中国外交实践进行创新性研究。（1）上合命运共同体理念蕴含着中国传统政治思想和政治哲学的价值追求。中国传统思想如"大同小康""和合"与"天下主义"等，均蕴含构建上合命运共同体的价值追求。对中国传统政治哲学与政治思想的挖掘，可为上合命运共同体的构建提供深刻的思想渊源。（2）上合命运共同体理念源自马克思主义关于共同体建设的思想。上合命运共同体理念与马克思主义共同体思想、世界历史理论与国际主义思想等具有十分密切的联系，对马克思主义理论进行深入挖掘，可从中汲取构建上合命运共同体的丰富的历史唯物主义思想。（3）上合命运共同体理念是对新中国成立以来中国参与和创建国际组织实践历程的经验总结。冷战结束以来，随着国际体系深刻调整与变革，中国对待国际组织的态度发生了明显的转变，从有限参与逐渐转向积极参与。尤其是上合的成立标志着中国从国际组织的参与者逐渐成为国际组织的主要创立者。中国在参与和创建国际组织的历史进程中积累了大量的宝贵经验，如始终尊重他国主权、不断提升自身的国际责任意识，根据自身及发展中国家的需要设置议程，建设并内化国际组织的合理规范等。也正因为此，构建上合命运共同体是中国在总结以往国际组织实践经验的基础上对上合发展做出的一种有益探索。

最后，借鉴国际关系理论研究中的相关研究成果。自共同体概念从哲学和社会学领域被引入国际关系研究领域以来，国际关系学者的研究不仅极大地拓展与丰富了共同体概念的内涵与形式，而且为国际关系研究者提供了许多具有较强解释力的概念工具和较为新颖的理论视角。上合命运共同体等国际共同体理念的提出，为中国学者参与到共同体问题的国际关系理论研究提供重要的契机。不论是论证共同体理念提出的理论与实践价值，还是借此增强中国在全球治理过程中的话语权，学术界均有必要将各类国际共同体理论的研究与国际关系理论的研究结合起来。这是因为，中国仅仅贡献理念或愿意是不够的，还需要对这些理念和愿景提出的必要性、达成的可行性、推进的具体路径做出恰当的说明，如此才能真正提高中国的国际话语权。

（三）上海合作组织命运共同体的发展动力与轨迹

就上合命运共同体与人类命运共同体、亚洲命运共同体及周边命运共同体等类似共同体概念之间的关系而言，它首先是其他地域更为广阔的命运共同体的组成部分。其次，就提出时间而言，上合命运共同体的提出稍晚，这意味着前者承续了后面这些概念的精神，而且由于其依托于一个具体的国际组织来构建命运共同体，故其可为其他涵盖范围更广的命运共同体提供了一个前期试点区域。在此意义上，上合成员国承载着先行构建、进而为人类命运共同体、亚洲命运共同体、周边命运共同体和上合命运共同体的构建提供经验或教训等使命。不过，整体而言，学术界对共同体演变动机与机制进行研究的理论成果数量，与探讨共同体内涵的成果相比有些相形见绌。这也是上合命运共同体研究需要着力拓展的理论命题。如果学术界如果有效地厘清命运共同体与利益共同体、安全共同体、责任共同体、情感共同体之间的关系，并就它们之间演化的机制、动力提出新的理论假设或观点，那么，不仅能为上合命运共同体等国际共同体奠定坚实的理论基础，甚至还有可能为国际关系理论的发展贡献中国智慧。

根据中国政府的相关表述综合来看，构建上合命运共同体就是要将上合打造成为一个各成员国价值共享、安危共担、互利共赢和情感共鸣的新型地区合作组织。基于此，上合命运共同体这一概念可视为一个在组织成员国间形成的主要由价值共同体、安全共同体、利益共同体和情感共同体构成的"四位一体"的复合型共同体。作此判断，主要有以下几个方面的原因：首先，上合命运共同体的四个次共同体形式分别蕴含的共同价值、共同安全、共同利益和共同情感维度，既分别对应习近平提出的要将上合打造成"团结互信的典范""安危共担的典范""互利共赢的典范"和"包容互鉴的典范"的期待，又涵盖了上合框架内成员国间的主要合作领域，这意味着上合命运共同体的演变阶段、主要内涵与上合主要的合作领域能够实现紧密衔接。其次，相对于上合命运共同体，"价值共同体""安全共同体""利益共同体"和"情感共同体"在学术界研究已取得部分基础，这对于更为清晰地澄清上合命运共同体的内容内涵、基本特征、发展演变提供一定的理论启发。如安全共同体在国际关系理论中的研究已经相对成熟，相关成果对我们把握上合命运共同体构建过程中所历经的安全共同体阶段大有裨益。至于"价值共同体""利益共同体"和"情感共同体"等概念的学理化研究程度虽不如"安全共同体"高，但在学术界围绕人类命运共同体进行研究的过程中已有所涉及，而且国际关系研究中既有的"利益均衡理论"，以及近些年兴起的国际关系研究的"情感转向""关系均衡理论"等理论视角，[1] 毕竟为学术界进一步阐发这些概念的内涵提供了一定的基础。最后，构成上合命运共同体的四个次级共同体形式既存在相互独立的关系，但彼此之间又可以相互演化，当明确了它们之间演化次序和转化动力之后，人们就可以对上合命运共同体构建的整体发展轨迹形成一个较为清晰的把握，这就有助于缓解人们对于该理念具有浓郁乌托邦色彩的认知。

需要进一步追问的是，如何开展有关上合命运共同体发展动力及彼此间演化机制的研究呢？根据韦伯关于人类行为动机的理想化模型，一个初步的判断是，上合命运共同体的构建主要取决于成员国的协同努力，而它们参与共同体构建又至少受到三种主要动机的驱动，分别为价值理性、工具理性和情感。而就四个次共同体类型而言，

---

[1] Yohan Ariffin, Jean-Marc Coicaud, Vesselin Popovski, eds., *Emotions in International Politics: Beyond Mainstream International Relations*, New York: Cambridge University Press, 2016; Dominique Moisi, *The Geopolitics of Emotion: How Cultures of Fear, Humiliation, and Hope are Reshaping the World*, New York: Doubleday, 2009; Andrew A. G. Ross, *Mixed Emotions: Beyond Fear and Hatred in International Conflict*, Chicago and London: The University of Chicago Press; Todd H. Hall, *Emotional Diplomacy: Official Emotion on the International Stage*, New York: Cornell University, 2015; Chiung-chiu Huang and Chih-Yu Shih, *Harmonious Intervention: China's Quest for Relational Security*, Burlington: Ashgate Pub Co, 2014.

"价值共同体"构建的动力主要源自各成员国价值理性,"利益共同体"和"安全共同体"构建的动力主要受到成员国的工具理性的驱动,"情感共同体"的构建需要上合满足各成员国共同的情感与心理需求。需要指出的是,这些动力来源并非构建上合命运共同体的全部动力,而仅仅是最初动力来源。在此基础上,如何赋予上合命运共同体及其内嵌的次共同体形式以新的推动力量,促使其朝着命运共同体的目标继续前进,仍是一个需要深入探索的问题。不过可以肯定的是,只有明确构建上合命运共同体的动力,才能在此基础上从理论层面厘清上合命运共同体复杂的生成机制。①

(四) 上海合作组织发展模式的理论解释

上合命运共同体的构建离不开其既有发展经验的启示,事实上这种经验将在很大程度上塑造上合命运共同体构建的成败。毫无疑问,作为一个地区性国际组织的上合,其发展无疑遵循一般性国际组织发展的普遍模式,同时又体现出其发展经验的独特性。如国际关系学界长期关注"自下而上"的地区组织合作路径,却对采取"自上而下"发展路径的地区合作组织关注较少。所谓"自下而上"的合作路径,是指国家间在国际组织框架内的合作,首先在低级政治(low politics)领域取得成效,然后通过"外溢效应"向高级政治领域(high politics)扩展的过程。对此,新功能主义理论(neo-functionalism)做了较具说服力的解释。② 尽管其后产生的政府间主义理论(inter-governmentalism)对新功能主义理论的外溢效应提出了批评,认为溢出效应

---

① 在此方面国内学者赵俊的研究能提供一定借鉴。可参见赵俊《国际关系中的共同体与共同体主义》,《世界经济与政治》2008 年第 12 期。

② 相关研究成果请参见 Ernst Haas, *Beyond the Nation-State: Functionalism and International Organization*, California: Stanford University Press, 1964; Neill Nugent, *The Government and Politics of the European Union*, 5th Edition, Duke University Press, 2003; Jane Sweeny, *The First European Election: Neo-functionalism the European Parliament*, Boulder: Westview Press, 1984; Lee McGowan, "Theorising European Integration: Revisiting Neo-Functionalism and Testing its Suitability for Explaining the Development of EC Competition Policy?" *European Integration Online Papers*, Vol. 11, No. 3, May 2007。

在包括经济政策和福利政策在内的"低级政治"领域较为适用，但在外交政策、安全与防务等高级政治问题上，由于国家要求获得明确一致的政策目标，因而溢出效应难以如在低级政治领域一般有效发挥作用。① 相对"自上而下"的合作路径，不论是新功能主义理论还是政府间主义等一体化理论，较少关注溢出效应遵循从高级政治领域向低级政治领域扩展这一"自上而下"路径的存在。

事实上，上合开创了一种与传统区域合作发展路径迥然有别的合作路径。上合的发展，遵循的是从高级政治领域向低级政治领域扩展的路径，或许正是在此意义上，上合的发展可视为实现了"国际关系理论和实践的重大创新，开创了区域合作新模式"。② 为什么上合的发展路径有别于一般（主要是欧盟）的地区合作路径？对这一问题的解释，学术界的研究大体上可分为三类：历史必然说、安全和经济共同利益说及中俄对美制衡说。历史必然说将上合合作路径的演变视为一个自然形成的历史过程，该视角可以部分解释上合多边合作生成背后的历史惯性。安全与经济利益说则认为，上合成员国基于在非传统安全领域面临的共同威胁和在经济领域具有较强互补性而产生的共同利益，促使上合的合作性质发生了变化。而中俄对美制衡说强调上合框架内多边合作扩展的根本原因在于中俄联合起来对抗美国霸权。③ 尽管这三种假说均有一定的合理性，但仍不能充分揭示促使上合遵循自上而下发展路径的内在动力。历史必然说忽视了人类事务发展过程中存在的不确定性和偶然性；而共同利益说则忽视了一个显而易见的事实，即国家间共同利益的存在并不必然导致国家间合作行为的产

---

① Stanley Hoffmann, "Obstinate or Obsolete? The Fate of the Nation State and the Case of Western Europe", *Daedalus*, Vol. 95, No. 3, Summer 1966, pp. 862–915；张茂明：《欧洲一体化中的政府间主义》，《欧洲》2001 年第 6 期。

② 习近平：《弘扬"上海精神" 构建命运共同体——在上海合作组织成员国元首理事会第十八次会议上的讲话（2018 年 6 月 10 日，青岛）》，2018 年 6 月，搜狐网（https://www.sohu.com/a/235130104_528913）。

③ 林珉璟、刘江永：《上海合作组织的形成及其动因》，《国际政治科学》2009 年第 1 期。

生，诚如罗伯特·基欧汉所言："即使在共同利益存在的情况下，合作常常也会失败的"；① 至于对美制衡说则主要从外生动力的角度解读上合的发展，忽视了组织发展的内生动力，同时也将上合的演变视为中俄控制的结果，无视较小成员国在上合发展过程中所扮演的重要角色及对上合给予的诸多支持。有鉴于此，要对上合发展经验做出具有说服力的解释必须进行创新性研究，以提炼其发展模式所具有的理论内涵。

此外，由于国家间共同利益在不同的国际结构中展现出了各异的互动机理，且受到国家间彼此认知、共同价值和议题性质等因素的影响，因而对于上合成员国共同利益如何促进他们合作领域的拓展，还需做出进一步的解释。就中俄对美制衡说而言，尽管上合关于国际政治的基本主张与美国存在诸多分歧，不过，既有研究成果对这一问题的解释基本限制在理性主义框架内，即过分关注成员国在参与上合制度合作进程中是否可以获取物质性收益的工具理性考虑及其后果，由此导致这一分析视角很大程度上忽视了规范、理念和意义等非物质性结构在塑造上合地区合作议程和政策过程中所呈现的构建性权力。② 事实上，上合的制度合作之所以能够较顺利地从高级政治领域过渡到低级政治领域，主要原因并非低级政治领域内的国际合作比高级政治领域的合作协议更容易达成，而是缘起于高级政治领域的国际合作从一开始就触及国家间最为敏感的原则性问题，在这些领域达成的共识为低级政治领域的合作奠定了坚实的基础。鉴于此，学术界对上合地区合作"自上而下"路径形成的内在动力、过程、机制及该路径产生的合作效果需要进行更系统的理论分析，在此基础上才有望对上合的发展经验做出新的理论总结。

事实上，针对上合的成立起步于安全合作而非经济合作这一"反

---

① ［美］罗伯特·基欧汉：《霸权之后：世界政治经济中的合作与纷争》，上海人民出版社 2006 年版，第 4 页。

② David Lewis, "Who's Socialising Whom? Regional Organisations and Contested Norms in Central Asia", *Europe-Asia Studies*, Vol. 64, No. 7, September 2012, p. 1226.

常"事实,我们可以将其提炼为一种"基于承认的地区合作模式"。根据哲学和社会学中的承认理论,①国家所追求的承认主要有两种形式——"薄的承认"(thin recognition)与"厚的承认"(thick recognition)。②其中,"薄的承认"的对象是大同主义意义上的"普世的人"(universal person or sovereign person),即只要是人就应该享有的基本权利。而与此相对的是"厚的承认",这种承认在"薄的承认"的基础上尊重行为体的特殊要求,如个人对社群的归属感和对自身特性的维护、国家对大国地位和威望的追求,以及行为体对诸如"上帝选民"之类身份的捍卫等。③上合之所以屡遭西方国家攻击,并被多次预言将沦亡"清谈馆",主要原因就在于它们过分追求国际组织的制度化程度和强求规范的一致性,从而意识不到地区性国际组织在发展过程中同时给予成员国"薄的承认"与"厚的承认"的重要性。由于上合在承认国家主权的同时强调尊重国家间的文化或文明差异(尊重国家主权贯彻了国家之间实现了"薄的承认"原则,而尊重国家特性和文化差异属于"厚的承认"),从而有效地超越了基于"文明冲突论"对上合所作的悲观预测,相反展现出强大的生机与活力。④

除了体现在"上海精神"等规范层面上,上合的成员构成与运行过程也体现了其对承认原则的遵循。如在成员国构成上,上合既有大国又有小国、既有民主国家又有"威权国家",然而它们却有效地维

---

① 关于承认理论,可参见〔德〕阿克塞尔·霍纳特《为承认而斗争:社会冲突的道德语法》,胡继华译,上海人民出版社 2005 年版;Thomas Lindemann, *Causes of War: The Struggle for Recognition*, Colchester: ECPR Press, 2010; Thomas Lindemann and Erik Ringmar, eds., *The International Politics of Recognition*, Boulder: Paradigm, 2011。

② Alexander Wendt, "Why a World State is Inevitable: Teleology and the Logic of Anarchy", *European Journal of International Relations*, Vol. 9, No. 4, December 2003, pp. 511 – 512.

③ 关于国际关系中行为体对"薄的承认"的追求,可参见 Yana Zuo, "Self-Identification, Recognition, and Conflict: The Evolution of Taiwan's Identity, 1949 – 2008", in Thomas Lindemann and Erik Ringmar, eds., *The International Politics of Recognition*, Colchester: ECPR Press, 2010, pp. 153 – 170。

④ 更详细的讨论可参见曾向红、邹谨键《反恐与承认:恐怖主义全球治理过程中的价值破碎化》,《当代亚太》2018 年第 4 期。

持了彼此之间的团结。对于这一超越了"民主和平论"有关国家间合作需满足特定政体类型条件的反常现象，我们同样可以从承认理论的角度予以诠释。不同政体类型的成员国在上合框架内的合作之所以成效显著，最根本的是上合遵循了彼此尊重成员国政体类型差异、不强求甚至不推崇国家政权性质同一的特点（属于"厚的承认"）。至于上合强调协商一致的运作方式，以及大国自我克制、较小成员国积极参与并对大国予以适当尊重的相处方式，同样反映了各国基于"承认"原则以推进组织团结的地区合作经验。当然，这里仅仅只是启发性地将上合的地区合作经验称为"基于承认的地区合作模式"，至于如何将上合实践与承认理论结合起来进行研究，以更深入地阐发上合发展经验的特殊性与普遍性，并分析其对构建上合命运共同体构建的启示，还有待开展更细致严谨的研究。

第四节　结语

当前国际社会进入"百年未有之大变局"，国际格局正在发生深刻变化，世界也因此呈现出与此前不同的诸多特征。如民粹主义、贸易保护主义与"逆全球化"浪潮的风起云涌。这些现象既是世界遭遇大变局的原因，也是大变局的表现和结果。而就上合而言，世界"百年未有之大变局"的出现和变化，既是挑战也是机遇。或许上合远不足以确保世界甚至欧亚地区的和平与稳定，但是，如果该组织能够促进成员国之间的团结互信、安危共担、互利共赢与包容互鉴，那么欧亚地区的和平、稳定与发展不仅可能获得强大的动力，而且上合命运共同体的构建也将具备坚实的基础。就此而言，上合命运共同体理念的提出，不仅展示了中国积极参与全球治理和欧亚地区治理的意愿和担当，而且彰显了中国为促进地区和平、稳定和发展所做的战略思考和宏观规划。

需要指出，当前学术界对上合的研究具有重视短期进展，缺乏战略、宏观、全局视野的缺憾。而上合命运共同体理念的提出，是一个推进对上合进行学理研究的良好契机，学术界可以借上合理念提出之机，对攸关上合长远发展的一些重大问题进行系统性的思考和创造性的学理探讨。事实上，攸关上合组织命运共同体构建的五个重大问题——上海合作组织命运共同体提出的理论与实践意义、上海合作组织命运共同体实现所遵循的基本路径、上海合作组织命运共同体构建具备的基础和条件、上海合作组织命运共同体构建面临的挑战与障碍、学术界能为上海合作组织命运共同体的构建提供的对策建议，均涉及不少学理命题。对这些命题进行研究，不仅可为上合命运共同体的研究奠定坚实的学理基础，而且是推进学术界对上合研究学理水平、加强区域问题研究与国际关系理论研究之间融合的重要契机。至于学术界能否实现这些目标，还有待做进一步的观察。

第十章　上海合作组织的实践与理论创新

在对上海合作组织的发展历程做了简要的回顾，并就影响该组织发展四个方面的主要问题——大国在上合组织框架内外的互动、中亚成员国与组织之间的互动、上合组织框架内合作的成效与局限、上合组织扩员后面临的新形势——作了必要分析之后，本章将对上合组织十九年来在实践与理论方面的创新进行简要总结。诚如习近平主席在上海合作组织成员国元首理事会第十八次会议上所强调的，上合组织"是国际关系理论和实践的重大创新，开创了区域合作新模式，为地区和平与发展作出了新贡献"，故开展这一研究十分必要。① 由于中国官方还是首次如此表述上海合作组织与国际关系理论、实践之间的关系，故厘清上合组织如何、在哪些方面实现了对既有国际关系理论和实践方面的创新就显得尤为必要。当对上合组织成立以来攸关组织发展的重大实践问题进行了必要的梳理之后，我们或许对上述问题尝试性地给出初步答案，如此既可以更加明晰上合组织运行的实践与学理意义，也在此基础上组织未来的发展方向和学术研究的努力方向。基于此，本章将首先简要分析上海合作组织在国际关系实践，尤其是地区合作实践方面的创新，其次将提炼上合组织在运行过程中对国际关系理论方面的创新，最后将如何推进上合组织的顺利发展和促进上

---

① 习近平：《弘扬"上海精神"　构建命运共同体——在上海合作组织成员国元首理事会第十八次会议上的讲话（2018年6月10日，青岛）》，2018年6月，搜狐网（https://www.sohu.com/a/235130104_528913）。

合组织的学理研究提供些许建议。

第一节　上合组织的实践创新

在实践层面,上海合作组织的确在某种程度上实现了对现有国际关系实践,尤其是地区合作实践的创新。这种创新至少体现在以下五个方面。

(一) 上海合作组织的创建具有实践意义上的创新

当前国际社会多数综合性地区合作组织,一般源起于经济、贸易等被视为"低级政治"领域的合作,然后才拓展到安全、政治等"高级政治"领域的合作。这也是西方国际关系理论中新功能主义 (neo-functionalism) 地区合作理论根据欧盟国家合作经验所归纳出的地区合作模式。[①] 而上海合作组织的成立,不仅在很大程度上得益于"上海五国"机制成员国在边界地区加强信任措施与裁减军事力量等安全领域进行合作所积累的政治互信,而且从一开始就将打击"三股势力"作为组织的重要使命。换言之,上海合作组织的成立,起源于安全等高级政治领域的合作,这也与其他地区性合作机制的创立和发展遵循从经济领域"外溢"到政治领域的路径迥然有别。不仅如此,上海合作组织产生于冷战结束以后的国际环境之中,其创建很大程度上源于成员国加强地区合作的愿望与期盼,主要不是为了应对国际政治大环境的变化。换言之,上海合作组织很大程度上是一个内生性的国际组织,因而有别于那些在国际压力下出于联合自强的目的所组建的诸多地区性国际组织,如欧盟、东盟。起点高与内生动力,是上海合作组织在组织源起意义上的重要创新。

---

① Ernst Haas, *Beyond the Nation-State: Functionalism and International Organization*, California: Stanford University Press, 1964; Jane Sweeny, *The First European Election: Neo-functionalism the European Parliament*, Boulder: Westview Press, 1984; Lee McGowan, "Theorising European Integration: Revisiting Neo-Functionalism and Testing its Suitability for Explaining the Development of EC Competition Policy?" *European Integration Online Papers*, Vol. 11, No. 3, May 2007.

(二) 上海合作组织的指导理念具有实践意义上的创新

"上海精神"是指导上海合作组织运行的原则,即"互信、互利、平等、协商、尊重多样文明、谋求共同发展"。其中,"互信、互利"是保障组织平稳运行和实现合作共赢的前提,"平等、协商"是成员国之间彼此相待、群策群力和开展多边合作等的原则,"尊重多样文明"是指组织对待成员国文明、文化、政治制度、发展道路等差异的态度,"谋求共同发展"是组织运行的目标。尽管"上海精神"的具体原则也有可能体现在其他地区性国际组织中(如东盟的决策方式与上海合作组织采取的决策方式类似),[①] 但将上述原则囊括在一起唯有"上海精神"。"上海精神"对上海合作组织实践的意义在于,它有效地回应了成员国的各种关切或疑虑。如"互信、互利"有助于缓解成员国对在组织框架内进行合作但获益不均的担心、"平等、协商"有助于克服中小成员国在组织内受大国欺凌的恐惧,"尊重多样文明"有助于成员国通过文明对话以超越"文明冲突论"的预言。尽管"上海精神"作为上海合作组织的灵魂显得抽象,然而,对这一精神的坚持与践行,的确是保障上海合作组织能克服各种障碍和困难进而平稳运行的基础。

(三) 上海合作组织的成员构成具有实践意义上的创新

上海合作组织原本有六个成员国,2017 年巴基斯坦与印度正式加入,因此目前拥有八个正式成员国。无论是 2017 年之前,还是

[①] 关于上合组织模式与"东盟模式"之间的比较,可参见 Stephen Aris, "A New Model of Asian Regionalism: Does the Shanghai Cooperation Organisation have More Potential than ASEAN?" *Cambridge Review of International Affairs*, Vol. 22, No. 3, September 2009, pp. 451 – 467; Chinara Esengul, "Comparing Regional Integration in East Asia/Southeast Asia and Central Asia", *Asian Regional Integration Review*, No. 3, 2011, pp. 18 – 38; Scott Blakemore, "Chinese Regionalism: China's Engagement with ASEAN and SCO", *Culture Mandala: The Bulletin of the Centre for East-West Cultural and Economic Studies*, Vol. 11, No. 1, September-December 2014, pp. 22 – 28。

2017年之后,上海合作组织成员国的国情差异始终客观存在。各国不仅在历史传统、宗教信仰、国家意识形态等方面有所不同,而且在综合国力、发展道路、制度选择、民族构成等方面也有明显差异。即便如此,上海合作组织始终坚持自身是一个开放性组织的定位,奉行不结盟、不对抗、不针对第三国的原则,积极发展与其他国家、国家组织的联系,而且没有关上扩员的大门。组织扩员并不罕见(欧盟、东盟均有此过程)。相较于其他地区性国际组织对成员国要么有明确的政体限制,要么有明确的地域限制,上海合作组织在这些方面所持的开放性态度、对成员国差异所持的包容立场以及明确将加强文化、文明间交流作为组织的重要使命,使其在国际社会独树一帜、与众不同。这是上海合作组织在成员国构成这一实践方面的重要创新。

(四) 上海合作组织的运作方式具有实践意义上的创新

按照西方的"民主和平论"及衍生的地区合作观点,不仅只有民主国家之间才不打仗,而且只有民主国家之间所开展的地区合作才能保障地区性合作组织持久运行并取得合作实效。[1] 根据这种观点,西方学者与评论家坚持认为,上海合作组织中的多数国家属于"威权国家",而"威权国家"基于维护政权安全的考虑将很难开展深层次的合作,即使这种合作得以展开也难以持久。[2] 然而,事实证明,上海

---

[1] Michael W. Doyle, "Liberalism and World Politics", *American Political Science Review*, Vol. 80, No. 4, December 1986, pp. 1151 – 1169; Carol R. Ember, Melvin Ember and Bruce Russett, "Peace Between Participatory Politics: A Cross-Cultural Test of the 'Democracies Rarely Fight Each Other' Hypothesis", *World Politics*, Vol. 44, No. 4, July 1992, pp. 573 – 599; Michael E. Brown, Sean M. Lynn-Jones and Steven E. Miller, eds., *Debating the Democratic Peace*, Cambridge: The MIT Press, 1996.

[2] 关于政权类型与地区一体化之间关系的讨论,参见 Edward D. Mansfield, Helen V. Milner and Jon C. Pevehouse, "Democracy, Veto Players and the Depth of Regional Integration", *The World Economy*, Vol. 31, No. 1, January 2008, pp. 67 – 96; Veronika Kirschner and Soren Stapel, "Does Regime Type Matter? Regional Integration from the Nation States Perspectives in ECOWAS", in Tanja A. Börzel, Lukas Goltermann and Kai Striebinger, eds., *Roads to Regionalism Genesis, Design, and Effects of Regional Organizations*, New York: Routledge, 2012, pp. 141 – 158; Thomas Ambrosio, "Catching the 'Shanghai Spirit': How the Shanghai Cooperation Organization Promotes Authoritarian Norms in Central Asia", *Europe-Asia Studies*, Vol. 60, No. 8, October 2008, pp. 1321 – 1344。

合作组织不仅有效破除了西方有关上海合作组织将沦为"清谈馆"、中俄利益冲突导致组织瘫痪、上合组织是"东方的北约"[①] 等论调，以十九年的发展成就证明了组织具有的强大生命力。这一事实说明，内部存在众多差异（包括政治体制）的上海合作组织，能有效地克服成员国差异给组织运行与发展造成的困扰，取得切实的发展成效。之所以如此，主要归因于上合组织坚持的指导精神与独特的运作机制，这促使成员国在合作过程中不断获得实利并不断积累政治互信，从而保障它们能求同存异、增信释疑与共谋发展，进而产生对组织的认同。

（五）上海合作组织框架内体量不同成员国的相处方式具有实践层面的创新意义

这方面的创新是对"上海精神"的生动阐释。就成员国的相对实力而言，2017 年之前，中俄构成上海合作组织框架内的两个大国；2017 年之后，中俄印是其中的三个大国。至少在扩员之前，中俄两个大国与其他成员国关系平稳，并未出现大国与小国在组织框架内发生冲突的情况。这得益于中俄在组织框架内的自我克制。如比较典型的事例是，中俄拒绝以上海合作组织的名义对吉尔吉斯斯坦 2010 年 6 月的族群冲突进行干预，即使吉临时政府提出了请求干预的吁求。虽然也有观点认为这一事例反映了上海合作组织行动能力不强的问题，[②] 但客观而言，中俄的克制或许也反映了它们对"上海精神"恪守，这是提高成员国对组织认可程度的有效途径。上海合作组织框架下不同体量成员国间的相处之道，有别于其他地区性国际组织存在的大国动辄制裁甚至欺凌小国的行为模式，这是霸权主义、强权政治在国际组织中的体现。这种现象至少有两种情形：一种是组织内仅有一个大

[①] M K Bhadrakumar, "The New 'NATO of the East' Takes Shape: The SCO and China, Russia and US Maneuvers", *The Asia-Pacific Journal*, Vol. 5, No. 8, August 2007, pp. 1 – 9; Albrecht Rothacher, "Allying with an Evil Axis? The Ambivalent Role of the Shanghai Cooperation Organisation in Central Asia", *The RUSI Journal*, Vol. 153, No. 1, February 2008, pp. 68 – 73.

[②] Stephen Aris, "The Response of the Shanghai Cooperation Organisation to the Crisis in Kyrgyzstan", *Civil Wars*, Vol. 14, No. 3, September 2012, pp. 451 – 476.

国，该大国以霸权国家的身份发号施令，如北约就是这种情况；另一种是组织有两个或以上的大国，这些大国进行"共谋"以胁迫其他较小成员国，如自我标榜为"规范力量欧洲"（normative power）的欧盟由法德主导设立严格的入盟标准、以此强制成员国社会化就属于这种情形。① 截至目前，上海合作组织并未表现出这些迹象。

总之，经过十九年的发展，上海合作组织在发展过程中"超越了文明冲突、冷战思维、零和博弈等陈旧观念"，展示出了一种区域合作新模式。这种模式的出现，既有客观条件使然，也有各成员国之间的主观努力。如上合组织的创建起源于边界问题的解决与加强在打击"三股势力"等安全问题上的合作、截至2017年成员国由中国和五个前苏联国家组成、苏联解体之前美国实力超群使上合组织不能以二元对立和抵御外部威胁的方式推进组织合作等实践方式，很大程度上受到国际局势、中亚地区形势和上合组织演变经历和成员组成等客观条件的影响或制约。至于作为组织指导理念的"上海精神"的提出，采取协商一致的决策方式和不干预成员国内政、"尊重多样文明"等组织规范，上合组织不将西方主动构建为敌人，而是在强调与西方有别、在某些领域或某些问题上与西方的观点相反、但又在一些问题上（如维护中亚地区和阿富汗的稳定与稳定、打击恐怖主义）有共同利益的方式界定与西方的关系，尽管这种描述和界定比较复杂，但并未如西方学界所鼓吹的那样，上合组织是一个以"东方北约"或"反西方联盟"的方式存在。② 这些实践，则反映了上合组织为维护地区稳定和保障组织顺利发展所做的诸多主观努力。

---

① 洪邮生：《"规范性力量欧洲"与欧盟对华外交》，《世界经济与政治》2010年第1期；Ian Manners, "Normative Power Europe: A Contradiction in Terms?" *JCMS: Journal of Common Market Studies*, Vol. 40, No. 2. February 2002, pp. 235 – 258；Ian Manners, "Normative Power Europe Reconsidered: Beyond the Crossroads", *Journal of European Public Policy*, Vol. 13, No. 2, March 2006, pp. 182 – 199；Adrian Hyde-Price, "'Normative' Power Europe: A Realist Critique", *Journal of European Public Policy*, Vol. 13, No. 2, March 2006, pp. 217 – 234。

② 上合组织构建自我与他者的方式及对与西方之间关系的描述，可参见 Stephen Aris and Aglaya Snetkov, "'Global Alternatives, Regional Stability and Common Causes': The International Politics of the Shanghai Cooperation Organization and its Relationship to the West", *Eurasian Geography and Economics*, Vol. 54, No. 2, April 2013, pp. 202 – 226。

第二节　上合组织的理论创新

与上海合作组织在实践创新方面成就斐然一样，该组织在理论创新方面同样成效显著。如"上海精神""新安全观""亚洲安全观""上海合作组织命运共同体"等概念或理念的提出，就是对国际关系理论与实践的丰富或创新。其中，"上海精神""新安全观"提出较早，它们构成指导上合组织初期建设和运行的重要理念；"亚洲安全观"于2014年5月由习近平主席提出，而上合组织构成中国践行亚洲安全观的重要平台；"上海合作组织命运共同体"是2018年习近平主席在青岛峰会上提出的用以指引上合组织运行的崭新概念。

"上海精神"与"新安全观"是上合组织对国际关系理论较早的创新。在上合组织成立之时，"上海精神"与"新安全观"就已被提炼为组织的指导理念和安全合作实践的思想基础。在2001年上合组织成立峰会上，江泽民指出："'上海五国'进程，是当代国际关系中一次重要的外交实践。它首倡了以相互信任、裁军与合作安全为内涵的新型安全观，丰富了由中俄两国始创的以结伴而不结盟为核心的新型国家关系，提供了以大小国共同倡导、安全先行、互利协作为特征的新型区域合作模式。它所培育出来的互信、互利、平等、协商，尊重多样文明，谋求共同发展的'上海精神'，不仅是五国处理相互关系的经验总结，而且对推动建立公正合理的国际政治经济新秩序也具有重要的现实意义。"[①] 随后，"新安全观"得到进一步的提炼与完善。在2002年6月上合组织圣彼得堡峰会上发布的《元首宣言》指出："国际社会须建立以互信、互利、平等和相互协商为基础的新型安全观。这有利于彻底消除安全破坏因素和新威胁的根源。"[②]

---

① 《江泽民在"上海合作组织"成立大会上讲话（全文）》，2001年6月，新浪网（http：//news.sina.com.cn/c/277991.html）。

② 《上海合作组织成员国元首宣言（2002年）》，上海合作组织官方网站（http：//chn.sectsco.org/documents/）。

"亚洲安全观"与"上海合作组织命运共同体"的概念则是中国领导层在上合组织度过初创阶段后提出用以指导组织运行的新理念。十几年来,"上海精神"一以贯之,不过,用以指导该组织安全合作的"安全观"则有所更新与完善。如在此前"新安全观"的基础上,中国又提出了"亚洲安全观"的概念,并使上合组织成为践行该理念的重要平台。按照中国领导人的理解,"亚洲安全观"不仅是对此前"新安全观"的更新,而且被视为与"上海精神"一脉相承。在2014年9月12日,习近平在上合组织成员国元首理事会第十次会议上指出:"我们应该坚守合作共赢理念,坚持互信、互利、平等、协商、尊重多样文明、谋求共同发展的'上海精神',践行共同、综合、合作、可持续的亚洲安全观,以集体之力、团结之力、合作之力,携手应对威胁挑战,共同推动上海合作组织得到更大发展。"[①]关于上合组织命运共同体,习近平指出:"'上海精神'是我们共同的财富,上海合作组织是我们共同的家园。我们要继续在'上海精神'指引下,同舟共济,精诚合作,齐心协力构建上海合作组织命运共同体,推动建设新型国际关系,携手迈向持久和平、普遍安全、共同繁荣、开放包容、清洁美丽的世界"[②]。

毋庸置疑,"上海精神""新安全观""亚洲安全观""上海合作组织命运共同体"等概念,不仅为上合组织摸索出新的地区合作模式提供了理念指导,而且丰富了国际关系中维护地区安全和推进地区合作的经验。就此而言,这些概念是对国际关系理论的重要创新。事实上,国内学术界也是如此评价这些概念的,并产出了大量相关研究成果。然而,如果按照严格的学术标准,国内关于上合组织的研究离实现重大的理论创新还有相当长的一段路要走。客观而言,"上海精

[①] 《凝心聚力 精诚协作 推动上海合作组织再上新台阶:习近平在上海合作组织成员国元首理事会第十四次会议上的讲话(全文)》,2014年9月,新华网(http://www.xinhuanet.com/world/2014-09/12/c_1112464703.htm)。

[②] 习近平:《弘扬"上海精神" 构建命运共同体——在上海合作组织成员国元首理事会第十八次会议上的讲话(2018年6月10日,青岛)》,2018年6月,搜狐网(https://www.sohu.com/a/235130104_528913)。

神""新安全观""亚洲安全观""上海合作组织命运共同体"等观念，在经过严密的学术论证之前，仍属于政治术语，而非学术概念。因为它们不是学术界围绕上合组织的发展过程、运行特点、合作模式等提炼出的、具有明确内涵或外延的学术概念。至于就上合组织提炼出具有重大学术价值、能有效解释上合组织发展动力与轨迹，并能推广至其他地区性合作组织的理论范式而言，学术界仍有许多工作要做。因为截至目前，人们似乎更多的是在论证"上海精神""新安全观""上海合作组织命运共同体"等概念提出的政治或学术价值，而不是提炼这些概念所具有的学术内涵，或者根据这些概念发展出一套逻辑严密、具有解释功能的理论体系。换言之，从严格的学术标准而言，目前国内学术界有关上海合作组织所开展的研究，还没有实现真正的理论创新。

当然，这并不意味实现上合组织真正的理论创新是不可能的。在展开进一步的讨论之前，首先需要明确是学术概念或理论学说的内涵。事实上，要在学术概念与政治概念之间做出截然不同的区分是存在问题的。如"软实力"概念最初是作为一个学术概念而存在的，随着其被政治家们广泛接受，这一概念也就成为一个重要的政治话语，同时也未改变其作为学术概念的特点。又如"国家利益"的概念，尽管人们很难确切地追溯其来源，但英国帕雷斯顿勋爵的名言"国家之间没有永恒的朋友，也没有永恒的敌人，只有永恒的利益"作为对"国家利益"的经典表述，带来了"国家利益"概念在学术研究中的风行，这是政治概念演变为学术概念或两者难分彼此的典型案例。换言之，政治概念与学术概念之间能够相互转化，其间的关键区别在于学术概念与政治术语的学术价值能否得到学术界的广泛认可。对于上合组织而言，如果学术界能就"上海精神""新安全观""上海合作组织命运共同体"等概念做出具有深度和说服力的论证，那么它们无疑是可以成为学术概念的。

至于理论学说，这里主要是就其对现实世界能否做出恰当的解释、能否提出一套逻辑严密的理论假设而言的。如盛行于西方学术界的"民主和平论"或"文明冲突论",尽管人们可以指责这些理论具有浓厚的意识形态色彩,不可避免受到西方自由主义价值的影响甚至误导,然而,当西方学者努力界定理论中的核心概念,并使用科学研究方法(定性或定量方法)对其中蕴含的学术假设进行科学检验时,这些学说至少具备了科学理论的外貌。人们尽可以质疑其价值观预设或理论假定,但要证伪或抛弃这些理论,仍必须遵循科学程序对其予以批判,如此这种质疑或批判才能得到学术界的认可和接受。另外一个与之相比的案例是学术界就东南亚国家联盟(ASEAN,"东盟")发展经历所提炼的"东盟模式"(ASEAN Way)概念。同样是基于亚洲经验发展出来的地区合作模式,"东盟模式"被国内外学术界详加讨论,甚至被认为它是有别于欧盟的一种独特地区合作模式。① 与之相较,尽管上合组织在地区合作的实践方面有许多新的创建,然而,截至目前,学术界并未就此提炼出类似的"上合模式"(SCO Way),更不用说创造出得到学术界热烈讨论或广泛认可的理论模式。这种情况不能不令人有所遗憾。

  与之相较,尽管国外学术界同样未能根据上合组织的发展经验提炼新的理论学说,但他们在提出与之相关的学术概念方面却走在了国内同行的前面。如本书"前言"中指出的,虽然与国内学术界著作频出相比,国外学术界较少有研究上合组织的专著,但在学术论文方面,国外学术同行同样发表了不少相关论文。虽然质量参差不齐,但其中部分论文观点不落俗套,提出了一些有别于国内学者的学术观点,其中一部分论文还尝试根据上合组织的发展经验提出了一些新的学术概念。如史蒂夫·艾利斯与阿格拉亚·斯内特科夫(Aglaya Snet-

---

① 郑先武:《区域间主义与"东盟模式"》,《现代国际关系》2008 年第 5 期;郑先武:《区域间主义治理模式》,社会科学文献出版社 2014 年版,第三章;Amitav Acharya, "Ideas, Identity, and Institution‐Building: From the 'ASEAN way' to the 'Asia‐Pacific way'?" *The Pacific Review*, Vol. 10, No. 3, January 1997, pp. 319–346; Mely Caballero‐Anthony, *Regional security in Southeast Asia: Beyond the ASEAN Way*, Singapore: Institute of Southeast Asian Studies, 2005; Mikio Oishi, eds., *Contemporary Conflicts in Southeast Asia: Towards a New ASEAN Way of Conflict Management*, New York: Springer Science + Business Media Singapore Pte Ltd, 2016, etc.。

kov）从批判地缘政治学和话语分析的角度，剖析了上合组织对自我/他者身份的构建方式，借此提炼了上合组织的"地缘政治身份"（geopolitical identity）这一概念。① 又如马克·兰特根通过考察上合组织成立五年以来在欧亚地区安全合作领域所扮演的角色，认为上合组织已经成为了一个"安全共同体"（Security Community）。不仅如此，他还认为，如果上合组织"自信持续增长，并且将其影响力拓展至原初使命范围之外，那么它将成为一个演变中的地区共同体（regional community）"。② 尽管国际关系学界关于"安全共同体"的研究由来已久，但国内外学术界将上合组织视为一个"安全共同体"可视为一种创新。最关键的是，兰特根似乎早在十多年前即提出了上合组织可能向"地区共同体"演变的趋势，这与习近平主席2018年提出构建"上海合作组织命运共同体"的观点遥相呼应。又如澳门大学的宋伟清，通过将上合组织置于中国周边外交及多边外交中进行考察，并深入研究了中国在上合组织发展过程中所扮演的角色，提出了中国在组织中扮演了"外交领导权"（Diplomatic Leadership）这一概念。③ 另外，也有学者根据中国参与上合组织的建设、倡导共建"一带一路"倡议所提出的举措、加强与欧亚经济联盟和东盟的对接等活动，认为中国正在推动一种"中国式的地区主义"（Chinese Regionalism）或"新地区主义"（New Regionalism）的地区合作模式。④ 诸如此类

---

① Stephen Aris and Aglaya Snetkov, "'Global Alternatives, Regional Stability and Common Causes': The International Politics of the Shanghai Cooperation Organization and its Relationship to the West", *Eurasian Geography and Economics*, Vol. 54, No. 2, April 2013.

② Marc Lanteigne, "'In Medias Res': The Development of the Shanghai Co-operation Organization as a Security Community", *Pacific Affairs*, Vol. 79, No. 4, December 2006, pp. 605 – 622, 引言见 p. 621。

③ Weiqing Song, "Peaceful Rise from the Border: Chinese Practice of Diplomatic Leadership in the Shanghai Cooperation Organisation", (https://www.worldscientific.com/doi/abs/10.1142/9789814287678_0003); 更详细的讨论，可参见 Weiqing Song, *China's Approach to Central Asia: The Shanghai Cooperation Organisation*, New York: Routledge, 2016。

④ Tatyana V. Kolpakova1 and Tatiana N. Kuchinskaya, "China's 'New Regionalism' as a Mechanism to Strengthen the Influence of China in the Global Integration Processes: An Example of Eurasian Economic Union", *International Journal of Economics and Financial Issues*, No. 5, June 2015, pp. 109 – 115; Scott Blakemore, "Chinese Regionalism: China's engagement with ASEAN and SCO", *Culture Mandala: The Bulletin of the Centre for East-West Cultural and Economic Studies*, Vol. 11, No. 1, September-December 2014, pp. 22 – 28.

的探索，不仅有助于明确上合组织在地区合作实践方面的创新，而且其提炼的学术概念或理论观点，也有助于为国内学者构建关于上合组织的理论观点或模式提供部分启发。无论这些学术概念或观点能否经得起推敲，但这些尝试得到我们予以关注，必要时应与国外学术界进行对话和辩论，争取在此过程中做出中国学者应有的贡献。

此外，还有一些学者基于其持有的意识形态偏见，给上合组织贴上了许多并不符合学术规范的标签。这些围绕上合组织经验或实践生造出的概念，首先需要我们予以关注并做出适当的回应，而不是视而不见或无动于衷。这类概念，除了上文提到的"东方的北约"、上合组织是"清谈馆"等外，还包括部分西方学者出于偏见赋予上合组织的一些"学术标签"。如有学者基于其信仰的自由主义意识形态和"民主和平论"等学术观点，认为上合组织是由同类国家组成的"独裁国家联盟"（League of Autocracies），这种联盟类似于欧洲王朝大国在拿破仑战争结束之后组建的"神圣同盟"（Holy Alliance），其目的在于各国协同一致抵御西方国家推进民主的国际压力。[①] 基于其偏见和反感，甚至还有学者将上合组织另贴上了"邪恶轴心"（Evil Axis）的标签。[②] 也有学者基于上合组织成员国参与合作时获益动机强烈而规范动机较弱的认知，认为上合组织成员国仅仅根据物质激励或利益趋同而进行合作，从而导致组织凝聚力较弱和规范内化程度较低，使组织作为一种"便宜联盟"（Axis of Convenience），甚至是一种"麻烦联盟"（Axis of Inconvenience）的形式而存在，离成为真正的地区

[①] David K. Schneider, "The Shanghai Cooperation Organization: a league of Autocracies?" 2008, American Diplomacy (http://go.galegroup.com/ps/anonymous? id = GALE%7CA187797711&sid = googleScholar&v = 2.1&it = r&linkaccess = abs&issn = 10948120&p = AONE&sw = w); Jan Arno Hessbruegge, "The Shanghai Cooperation Organization: A Holy Alliance for Central Asia?" Spring 2004, The Fletcher School Online Journal for issues related to Southwest Asia and Islamic Civilization (http://fletcher.tufts.edu/~/media/Fletcher/Microsites/al%20Nakhlah/archives/pdfs/hessbruegge%202.pdf).

[②] Albrecht Rothacher, "Allying with an Evil Axis?" The RUSI Journal, Vol. 153, No. 1, February 2008, pp. 68–73.

共同体相距遥远。① 还有学者认为中亚地区存在各种地区合作组织（包括上海合作组织），由于各中亚国家出于维护政权稳定的考虑，不愿意让渡国家主权，故它们只乐意采取最低限度的一体化措施推进国家间合作，以在尽可能获得地区合作收益的同时有效避免外部干预。如此一来，中亚国家参与的地区合作呈现出"虚拟地区主义"（Virtual Regionalism）、"保护性一体化"（Protective Integration）、"昙花一现的地区主义"（Ephemeral Regionalism）的现象。② 尽管上述研究就上合组织提出了一些新的概念或观点，而且其中一些研究试图从学术层面厘清相关概念，但大体而言，它们往往基于自身所持有的价值偏见对上合组织横加指责，或者只是基于上合组织发展的一个侧面做出以偏概全的判断，其学术价值有待商榷。

根据上文的分析，可以发现，在关于上合组织的学术研究方面，中英文学界仍存在一些差距。国内学术界关于上合组织的成果甚多，不过多数成果仍属于描述性研究，学理性研究成果较少；国外学术界成果虽然相对较少，但学术创新的意识较强，理论深度相对较高。当然，这是就整体情况而言的。具体到英语世界中那些提出了新的学术概念的成果，则必须具体问题具体分析。如前所述，虽然英文世界中的部分成果的确提出了一些新的学术概念，但不少成果充满了意识形态偏见和主观臆断。对于这些成果，我们必须进行深入批判。而对于那些真正有助于揭示上合组织发展动力、有助于人们理解上合组织发展独特性与普遍性的英文学术成果，我们则可以参考，必要时还可以

---

① Nicola P. Contessi, "China, Russia and the Leadership of the SCO: a Tacit Deal Scenario", *China & Eurasia Forum Quarterly*, Vol. 8, No. 4, 2010, pp. 101 – 123; Graeme P. Herd, "The Future of the SCO: An Axis of Inconvenience?" 2014 (http://www.risingpowersglobalresponses.com/wp-content/uploads/2014/02/HerdPaper.pdf).

② Roy Allison, "Virtual Regionalism, Regional Structures and Regime Security in Central Asia", *Central Asian Survey*, Vol. 27, No. 2, June 2008, pp. 185 – 202; Roy Allison, "Virtual Regionalism and Protective Integration in Central Asia", in Anita Sengupta and Suchandana Chatterjee, eds., *Eurasian Perspectives: in Search of Alternatives*, Kolkata and India: Shipra Publications, 2010, pp. 29 – 48; Niklas Wirminghaus, "Ephemeral Regionalism: The Proliferation of (Failed) Regional Integration Initiatives in Post-Soviet Eurasia", in Tanja A. Börzel, Lukas Goltermann and Kai Striebinger, eds., *Roads to Regionalism Genesis, Design, and Effects of Regional Organizations*, New York: Routledge, 2012, pp. 25 – 44.

借鉴。这类成果所具有的理论素养和体现出来的学术创新意识，正是我们的不足之处，也是我们应该努力的方向。事实上，丰富国际关系理论方面的知识储备，增强研究过程中的创新意识，增强与国际学术界的学术对话能力，是我们实现关于上合组织研究理论创新的必经之路。

第三节　促进上合组织平稳运行的建议

回顾上合组织十九年的发展经历并将其与国际社会中的地区合作实践相比较，可以发现上合组织的确在几个方面实现了实践创新。这是上合组织能够与时俱进，有效应对挑战进而保证自身平稳发展的基础。在未来的发展过程中，面对可能出现的各种挑战，上合组织仍然需要对自身实践进行创新。诚如习近平主席指出的："我们的未来无比光明，但前方的道路不会平坦。"[①] 下文梳理了当前上合组织面临的几个方面的重要挑战，这些挑战或许需要上合组织做出必要的调整，或许需要上合组织进行实践创新予以解决。至于哪些需要组织做出调整，哪些挑战需要组织推进实践创新，将主要取决于上合成员国对挑战性质和严重程度的认识。换言之，上合组织未来的实践创新，主要来自成员国的政治决定，而非纯粹的学术讨论。鉴于此，下文对上合组织面临挑战的讨论，将主要着眼于提出可能的政策建议，而非展望可能的实践创新。毕竟衡量一个地区性合作组织的实践是否属于"创新"，只有将其与世界上其他地区合作组织的实践进行比较后才能给出恰当的评价。

（一）进一步明确上合组织的功能定位与区域定位

目前，上合组织仍存在定位不明确的问题，这主要体现在功能定

[①] 《筑梦扬帆，携手创造更加光明的美好未来——习近平主席上合组织青岛峰会重要讲话解读》，2018年6月，新华网（http://cpc.people.com.cn/n1/2018/0611/c419242-30048775.html）。

位和区域定位两个方面。因此,有必要根据上合组织在过去十九年的发展历程,规划好这两个方面的定位。

第一,加强成员国之间的战略协调,以明确上合组织的功能定位。目前,各成员国对上合组织的功能定位存在明显分歧。俄方对上合组织的政治期望较高,而对经济合作不热衷,较重视上合组织的安全合作。而中国将上合组织视为积极参与国际事务、创新区域合作模式、践行中国"新安全观"的重要平台,希望上合组织的运作能够有效改善中国周边环境,维护西北边疆的安全与稳定,因此中国更加强调上合组织推进非传统安全和经济合作(如建议上合组织自贸区建设、成立上合组织发展银行等)的功能。[①] 印度加入上合组织主要目的在于解决阿富汗问题、推动地区反恐进程以及加强与中亚各国的联系,应对大国博弈风险以及防止巴基斯坦力量壮大的战略目标。与大国的诉求不同,中亚成员国既重视上合组织维护地区安全的作用,也期待能有效满足各国经济需求,并将上合组织视为平衡大国势力、增强国际影响力与拓展外交空间的重要平台。[②] 由此可见,实现扩员后,由于成员国数量以及利益诉求的多元化,上合组织功能定位比以往面临更大的挑战。

成员国之间的有效协调是上合组织现有合作机制发挥作用的重要保障。中俄印三国外长会晤机制始于 2002 年,是中俄印三方为增进政治互信、扩大交流合作而设立的重要平台。印度加入上合组织后,三国更应该利用好这一平台增信释疑,使其有利于上合组织的发展。中俄印三国合作不仅对稳定全球和地区局势具有重要意义,而且潜力巨大。在印、巴加入上合组织的背景下,应该积极推动在上合组织框架内加强各成员国之间的互利合作,扩大和巩固彼此共同利益,建立

[①] 朱永彪、魏月妍:《上合组织的发展阶段及前景分析——基于生命周期理论的视角》,《当代亚太》2017 年第 3 期。

[②] Ezeli Azarkan,"The Interests of the Central Asian States and the Shanghai Cooperation Organization". 转引自陈小鼎、马茹《上合组织在丝绸之路经济带中的作用与路径选择》,《当代亚太》2015 年第 6 期。

政治互信，增进相互理解和相互支持，避免彼此猜忌与相互消耗。这是成员国在上合组织框架内开展有效协调与合作的前提。

第二，适当补充和修改宪章，以明确上合组织的区域定位。区域定位是上合组织发展的重要基础，决定了多边合作的基本内容与主要层次。① 目前，上合组织区域定位问题并不是成员国所覆盖的区域问题，而是指上合组织涵盖的合作区域不明确。不论扩员前还是扩员后，上合组织成员国所覆盖的区域是明确的；然而，由于上合组织同时在不断发展观察员国与对话伙伴国，以致其交往范围始终在扩大，由此导致其活动范围是不确定的。如目前上合组织吸收了伊朗、阿富汗、白俄罗斯、蒙古等国为观察员国，以及土耳其、斯里兰卡、亚美尼亚、尼泊尔、柬埔寨、阿塞拜疆等国为对话伙伴国。面对其中部分国家明确表示希望成为上合组织成员国的愿望，上合组织处境尴尬，既不能仓促扩员，也不能明确拒绝。此前，上合组织的核心区域是中亚地区，这一点得到成员国的广泛认同；随着印巴的加入，很难明确说上合组织目前的核心区域仍在中亚地区。核心区域变得模糊，可能会引发各成员国对组织重点关注和投入区域产生争议。而且，更严重的是，到目前为止，上合组织没有出台关于扩员的地域限定，再加上上合组织一贯强调自身为开放性国际组织，由此会带来人们对上合组织究竟是一个区域性国际组织还是一个世界性国际组织的疑惑。定位不明，可能会削弱上合组织的凝聚力和向心力，并衍生出发展方向模糊的问题。

（二）进一步加强上合组织在中国外交中的作用

在党的十九大报告中，习近平总书记指出中国特色社会主义进入了新时代。在此背景下，明确并加强上合组织在中国外交中的作用，尤其是它在中国周边外交中的地位和作用，成为一个值得探讨且具有

---

① 孙壮志：《上合组织区域定位与安全合作的优先方向》，《兰州大学学报》（社会科学版）2013 年第 2 期。

重大意义的问题。为此，需要加强以下几个方面的工作：

第一，完善并深化经济功能，更好地服务于"一带一路"倡议。上合组织成立的初衷在于维护边境安全、加强中国与其他成员国之间的合作。随着国际局势尤其是中国周边安全形势的变化，上合组织已经形成了安全与经济合作并重的合作模式。而"一带一路"倡议的提出和推进，为上合组织优化经济合作功能提供了难得的机遇。上合组织成员国均是"一带一路"沿线国家，因此，上合组织在推进中国与"一带一路"沿线国家合作的过程中扮演着十分重要的角色。实际上，上合组织在多边框架下推进成员国之间务实有效的经济合作，本身就是对"一带一路"建设的推动。就安全功能而言，由于"一带一路"建设面临沿线地区和国家政治稳定、恐怖主义、边界领土争端、水资源争端、武器走私、气候变化等多种安全威胁，而上合组织能够为"一带一路"在俄罗斯、中亚、南亚等地区的推进保驾护航，有助于削减其面临的安全风险。在此过程中，上合组织的安全功能也能得到有效锤炼和提高。因此，"一带一路"建设与上合组织发展之间存在相互支持、彼此促进的关系。

第二，进一步加强上合组织开放性，提升其国际影响力。上合组织始终秉持开放包容的原则，致力于推动成员国之间的经济与安全合作。无论是全球化迅速发展的时代，还是民粹主义浪潮暗流涌动的当下，高举开放性地区合作大旗的上合组织，始终在为推进区域经济一体化而不懈努力。在解决了明确上合组织区域定位与功能定位这一难题之后，中国可以而且应该以更加积极的态度高举这面旗帜，争取主动，将上合组织作为中国与其他大国加强合作、扩大交往的平台。上合组织成员数量的增加，为组织纵深发展注入了新的动力，在一定程度上避免陷入中俄在中亚竞争的困境。再者，加强上合组织的开放性能够更好地促进交流，增加其他国家对中国的了解，消除对中国政策和决策的误判。上合组织要想长久发展，就必须进一步开放，在使成员国获得实质性收益的过程中支持上合组织在推进开放的进程迈出更坚实的步伐。当然，必须始终强调，上合组织坚持开放原则、推进交流合作的前提，是明确组织自身的发展方向及地域的边界，而不是漫无目的的开放和没有基础的交流。

第三，妥善处理大国关系，实现持续发展。上合组织是第一个以中国城市命名的地区性国际组织。中国在与俄罗斯保持良好关系的前提下实现了在中亚地区利益拓展，在这个过程中，上合组织对两个大国关系的调适发挥了关键作用，而推动"一带一路"与欧亚经济联盟的对接是一个很好的势头。由于俄罗斯将中亚地区视为自己的势力范围，因而中国在发展与中亚国家间友好关系的过程中，要注意避免给俄罗斯留下中国"以牺牲俄罗斯利益为代价拓展在中亚地区影响"的印象。相反，中国需与俄罗斯在双边和多边层面保持密切沟通，使双方在中亚地区的互动形成良性循环。至于中俄印三者之间的互动关系如何，仍需做更深入的观察和研究。

第四，提高组织凝聚力，尤其需要尽可能满足中小成员国的利益需求。周边是中国国家利益最集中的地方，也是加强与其他国家的交流合作、"维护良好国际环境"最关键的地区。① 无论上合组织将来的扩员对象如何，中亚地区由于地缘位置的重要性，始终是上合组织需要重点关注的区域。毋庸讳言，中亚国家加入上合组织的一个重要原因，是希望上合组织能够满足它们在安全和经济方面的利益需求。它们希望通过上合组织有效维护本国国家安全与政治稳定，并在此基础上加强与成员国，尤其是与中国的互利合作以促进经济发展。与此同时，中亚国家对中国同样心存疑虑，并不希望中国影响力占据主导地位。中亚国家奉行多边平衡的外交政策，以期维护国家的独立性，增加自身外交的灵活和应对各种局面的空间。从追求自身利益的实用主义角度考虑，中亚国家的多边平衡外交政策是上合组织缺乏凝聚力的原因之一，这限制了其行动能力。这种局面短时间无法得到根本改善，中国需要做的是通过加强上合组织框架的实务合作，并借助"一

---

① 高飞：《从上海合作组织看中国"新外交"的探索》，《国际政治研究》2011 年第 4 期。

带一路"建设的契机,为成员国带来切实利益,逐渐增强上合组织凝聚力。

(三)加大力度落实已签署的协议

上合组织签署了多个协议,这使上合组织的运行有章可循,也为成员国之间的合作明确了目的和方向,但上合组织在落实这些文件方面仍有大量工作要做。当前,上合组织部分协议仍停留在文件层面,并没有对成员国之间的合作产生实质性推动作用,或者协议的落实并未达到预期目标。例如,上合组织早在2003年就签署了《上合组织成员国多边经贸合作纲要》,2004年又签署了《〈多边经贸合作纲要〉落实措施计划》,2005年进一步公布了《〈多边经贸合作纲要落实措施计划〉实施机制》。然而,上合组织十多年前在总理会议上就已经签署的关于促进贸易与投资便利化问题的协议,到2017年索契总理会议上仍在讨论。这一方面体现了各成员国在法律、利益、政策协调与主张等方面的复杂性,另一方面也暴露出上合组织在关于贸易与投资便利化问题上存在法律基础不完善、机制化建设的组织架构不健全、海关效率有待提高等问题。[①] 上合组织在运行过程中存在签署协议多但落实少的状况,这不仅使成员国对上合组织的期望有所降低,挫伤了部分成员国参与上合组织经济合作的积极性,也削弱了上合组织的行动效率,有损其作为一个高效、务实国际组织的形象。

首先,鉴于此,上合组织应该将自身的工作重心放在落实已经达成的协议上,而不是将大量精力放在制定或公布更多的远景规划上。对上合组织的发展而言,注重协议的落实状况和实际效能,远比关注达成更多新协议更加实用和有效。为此,上合组织可考虑组建协议落实评估机构,负责对已签署协议的落实情况进行检查、监督、反思、调整等方面的工作。

---

① 齐海山:《上海合作组织亟待完善贸易投资便利化机制》,《人民论坛》2017年2月。

其次，在签署新协议之前进行充分的调研和研究工作。上合组织国家元首会议、政府首脑（总理）会议、部长级会议等会议形式，倾向于通过签署协议的方式展示会议成果。这些协议的通过，显示出上合组织取得的成绩，但这些协议在相当程度上未能落实，则在一定程度上反映了相关人员前期调研方面的工作做得不够充分，对落实过程中可能遇到的实际困难估计不足，由此造成协议的落实一再推延。因此，在签署新协议之前，必须坚持实事求是的精神，鼓励深入全面的调查研究，保障达成的协议具有充分的基础和切实的可行性。

最后，重点推进某些重大协议的签署，并强调协议完成的质量。对于那些关涉组织成败和发展方向的重大问题，上合组织需要在凝聚成员国智慧和共识的基础上尽快签署相关文件。如尽快起草并磋商《上合组织贸易便利化协定》《上合组织成员国服务贸易合作框架》等文件，以及涉及上合组织功能定位、地域定位、成员国退出机制、冲突调解机制等重大问题的原则性文件。这些文件可增信释疑，有助于明确上合组织未来的发展方向，增强组织凝聚力和危机应对能力。当然，如何使这些文件得到切实落实，同样是十分重要的问题。因此，在文件起草阶段，应该对此有所预见并做出明确规定。

（四）完善上合组织的决策、调解和约束等工作机制

如前所述，上合组织的决议表决程序有不完善之处，由于坚持成员国一致同意的决策原则，导致上合组织的许多重要决议因个别国家的反对而长期搁置。印、巴加入后，上合组织可能由于各方利益诉求的进一步分化，导致其决策和执行能力进一步下降。在此背景下，上合组织的协商和决策过程可能会变得更为复杂和漫长。另外，由于成员国关系复杂且多变，不排除成员国之间发生冲突的可能，如中亚成员国之间可能因水资源争端、边界领土争端发生冲突，印巴之间因克什米尔问题发生冲突，中印之间因边界争端、贸易逆差发生战略对抗等。鉴于这种可能性始终存在，因此，研究如何提高上合组织应对这类问题的能力已成为不可忽视和刻不容缓的任务。此外，为应对中国

在周边地区影响力的不断扩大，印度加强了与美国、日本、澳大利亚等国家的联系，并积极参与美日印澳四国协调机制。在此情况下，上合组织需要认真研究如何对其成员国采取明显有违组织宪章、精神、任务和原则行为的应对措施。鉴于此，上合组织可以考虑调整或创设以下几个方面的工作机制：

第一，完善上合组织决策机制。对"协商一致"原则的适用范围做出清晰界定，即明确上合组织在哪些问题上使用协商一致的决策原则，哪些问题上不使用该原则。如可以考虑协商一致原则适用于修改《上海合作组织宪章》、元首峰会公告、政府首脑会议宣言或声明、有关扩员问题的决策、对一些重大国际和地区问题的原则性立场宣示等。而对于涉及上合组织日常运行、非传统安全领域合作、经贸合作、人文交流等具体议题的决议，可考虑不必严格实行协商一致的决策原则，而采取多数表决制的决策方式，以提高组织的决策效率。

第二，建立上合组织冲突调解机制。上合组织对成员国内部及彼此之间的冲突一向采取不讨论、不干预的做法，如对2010年吉尔吉斯斯坦的族群冲突就持这种立场。扩员后，印巴双方之间的历史积怨与中印的摩擦有可能会影响上合组织的正常运行。在此背景下，上合组织应该对如何处理成员国之间可能的冲突进行研究，积极探索在上合组织框架内建立成员国冲突调解机制。而且，中国应该主动提议对上述议题进行讨论，并在冲突调解机制设立的可能性以及可能采取的制度形式、机制运行规则、人员组成、操作程序等方面提出详细并可行的建议。

第三，建立上合组织的退出与约束机制。上合组织还需要研究对违反"上海精神"、主动挑起矛盾或不履行调解结果的成员国采取相应的约束措施。可考虑在《上海合作组织宪章》中增补有关成员国脱离上合组织的条件、程序等具有可操作性的条款，以应对可能出现的类似情况，同时也对那些不遵守相关规范的成员国予以必要的警示。在约束机制方面，虽然上合组织宪章中有"中止成员国资格"和"开除出本组织"的条款，但这些条款仍存在一些问题。如上合组织规定"中止成员国资格"的前提是成员国"违反本宪章规定和

（或）经常不履行其按本组织框架内所签国际条约和文件承担的义务"。显而易见，这一规定非常模糊，还需对此做出更详细的规定，而且约束措施可包括除"中止成员国资格"和"开除"两个选项之外的其他举措。

（五）启动与继续实施满足成员国共同利益的重大项目

实施重大项目能够从根本上促进成员国利益的增长以及区域发展水平的提高，同时也是促进组织凝聚力、保障组织合作取得成效的重要方式。目前，上合组织稳步实施了一批重大项目，但是在安全、互联互通以及贸易合作等多个领域，一些能够惠及成员国的重大项目推进速度较为缓慢，甚至有些项目还未启动。其中原因十分复杂，涉及方方面面的问题。需要在开展充分调查研究工作的基础上，根据成员国的利益和需求，提出有利于促进成员国经济发展和有效保障成员国安全的重大项目。

总体来看，可以在上合组织的六大主要合作领域，继续推进或开始启动能够满足成员国共同利益的项目。在安全合作方面，加快落实《上海合作组织成员国边防合作协定》；加快履行国内程序，尽快批准《上海合作组织反极端主义公约》；考虑筹建危机管控机制等。在互联互通方面，加快制定《上海合作组织公路协调发展规划》，有计划、分步骤实施公路、铁路等交通基础设施重点项目；在区域贸易合作方面，结合上合组织成员国的实际情况，兼顾各方利益和关切，采取有效措施，推进贸易、通关便利化、自由化。尽快启动中俄上合组织自贸区建设，建立上合组织电子商务联盟，为成员国企业开展跨境电子商务创造快捷便利的环境。在产能合作方面，进行大规模的产能对接与合作。结合各成员国需要，突出共同参与，精心筛选重点项目，打造具有国际竞争力的产业合作链。在金融合作方面，推进中国对俄企熊猫债券的发行，利用好上合组织银联体机制，稳步推进银联体扩员，重点支持大型项目实施。遵循多边规则和程序，充分利用亚洲基础设施投资银行和金砖国家新开发银行等融资机构，积极支持上合组织成员国相关项目。适时考虑成立上合组织开发银行。在社会民生合作方面，在该地区形成畅通的人流物流体系；尽快建立上合组织经济智库联盟；成立上合组织媒体合作委员会；积极扩大农林牧渔合作，提高农业技术和粮食生产水平，携手保障粮食安全。共同完善环保合作构想，推进"绿色丝路使者计划"制订实施。推动成员国间实施更加便利的签证政策，促进旅游合作和人员往来。①

（六）提高成员国对上合组织的制度认同

总体来看，应该从国际、国内两个层面，提高成员国对上合组织的制度认同。在国际层面，成员国对上合组织的认同主要体现为，在重大地区和国际问题上，上合组织可有效协调不同成员国的立场，并用一个声音说话；在国内层面上，这种认同主要体现为成员国自觉认同组织并认真履行组织规章制度。对上合组织的发展来说，成员国对它的制度认同至关重要，而且上合组织在这方面成绩显著：在国际上，上合组织可为成员国发出共同声音、采取一致立场，并能够帮助成员国有效抵御域外国家不公平、不合理的干预要求；在国内层面，上合组织可有效捍卫成员国的国家主权、领土完整以及保障国家安全，并为实现社会转型与经济发展提供助力。然而，需要承认的是，虽然上合组织的发展取得了长足进步，但部分成员国对上合组织的制度认同程度仍然处于较低水平，这已经成为上合组织进一步发展的潜在障碍。鉴于成员国对上合组织的制度认同主要受到三个层面因素的影响，因此，上合组织需要在这三个方面继续努力，以增进和提高成员国对上合组织的制度认同水平。②

---

① 《李克强：打造上合组织六大合作平台》，2015 年 12 月，新京报（http：// epaper.bjnews.com.cn/html/2015－12/16/content_613353.htm？div＝－1）；《李克强在上海合作组织成员国政府首脑（总理）理事会第十六次会议上的讲话（全文）》，2017 年 12 月，中华人民共和国外交部（http：//www.fmprc.gov.cn/web/gjhdq_676201/gjhdqzz_681964/lhg_683094/zyjh_683104/t1515993.shtml）。

② 《王毅外长在上海合作组织成员国外长非例行会议上的讲话》，2017 年 9 月，中华人民共和国外交部（http：//www.fmprc.gov.cn/web/gjhdq_676201/gjhdqzz_681964/lhg_683094/zyjh_683104/t1496297.shtml）。

首先，在地区层面，机制竞争与地区认同是影响上合组织制度认同的主要因素。一方面，在中亚地区，除上合组织外，还有俄罗斯主导的多个国际组织，如欧亚经济联盟和集安组织。由于集安组织与上合组织的安全功能有一定的重叠，而欧亚经济联盟与上合组织的经济功能部分重叠，加上集安组织、欧亚经济联盟与上合组织拥有多个共同的成员国，因此在中亚地区呈现一种机制竞争的态势，这一定程度上削弱了成员国对上合组织的制度认同。另一方面，由于中亚成员国在边界、水资源、能源等领域中存在一些冲突，导致它们之间关系不畅，进而削弱了上合组织在涉及中亚问题上的行动能力，这也在一定程度上影响了它们对上合组织的制度认同。鉴于此，在地区层面，上合组织不仅需要通过有效途径协调中亚地区不同国际组织之间的关系，而且还需要为中亚成员国间关系的改善提供平台，通过促进各成员国之间的良性互动以培育和提升它们对上合组织的制度认同。

其次，在国家层面，导致上合组织产生制度认同困境的原因主要体现在横向和纵向两个方向上。就横向而言，成员国在彼此互动中未能有效构建一种"集体身份"，即各成员国并未将自身与其他成员国视为"自我的延伸"。就纵向即成员国与上合组织的互动而言，首先，上合组织的制度认同很大程度取决于该组织在多大程度上能够满足成员国的利益需求；其次，各成员国国内规范与上合组织所倡导的核心规范之间的匹配程度，也是影响上合组织制度认同的重要因素。一般来说，两者匹配越高，成员国对组织的认同也会越高。因此，在国家层面，上合组织需要对成员国利益需求变化进行动态跟踪与把握，通过启动有助于成员国利益的项目以增进它们的获得感；然后提供激励机制和奖惩机制，提升上合组织的核心规范与成员国国内规范的匹配程度。

最后，加大民心相通工作，增进成员国民众对上合组织的了解与认同。成员国的民意与社会基础很大程度上影响了该国对上合组织的制度认同程度，这对中亚成员国尤其适用。这不仅是因为中亚地区是上合组织的核心区，而且"中国威胁论"在该地区拥有市场，对民众关于中国以及上合组织的认知产生了一定的负面影响，进而影响了成员国民众对中国和上合组织的认同。缺乏民众的支持与认同，上合组织的发展必将缺乏社会基础，影响其长远发展。因此，一方面，上合组织需要完善人文合作的长效机制，细致扎实地推进人文合作，提高人文合作效率等，以增进成员国民众之间的友好交往和相互沟通；另一方面，上合组织应强化民生类地区公众物品的供给，促进成员国民众福利水平的提高。唯有夯实成员国的民意基础和社会基础，上合组织才能获得不竭的发展动力。

第四节　促进上合组织研究的建议

本章第二节对上海合作组织的理论创新状况做简要的评估。大体而言，从政策层面来说，上合组织因为其提出的一些崭新合作理念而实现了国际关系理论方面的重大创新；但从纯粹学术层面上而言，我们离实现这一目标仍有相当长的一段距离。事实上，理论创新进展缓慢，不仅仅是上合组织研究的状况，也是整个中国国际关系研究的状况。如在国际关系理论研究方面，尽管国际关系学界呼吁构建国际关系理论的"中国学派"或中国特色的国际关系理论由来已久，但除了近年来秦亚青提出的"世界政治关系理论"、唐世平构建"国际政治演化理论"以及阎学通倡导的"道义现实主义"外，中国学者在理论体系的构建方面仍未达到百家争鸣的程度。① 而上合组织的研究，作为一种涉及国际组织研究（上合组织首先是一种区域性国际组织）、外交研究（与中国周边外交和多边外交有关）、国别区域研究（涉及俄罗斯与中亚，扩员后拓展到南亚）的多元化议题，其性质虽然与国际关系理论的研究存在一定的差异，但中国学者同样面临理论构建的能力不足的尴尬。聊以自慰的是，尽管中国学者并未围绕上合组织发展出新的理论

---

① 他们的代表作分别见秦亚青《关系与过程：中国国际关系理论的文化建构》，上海人民出版社2012年版；唐世平《国际政治的社会演化：从公元前8000年到未来》，董杰旻、朱鸣译，中信出版社2017年版；阎学通《世界权力的转移：政治领导与战略竞争》，北京大学出版社2015年版。

范式，但国外学者同样未实现这一点。然而，考虑到上合组织与中国周边、多边外交之间的密切关系，尤其是该组织是第一个以中国城市命名的地区性国际组织，这种相关性要求我们加快理论创新的步伐，争取尽快实现关于上合组织研究的理论突破。即使短时间内难以实现这一目标，我们至少应该尽快推进上合组织研究的学理化水平。

在如何促进上合组织研究水平的问题上，西方学术界的相关研究能提供一定的启示。根据目前学术界对上合组织相关议题的研究现状，大致可以判断，在学术层面实现对上合组织的重大理论创新仍是一个长期和艰巨的任务。在此背景下，学术界的当务之急是提高对上合组织的整体研究水平，尤其是理论研究水平。尽管英文世界同样未能结合上合组织的发展经验提出别开生面的理论假设或创建出新的理论范式，但他们对西方国际关系理论，尤其是地区合作理论的熟稔，为他们将上合组织置于国际区域合作这一国际现象中予以研究，包括通过对上合组织与欧盟、东盟等进行比较，进而发现上合组织的独特性及与其他地区组织的共通性奠定了必要基础。西方研究者具有的理论素养和对比较案例分析、过程追踪等科研方法的使用，是他们能创新学术概念的基础。而在国内学术界，由于成果多以描述性研究成果的形式出现，其典型特征是只将研究的目光对准上合组织并对其进行集中研究。这种做法本身本无可厚非，事实上这是增进人们对上合组织的认识、为促使组织平稳运行建言献策的前提；然而，仅仅着眼于上合组织，容易导致该组织的演变被视为一种特殊现象，由于缺乏比较的视野以致限制了对该组织普遍性的认识。再加上部分研究者对国际关系理论的陌生和科学研究方法的隔膜，从而导致研究难以将关于上合组织的实践知识上升为一般性知识。需要指出的是，这种评价绝非是对国内学术界的苛责或是对关于上合组织描述性成果的蔑视。相反，我们需要认识到，积累更多关于上合组织的实践或特殊知识是实现关于概念或理论创新的前提；不过，与此同时，我们迫切需要将上合组织作为一个普遍现象进行研究，这是推动关于上合组织的研究能够取得重大理论创新的必由之路。

既然重大理论创新仍然显得有些遥远，那么，我们的当务之急是加快提高上合组织研究的整体研究水平。推动这一目标可以有多种方式，比如呼吁研究者们拓展上合组织的研究议题，加大对上合组织研究的支持力度，加强对研究人员理论基础和科学研究方法的训练，构建具有中国特色、以促进政界与学界人士身份转化的"旋转门"机制，在成员国国家开展更多的田野调查工作，构建涵盖各成员国相关研究人员、定期就上合相关研究成果进行交流的学术交流平台和推动形成学术共同体，建立对优秀科研成果进行奖励的机制，等等。采取这些措施，不仅有助于激励更多的研究人员进入上合组织研究领域，使他们有志推动上合组织的实践和理论创新，而且有助于为研究人员的相互交流、协同攻关提供更多的机遇和平台。然而，客观而言，上述一般化的学术支持措施并不一定能保证在能较短时间里产生创新性的科研成果。因为学术研究，尤其是创新性理论学说或理论概念的出现，是一项具有很强个体性的研究工作，它们往往是个体研究人员创造欲望和写作热情迸发的产物，具有很大的偶然性和突发性。而这种偶然性和突发性，又有赖于具有创造天赋或较强科研潜力的研究人员长期艰苦的研究工作。不过，这并不是否认打造良好的学术环境和加大对上合组织研究的支持力度等措施无关紧要。尽管重大概念或理论创新在很大程度上只能寄希望于个体努力，但学术支持措施的出台，对于扩大上合组织的研究队伍和提升上合组织的整体研究水平仍然是必不可少的。

有效地推动上合组织理论研究水平的一种可能方式，是结合上合组织的实践创新提炼出新的学术概念。提炼新的学术概念之所以重要，至少有以下三个方面的原因：其一，学术概念是呈现和理解复杂社会现实和政治世界的语言工具；其二，学术概念是理论构建的基础和前提（如国际结构、本体论、认识论、软实力、声誉、承认等概念）；其三，学术概念往往具有政策含义，在国际体系转型过程中提出的学术概念涉及话语权之争，关系到行为体行为的合法性或正义性（如最近在西方政策界风行、用以诋毁中国崛起的"锐实力"概念等①）。因此，我们可以先从学术概念的创新入手，逐步推进上合组织的理论创新。然而，即使我们意识到学术概念创新的重要性，要真正提出一种新的学术概念并使之得到学术界的广泛认可，并非轻而易举之事。正如本章第二节指出的，我们在研究上合组织的过程中，除了"上海精神""新安全观""上海合作组织命运共同体"等领导人提出的新理念，截至目前，上合组织研究者似乎并未提出几个广为流传的学术概念。事实上，这不仅体现在上合组织研究中，而是体现在与上合组织研究密切相关的中亚研究中。相对于西方研究者在中亚研究过程中创造了包括从"大博弈"到"新大博弈"（用以概括大国在中亚地区的博弈），从"心脏地带"到"地区安全复合体"（用以概括中亚地区的地缘重要性），从"转型国家"到"混合型政体"（用以界定中亚国家的政体类型），从"虚拟地区主义"到"防御性一体化"（用以形容中亚国家所开展的地区合作模式）、从"颜色革命"到"混合型战争"（用来描述威胁中亚国家政权稳定的各种威胁）等不一而足、层出不穷的学术概念，国内学者在创造学术概念方面的能力仍捉襟见肘。

在具体阐述如何开展学术概念创新之前，我们仍需明确学术概念的几个特性。其一，物质实力的增强，并不会自动带来学术概念的提出和普遍流传。如当前中国的物质实力被视为稳居世界第二，然而，在学术话语权方面，中国仍面临"无法讲好中国故事"的窘境。② 而创新性学术概念的提出，是提升学术话语权的有效方式。尽管物质实力的提升与学术概念的创新之间没有必然联系，但物质实力提升带来的学术资源投入

---

① Christopher Walker and Jessica Ludwig, "The Meaning of Sharp Power: How Authoritarian States Project Influence", November 2017, Foreign Affairs（https://www.foreignaffairs.com/articles/china/2017 - 11 - 16/meaning-sharp-power）; Juan Pablo Cardenal, Jacek Kucharczyk, Grigorij Mese žnikov and Gabriela Pleschová, Sharp Power: Rising Authoritarian Influence, the International Forum for Democratic Studies, December 2017; 胡钰、沈沁怡：《从"锐实力"概念演变看国际传播中的话语权与话语创新》，《中国记者》2018 年第 4 期。

② 可参见梁凯音《论国际话语权与中国拓展国际话语权的新思路》，《当代世界与社会主义》2009 年第 3 期；王啸《国际话语权与中国国际形象的塑造》，《国际关系学院学报》2010 年第 6 期。

的增加，尤其是学术共同体基于国力增强带来的创新意识的提升，有可能使新学术概念出现的可能性增大。其二，学术概念有其自身的提出路径。能否提出创新性并得到广泛接受的概念，取决于学者的洞见、经验、创造力等因素，具有偶然性。尽管如此，学术概念的提出绝不是天马行空地凭空创造出来的，而是有发展演变的内在逻辑理路。如约瑟夫·奈"软实力"概念的提出，就与其对该类实力与"硬实力"在构成要素、使用方式、运作模式和政治效果等方面差异的敏锐观察密不可分；① 至于"锐实力"概念的提出，尽管有拾人牙慧之嫌，但其受到奈"软实力"概念的明显影响是昭然若揭的。由此可见，创新型学术概念的出现，离不开学者们对现实世界和学术研究进展的深切把握，其间蕴含着研究者的学术洞见。其三，学术概念至少应以中立、客观、普遍的面貌出现，具有高度的概括性和相对比较明确的内涵与外延。一个新的学术概念之所以能被研究者接受，往往不能具有浓郁意识形态色彩或价值偏见，否则它将被视为政治术语而非学术概念（当然，追溯一个政治术语的起源流变则是另外一回事），从而阻碍其在学术共同体中的传播。就此而言，阎学通就国际领导权提出的"王道"与"霸道"概念与赵汀阳汲取中国传统思想智慧的基础上上提出的"天下体系"概念是值得借鉴的经历。② 尽管这些概念原本被视为中国传统思想中的陈腐概念，但经由学者们的学术演绎，它们获得了相对客观、中立、普遍的学术内涵，从而引发了中外学术界的讨论。③

---

① ［美］约瑟夫·奈：《硬权力与软权力》，门洪华译，北京大学出版社2005年版。
② 参见阎学通《世界权力的转移：政治领导与战略竞争》，北京大学出版社2015年版；赵汀阳《天下体系：世界制度哲学导论》，江苏教育出版社2005年版。
③ 对阎学通观点的关注，见 Yan Xuetong, *Ancient Chinese Thought, Modern Chinese Power*, edited by Daniel A. Bell and Sun Zhe, translated by Edmund Ryden, Princeton: Princeton University Press, 2011；参与赵汀阳"天下体系"概念引发的讨论，参见 Tingyang Zhao, "Rethinking Empire from a Chinese Concept 'All-under-Heaven' (Tian-xia, 天下)", *Social Identities: Journal for the Study of Race, Nation and Culture*, Vol. 12, No. 1, January 2006, pp. 29–41; William A. Callahan, "Chinese Visions of World Order: Post-Hegemonic or a New Hegemony", *International Studies Review*, Vol. 10, No. 4, December 2008, pp. 749–761; Chishen Chang, "Tianxia System on a Snail's Horns", *Inter-Asia Cultural Studies*, Vol. 12, No. 1, March 2011, pp. 128–142; Elena Barabantseva, "Change vs. Order: Shijie Meets Tianxia in China's Interactions with the World", *Alternatives: Global, Local, Political*, Vol. 34, No. 2, April 2009, pp. 129–155; Bijun Xu, "Is Zhao's Tianxia System Misunderstood?" *Tsinghua China Law Review*, Vol. 6, No. 95, October 2013, pp. 96–108。

当明晰了学术概念的基本特点之后，我们可以就如何在研究上合组织的过程中提出新的学术概念提出三点尝试性的建议：

第一，结合上合组织的实践创新提炼出新的学术概念。上合组织在源起和创建、指导理念、成员构成、运作方式、体量不同成员国的相处方式这五个方面具有或多或少的创新意义。根据学术概念具有"呈现和理解复杂社会现实和政治世界的语言工具"的功能，要对上合组织的这些实践创新予以恰当的描述和合理的解释，可以而且应该根据其发展历程提炼出新的学术概念。如就上合组织的成立起步于安全合作而非经济合作这一有悖于西方地区合作模式的经验事实，我们可以将其视为一种"自上而下的地区合作模式"或"安全驱动的地区合作模式"。针对作为上合组织指导理念的"上海精神"，由于其在承认国家主权的同时强调尊重国家间的文化或文明差异（尊重国家主权贯彻了国家之间实现了"薄的承认"原则，而尊重国家特性和文化差异属于"厚的承认"），从而有悖于"文明的冲突"论题，我们可从承认理论的角度解释"上海精神"，并将其称为"基于承认的地区合作理念"。[①] 在成员国构成上，上合组织既有大国又有小国、既有民主国家又有威权国家，然而它们有效地维持了彼此之间的团结，对于这一超越了"民主和平论"对国家间关系描述的现象，同样可以从承认理论的角度予以诠释，因为这体现了上合组织尊重成员国政体类型差异、不强求甚至不推崇国家政权性质同一的特点（属于"厚的承认"）。至于上合组织强调协商一致的运作方式和大国自我克制、较小成员国积极参与并对大国予以适当尊重的成员国相处方式的实践创新，同样反映了各国基于"承认"原则实现组织团结的地区合作经验。总而言之，基于上合组织的实践经验且能对这些实践创新

---

① 关于承认理论，可参见［德］阿克塞尔·霍纳特《为承认而斗争：社会冲突的道德语法》，胡继华译，上海人民出版社 2005 年版；Thomas Lindemann, *Causes of War: The Struggle for Recognition*, Colchester: ECPR Press, 2010；Thomas Lindemann and Erik Ringmar, eds., *The International Politics of Recognition*, Boulder: Paradigm, 2011；曾向红《国际关系中的蔑视与反抗——国家身份类型与承认斗争策略》，《世界经济与政治》2015 年第 5 期。

进行有效的总结和解释，是提炼出的创新性学术概念行之有效并得到认可的基本要求。

第二，必须避免简单的模仿与粗糙的改造。由于具有价值的学术概念具有自身的逻辑理路和思想渊源，因此，在创新学术概念的过程中，应尽可能避免拾人牙慧或对类似概念仅做简单的修正。这方面的消极例子是国内学术界各种"陷阱"概念的流行，它们很大程度上是对"修昔底德陷阱"概念的简单模仿和套用。① 大多数的"陷阱"概念之所以无效，主要是因为它们所提炼或概括的只是一种特殊现象，并没有太多的普遍意义。而"修昔底德陷阱"这一概念之所以流行，与其提出了守成大国与新兴大国实力差距的缩小会导致战争爆发这一普遍的历史现象这一问题息息相关。② 尽管"修昔底德陷阱"这一概念对历史史实的理解或许存在争议，③ 但无论是认可还是反对其观点，学术界依旧不得不严肃对待其指承的国际关系现象。④ 换言之，概念创新的必要性在于，人们无法根据现有概念来描述或解释一类普遍现象，或者它们难以对这些现象予以充分、准确的解释。就此而言，在就上合组织提出新的学术概念时，我们在集中研究上合组织的同时还必须超越上合组织，即须将其与国际关系中的地区合作这类普遍的国际关系现象衔接起来，在特殊性中挖掘普遍性，这是"修昔底德陷阱"概念流行给予我们的正面启示。而概念创新无效的负面案例，除了形形色色的"陷阱"概念，还有"锐实力"概念。"锐实

---

① 对各种陷阱概念的批评，参见阎学通《主编寄语：造词≠学术创新》，《国际政治科学》2017 年第 4 期。

② Graham Allison, *Destined for War: Can America and China Escape Thucydides's Trap?* New York: Houghton, 2017.

③ 可参见晏绍祥《雅典的崛起与斯巴达的"恐惧"：论"修昔底德陷阱"》，《历史研究》2017 年第 6 期；何元国《修昔底德的伯罗奔尼撒战争原因论探微》，《历史研究》2017 年第 6 期；吴晓群《公元前五世纪中叶的希腊城邦政治与"修昔底德陷阱"》，《史学史研究》2017 年第 4 期。

④ 此类成果很多，可参见蔡翠红《中美关系中的"修昔底德陷阱"话语》，《国际问题研究》2016 年第 3 期；金灿荣《中美关系与"修昔底德陷阱"》，《湖北大学学报》（哲学社会科学版）2015 年第 3 期。

力"不仅有拾人牙慧之嫌,而且本质上是无效的。因为该概念不仅只是对"软实力"概念的简单改造,而且更关键的是始作俑者具有浓厚的意识形态偏见,从而使该概念具有显而易见的自相矛盾之处——指责中俄等非西方国家通过价值观等非物质手段拓展影响力被视为使用"锐实力",而西方国家如此行为则是发挥"软实力"。"锐实力"概念的荒唐之处在于其贯彻的是双重标准,从而也就使其沦落为一个政治术语或政治标签。"修昔底德陷阱"概念的价值与"锐实力"概念的失败,留给我的启示是,必须使创造的学术概念具有普遍性,同时还要尽可能避免受到价值观或意识形态的直接影响。"基于承认的地区合作模式"符合这些标准。这一概念不仅有助于有效地概括上合组织的创建和发展经历,而且能运用于对其他主要由发展中国家参与的地区合作组织,如东盟等。①

第三,学术概念的推广有赖于学术共同体与政界的协同合作。学术概念的提出虽然很大程度上取决于研究者的个人努力,但其传播与推广则不然。一个创新性学术概念的传播和热议,首先有赖于一个健全和活跃的学术共同体的存在和支持。就此而言,打造和完善国内现有的中亚问题学术平台,建立健全上合组织学术交流机制至关重要。或许更重要的,是在成员国之间形成一个跨国学术共同体。载共同体中,成员国学者可以就涉及上合组织学术概念的学术价值、实践意义等问题进行交流,争取让学术概念得到扩散和支持。自 2017 年下半年"锐实力"概念出现之后,该概念经过一个迅速传播的过程。其中的标志性事件,是 2017 年美国国家民主基金会(Nationan Endowment for Democracy)下属的"民主研究国际论坛"(The International Forum for Democratic Studies)纠集了波兰、斯洛伐克等国以及拉美研

---

① 可参见 Bahar Rumelili, *Constructing Regional Community and Order in Europe and Southeast Asia*, New York: Palgrave Macmillan, 2007, Chapter Three; Joko Gunawan and Yupin Aungsuroch, "ASEAN Mutual Recognition Arrangement for Indonesian Nurses: Is it a Promise?" *International Journal of Community Medicine and Public Health*, Vol. 2, No. 2, April 2015, pp. 77 – 80。

究者发布的一份题为《锐实力：威权国家影响力的崛起》的报告。①此后，"从《经济学人》、《外交事务》到新闻网站布赖特巴特（Breitbart）的各类西方媒体纷纷对'锐实力'进行跟随炒作，一干学者名人针对这个空洞的话题大发议论，在知识界渲染了抱虎枕蛟的危机感"。②尽管"锐实力"概念的流行不过是西方媒体、学者、政客操控舆论的结果，但这一个侧面说明了跨国学术共同体构建的重要性。③此外，除了学术界的支持外，政界对特定学术概念的接受和推广也对其扩散起到至关重要的作用。当前美国启动的对俄罗斯干预2016年美国总统大选的调查闹剧、澳大利亚以中国干预其国内政治为由渲染"中国威胁论"等动向，与西方政界对"锐实力"概念的理解和接受存在紧密联系。事实上，"锐实力"概念的风行，契合了西方政界对俄罗斯干预西方国家政治和中国通过孔子学院等机构拓展了软实力的恐惧，从而为西方政客们采取针对中俄的各种限制形措施提供了学术概念工具。另一个学术概念得到政界支持的典型案例，是美国官方对西方国际关系学界提出的"修正主义国家"（revisionist powers）概念的挪用。2017年12月，美国在其公布的《国家安全战略报告》中指责中俄为"修正主义大国"，认为两国对美国国家安全构成了威胁。在这一案例中，学术概念被政府直接挪用，为其采取相应的外交政策

---

① Juan Pablo Cardenal, Jacek Kucharczyk, Grigorij Mese žnikov and Gabriela Pleschová, Sharp Power: Rising Authoritarian Influence, The International Forum for Democratic Studies, The National Endowment for Democracy, December 2017 (https://www.ned.org/wp-content/uploads/2017/12/Sharp-Power-Rising-Authoritarian-Influence-Full-Report.pdf).

② 王维佳：《识别一个新的旧世界——关于"锐实力"报告的评论笔记》，《对外传播》2018年第4期。

③ 限于主题和篇幅，这里无法就"锐实力"概念的思想渊源等问题进行深入讨论。可以简要提及的是，该概念与西方学术界热衷讨论的"竞争性威权主义""混合型整体"等政治学概念的讨论密切相关。参见 Steven Levitsky and Lucan Way, "The Rise of Competitive Authoritarianism", Journal of Democracy, Vol. 13, No. 2, April 2002, pp. 51–65; Matthijs Bogaards, "How to Classify Hybrid Regimes? Defective Democracy and Electoral Authoritarianism", Democratization, Vol. 16, No. 2, April 2009, pp. 399–423; Steven Levitsky and Lucan Way, Competitive authoritarianism: Hybrid regimes after the Cold War, New York: Cambridge University Press, 2010。

提供学术正当性。①"锐实力"与"修正主义国家"这两个案例带给我们的启示是，有时仅有学者提出具有创新性的学术概念是远远不够的，必要时它还需要得到政府的支持。在西方为维护自身、蔑视他人不惜借鉴学术概念并操纵舆论的情况下，对此进行有效反击并提高中国国际话语权的有效方式，是官方同样对学术者提出的重要概念予以支持，必要时进行推广。

以上就如何促进关于上合组织发展的概念创新提出了三点建议。通过上文的讨论可以发现，学术概念的创新不仅是提高上合组织研究水平的重要途径，而且也是实现上合组织理论创新的必由之路。而结合上合组织的发展历程，我们大致可以将上合组织的发展经验提炼为一种"基于承认的地区合作模式"。该模式不仅能较好地解释上合组织在实践方面的创新，而且可运用到对其他地区合作组织的分析中。换言之，"基于承认的地区合作模式"虽源自解释上合组织发展这一特殊的国际关系现象，但它具有普遍意义，有较好的推广价值和拓展潜力。至于如何才能真正实现理论创新，除了创新性的学术概念，还需就上合组织的发展经验提炼出新的理论命题，最重要的是将上合组织纳入到国际组织与地区合作的整体研究之中，并使之成为一个自足的研究纲领。根据目前国内外学界对上合组织的研究现状，要想实现上合组织研究的重大理论创新，仍是一项任重道远的任务。

第五节　结语

本章在对上海合作组织的实践创新与理论创新状况做了简要评估的基础上，就如何保障上合组织的平稳运行和提高上合组织研究的理论水平提供了几点初步的建议。通过将上合组织置于国际区域合作的

---

① *National Security Strategy of the United States of America*, December 2017, p. 25, The White House（https：//www.whitehouse.gov/wp-content/uploads/2017/12/NSS-Final－12－18－2017－0905－2. pdf）. 对"修正主义国家"概念的深入批判，参见温尧《理解中国崛起：走出"修正——现状"二分法的迷思》，《外交评论》2017年第5期。

整体背景下,可以发现上合组织在起源、指导理念、成员构成、运作方式、大小成员国相处之处等方面体现出明显的独特性,这是上合组织在实践层面上的重要创新。为保证上合组织在扩员之后能继续平稳运行,上合组织需要在组织和功能定位、落实已签署协议、构建自身的融资平台、更好地实现"一带一路"与上合组织的对接等方面做出更多的努力,必要时还需对组织规则做出一些调整。在迎接和克服挑战的过程中,上合组织能够而且必须推进实践创新。在理论创新方面,尽管上合组织本身提出的许多合作理念具有重要的理论创新意义,但学术界要实现上合组织研究的理论创新仍有相当长的路要走。在此背景下,学术界可选择从学术概念的创新入手,逐步推进上合组织研究的理论创新。鉴于学术概念创新具有自身的提出路径和逻辑理路,在此过程中,我们需要注意的是,要使提炼出的学术概念能有效反映上合组织在实践层面的创新;要避免简单的模仿,而要体现出独创性,并使概念具有一定的普遍性;在学术概念得到学术共同体的认可之后,政界有必要对学术概念的创新予以必要的支持。

最后仍需说明的是,这里着重讨论上合组织在学术研究层面上如何实现理论创新,至于如何实现学术话语与政策话语之间的转化,仍是一个有待进行更深入探讨的问题。强调学术界应该创造同时具有特殊性和普遍性的学术概念,并不意味着政策话语或政治术语无法转化为学术概念。事实上,马克·兰特根有关上合组织早已是一个"安全共同体",并且有望成为一个"地区共同体"的判断,能给我们提供有益的启示。习近平主席在青岛峰会上呼吁各成员国共建"上海合作组织命运共同体"的宣示,似乎是在不经意间呼应了兰特根的研究。尽管兰特根在其研究中并未对何谓"地区共同体"予以详细的说明,其意与"命运共同体"有何异同也不明确;但其研究的启示在于,或许可以将"安全共同体"这一学术命题与"命运共同体"这一政治术语接续起来,将之与上合组织的发展结合起来进行研究。当学术界对安全共同体、命运共同体以及国际关系研究中的另一个重要概念——利益共同体——这三个概念做出清晰、明确的界定,并深入研究三者的异同以及它们之间的关系和演进动力,那么构建起一种关于上合组织的理论学说或许是可能的。如此一来,"命运共同体"的概念也将不再只是一种政治愿景,而有可能成为实现理论创新的概念基石。至于这一愿望否实现,取决于国内学术界的共同努力。

结　　论

　　中亚五国独立后,由各方发起的旨在建立中亚地区经济、贸易、能源等领域合作框架的努力持续不断。然而这些合作均困难重重,反映了中亚地区形势之复杂与地区合作之艰难。在此背景下,上海组织的从无到有和稳步发展显得弥足珍贵。它的成立是各成员国在冷战后国际大变局中因时而动、顺应潮流的明智之举,而它的发展则体现了成员国积极重塑地区格局与国际秩序的智慧与担当。2017年上合组织首次实现扩员,这意味着上合组织开启了新征程,将获得更广阔的发展空间。扩员后的上合虽仍面临不少挑战,但只要成员国能凝聚共识,共同努力,就一定能够获得进一步的发展。近年来世界经济遭遇一定挫折,反全球化逆流涌动,地区动乱频仍,传统与非传统安全威胁相互交织,上合组织站在全新的历史起点上。而当前新冠疫情又给国际格局和地区秩序造成了严重的冲击,上合组织能否新的形势上持续发展,需要做进一步的跟踪研究。鉴于上合组织自成立以来就是在克服各种挑战的过程中发展起来的,并通过成员国之间的共同努力不断实现实践与理念层面的创新,因此,我们有理由期待,上合组织在未来同样能克服前进道路上的各种挑战,不断推动地区合作实践与理论的创新,进而为地区和平与发展做出新的更多贡献。

　　对于上合组织的发展历程,国内学术界一直投入了许多热情和精力予以研究。这种投入产生了大量的成果,体现之一是国内学术界关于上合组织的学术论文与专著不断涌现。这些研究成果为人们了解上合组织取得的成就和面临的挑战做出了重要贡献。相对于国外学术界，国内关于上合组织的研究成果不仅数量遥遥领先，而且质量也不遑多让。不过，整体而言，国内外关于上合组织的成果多以描述性研究为主，学理性研究成果不多。这也是作者不揣冒昧写作此书的部分原因。要实现上合组织研究的重大理论创新，要求研究者在对上合组织开展更深入的描述性研究的同时，更需要的是尝试提出关于上合组织的学术概念或构建新的理论范式。基于这一考虑，本书尝试性地对攸关上合组织发展前程的四个方面的问题进行了学理阐释，如上合组织与大国博弈、上合组织与中亚成员国的互动、上合组织框架内的多边合作及其局限、上合组织扩员后面临的新形势。尽管本章未能从对上合组织实践的研究中创建出新的理论模式，但通过运用相关国际关系理论对这些实践问题进行分析，有助于增进人们对上合组织发展成效及其问题的认识，或许还能为研究者围绕上合组织构建新的理论体系奠定必要的学理基础。

本书尽管未能就上合组织构建起一个系统、连贯的理论，但对如何推进关于上合组织研究的学理化水平做了初步探索。鉴于当前国内外学术界关于上合组织的学理性研究仍处于初级阶段，寄希望于短时间内重大理论创新的可能性不大，故本书着重讨论了如何实现学术概念的问题。结合上合组织的实践创新以及学术概念创新的特点与基本条件，本书将上合组织的发展历程提炼为一种"基于承认的地区合作模式"。这一概念，不仅能有效概括"上海精神"的内涵以及在这一理念指导下的上合组织实践，如其创建遵循从安全领域入手的路径，不以政权类型和国家大小作为接纳成员国的标准，主张成员国一致平等的决策模式，大国在组织内进行自我克制而小国积极参与并向大国表示适当尊重等。由于采用了"基于承认的地区合作模式"，上合组织成员国在参与组织活动时，在同时给予成员国以"薄的承认"（承认各国主权）和"厚的承认"（承认各国文化传统、发展道路、政权性质等攸关国家身份的因素）方面实现了较好的平衡。事实上，组织对成员国的"承认"和成员国之间的彼此"承认"，构成上合组织的主要发展动力。

如果"基于承认的地区合作模式"能有效地概括上合组织的发展历程，那么可以尝试以此为基础开展有关上合组织的理论研究。尽管国家间给予承认或拒绝给予承认（即蔑视、挑衅等）与国际冲突之间的关系得到了许多研究者的关注，但国家间承认状况与国际组织运行之间的关系尚未得到系统的研究。基于这一判断，在研究上合组织的过程中，学者们可以追问以下问题：在一般层面上，承认理论能否用来解释地区合作的实践？上合组织的实践能否被称为"基于承认的地区合作模式"？在运作过程中，上合组织是否贯彻了同时给予其成员国"薄的承认"与"厚的承认"这两种承认形式？大国在与较小成员国互动的过程中是否同样坚持给予后者以"薄的承认"与"厚的承认"？相互给予承认是否构成上合组织的发展动力？如果是，它通过何种机制对组织的发展产生了效果？如果承认理论的确有助于说明上合组织的发展动力，那么这一经验是否具有普遍性，即能否运用到对其他地区性国际组织（如欧盟、东盟、独联体、欧亚经济联盟等）成败的解释中？"基于承认的地区发展模式"对国际社会中方兴未艾的地区一体化现象能够带来何种启示，它能为推进国际社会的全球治理提供何种"上合智慧"？中国在参与和推动上合组织发展的过程中是否需要以及如何调整政策？等等。如果学术界愿意且能够有效回答上述问题，那么，或许有可能围绕"基于承认的地区合作模式"这一概念构建起一套关于地区合作的理论学说。

当然，这一判断仅仅只是笔者根据自己的研究旨趣和知识储备提出的一种推进上合组织学理化研究的可能路径。毋庸置疑，实现这一目标可以有多种不同的路径。如本书第九章提到，我们也可将上合组织置于安全共同体、利益共同体与命运共同体等学术范畴之下，在明晰三个概念异同与发展序列的基础上，深入分析上合组织当前所处的发展阶段及其特征，以及实现其次第发展的可行举措。一旦在学术层面上厘清这些问题，中国学者不仅能有效解释上合组织的实践，而且能为中国学者构建国际关系理论的"中国学派"做出重要贡献。因为上合组织作为中国周边外交或多边外交实践的重要组成部分，围绕其演变所构建的理论模式，无疑属于国际关系理论"中国学派"的构成元素。当然，学者们能否推动上合组织研究的重大理论创新、能否找到实现这一目标的可行路径，仍是一个开放性的命题。对于中国学者而言，当务之急是切实提高国内关于上合组织的学理研究水平。总而言之，虽然本书的主要目的在于尝试解释上合组织发展过程中出现的几个主要议题，并未构建一种关于上合组织发展的理论范式；不过，本书毕竟围绕特定议题提出了几种关于特定问题的分析框架，这对于学术界推进上合组织的理论研究或许有所裨益。

后　　记

我的主要研究领域是中亚问题与上海合作组织。由于我在兰州大学中亚研究所先后攻读学位和留校任教，从事中亚与上合组织相关问题的研究似乎是理所当然的选择。事实上，尽管在学习期间就对中亚问题有所接触，而且我的导师杨恕教授也有意引导我走上中亚研究的道路，但因为我对国际关系理论一直抱有强烈的兴趣，暗自希望能在理论研究领域有所创建而非从事"琐碎"的国别或区域问题研究，故在一段时间内我对中亚问题持排斥和疏离态度。然而，完成学业的需要和导师的谆谆教诲，逐渐让我对中亚问题产生了一些兴趣。尽管如此，由于未能掌握俄语，我始终对从事中亚问题研究有些战战兢兢。虽然也曾尝试过研习俄语，但由于各种原因，最终仍然徒劳无功。经历多年的彷徨和困惑之后，我才慢慢摸索结合一条兼顾兴趣与职业的研究路径，即尝试运用国际关系理论（偶尔还包括一些社会学理论）来解释中亚问题。因为缺乏语言基础，这条路径仍然面临批评和质疑，但令人欣慰的是，国内不少学界前辈和师友对此予以肯定和勉励，从而坚定了我沿着这条学术道路走下去的信心。

不过，令人汗颜的是，因为工作需要和形势所迫，我的研究并不"专一"，因为研究领域在不断拓展。如2010年底中东变局爆发后，我开始介入中东问题的研究，先后申请了一项与此有关的教育部人文社科青年项目和一项关于中东变局的国家社科基金项目，并在此基础上完成了一部题为《社会运动理论视角下的中东变局研究》的专著。

当初之所以选择申请这两个项目，部分原因是我申报中亚研究课题的尝试多次无功而返，才不得不选择转换方向。除了这种实用主义的考虑，运用社会运动理论解释中东变局的好奇，也是促使我作此选择的重要原因。由于中东问题过于复杂，而我的知识基础又过于薄弱，完成项目之后我曾一度决定退出中东研究领域。然而，"伊斯兰国"的突然崛起和迅速衰落，又吸引我介入到恐怖主义问题的研究之中。我在恐怖主义问题的研究上同样是一位新手，能力有限决定了只能将研究聚焦于"伊斯兰国"与"基地"之间的比较上，间或触及如何对恐怖主义进行治理的议题。这些研究尝试，虽然也让我发表了一些研究成果和出版了一部著作，但在中东问题或恐怖主义问题的研究上，我始终是位学生，因为所知有限而未知太多。无论如何，中东问题研究、恐怖主义研究，终究也成了我的研究方向。

　　回顾起来，令人啼笑皆非的是，我并未如愿以偿地成为一位中亚问题"专家"，反而成了一名许多国际关系学者并不怎么欣赏的就什么国际问题都发表意见的"杂家"。痛定思痛，或许是到了下定决心明确未来研究领域的时候了。大体想来，中亚问题与上合组织研究是我的立身之本，而且"路径依赖"也让中亚问题是我较为熟悉的知识领域，这意味着放弃该领域并非明智之举；至于中东问题与恐怖主义研究，我又多少做了一些前期工作，完全舍弃有些可惜。如此看来，集中精力研究中亚问题与上合组织，有余力时开展一些中东与恐怖主义问题的研究，似乎是一种合理的选择。有很明显的理由安慰自己作此决定，如中亚与中东因为历史与宗教等方面的原因联系密切，而恐怖主义是威胁这两个地区稳定和安全的重要因素。然而，扪心自问，这三个领域似乎都不是我的"真爱"。经过曲折的学习与研究过程，我发现，我对理论的偏好始终未改。尽管资质愚钝导致我未能在理论研究上取得什么突破，但我对理论学习和研究的兴趣似乎并未有明显消减。

　　我并不认为理论研究优于政策研究。与之相反，我认为它们不仅相辅相成，而且两者均不可或缺。需要注意和避免的状况，是一方

"勃勃生机"而另一方"奄奄一息"。而在当前国内学术界，无论是中亚和上合组织的研究，还是中东问题和恐怖主义问题的研究，理论研究虽然未沦落到"奄奄一息"的地步，但政策性研究居于绝对主导地位却是不争的事实。个人愚见，让这些领域的理论研究也能"茁壮成长"，既是保证这些领域长远和健康发展的重要方式，也是国内学者应该努力的方向。事实上，从理论层面解释中亚问题与上合组织、中东问题以及恐怖主义的演变，不仅时不我待，而且大有可为。毕竟，政策性研究长期居于主导地位，客观上造成的结果是遗留下大量的问题可以从理论层面予以研究。或许对于青年研究者而言更重要的是，尽早介入这些领域的理论研究门槛相对较低，这也为研究者尽快取得理论性的成果提供了便利。这一判断对于中亚问题研究尤为适用。中亚五国近一百多年来长期同处一个主权国家（先是沙俄，然后是苏联）范围内，在苏联解体之后才各自走上不同的发展道路，这种不同国家其发展经历先趋同后分异的演变轨迹，为国际关系学者检验、修正既有理论，甚至创建新的理论提供了非常难得的"试验田"。明晰此点，或许以后我也不用再为研究摊子铺得过广而懊悔或沮丧。因为尝试推动具体议题或区域问题研究的学理化水平，同样能为中国国际关系研究做出些许贡献。

　　本书对上合组织的研究，既属于我尝试实现自身研究偏好与区域研究职业结合的成果，也是我重新将研究重心放在中亚与上合组织研究上的结果。事实上，多年前我就开始关注上合组织。这并非偶然，因为中亚地区长期就是上合组织的核心区域。在研习中亚国家政局及其外交政策，尤其是大国介入中亚事务的过程中，人们很自然需要分析上合组织在地区合作中扮演的角色。中亚研究与上合组织研究之间的这种密切关联性，也可从国内从事上合组织研究的专家多为中亚问题研究者这一事实上得到体现。尽管笔者表示写作此书的初衷，在于通过对攸关上合组织发展的四个方面的重要问题予以理论分析，尝试提高关于上合组织研究的理论水平。然而，这种表述容易让人产生不知天高地厚的不适感，因为本书不仅在理论创新方面乏善可陈，而且也未触及影响上合组织发展的许多其他重大问题。缺乏理论创新或许对本书价值产生了直接影响，但也启示我们，推动上合组织研究的理论创新仍需学术界共同努力。我们希望，在呼吁创建国际关系理论"中国学派"成为时代强音的当下，中国学者在研究上合组织的过程中实现重大理论创新不再只是呼吁。

本书的写作和出版得到了许多人的帮助。首先要感谢的是我的导师杨恕，是他指引我开启中亚和上合组织研究的门径。尽管学路艰难、苦多乐少，但有名师引导，学习和研究终能事半功倍。其次要感谢我的几位学生。陈亚州、武兵科、李孝天、黄敬荣等学生参与了本书部分章节的写作，而雷环瑞、杨猛、崔嘉佳则帮助校对了本书。再次是感谢李亮、张玉艳、沈晓晨等师弟师妹，他们为本书的写作与完善提供了许多有益的建议。尤其是李亮，感谢她允许我使用我们合作完成的一篇学术论文（第九章）。同时，感谢赵常庆、石泽、赵华胜、潘志平、邢广程、李永全、王宪举、王海运、陈玉荣、冯绍雷、潘大渭、孙壮志、李进峰、李琪、汪金国、孙力、邓浩、许涛、冯玉军、关贵海、李兴、李新、杨成、靳会新、吴宏伟、石岚、焦一强、董晓阳、丁晓星、李自国、李建民、张宁、庞大鹏、赵会荣、苏畅、李中海、张昊琦、柳丰华、王晓泉、徐向梅、徐坡岭、肖斌、王晨星、王海燕、许勤华、高飞、汪伟民、张健荣、汪宁、毕洪业、杨波、姚培生、戴桂菊、张恒龙、崔铮、马斌、顾炜、韦进深、苏晓宇、李昕玮、陈东杰、刘成、孙超、崔珩、张建等学界前辈和老师朋友在我从事中亚问题和上合组织研究过程中给予的诸多关照和帮助。还需要郑重感谢的是中国社会出版社的编辑赵丽女士。她高效利索的工作和细致严谨的编辑，是本书得以顺利出版的前提，而她对文字的润色则使本书增色不少。此外，本书的出版，受到兰州大学2019、2020年中央高校基本科研业务费重点研究基地团队建设项目（项目编号：2019jbkyjd005、2020jbkyjd003）的慷慨资助。

另外，需要说明的是，本书的部分内容曾在国内学术刊物上予以发表。这些刊物是《世界经济与政治》《当代亚太》《外交评论》

《国际展望》《俄罗斯东欧中亚研究》《兰州大学学报》《新疆师范大学学报》。这些刊物的编辑部老师，如袁正清、主父笑飞、陈志瑞、吴文成、高程、任娜、孙震海、石晨霞、李中海、胡冰、师迎祥、寇甲、刘成等，为阶段性成果的编辑和完善做了大量工作，作者在此谨向各位老师表示衷心感谢。最后，感谢我的家人，是他们的全力支持，让我可以潜心学问而无后顾之忧。谨将此书献给他们！

曾向红

2020 年 5 月